面向21世纪课程教材

证券投资技术分析

ZHENGQUAN TOUZI JISHU FENXI

（第六版）

李向科 编著

中国人民大学出版社
·北京·

图书在版编目（CIP）数据

证券投资技术分析/李向科编著. —6版. —北京：中国人民大学出版社，2019.5
经济管理类课程教材·金融系列
ISBN 978-7-300-26805-7

Ⅰ.①证… Ⅱ.①李… Ⅲ.①证券投资-投资分析-高等学校-教材 Ⅳ.①F830.91

中国版本图书馆 CIP 数据核字（2019）第 042525 号

面向 21 世纪课程教材
经济管理类课程教材·金融系列
证券投资技术分析（第六版）
李向科 编著
Zhengquan Touzi Jishu Fenxi

出版发行	中国人民大学出版社		
社　　址	北京中关村大街 31 号	**邮政编码**	100080
电　　话	010－62511242（总编室）		010－62511770（质管部）
	010－82501766（邮购部）		010－62514148（门市部）
	010－62515195（发行公司）		010－62515275（盗版举报）
网　　址	http://www.crup.com.cn		
经　　销	新华书店		
印　　刷	固安县铭成印刷有限公司	**版　　次**	2001 年 12 月第 1 版
开　　本	787 mm×1092 mm　1/16		2019 年 5 月第 6 版
印　　张	21.5	**印　　次**	2024 年 1 月第 8 次印刷
字　　数	504 000	**定　　价**	48.00 元

出版说明

改革开放以来，中国的金融走上了高速发展的快车道，获得了前所未有的发展，有关院校都开设了金融课程，以便培养我国急需的人才。

一套高质量的教材是提高教学质量的前提之一。教材规定了教学内容，是教师授课取材之源，是学生求知和复习之本，没有优秀的教材，无法提高教学质量。中国人民大学出版社推出“经济管理类课程教材·金融系列”旨在推动国内金融人才培养工作的发展。

组织编写这套教材时，我们遵照以下原则：

1. 教材实行本土化。为了更快地与国际接轨，许多人主张采用“拿来主义”原则，直接引进国外的教材。实践证明，我国与发达国家相比，国情不同，文化背景不同，思维方式不同，语言表述方式不同，广大的专家教授一致认为：我们培养的是中国金融人才，是为中国的金融服务的，教材还是本土化为宜。在了解我国现况之后，再学习国外的知识，把中国的背景知识与国际接轨才是我们最需要的。该套教材均为本土原创作品。

2. 精选作者，保证教材质量。金融与国家的政策联系紧密，应用性强，培养的学生既要懂理论又要会应用，既要与国际接轨，又要考虑中国的国情。该套教材涵纳全国“政产学研”方面的作者，从源头上保证了这套书的质量。

3. 要始终保持教材的“精”与“新”。现代金融日新月异，课程设置不断变化。该套教材根据形势的发展，不断推出新课程教材，并不断修订、完善。

4. 形式多种多样，方便教材使用者。书中每章都设有“本章小结”“本章要点”“本章关键术语”“本章思考题”“本章练习题”等栏目，此外，各书还有配套的“学习指导书”，方便读者学习和使用。

总之，这套系列教材紧密结合当前国内外金融研究的最新成果与金融政策发展的实际情况，全面讲述金融基本理论和基本知识。我们相信“经济管理类课程教材·金融系列”的推出，能够为读者掌握现代金融知识，培养人才起到应有的作用。

中国人民大学出版社

第六版前言

本教材的第五版出版于 2015 年，到现在将近 4 年了。在此期间的实际使用中，出现了一些问题需要解决。这些问题虽然很多，但归纳起来就是一个问题，那就是本教材中所介绍的方法如何在实际投资中发挥更大的作用。

笔者一直强调，技术分析方法应能够为投资者提供有益的帮助，尽管帮助有大有小。本教材中曾经指出，技术分析里包含了一种“大自然的力量”，这个说法在波浪理论中得到了一些体现。比如，上证指数从 2007 年 11 月的 6 100 点开始，下降到 2008 年 11 月的 1 660 点，中间经过的时间正好是 55 周。55 是斐波那契数列中的神奇数字之一。

在第三版的前言中曾经指出，要成为市场中的胜者，至少需要两点。第一，成为少数人；第二，基本功扎实，熟悉最简单的几种方法。第二点实际上就是各种技术分析方法在实际市场中的具体使用。

第六版的修订正是按照这个思路进行的，即尽量贴近实战。虽然目前做得还不够，但的确是在向这方面努力。

对于单一的技术分析方法，一般来说比较容易掌握，困难的是如何在恰当的时机使用恰当的技术分析方法，这就是技术分析方法的综合使用。对此笔者提供一点看法。

将每种技术分析方法当成一个“专家”，面对同一个问题的时候，这些“专家”独立发表自己的意见。最后是综合的结论。每个专家的意见无外乎下面几种态度：强烈建议买入、建议买入、不反对买入、没有意见、不反对卖出、建议卖出、强烈建议卖出。

显然，如果“专家”们的意见一致，则此时采取行动的成功率就比较高。如果意见有分歧，则采取行动的成功率就会降低。需要说明的是，如果打算买入或卖出，支持的意见可以少一些，但不应该允许有反对的意见。

在附录一的两个综合分析案例中，对上述过程有一个说明。虽然还有一些不尽如人意的地方，但提供了一个具体的分析模式。

与第五版相比，这次修订增加了黄金分割线的例子，更换了对数刻度的例子。

本书并不假设读者具备了基本的技术分析的基础知识和某种程度的市场经验。任何“层次”的投资者都可以成为本书的读者对象。然而，需要再次强调的是，本书不承诺提供在短时间内获得财富的能力。

在第六版修订过程中，夏语收集了部分资料，并对部分文字进行了校对。蔡宗林、周开颜、陈春莲、李向红、朱圣霏等提供了部分修改意见。杜娟、周德亮、王忠贤、王军丽、周克、苏航、赵建敏、张一粟等为书中的图形进行了修饰。中国人民大学出版社的编辑同志也为本书第六版的出版提供了不可或缺的帮助，在此一并表示感谢。

李向科

第一版前言

上海和深圳股票市场在风风雨雨中已经走过了艰难的 10 年，属于运行时间很短的股票市场。在这 10 年中，投资者经历了多次惊心动魄的市场变动，在股票行情的大起大落和漫长等待中体味了投身股票市场的酸甜苦辣。作为这 10 年历程的见证人，我目睹了一些人在股市中一夜暴富，也看到了更多的人在股市中花费了大量的时间和精力却一无所获。虽然如此，股市的魅力依然不减，新开户的股民数目前已突破 5 000 万户，而且仍不断吸引着各方才俊投身其中。

股票市场就像大海，表面看似平静，但随时会掀起惊涛骇浪，若没有携带充足的装备就去航海，则无疑进入一片苦海。在股票市场的风浪中航行，最重要的装备是具备对市场进行分析的能力。

对市场进行投资分析是投资者进入市场后最重要的工作，是必须要做的事情。投资者要根据自己手中的资料和信息对市场的现状和将来进行判断，进而决定投资的策略。按照流行的说法，证券投资分析主要是基本分析和技术分析，这两者在全球股票市场上已经“进化”了 100 多年，各自都取得过辉煌的战绩，各自都拥有众多忠实的信徒，很难分出高下。

基本分析派的信徒认为，股票价格能够真实地反映公司的运营状态和效益水平，不正常的股价波动只是受了投机者不稳定情绪的短暂影响，一旦市场激情过后，价格自然会向能反映公司基本面的价值回归。

技术分析派的信徒认为，基本分析所包含的内容也被包含在技术分析的图形当中。因为在宏观经济面、公司基本面实际显现之前，敏感的社会现象已经开始躁动，引发种种连锁反应，并将微妙的信息变化逐渐扩散到社会的各个阶层，使投资者的行为自发地去适应这些变化，反映在股票市场的技术图形上，就会引起价格和成交量的相应变化，因此技术图形具有提前反映基本面的功能。此外，投资者投资股票市场的最终目的是关心所投资的股票价格是否发生变动，而对具体发生什么事情并不关心。通过技术分析，精明的投资者可以在事情发生之前，抢先一步采取应对措施，占领先机。

技术分析的使用者有时会发现技术分析包含了一种“大自然的力量”，因为很多的例子证明，一旦利用技术分析察觉出市场即将出现变化的端倪，很自然地，当时的外部环境就会凑巧地发生一些事情或由一些意外的消息促成股票市场去完成和实现技术分析所预料的转变。这种巧合让人感到不可思议，却实实在在地在我们身边发生了，人们只能认为它是受制于一种“大自然的力量”。

在中国股票市场，使用技术分析和基本分析都会遇到巨大的“不利条件”。对基本分析而言，目前仅限于对国家宏观形势的预期和对方针政策的揣摩，以及对公司财务报表的分析。由于目前现实的市场信息是不对称的，公司的财务报表也有很多不尽如人意的地方。一方面，信息的不对称将使普通的投资者在获得信息方面相对“消息灵通的内部人士”处于劣势，因此两者的竞争是不公平的；另一方面，投资者能够轻易获得的大量公开信息中包含了许多“虚假成分”。这种虚假并非指那些公然发布的错误数据或捏造的事实（毕竟有这种胆量的人越来越少了），而是指利用信息优势对信息的发布方式、时间和内容进行刻意安排以达到操纵股价的目的。这种事情发生了很多，这里就不一一列举了。这是投资者必须面对的现实。

就作者的观点看，对大多数普通的股票投资者来说，至少在目前，技术分析在上海和深圳股票市场的“可用性”更大。当然，技术分析在实际使用中也会遇到各种各样的“不利”。我们会遭到假突破和假信号的“打击”，也可能会掉进“技术图表”的陷阱。但是，技术分析的“辨假能力”要比基本分析强一些。这主要有两个方面的理由：第一，技术分析自身的特点；第二，中国的投资者对技术分析的依赖程度相对来说比较大。

由于中国股市的信息不完全，因此根据公开披露的信息进行耗神费力的基本分析，常常不得要领，弄不好还会被误导。当然，这只是一种可能性，并非每个人一定会碰到，但有了这种可能性，基本分析的可信度还是要大打折扣，而这种风险一般的投资者是冒不起的。那么，对大部分的普通投资者来说，既然在信息的获得方面不占优势，难道就注定要被那些利用信息优势操纵股价的人任意宰割吗？答案是否定的。在描绘价格和成交量变化的技术图表面前，投资者之间是公平的，或者说是相对公平的。在使用技术分析的时候，如果选择时间较长的技术图表，同时又考虑多个技术分析方法，就比较容易避免“图表陷阱”。技术分析的这些特点可以帮助投资者解读那些隐藏在技术图形和技术指标下面的信息潜流，使投资者在即使不知道任何消息的情况下，对股票的特性和股票价格的大致走势也能了然于胸，从而使投资者在与庄家或消息灵通人士的“博弈”中摆脱原来的从属地位，谋求主动，并利用灵活机动的优势远离别人在市场中布下的“陷阱”。

某只上市挂牌交易的股票究竟应该值多少钱，是不可能用一个数字来说清楚的。即使通过基本分析方法得到了它的“价值”，那也仅仅是现在的价值，不是将来的价值。股票市场不是简单的价值和收益之间的对比，而是可能产生很多“泡沫”或超额利润的市场。如果没有人愿意出更高的价格买，即使股票的价值严重地偏离了基本分析所分析的价值，价格也不会上升。大部分股票的持有者不是因为现在要“消费”手中的股票，而是因为未来这只股票可能会给他带来收益。他们所关心的是股票未来的价值。技术分析考虑股票的市场表现，关心投资者对股票的“感兴趣”程度，关心未来是否有人愿意出更高的价格来买自己手中的股票。从这个意义上讲，技术分析有一定的优势。

参与股票市场交易的投资者一旦进入市场，其制定买卖策略的条件就会受到外部因素的制约，分析的手段和方法也会受到“别人”的影响。到营业部后，摆在面前的就是几份报纸和“钱龙”或别的分析软件。投资者的分析过程和最后的买卖策略必然在相当的程度上受这些东西的影响。我们知道，分析软件最主要的功能是进行技术分析。由于对股票的陌生，软件中技术图形线条的模样和含义常常会被新入市的人当成《圣经》一样记在心中。如果大众投资者相信并按照技术分析所指引的路线“前进”，技术分析的效果将更加“神奇”。

当然，在中国目前的股票市场中，还存在第三种确定交易策略的方法，那就是“打探消息”，这是中国市场的特色。不过，95%以上的投资者所打探到的消息都是滞后的甚至是虚假的“二手货”。众多投资者的现实经历证明，依赖消息的方法只适用于极少数人，而且随着市场规范程度的提高，这种方法将逐渐失去其存在的环境而走向死路。

本书是一本全面介绍技术分析方法的教科书，基本涉及了所有的技术分析方法。应该说明的是，尽管书中所列举的例子都来自上海和深圳股票市场，但是技术分析方法不仅适用于股票市场，还可以应用到其他很多的交易市场，如外汇市场、期货市场等。

技术分析方法大多是舶来品。中国自己的技术分析方法主要体现在根据中国市场的特点，发明了很多新的技术指标。由于存在商业上的保密性，新的技术指标的计算方法没有公开。

这本书共有 7 章和两个附录。第 1 章到第 7 章详细地解释和介绍了六大类技术分析理论的来龙去脉，详细叙述了这些理论的产生和发展过程、具体计算和操作的程序、适用的条件、容易出问题的地方。另外，还从心理方面和物理方面解释了这些方法的设计原理。最后，还针对每种方法附带了一个或多个实际应用的例子，这些例子都是来自上海和深圳股票市场的真实事例。从这些例子中，我们可以详细地看到每种方法在实际中的运用过程。

在附录一里，介绍了一种完整的交易系统 RTS。RTS 提出了完全可以“机械”地进行交易的方法。何时买入、何时卖空、何时轧空（cover）、何时卖出、何时止损（stop），在该系统中都有明确的说明。因此，一个完整的交易过程可以通过 RTS 来完成。由于我国目前还没有实行卖空制度，也没有利用杠杆（leverage）的问题，本书没有介绍对于控制风险有重大作用的止损技术。不过，读者可以从 RTS 的运作中，初步了解某些止损的内容。

有关技术分析的内容，本书的宗旨是为读者提供比较全面的资料。读者在学习的过程中会遇到很多实际问题，需要进一步研究。技术分析同大多数学科一样，是永无止境的，证券市场会不断地出现新的需要我们了解的东西。

由于我国证券市场的历史太短，有关循环周期方面的技术在本书中没有得到充分的体现，这是本书的不足之一。甘恩（Gann）理论中有很多关于周期性方面的分析方法。本书尚未涉及的内容还有组合投资（portfolio）的构造、评价交易成功和失败的标准、优化的筛选系统，这些问题都具有“世界水平”。对此，作者目前只有一些初步的设想，将这些不成熟的想法写进本书中，作者认为是不合适的。这方面的内容将在以后的有关书籍中介绍。

中外经验告诉我们，证券投资的结果是多数人失败、少数人成功。做出正确的投资决策需要涉及很多方面，具体投资行为所涉及的内容远不止技术分析一项。技术分析只是其中的一部分，或者说是很重要的部分。就作者的观点看，获得成功的交易需要三方面的因素：第一，投资者个人的天赋；第二，投资者个人的分析判断能力；第三，运气。

天赋是指个人的性格是否适合进行证券投资。天生的心理承受能力以及对市场现象的反应能力等都属于个人天赋的范畴，有时，天赋也可以理解为对市场的感觉。分析判断能力是指分析研究市场现象、总结归纳并最终应用的能力，这个能力可以随时间的延续而不断加强。运气就是指好运气或是坏运气，这是现实存在的。

本书的宗旨是深入探讨与中国股票市场有关的技术分析方法。随着计算机技术的发展，技术分析软件日益普及。本书非常适合作为有分析软件的投资者的参考书，对个人投资者和机构投资者都是如此。书中的很多例子可以扩展到股票市场之外，甚至可以扩展到全球而不仅限于中国。技术分析理论可以普遍适用于任何一个进行自由交易的市场。

本书并不假设读者已经具备了基本的技术分析基础知识和某种程度的市场经验，任何层次的投资者都可以成为本书的读者对象。对新入市的投资者，本书有启蒙和提前警告的作用；对在市场中遭遇到一些挫折而不知原因的投资者，本书有总结经验教训、避免重犯错误的作用。

在此，我们必须强调一点，本书不承诺提供在短时间内立即成功的能力，也不提供在瞬间获得财富的能力。前面已经提到，影响交易成败的因素是多样的，任何一本书都不可能满足这个目的。如果读者对本书抱有追求“武功秘籍”的心情，就不要继续读下去。任何人都不可能写出你所需要的“武功秘籍”。成功需要经过长时间的艰苦努力，需要经过一定的“手工”工作培养对于市场的直接感觉，需要不断地总结经验教训提高对市场的认识。

本书的大部分由李向科完成。李永森完成第 3 章，并提供了部分分析方法的实例。此外，中国人民大学金融与证券研究所的邓维同志也为本书提供了一些帮助，在此表示感谢！

李向科

2000 年 8 月于中国人民大学

目 录

第一章 技术分析概述

第一节　技术分析的定义和历史发展过程

一、市场行为和市场行为的要素

证券的市场行为就是证券在市场中的表现，是对某个证券在市场中具体表现的说明和描述。市场行为的具体内容包括：证券价格取值的高低、价格变化幅度的大小、价格发生这些变化所伴随的成交量大小、价格完成这些变化所经过的时间长短。

价格、成交量、时间和空间是描述市场行为的四个要素。空间在这里的含义是价格波动可能达到的“界限”。由此可知，空间其实表示的是价格的变化，也可以归属于价格的因素。所以，我们也可以说市场行为有三个要素。

二、技术分析的定义

技术分析是对证券的市场行为所做的分析。技术分析的要点是通过观察分析证券在市场中过去和现在的具体表现，应用有关逻辑、统计等方法，归纳总结出在过去的历史中所出现的典型市场行为特点，得到一些市场行为的固定“模式”，并利用这些模式预测证券市场未来的变化趋势。分析市场行为的重点是分析市场行为的四个要素。

正是因为技术分析“仅仅（或重点）”考虑市场行为，因此技术分析“以成败论英雄”的味道很浓。只要某个方法带来了盈利，就可以认为其是成功的方法而加以肯定，不管这个方法是否符合现有的“经济定律”或人们普遍认为应该遵循的某些规则。从这个意义上讲，技术分析只注重结果，不讲究分析方法的因果关系和严格的科学逻辑。

三、四个要素基本可以覆盖市场行为的全部

（一）价格和成交量是市场行为最基本的表现

在某一时点上的价和量反映的是买卖双方在这一时点上共同的市场行为，是买卖双方所达成的暂时均衡点。随着时间的变化，均衡点会发生变化，也就是价和量的关系发生变化。买卖双方对价格的认同程度可以通过成交量的大小来确认。伴随成交量大的价格变化，为投资者提供的“信息量”就大，值得投资分析人员重视。分析成交量大的价格变化，比分析成交量小的价格变化要重要得多。买卖双方的这种市场行为反映在价、量上就往往呈现出这样一种规律：价升量增、价跌量减。如果价格上升，而成交量不再增加，意味着价格得不到更多的买方确认，价格在今后的继续上升将是“不正常”的。“不正常”的意思是指不是通常意义下“正常”地或者说是“自然”地上升，有可能是人为因素引起的上升。比如，资金雄厚的机构投资者出于某种原因而故意的行为，或者为了某个“非市场”目的而有意将价格维持在高价位。价格和成交量的这种相互配合和相互认同的规律，是采用技术分析研究市场的合理性所在，相当多的技术分析方法都要研究价格和成交量之间的关系。

（二）时间因素和空间因素是市场行为的另一种表现形式

时间因素体现的是事物发展的周而复始的特性。以股票为例，每个挂牌的上市公司都是一个企业。企业的发展必然受到经济发展周期和行业发展周期的影响，进而影响到二级市场上价格的波动。每只股票在市场上所表现出来的周期不一样，分析时间因素有利于了解股票价格波动的局部低点和高点，为预测行情服务。此外，投资者个人心理上的情绪变化也会呈现出某些周期性的因素。比如，在某些时期，投资者买入的愿望比卖出的愿望可能会强烈一些。数量众多的投资者个人买卖行为如果“想到一起去了”，就会影响价格的波动。空间因素所体现的是价格波动大小的“极限”。比如，我们知道，价格在短时间内不可能从1元上升到100元。不同的证券或者同一证券在不同的时期，其波动变化的空间是不同的。了解价格波动大小在空间方面的规律，对于投资者所进行的具体投资也是有好处的。总之，通过对时间和空间的研究，我们可以明确价格变动趋势的深度和广度。

四、技术分析的发展历史

了解技术分析的历史有助于投资者更准确地理解技术分析的本质。就作者所知，最早用于技术分析的图表应该出现在约200年前的日本，当时出现的技术分析方法是现在K线理论的前身。

K线理论尽管出现得很早，但是没有从理论上得到提升，只能认为是一个技术分析的早期萌芽。对当今技术分析方法影响最大的是美国人查尔斯·道（Charles Dow），他对市场的基本观点和认识经过自己及其他人的总结形成了道氏理论。道氏理论出现在1890年前后，并被普遍认为是技术分析的开山鼻祖。正是因为道氏理论的出现，才使得技术分析

的理念和思维方式得到传播和推广。

在道氏理论之后，相继出现了多位对技术分析的历史产生重大影响的分析大师。甘恩（W. D. Gann）、艾略特（R. N. Elliott）、爱德华和马吉（R. D. Edward and J. Magee）、怀尔德（J. W. Wilder）等是其中的佼佼者，他们天才的构思和对市场独特的观察方式，至今仍然“主导”着技术分析的主流。这些分析大师对技术分析方法的丰富和完善、对技术分析理论的传播发展做出了不可低估的贡献。

1932 年，美国人甘恩在自己出版的书中，总结了技术分析中时间、循环的分析方法，首次对周期的问题进行了比较系统的说明。甘恩正方形、时间隧道等是其代表“作品”。1938 年，艾略特在其出版的书中提出了波浪理论的完整构思，勾画了价格波动应该遵循的 8 浪结构。波浪理论是当今技术分析理论中一个重要的分支，其不可思议的结论和分析方式使为数不少的投资者着迷。在 1948 年首次出版的由爱德华和马吉所著的《股市趋势技术分析》（*Technical Analysis of Stock Trend*）中，对形态理论和支撑压力理论进行了系统的总结。这本书被多次再版，被称为华尔街投资的“宝典圣经”。20 世纪 70 年代后，计算机技术的发展为技术指标的发展提供了基础。这个时期群星灿烂，众多的分析人士相继发明了对市场有较大影响的技术指标。其中，怀尔德是比较突出的一位。他在 1978 年出版的《技术交易系统的新概念》（*New Concepts in Technical Trading Systems*）中，对多种技术指标的应用进行了更高层次的提炼。从上述说明中可以看出，美国人对技术分析方法的贡献是最突出的，这一点毋庸置疑。

就我国的情况而言，技术分析的历史与证券市场的历史一样长。绝大部分投资者进入市场，首先接触的是屏幕上分析软件的技术图表。从 1994 年起，在我国市场上出现了很多股票分析软件，每种软件都有自己独特的功能。如果说中国人对于技术分析有什么贡献的话，那就应该是这些软件中所出现的相当数量的技术指标。无论这些新的技术指标是否能被市场和投资者所接受，其对市场某个方面的刻画还是应该肯定的。

五、技术分析与基本分析的比较

对证券市场进行分析，是每个进入证券市场参与交易的投资者都必须要做的事情，如果他还打算对自己的资金负责的话。在长期的投资实践中，市场分析的方法逐渐形成两大“主力流派”——技术分析和基本分析。技术分析的英文名称是 technical analysis，基本分析的英文名称是 fundamental analysis。技术分析中的“技术”只是相对于“基本”而言的，不是“科学技术”中的技术，不能认为使用基本分析的分析人员是不讲“技术”而“盲目”地分析。基本分析中的“基本”是指上市交易证券的基本情况和背景。

基本分析的重点是对证券的“本质”进行分析，包括证券未来提供收益的能力等，因而更注重证券的内在价值和未来的成长性。简而言之，基本分析要回答的问题是，某个证券在将来的某个时间应该值多少钱。如果当前的证券市场价格低于其未来的价值，按照基本分析的思路，我们就可以选择该证券作为投资的对象。因此，基本分析注重时间相对长期（long-term）的投资。此外，如果投资者得到的资料充足、信息准确、分析方法合理，那么用基本分析方法所得到的结论就不受偶然出现的“小事件”的影响，除非出现了影响

“基础”的“大事件”。

技术分析注重证券在交易市场中的“现场表演”，并据此推测证券的发展潜力。这两种分析方法各有长短，我们在实际的市场分析中要注意这两种方法的配合使用。

应该说明的是，目前在国际市场上还有一些结合了基本分析和技术分析的第三类分析方法，这些方法暂时可以称为“机械交易法”。从构造上看，这些方法更接近于技术分析方法，它们将基本分析中的定性“资料”定量化，然后输入到自己设计的数学模型中。该模型将根据市场的价、量、时空等因素的变化，进行自动跟踪，如果满足了自己所设定的条件，模型将自动发出进行交易的信号。像神经网络之类的比较“高新”的科学分析技术，正越来越多地被应用于证券分析中。当然，目前从道理上讲，计算机还不能代替人脑的思维，这些方法应该还处在试用阶段。证券市场的因素众多，用模型来解决问题还需要相当长的时间。

第二节 技术分析的理论基础

在经济学中，在模型和理论建立之前，都要事先对所研究的对象做一些假设。这个步骤是不可缺少的，区别仅在于假设条件的多少。一般来说，这些假设条件对现实情况进行了高度的概括，至少在某个局部反映了客观现实，这是假设条件合理的成分。同时，这些假设条件也有与现实不符合的地方，或者说不合理的成分。如何面对和处理这些合理和不合理，投资者需要自己来把握。

作为证券市场的一种分析工具，技术分析也有自己的假设条件，这些假设条件集中体现在市场价格波动的规律上。这些假设是技术分析赖以存在的基础，如果这些假设不成立，技术分析的“分析过程”将是徒劳的。

一、技术分析对市场的三个假设

经过前人的总结，我们认为市场中价格的波动具有下面三个特征：

（1）市场行为包含一切信息。

（2）价格沿着趋势移动，并保持趋势。

（3）历史会重演（repetition）。

第一个假设是进行技术分析的基础。该假设认为，影响证券价格变动的所有内外因素都将反映在市场行为中，没有必要对影响价格因素的具体内容给予过多的关心。这个假设的合理性在于，投资者关心的目标是市场中的价格是否会发生变化，而不关心是什么因素引起的变化，因为价格的变动才真正涉及投资者的切身利益。如果某一消息公布后价格没有大的变动，就说明这个消息对市场不产生影响，尽管有可能在此之前，人们认为这个消息的影响力会非常大。例如，1999 年 10 月中国保监会公布了允许保险基金入市的消息，这显然是一个利好的消息，但市场并没有像大多数“分析家”所认为的那样上升，而是继续下降。这个例子说明，市场的运动并不总是按照人们“正常”思维进行。

第二个假设认为，价格的运动是按一定规律进行的，如果没有“外力”的影响，价格将保持原来的运动方向。从物理学的观点看，就是牛顿第一运动定律。

按照牛顿第一运动定律的说法，如果一个物体所受的力是平衡力，那么该物体将保持静止或匀速直线运动。一般来说，一段时间内如果价格一直是持续上涨（或下降），那么如果不出意外，价格也会按这一既定的方向继续上涨（或下降），没有理由改变原来已经存在的运动方向。证券市场中的“不出意外”就是牛顿第一运动定律中所要求的“平衡力”。“顺势而为”是证券市场中的一条名言，如果没有产生调头的内部因素和外部因素，投资者没有必要逆大势而为。

我们可以这样来理解第二个假设，一个股票投资者之所以决定要卖掉手中的股票，是因为他对市场有了“悲观的感觉”，他要么认为价格很快就要下降，要么认为即使价格还会继续上升也没有很大的上升空间了。他的这种悲观情绪是不会立刻改变的：1 小时前，如果他认为股票价格将要下跌，而 1 小时后，在没有任何外在影响的情况下他就改变了自己的看法，这种现象是不合情理的，说明在他前后两次分析决定中，至少有一次是错误的。因此，这种悲观的观点不会在短时间内改变，会一直影响这个人，直到发生某些事情使其悲观的观点得以改变。

第三个假设是从统计学和人的心理因素方面考虑的。在市场中进行具体买卖交易的是人，买卖决策最终是由投资者做出的。既然是人，其行为就必然要受到某些心理因素的制约。在某个特殊的情况下，如果某个交易者按照某种方式进行交易并取得成功，那么以后遇到相同或相似的情况，他就会按同一方式进行交易。如果前一次失败了，此后他就会采取不同于前一次的交易方式。投资者自己的和别人的投资实践，将在投资者的头脑里留下很多“战例”，其中有失败的战例，也有成功的战例。市场交易的实际结果留在投资者头脑中的阴影和快乐将会永远影响投资者的行动，人们倾向于重复成功的做法，回避失败的做法。

从统计学的观点看，第三个假设是认为市场中存在某种“重复出现的规律”。实际生活中，在投资者进行分析时，一旦遇到与过去相同或相似的情况，他最迅速和最容易想到的方法就是与过去的结果做比较。我们假设过去重复出现某个现象是因为有某个“必然”的原因，它不是偶然出现的。有时，即使我们不知道具体原因是什么，也可以运用其结果。过去的结果是已知的，这个已知的结果应能作为对未来进行预测的参考。任何有用的东西都是经验的结晶，是经过多次实践检验而总结出来的。我们对那些重复出现的现象的结果进行统计，可以得到某种交易战略或方法成功和失败的数量及概率，这些概率对具体的投资行为有不可低估的重要指导作用。

从心理学的观点看，某个投资方法其实可能没有什么道理，但是只要多数人相信这样做是正确的，那么，这个方法也变成了有道理。比如，天上的月亮只要一圆，就开始买入。显然，这个做法肯定是没有什么道理的，甚至是很荒唐的。然而，如果有很多投资者相信这个做法，并且在月亮圆的时候真的陆续买入了，那么，价格就会上升。价格的上升就强烈地“告诉”其他投资者，“月亮圆就买入”是正确的。当下一次月亮圆的时候，就会有更多的投资者陆续买入，价格可能上升得更高。那么相信这个做法的投资者就会越来越多，这个做法就会越来越正确。

二、三个假设不合理的地方

如前所述，在经济学很多模型建立之前，我们都要对所研究的对象做一些假设。至于这些假设条件是否合理，需要使用者自己判断，没有必要进行过多的争论。下面将要指出的是这三个假设的确存在一些不合理的成分。

对于第一个假设来说，虽然市场行为可以反映影响价格波动的信息，但是同原始的信息毕竟有差异。正因如此，在进行技术分析的同时，我们还应该适当进行一些其他方面的分析。

对于第二个假设来说，它具有“强制性”的成分。价格按照趋势波动需要在没有“外力”影响的理想状态下，这显然不符合证券市场的现实。这是因为证券市场中的“外力”是随时存在的，“保持趋势”很不容易。不过，从美国的股票波动过程中可以看到，美国股票“保持趋势”的现象比较多，其上升和下降所持续的时间比较长，波动的幅度也比较大。当然，这是与我国相应情况对比的结果。正因如此，我们在对待第二个假设时，应该区分中外的差别。

对于第三个假设而言，它具有很“浓厚”的“自然科学”的味道。要求价格的波动具有可重复性，这个要求是非常强的。在自然科学中，这个假设基本上是可以被认同的，因为在做实验时，可以认为每次试验的客观环境是相同的。而在证券市场中，由于其变化和影响因素复杂，根本不可能满足“每次试验的客观环境都相同”的条件，每个时间的市场外在条件和内在条件都可能不一样。证券市场中的市场行为是千变万化的，不可能有完全相同的情况重复出现，差异总是或多或少存在，有时差异可能很大。在进行具体的统计分析时，由于要考虑的因素太多，“重复性”将受到考验。

第三节　技术分析方法的分类

对反映市场行为或市场表现的资料数据进行加工处理的方法都属于技术分析方法，或是涉及技术分析方法。对技术分析方法进行分类，目的是全面地理解技术分析方法的整体。在实际的分析过程中，能够清楚地知道自己所使用的技术分析方法，将有助于提高分析结果的准确性。这是因为在实际使用的技术分析方法中，讲究多种分析方法结合使用和共同研判，如果多种分析方法同时指出应该采取某种行动，那么其成功率将得到很大的提高。

技术分析方法的具体分类应该有多种方式，下面将采用两种方式对技术分析方法进行分类。后文将按照第一种分类方式进行介绍。

对于用类似占卜的方法进行预测，如易经、八卦等，由于这些方法有一定的尚未被科学解释的神秘性，不应该属于技术分析方法的范畴。尽管有些人认为这些分析方法有可能具有一定的实战作用，甚至效果还很好，本书也不涉及。

一、第一种分类方式

这种分类方式按照使用的不同分析方法进行分类。目前流行的技术分析方法可以分为如下六大类：①技术指标法；②支撑压力法或切线法；③形态法；④K 线分析法；⑤波浪理论法；⑥循环周期法。

（一）技术指标法

技术指标法给出数学计算公式，并建立数学模型，然后得到一个具体体现市场某个方面内在特征的数字，这个数字叫技术指标值。指标值的具体数值和数值之间的相互关系将确认市场处于何种状态，并为投资者的交易行为提供指导建议。技术指标所反映的情况大多数是无法从行情报表的原始数据中直接得到的。

全世界已经存在的技术指标的数量数不胜数。相对强弱指标（RSI）、随机指标（KD）、趋向指标（DMI）、平滑异同移动平均线（MACD）、心理线（PSY）、乖离率（BIAS）等都是著名的技术指标。更为可喜的是，新的技术指标还在不断涌现。致力于投资分析的研究机构和投资者都会根据自己对市场的认识和理解，不断地"创造"出新的技术指标。虽然中国的股票市场历史很短，属于中国自己的分析工具比较少，但在最近几年，在中国自己编制的股票市场分析软件中出现了很多新的技术指标。

（二）支撑压力法

支撑压力法是按一定的方法在价格图表中画出一些直线，这些直线就叫切线。切线的作用是限制证券价格波动，因此这些切线也称为支撑线或压力线。根据这些直线可以推测价格的未来趋势，支撑线和压力线的延伸位置也有可能对价格今后的波动起一定的制约作用。使用支撑压力线的重点是切线的画法，直线画得好坏直接影响预测的结果。画切线的方法是人们在长期研究中逐步摸索出来的，著名的支撑压力线有趋势线、通道线、黄金分割线、速度线等。

（三）形态法

形态法是根据价格在波动过程中留下的轨迹形状来判断多空双方力量的对比，进而预测价格未来趋势的方法。技术分析的假设之一是市场行为包括了一切信息，价格走过的形态是市场行为的重要部分，是证券市场对各种信息感受之后的具体表现，这种表现比任何一个"聪明的大脑"所研究出来的"东西"都要准确有效，用价格的轨迹或者说形态来推测价格的未来走势应该是很有道理的。从价格轨迹的形态中，我们可以推测出证券市场中多空双方力量的对比和优势的转化，明确当前的市场处在一个什么样的大环境之中。形态分为反转和持续两种大的形态类型，著名的形态有 M 头、W 底、头肩形、三角形等十几种。

（四）K 线分析法

K 线分析法是指用某种方式记录市场中证券价格每个时间段的位置，其中使用最多和最方便的是 K 线（日本线）。K 线的研究方法是根据若干天 K 线的组合形态，推测证券市场中多空双方力量的对比。K 线图是进行技术分析的最重要图表，我们将在后面详细介绍。单独 1 天的 K 线形态有 12 种，若干天 K 线的组合种类就无法数清了。人们经过不断地总结经验，发现了一些对证券买卖具有指导意义的组合形态。K 线法在我国很流行，广大投资者进入证券市场后，在进行技术分析时首先就会接触 K 线图。

应该说明的是，K 线分析法是指一大类分析方法，而不仅仅是指利用 K 线组合形态的分析方法，K 线组合仅仅是这一类方法中一个突出的代表。除 K 线外，这一类方法还应该包括宝塔线、○×线、三价线等。不过，从实际的使用情况看，K线组合形态是这一类方法中最具代表性的，也是使用最方便的，关于K线理论的内容已经比较完整。

(五) 波浪理论法

波浪理论“走红”于20世纪70年代J.柯林斯（J. Collins）发表的专著《波浪理论》（*Wave Theory*）。波浪理论的实际发明者和奠基人是艾略特，他在20世纪30年代前后有了波浪理论最初的想法。

波浪理论把价格的上下变动和不同时期的持续上涨、下降看成是波浪的上下起伏，价格的波动过程遵循波浪起伏所遵循的周期规律，这个周期规律就是8浪结构。

此外，波浪理论指出了价格波动形状的“相似性”。在波浪理论看来，不论波动的规模大小，价格波动都是8浪结构。因此，波浪理论中的各个波浪在波动长度上有一定的规律，这就是波浪理论的比率分析，利用比率分析可以计算价格未来波动的支撑压力位置。

如果数清楚了浪，就能知道当前所处的位置，进而明确应该采用何种策略，利用比率分析还可以知道应该在“何时何地”采取行动。波浪理论最大的优点就是能提前很长的时间预测到底和顶，而其他方法往往要等到新的趋势已经确立之后才能看到。波浪理论同时又是公认的最难掌握的技术分析方法，在现实的投资者中，能够真正正确地数浪的人可谓凤毛麟角。

(六) 循环周期法

循环周期法关心价格的起伏在时间上的规律，它通过对时间的分析，告诉我们应该在一个正确的时间进行投资。循环周期理论是周期法的重要代表，波浪理论也涉及某一波浪所经过时间长度的分析法。此外，还有利用日历、螺旋历法、节气等进行周期分析的方法。

循环周期法的出发点是根据价格的历史波动过程，发现价格波动有可能已经存在的周期性。既然证券市场是经济发展的“晴雨表”，证券市场中的价格起伏就应该与经济发展的周期行为有一定的联系。

循环周期法对时间的考虑分为两种方式：第一种是等周期长度的方式。例如，“每经过两年就会有一次牛市”和“每个上升的过程大约是两个月”就属于这一类。第二种是固定时间的方式。例如，“春节附近是低点”就是典型的固定时间的方式。

有关时间周期方面的详细内容，本书将在后文进行介绍。至于我国的情况，有关周期的相应结论目前还很少。我们应该等到我国股票市场运行的历史比较长了以后，再对中国股票市场的周期性进行比较深入的研究。

以上是六类技术分析方法，它们从不同的方面理解和分析证券市场，各有其特点和适用的范围。从严格的意义上讲，这六类方法不是彼此孤立的，相互之间有交叉和联系。例如，波浪理论中就涉及时间和形态等方法。总之，这些方法都经过了证券市场战火的考验，尽管它们所采取的方式不同，但彼此并不排斥，我们在使用上应该注意相互之间的借鉴。

二、第二种分类方式

这种分类方式是依据技术分析中使用的不同对象进行。从大的方面看，这种分类方式将技术分析方法分为两类：一是针对价格的分析；二是针对价格之外的指标分析。

（一）针对价格的技术分析方法

显然，这类分析方法仅仅分析价格的“表现”，因为证券投资者最关心的是价格的运行方向，因此这一类分析方法应该是技术分析方法的主体。这一类方法中包含了绝大部分技术分析方法，具体可以分为趋势分析和波动分析两类。

（1）趋势分析。这种分析方法将跟踪价格波动的方向，预测价格下一步将向何方运行——是向上，是向下，还是保持水平？这些分析将为下一步的投资行动提供依据。我们在进行趋势分析时必须观察技术图形，从中发现有益的东西。

（2）波动分析。这种分析方法观察价格变动的幅度大小，从而判断当前的价格处在何种状态，是偏高还是偏低。技术指标中有相当多的指标就是进行这类分析的，如 KD 指标、RSI 指标等。在一些文献上被称为摆动指标的，就应该属于波动分析的范畴。

趋势分析和波动分析具有不同的使用特点。价格的趋势和价格的波动其实没有太大的区别，“价格趋势向上”和“价格向上波动”应该说含义基本相同。在本教材中，将前者理解成周期较长的“上升”，将后者理解成周期相对较短的“上升”。这样一来，趋势分析就适用于相对较长周期的分析，而波动分析就适用于周期相对较短的分析。

（二）针对价格之外的指标分析

因为价格是证券的最主要指标，因此，虽然这类分析中使用了非价格因素，但其最终的目的是预测价格的方向。从这个意义上讲，这类分析方法主要是作为前一类分析方法的辅助工具。

所谓价格之外的指标，其实就是成交量和时间。“成交量”的含义不应该限于成交量本身，还应该包含具有“量”的性质的指标，例如，成交金额和大笔成交等。分析成交量是指在分析价格的同时，应该对成交量给予足够的重视，因为实践证明，成交量的大小对于价格的趋势和波动方向的判断有帮助作用。对时间进行分析类似于上面对循环周期的分析。在对价格进行分析的同时，关注时间和周期方面的因素，对正确判断价格波动的方向有好处。

第四节 影响证券市场分析的几个理论

对市场波动的认识，最笼统的划分有两种：一种认为市场中价格的移动有规律；另一种认为没有规律。下面的几个理论是当前市场中比较常用的。

一、随机漫步理论

随机漫步（random walk）理论认为，证券价格的波动是随机的，价格的下一步走向完全没有规律可循。该理论的针对目标是每个交易日之内的微小波动，价格的波动走向受到多方面因素的影响，任何微不足道的“小事”都有可能对市场产生巨大的影响。从价格走势图上比较短的时间区间看，价格上下起伏的机会差不多是均等的。有人用随机数的方法对价格进行了模拟，其结果同市场的真实价格波动很相像。从这个意义上讲，随机漫步理论有它合理的一面。

期权定价理论将股票价格的波动分解成“漂移”和“波动”，这里的波动就是随机漫步。同时，还假设随机漫步是某个随机过程，服从某个概率分布。这种假设是从建立数学模型的角度考虑的，因为不这样假设，当今的数学工具就解决不了问题。

从现实的价格波动看，证券价格的波动肯定不是完全随机的，在一定场合肯定是有规律可循的。例如，连续六个涨停板后的股票A和仅上涨了5%的股票B相比，前者出现回落的概率要大得多。此外，世界各国的股票市场价格指数总体都是向上的，这也说明价格的波动还是有一些规律的。在目前参与交易的投资者差距比较大的情况下，假设价格波动是完全随机的很难有说服力。当然，“随机”有个定义的问题，市场价格的波动是否随机有赖于“随机”的定义。需要指出的是，进行基本分析和技术分析的研究，都要假设价格的移动存在规律。

二、循环周期理论

循环周期（cycle）理论认为，价格在波动过程中所形成的局部高点和低点之间，在时间上存在规律性。无论何种价格活动，都不会向一个方向永远移动下去。价格在波动的过程中，必然要产生局部的高点和低点，这些高点和低点的出现，在时间上将会呈现出一定的规律性。投资者可以选择低点出现的时间入场，选择高点出现的时间出场。美国人总结了国外市场的很多周期，这些周期都是比较长的，对我国证券市场的指导意义不大。循环周期理论的重点是时间因素，而且注重长线投资，但对价格的高低和成交量是否配合这两个市场行为的重要因素考虑得不够。

在实际应用中，循环周期理论的关键是找出那些“被假定存在”的周期的时间长度，也就是一个周期的时间跨度。大多数周期是用等时间长度的方式计算得到的，被计算的周期包括高点与高点、低点与低点、高点与低点之间的时间跨度。从价格波动的历史图形中，我们可以发现众多的局部高点和局部低点，而后就可以统计这些点之间的时间跨度。在实际应用中，循环周期理论要涉及“时间之窗”的概念。

三、道氏理论

道氏理论（Dow theory）是技术分析的“鼻祖”，道氏理论之前的技术分析不成体系。道氏理论的创始人是美国人查尔斯·道。为了反映市场总体趋势，道与琼斯（Jones）一起创立了著名的道琼斯工业平均指数（DJIA）。道在《华尔街日报》上发表的有关市场的文章，经后人整理后，成为我们今天看到的道氏理论。

下面仅仅列出道氏理论的四个主要结果：

（1）市场价格指数可以解释和反映市场的大部分行为，这是道氏理论对证券市场的重大贡献。当今世界上，所有的证券交易所都有一个本交易所的价格指数，其计算方法虽然大同小异，但都是为了反映市场的整体情况。这些都起源于道氏理论中的这一点。

（2）市场波动的三种趋势类型。道氏理论认为，市场中价格的波动尽管表现形式不同，但最终可以将波动的趋势分为三种不同“级别”的趋势类型，即主要趋势（primary trend）、次要趋势（secondary trend）和短暂趋势（near term trend）。主要趋势体现市场价格波动的最主要方向，而次要趋势是对主要趋势的“调整”，短暂趋势是价格日常的波动。三种趋势的划分体现了趋势的“等级”观点，为其后出现的波浪理论打下了基础。

（3）成交量在确定趋势中起重要的作用。在投资行为中，寻找趋势的反转点是确定投资的关键。道氏理论认为，成交量所提供的信息有助于解决一些在实际决策过程中可能遇到的令人困惑的市场行为。

（4）收盘价是最重要的价格。道氏理论认为在所有价格中，收盘价是最重要的，甚至认为只需要用收盘价，而不需要用别的价格。收盘价表示的是多空双方经过一天的较量而最终达成的共识，是双方的平衡点，最高价、最低价等其他价格表示的是某个短暂时间的价格。就其对今后的影响作用而言，收盘价应该更有说服力。在大多数情况下，都以收盘价作为当天价格的代表。

道氏理论最大的不足在于它对大形势的判断有比较大的作用，但对于每日每时都在发生的小波动则显得有些无能为力。该理论的另一个不足是可操作性较差，没有比较明确的信号，只有比较笼统的指导。一方面，道氏理论的结论落后于价格的波动，信号太迟；另一方面，该理论本身的结论复杂且存在不足，使用者掌握困难，容易产生困惑，得到一些不明确的东西。此外，由于时间太长，道氏理论有相当部分的内容已经过时。近年来出现了一些新技术，有些是道氏理论的延伸。

四、相反理论

从严格的意义上讲，相反理论（contrary opinion theory）还不能被称为理论，只能被称为一种交易方法或交易理念。相反理论的叙述非常简单，不需要高“学历”就可以明白，但这个似乎人人都明白的理论却没有得到足够的重视。

相反理论认为，只有与大多数参与交易的投资者采取相反的行动才可能获得大的收益。很显然，如果某投资者的交易行动与大多数投资者相同，那他一定不是获利最大的。因为市场本身不是产生利润的“地方”，市场中某些投资者的收益一定来自其他的投资者。如果大多数投资者都获利，则利润的来源就成了问题。

要获得大的利益，一定要同大多数人的行动不一致。在市场内人员爆满时，投资者首先应该想到的是不买入，其次应该想到的是退出市场；在人员稀少时，投资者首先应该想到的是不卖出，其次应该想到的是入场。这就是相反理论在交易操作上的具体体现。

有一个在市场上广为流传的故事。股票营业部门前有一位卖报纸的小贩，当出现了大行情时，每天去营业部的人很多，人人都愿意买一份报纸看看，报纸的销售量很大，他靠卖报纸挣了不少钱。此时，小贩就专心卖报纸。当行情低迷时，每天靠卖报纸已经不能满足小贩的生活需要了，此时小贩就进入“人烟稀少”的营业部买入股票。没过多久，由于股票价格上涨了，他同样挣了不少钱。

这个故事就是对相反理论比较好的说明。有相当一批人天天都在股市里“泡”，通过这个故事，这些人应该明白他们的做法未必是正确的。在股票市场中，并不是投资者所花费的精力和时间越多，他所得到的收益就越多，收益的高低与时机的把握关系最大。

相反理论提出，买卖的决策取决于大众的行为。无论在什么投资市场，投资者冲动的热情在多方面的"帮助"下空前高涨，这是行情暴跌的前兆。因为当所有人都看涨而失去风险意识时，就意味着牛市已经到了顶，而成为最危险的时候。相反，当所有的人都唉声叹气，对市场失去信心时，就是熊市接近尾声的时候。只要熬过黎明前的这一小段黑暗，曙光就将来临。

当然，在实施"与大多数人采取不同行动"的时候，也有时机的把握问题，并不是人数稍微一少就入市。如果市场的熊市刚开始，广大投资者正在抛售股票，而现在就使用相反理论贸然入场，就会招致很大的失败。此外，对营业部里"人烟稀少"的判断也有定量的问题。究竟人数少到何种程度才能被称为是"人烟稀少"，也需要统计和比较才能得出正确的结论。

事物的发展，绝非其表面直接表现的那样，不断地打破常规是成功者应该具备的素质，要超越同辈"正常"的思维观念，才能取得不凡的成功。从某种意义上讲，相反理论告诉投资者，要具备独树一帜的观念和逆风行船的勇气，不被眼前的现象所迷惑。

五、其他理论

在技术分析的发展历史上，出现了很多大师级的人物，后人用他们的名字对其思想进行命名。其中，最突出的有甘恩理论和亚当理论。甘恩理论中的一些做法比较详细，属于技术分析技术，如角度线和正方形等。对于甘恩理论，本教材后文中将有一定程度的介绍。而亚当理论主要是一些理念性的内容，如无招胜有招、十大戒律等。这些内容是他们在投资实践中具体的经验总结，相当的内容是用"血的教训"换来的，对于投资者在投资活动中减少犯错误的机会有帮助。读者应该将其牢牢记住，并在实践中规范自己的投资行动。

第五节　技术分析的特点和应注意的问题

与其他分析方法相比，技术分析的特点是不讲究严格的科学逻辑和因果关系，这也使得技术分析遭到了很多非议和否定。尽管如此，我们也不必过多地计较，"不管黑猫白猫，抓住老鼠就是好猫"，只要能带来盈利就是好办法。

使用技术分析方法最大的忌讳就是将技术分析的结论"神化"和"机械化"，这个问题是绝大多数初用者容易犯的错误。"神化"是指把技术分析的作用夸大，超出了其能力。"机械化"是指对于技术分析方法的使用过于简单，没有考虑到其结果的复杂性。充分地认识"神化"和"机械化"的问题并非多余，我们常常会看到一些书籍中在介绍技术分析方法时，将这些方法说得很神奇，几乎百战百胜，对投资者产生很严重的负面影响。

"神化"和"机械化"都将使投资者盲目地进行交易，进而忽视可能遇到的不利结果，并在遭受损失后又开始怀疑技术分析的结果，进入一个恶性循环。其实，就作者的观点看，大部分应用技术分析方法所产生的不利结果都与使用不当有关。

一、技术分析“以成败论英雄”，不讲究因果关系和严格的科学逻辑

假设我们使用某个方法进行了 10 次交易，其中有 7 次或更多次是盈利的，那么我们就有理由认为这个交易方法是“好方法”。因此，技术分析“以成败论英雄”，只要某个方法带来了盈利，就可以认为它是成功的方法而加以肯定，不管这个方法是否符合现有的“经济定律”或人们普遍认为应该遵循的某些规则。从这个意义上讲，技术分析只注重结果，不讲究分析方法的因果关系和严格的科学逻辑。

为了说明某些技术分析方法的合理性，可以用一些比喻的方法对它们进行说明。应该注意，这些仅仅是对它们进行说明，是为了使“听众”更容易接受和理解这些技术分析方法，没有一个比较严密的“体系”能够证明技术分析方法“是站得住脚的”。其实，大多数理论（不限于技术分析）都是在一定的假设条件下发展起来的，所谓的对某些结果的理论支持或理论证明，都有假设条件的要求。如果假设条件不成立，这些所谓的“经过了证明的结果”也是一句空话。

二、技术分析与其他分析方法相结合可以提高准确度

单纯依靠技术分析是不全面的，这一点应该牢记在心。从道理上讲，仅仅依靠过去和现在的数据、图表去预测未来，或多或少会给人一种不可靠的感觉。另外，任何一个市场中分析工具的使用都有其适用范围。在中国的股票市场上，技术分析有非常高的预测成功率，成功的关键并不是机械地使用技术分析方法，而是在一些重要的转折点，比如，在市场下降到过分低的地方，相关的管理部门就会公布一些有利于市场上升的利多因素。对于这个现象，作者将它们称为“技术分析与利多政策因素的吻合”。在实践中结合基本分析和市场当前所处的具体宏观经济环境，可以避免一些技术分析方法在市场“不理智”时容易犯的错误。

三、多种技术分析方法之间可以进行相互验证

如前所述，技术分析方法的种类很多。在同一时刻，这些技术分析方法可以给出多种不同的结论。在具体使用时，我们要考虑到多种方法的配合，多种技术分析方法之间进行相互验证可以提高技术分析的预测成功率；片面地使用单一的技术分析方法，将不利于成功率的提高。

从一般观点看，我们很容易理解多种方法的结合，它是被广泛认同的，相信每个打算使用技术分析方法的投资者都应该记住这句话。但是，在具体使用的时候，如何体现出这种“配合”则是比较难的问题，一两句话是说不清楚的，不同的技术分析方法在不同的场合会有不同的表现，在什么场合用什么方法是需要根据交易实践灵活使用的。一个普遍的

说法是，在具体应用时，需要从多个方面考虑技术分析的各种方法，如果每种方法的结果都发出同一种信号，那么就可以得出一个合理的结论，然后按照这个信号进行交易。如果孤立地使用某一种技术分析方法的结论，就有相当程度的局限性和盲目性。

四、每个技术分析的结论都需要有外在条件并具有时效性——别人的结论要通过自己的实践验证后才能放心地使用

前人和别人得出的结论是在一定的特殊条件和特定环境中得到的，随着环境的改变，将前人和别人的成功方法运用到自己的交易实践中就有可能会产生不同的结果。此外，别人身上具备的一些天生个性也可能是另一些投资者所不具备的，投资者的个性对投资行为的成功与否具有一定的作用。投资者在“书本”上获得别人经验的同时，要根据实践对这些经验进行仔细的推敲，总结出自己能够使用的部分，书本中能够直接用的内容并不多。一般来说，如果一本书中有10%的内容对读者有帮助，就已经很不容易了。

五、技术分析的结论需要伴随一个概率

技术分析的大部分结论所依据的是“历史会重复”。从统计学的观点看，这实际上是进行统计分析，当然就会涉及出现错误的问题。在实际交易中，从技术分析方法得到的结论是选择那些成功率较高的结论，但不可避免地会有出错的时候，我们需要对出现错误的程度“有所了解”。

在中央电视台每天的天气预报中，最初没有降水概率，后来有了降水概率的说法，技术分析中也应该有类似的概率。概率的大小表示的是分析者对所得结论的信心和与实际吻合程度的高低。如果在技术分析结论后面伴随一个概率，那么该结论的形式将有所变化，如“买进概率80%”或“卖出概率75%”等。显然，“买进概率80%”并不是说一定要买进。但是，如果股票A是“买进概率80%”，而股票B是“买进概率70%”，那么一般来说，投资者应该选择“买进股票A”的行动。

要比较准确地得到上面所说的概率值，需要很复杂的数学计算，而且其“精确度”往往不能令人满意。要计算或估计上面所说的概率，其复杂程度远远高于电视台的天气预报，这是因为证券市场的复杂程度远非气象可比。在大多数时间，可以说是没法估计或估计的结果不能用。投资者只有在实践中不断总结经验教训，才能得到比较有价值的概率值。

正是由于计算概率的困难，在实际中建议采取概率高低排序的方法。只需要判断概率的高低，而不需要具体计算出概率值。

在实际交易中，为了追求“高概率”，就必须在进行分析时增加限制的条件。但是，增加限制条件的“副作用”将使出现“交易机会”的数量减少。尽管每次交易的成功率高了，但是交易的数量同时减少了，很难说最后的收益率究竟哪个更高。我们要根据自身的具体情况进行这两个方面的协调。

本章小结

本章介绍了技术分析的定义和发展历史，详细说明了技术分析的理论基础，粗略介绍了技术分析的相关方法以及这些分析方法最基本的出发点和分析的侧重点。在实践中对市场的认识、投资理念有重大影响的多个理论，也在本章中进行了简单的介绍。最后，我们重点讨论了在应用技术分析方法时应该注意的问题，这对于投资者在实践中正确使用技术分析方法有很大的作用。

本章要点

1. 技术分析的定义。
2. 技术分析理论的假设条件。
3. 技术分析的分类。
4. 技术分析的实际使用。
5. 影响技术分析的理论。

本章关键词

市场行为　　分析的要素　　三个假设　　相反理论　　波动分析和趋势分析　　随机漫步理论

本章思考题

一、名词解释

市场行为　　技术分析的三大假设　　技术分析的三要素

二、简答题

1. 技术分析的理论依据是什么？
2. 技术分析最为突出的特点是什么？
3. 技术分析主要分为哪几类？各自的特点是什么？
4. 影响价格上下波动的最根本因素是什么？
5. 根据自己的实践体会，谈谈技术分析三个假设的合理性和不合理性。
6. 道氏理论的四个主要内容是什么？
7. 循环周期理论考虑问题的基本出发点是什么？
8. 在实际的买卖中，应用相反理论体现在哪些方面？
9. 如何理解“技术分析”伴随一个概率？

第二章

技术分析的图表类型和图表的刻度

技术分析是根据市场行为推测证券市场的未来趋势，它所依据的是证券市场的市场行为，准确、有效地记录和描述市场的全部行为显得异常重要。

技术分析的精髓就是从历史的表现中总结经验、找出规律，然后才是在实际中使用这些规律。为了从大量的市场行为中找到有规律的东西，需要记录下市场行为的历史表现。显然，没有必要考虑有关市场行为的所有信息，一方面是因为办不到，另一方面也是因为没有必要。分析人员只需要部分地、有重点地记录下市场行为的某些方面就可以了，技术图表的作用就是记录下每个交易时间、区间的市场行为，为投资者提供进行分析所使用的工具。

技术图表在技术分析中的地位是“至高无上”的，技术分析的分析对象是技术图表，分析的绝大部分内容也是对图表进行分析。正因为如此，有时技术分析师也被称为图表分析师。在交易市场中，投资者在使用证券分析软件时，将要面对各种各样的图表。记录市场的技术图表的类型很多，本章将介绍常用的几种技术分析图表，包括K线、棒线、高低线、收盘线、对数K线、对数棒线、〇×线、宝塔线、市场截面。

一般来说，技术图表是二维的平面图形，使用直角坐标系，图表的横坐标表示时间，纵坐标表示价格或其他指标。需要说明的是，部分图表的横坐标与我们的习惯有差异。横坐标可以分为两类：一类是按照时间顺序等刻度的排列，称为时间序列横坐标；另一类是按时间不等刻度的排列，称为不规则的时间序列坐标。前者的代表是K线和多数图形，后者的代表是〇×线和三价线等少量图形。

第一节 价格类图形

价格类图形只记录证券价格的波动情况，在价格类图形中只出现价格。也就是说，如果知道了每个交易区间证券的价格，就可以画出价格类图形。

一、K 线

单独一个交易区间的 K 线（candlestick）基本形状如图 2－1 所示。每个投资者开始接触技术图表时，首先接触的技术图表就是 K 线图，K 线图也是实际使用最为广泛的一种技术图表。K 线理论是技术分析中一个重要的流派，而 K 线理论所凭借的就是 K 线图。后文在介绍 K 线理论时将详细说明有关 K 线的内容。

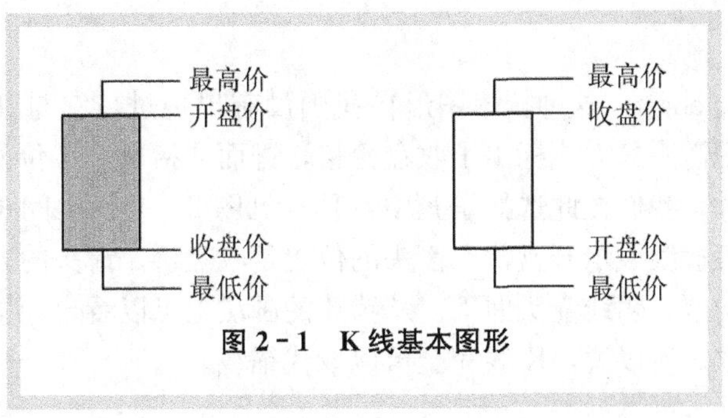

图 2－1 K 线基本图形

二、棒线图

单独一个交易区间的棒线图（bar chart）的基本形状如图 2－2 所示，这是在欧美比较流行的技术图表，在我国使用较少。在判断趋势时，棒线图相比 K 线图有一定的优势。由于它有相当一部分内容与 K 线理论相似，本书将不介绍棒线图的内容。

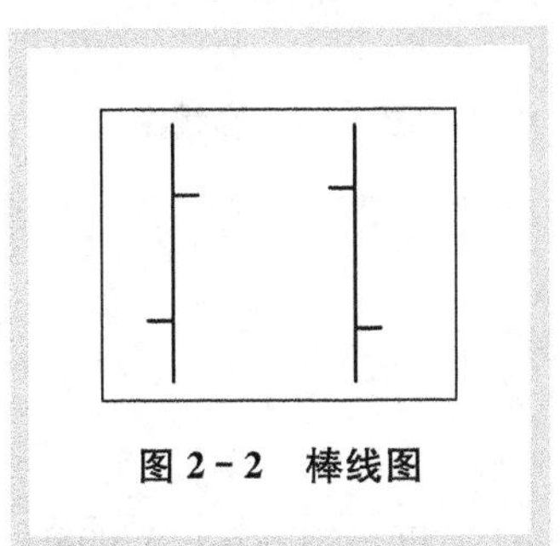

图 2－2 棒线图

图 2－2 中，中间竖立的线所表示的是交易区域（range），也就是当日的最高价到当日的最低价之间的价格区域；左边短横线所在的位置，是开盘价的位置；右边短横线所在的位置，是收盘价的位置。

有时，在棒线图中不画开盘价，此时就得到另一种棒线图，如图 2-3 所示。

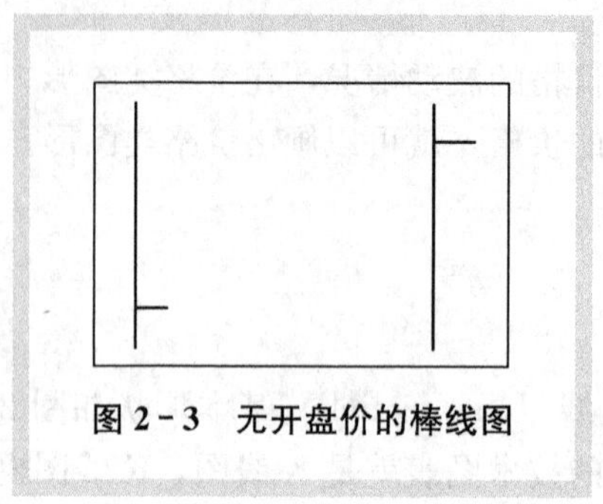

图 2-3 无开盘价的棒线图

三、锚线图

锚线图（anchor chart）这种技术图形在我国没有出现过，它与其他几种技术图形的最大区别是，锚线用箭头的方式标出了收盘价格，进而“指出”了价格波动的方向。锚线图的画法可能有多种，我们在此选择了其中一种（见图 2-4）。中间竖线的两端点分别是最高价和最低价，短横线表示开盘价，箭头的位置是收盘价。箭头的方向类似于K线中的阴阳线，阳线箭头向上，阴线箭头向下。从锚线的画法上可以看出，箭头方向的含义与K线中的阴阳基本一致。所以说，K线完全可以取代锚线。

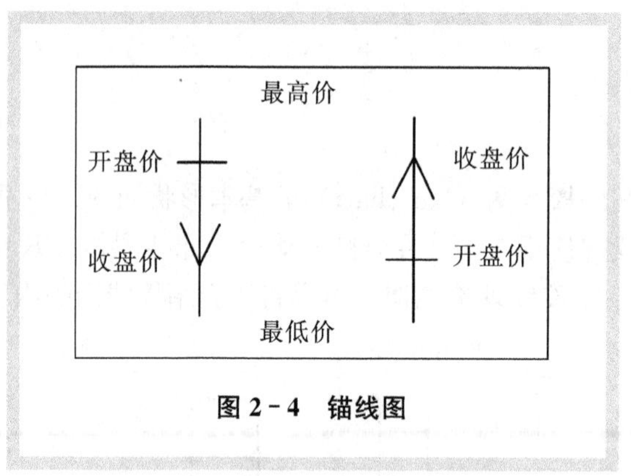

图 2-4 锚线图

四、高低线图

从本质上看，高低线图（pole chart or high-low chart）与棒线图没有大的区别。如果将棒线图中表示开盘价和收盘价的两条短横线都去掉，只保留表示当天交易区域的竖线，就得到了高低线图，如图 2-5 所示。

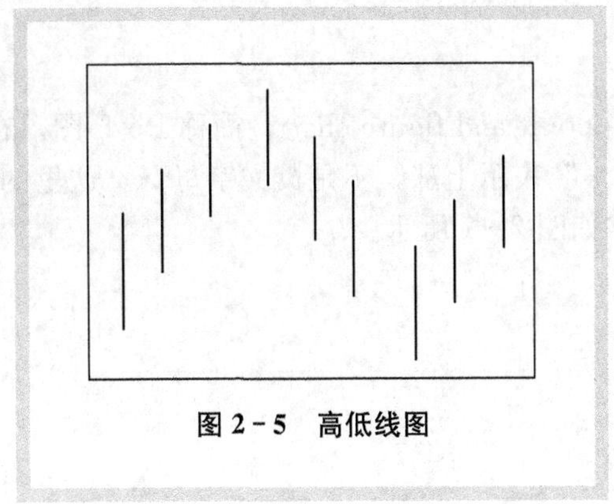

图 2-5 高低线图

五、收盘线图

收盘线图（point chart）的基本形状如图 2-6 所示。如果我们将每天的收盘价连接起来就得到收盘线图。在投资者只关心大趋势不在乎细小变化时，更多的是使用价格线图。出现在价格线图中的价格也可以是其他的价格，比如最高价或最低价。但在实际中，因为收盘价是最重要的价格，所以使用收盘价多一些。

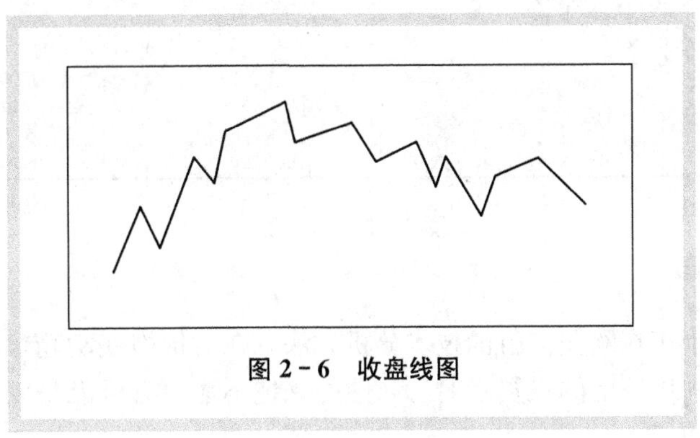

图 2-6 收盘线图

六、对数 K 线（log K）和对数棒线（log B）

这是 K 线和棒线的变形，若将前面 K 线图和棒线图中使用的刻度从算术刻度换成对数刻度，就得到这种线。关于刻度的问题，本书将在后文中介绍。

第二节 ○×图和宝塔线

这两个技术图形以及后文将要介绍的技术图形的画法比较复杂，在中国的使用不普遍。本书不将它们作为重点内容，只是简单地说明。除了宝塔线之外，其余几种图形都属于不规则的时间序列坐标图形。

一、○×图

○×图的英文名称叫 point and figure chart，简称 P&F 图。在图形中，“○”表示下跌，不是英文字母 O；“×”表示上涨，不是英文字母 X。这里的涨跌是以收盘价为判断标准。○×图的基本形状如图 2－7 所示。

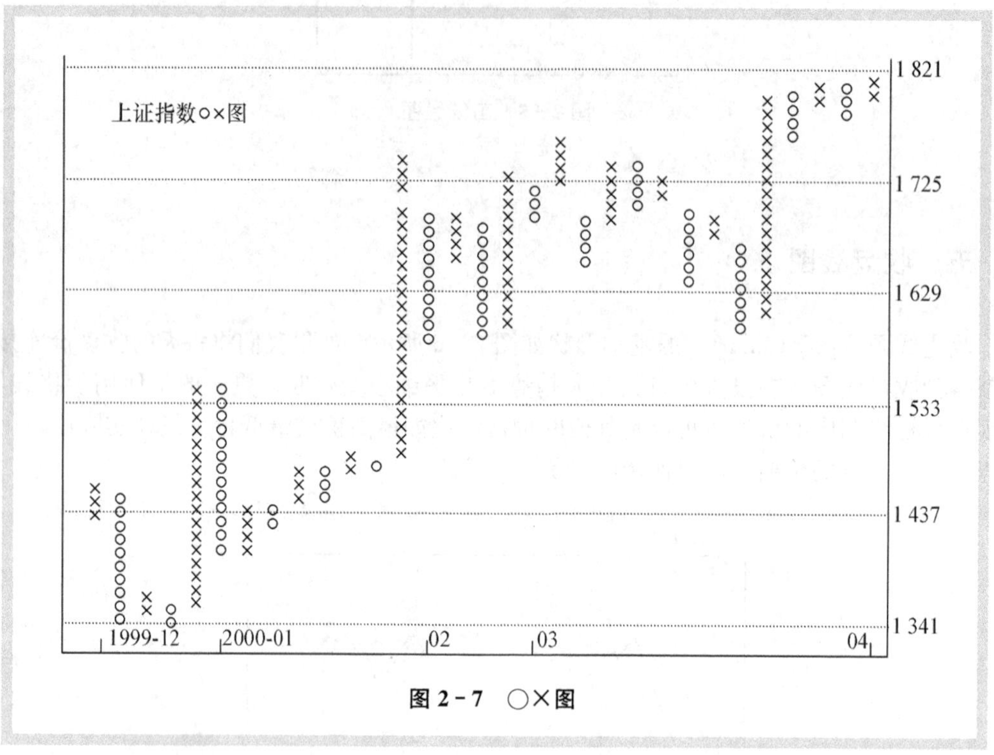

图 2－7　○×图

○×图是近几十年在欧美流行的技术分析方法，在对价格变动趋势的预测方面有一定的效果。目前，国内市场上的投资者对○×图的兴趣不大，有可能是因为○×图的画法比较复杂，使用不方便。

（一）○×图的画法

○×图的画法与 K 线极为不同，两者最大的区别就是，并不是每天的情况都会在图上体现出来。有时好几天的数据可能画在一列，而有时某一天的数据可能根本就不往上画。○×图画出结果之前，已经对数据进行了初步的整理、筛选。○×图的画法分为下面的三个步骤：

1. 确定每天的符号

首先把当天的收盘价格与前一个交易日的收盘价格进行比较，进而决定当天的○×符号是用“○”还是用“×”。如果今天的收盘价比上一个交易日的收盘价高，则今天的符号用“×”，表示是上涨日；如果今天的收盘价比上一个交易日的收盘价低，则今天的符号用“○”，表示今天是下降日。

2. 确定是否需要新画一列“○”或“×”

如果今天使用的符号“○”或“×”与上一个交易日的符号相同，就不需要“另起炉灶”，无须重新画一列“○”或“×”，只需要在原来的“○”列或“×”列的基础上进行补充即可。如果今天使用的符号“○”或“×”与上一个交易日的符号不相同，则需要新画一列。由此可见，○×图是涨时加涨，跌时加跌。

3. 确定每列“○”或“×”的范围

以每天的最高价和最低价决定每列“○”或“×”的范围，分为下面两种情况：

（1）如果当天需要新画一列“○”或“×”。此时，只要将当天的最高价和最低价的高度标出，然后用应该使用的符号“○”或“×”将从最高价到最低价的区域填满。

（2）如果当天不需要新画一列“○”或“×”。这时，需要对原来的“○”列或“×”列进行补充。补充的方式以当天的最高价和最低价与原来的“○”列或“×”列的最高位和最低位进行比较，进而决定是否需要补充原来的“○”列或“×”列。

第一，如果今日的最高价比这个“○”列或“×”列的最高点还高，则在这个“○”列或“×”列之上需要增加“○”或“×”的符号，原来的“○”列或“×”列将变得更高，新的高度是今日的最高价。

第二，如果今日的最高价比这个“○”列或“×”列的最低点还低，则在这个“○”列或“×”列之上需要增加“○”或“×”的符号，原来的“○”列或“×”列将变得更低，新的下端是今日的最低价。

第三，如果今日最高价没有高过原来“○”列或“×”列的高点、今日的最低价也没有低过原来“○”列或“×”列低点的高度，则原来的“○”列或“×”列就不需要调整。也就是说，今日的数据在图形上没有体现，这一点是○×图很独特的地方。

画○×图的过程可以简述为：先决定今日的符号是用“○”还是用“×”，再决定是否应新画一列，最后决定这列“○”或“×”的长度和位置（“○”或“×”的符号所覆盖的区域）。

应该说明的是，在比较特殊的情况下，如果今日的收盘价与上一个交易日的收盘价相同，则今日的“○”或“×”符号与上一个交易日相同。

（二）○×图与K线图的异同点

○×图和K线图都表示多空双方经过争斗的结果：前者以表示涨跌为主，注重最大最小值，反映的是一段时间的情况，而不是每一天的情况；后者以阴和阳表示每天买卖双方的实力，不仅反映争斗结果，而且反映争斗过程。

在显示未来价格动向时，○×图更明确，因为它注重的是最高价和最低价，可以很容易地看到近期的局部高点和低点。在价格进入横向整理阶段时，○×图和K线图都会出现整理形态，只是形状不同，而且在整理的后期，两者都会出现最后关键性地向上或向下突破的时刻。

○×图的优势是可以清楚地从图中看出横向整理以及向上、向下突破的趋势，进而精确掌握整理将要结束时的交易时机。

相对于K线图，○×图有很多不足之处。首先，由于不是每天的价格变动都反映在图上，○×图对“小幅度的价格波动”进行了压缩和忽略，使得K线图中能够使用的支撑压力线以及形态学方面的各种形态在○×图中几乎没有用武之地。因此，○×图对价格今后升降的幅度无法给出有用的提示，不能暗示价格今后上升或下降的高度，甚至连参考高度都没有。另外，○×图不与成交量联系，使得已经得到公认的量价配合得不到保证，这就容易产生一些假突破和伪信号。

（三）○×图的使用法则

使用○×图是以○×图的形状为基础，其形状主要有五个种类：平头形（包括二点平头形和三点平头形）、对称三角形、倾斜形和盘整形。本书不具体画出这些形状。

（1）二点平头形。表示在一段横向整理阶段结束后向上或向下突破时，这时是买进或卖出的时机。同以往所碰到的突破一样，这里的突破也有是否被确认的问题。

（2）三点平头形。与二点平头形的含义一样，也是横向整理后的突破，只不过三点平头形在突破之前多经过了一次往返。平头形在某种意义上有点类似于双重顶底和三重顶底。

（3）对称三角形。当价格进入横向整理的末期，价格上下波动的幅度就会越来越小，最后价格会在一个窄小的范围内摆动，从○×图上看就会出现一个对称三角形的形状。横向整理之后，当然就是突破了，但它突破的方向是不确定的，可上可下，在突破之后就是买入或卖出的时机。这一点同形态理论中的对称三角形形态有极为相似的地方，但是这里没有保持原有趋势这一说法。

（4）倾斜形。在价格缓慢上升时，会出现一底比一底高的情况，反映在○×图上就是向上倾斜的形状。同样，如果是缓慢下降局面，则会一底比一底低，出现向下倾斜的形状，这有点类似于形态理论中的直角三角形。当价格向上突破或向下突破直角三角形的水平直角边线时，就是买进或卖出的信号。

（5）盘整形。当价格在某个范围出现得较多，则这个价位的○和×出现的次数也较多，这个范围称为成交密集区。如果价格突破了成交密集区，价格将上升或下降到一个新的价位区域。当然，这不是绝对的。盘整形有时要用到平头形的内容。

二、宝塔线

宝塔线（tower）的基本形状如图 2－8 所示。从图中可以看出，与 K 线相比，宝塔线的模样只有阴阳实体，没有上下影线。与○×线相比，宝塔线更接近 K 线。从某种意义上讲，宝塔线是对 K 线的“改造”。宝塔线在我国流行过一段时间，本书只做简单介绍。

（一）宝塔线的画法

画宝塔线只用到收盘价，没有用到其他几种价格，画宝塔线是逐个交易日进行的。画宝塔线的两个要点是：一是确定每日宝塔线是阴线还是阳线；二是确定每根宝塔线实体的上端和下端的价格位置。只要明确这两个要点就完全确定了宝塔线。

假设已经得到了上一交易日的宝塔线，我们将以此为基础，构造出今日的宝塔线。

1. 假设上一交易日的宝塔线为阳线

用 HP 表示这根宝塔线的上端，以 LP 表示其下端，以 C 表示今日的收盘价，则绘制今日的宝塔线分为下面三种情况：

（1）若 $C>HP$，则今日宝塔线为阳线，上端为 C，下端为 HP。

（2）若 $HP>C>LP$，则今日宝塔线为阳线，上端为 HP，下端为 C。

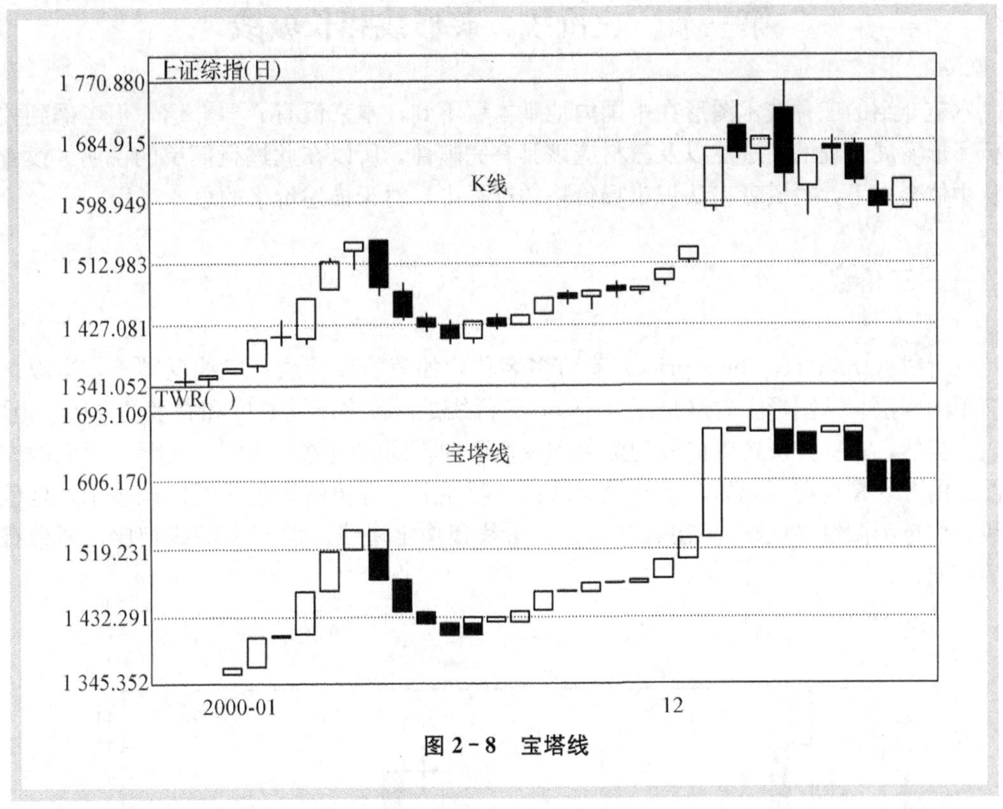

图 2－8 宝塔线

(3) 若 $C<LP$，则今日宝塔线是特殊阴线，上半部分为阳线，下半部分为阴线。宝塔线上端为 HP，下端为 C，中间以 LP 为界，上阳下阴。这样的宝塔线属于阴线。

2. 假设上一交易日的宝塔线为阴线

以 HP 表示这根宝塔线的上端，以 LP 表示其下端，以 C 表示今日的收盘价，则绘制今日的宝塔线分为下面三种情况：

(1) 若 $C<LP$，则今日宝塔线为阴线，上端为 LP，下端为 C。

(2) 若 $HP>C>LP$，则今日宝塔线为阴线，上端为 C，下端为 LP。

(3) 若 $C>HP$，则今日宝塔线是特殊阳线，上半部分为阳线，下半部分为阴线。宝塔线上端为 C，下端为 LP，中间以 HP 为界，上阳下阴。这样的宝塔线属于阳线。

(二) 宝塔线的简单使用法则

宝塔线从本质上说是收盘价的曲线，但是，我们通过宝塔线能更清楚地发现上升和下降的程度，便于发现上升和下降的力量是否已经用尽。正是出于这种考虑，才有如下的宝塔线使用法则：

(1) 阴线变成阳线，俗称黑翻红，是买入的时机。阳线变成阴线，俗称红翻黑，是卖出的时机。但整理时期幅度小的红黑翻转，并不是行动的信号。

(2) 在高位之后出现的长阴是获利了结的信号。

(3) 三平头的阳线是卖出信号，三平底的阴线是买入的信号。

(4) 结合 K 线组合和移动平均线的位置等技术分析方法，是使用宝塔线的前提。

第三节 三价线、砖形线和长城线

本节介绍的三种技术图形在中国内地基本看不到，本来没有必要介绍，但考虑到技术分析图形发展过程的渐进性以及教材应该具有完整性，所以在此进行简单的说明。读者可以从中体会一下，投资者在认识市场价格的过程中，对于描述价格的思考过程。

一、三价线

三价线（three step new price）有许多名称，如三值反转线、三线反转等，本教材采用简单的叫法。从图形上看（见图2-9），三价线是由许多不同长度和高度的方块（矩形）组成，当然，这些方块还应该分为黑色和白色两种不同的颜色。从图形上看，后面的方块与前面的方块是连在一起的，中间没有缺口。习惯上，方块的颜色用黑白来表示，黑色为阴线，白色为阳线（红线）。初看起来，三价线很像宝塔线，但与宝塔线相比，两者有本质的不同。

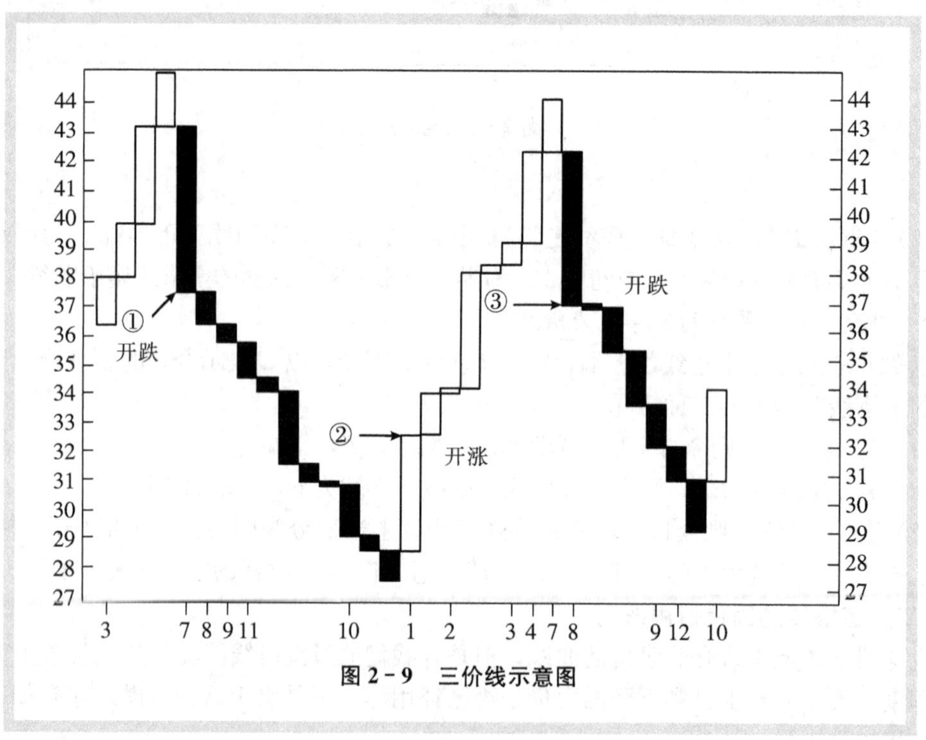

图2-9 三价线示意图

（一）三价线的绘制方法

三价线以收盘价为基础绘制，并且只考虑收盘价，其他价格对三价线的绘制不起作用。随着时间的推移，当价格出现新高或新低的时候，需要绘制一根新的阴线或阳线。如果价格没有出现新高或新低，就不必新画一根阴线或阳线，这一点与○×图有相似的地方。

1. 绘制三价线需要解决的问题

绘制三价线需要明确的最主要问题为是否需要新画一根线（方块）。其次，是新画线的位置，即新画方块的高点和低点位置。最后，是新画方块的颜色，即阴线还是阳线。

2. 最初三根线的画法

画第一根线需要事先设定一个基准价格 J（base price），可分为下面三种情况：

- 如果第一天的收盘价 C 高于基准价格 J，则需要新画一根阳线（白色），方块的高点是 C，低点是 J。
- 如果第一天的收盘价 C 低于基准价格 J，则需要新画一根阴线（黑色），方块的高点是 J，低点是 C。
- 如果第一天的收盘价 C 等于基准价格 J，则不需要新画一根线。

对于第二根线的画法，需要用收盘价与前一根线进行比较。只有当收盘价越过了前一根线的价格区间（最高和最低之间的区域）时，才需要新画一根线。至于新画线的颜色和位置，也有一定的规则，具体的画法如下所述：

- 如果收盘价 C 高于前一根线的高点 H，则新画线是阳线。该阳线的高点是 C，低点是 H。
- 如果收盘价 C 低于前一根线的低点 L，则新画线是阴线。该阴线的低点是 C，高点是 L。
- 如果收盘价处于 PL 和 PH 之间，则不需要新画一根线。

第三根线的画法，需要用收盘价与前两根线进行比较。只有当收盘价越过了前两根线的价格区间（最高价和最低价之间区域）时，才需要新画一根线。我们用 PH 和 PL 分别表示（离当天最近的）前一根线的高点和低点，具体的画法如下所述：

- 如果收盘价 C 高于前两根线的高点 HH，则新画线是阳线。该阳线的高点是 C，低点是 PH。
- 如果收盘价 C 低于前两根线的低点 LL，则新画线是阴线。该阴线的低点是 C，高点是 PL。
- 如果收盘价处于 LL 和 HH 之间，则不需要新画一根线。

3. 第四根线及其以后的画法

从画法的原则上讲是相似的，具体的画法分为两种情况：

(1) 前面是连续 3 阴线或 3 阳线时，其画法如下：

- 如果收盘价 C 高于前 3 根线的高点 HHH，则新画线是阳线。该阳线的高点是 C，低点是 PH。
- 如果收盘价 C 低于前 3 根线的低点 LLL，则新画线是阴线。该阴线的低点是 C，高点是 PL。

如果收盘价处于 LLL 和 HHH 之间，则不需要新画一根线。

(2) 前面不是连续 3 阴线或连续 3 阳线。此时，第四根线以后的画法与前三根相似，即将收盘价与前两根线比较，决定是否需要新画一根线。

(二) 三价线的应用

只有当收盘价突破了前面三根线之后，才能新画一根线，因此三价线依据的原理是三次反转的思路。三价线在实际应用中有很多的做法，有人总结了很多类似于后文将要介绍的K线组合形态的固定“模样”，投资者可以根据这些模样所提示的信号进行买卖。由于篇幅限制，下面仅列举其中最基本的两个：

（1）“连续3阳线或3阴线”是趋势保持的信号。如果出现连续上升的3根阳线，说明价格处在上升的趋势中，应该保持多头的思维。反之，如果出现连续下降的3根阴线，说明价格处在下降的趋势之中，应该保持空头的思维。

这里应用了在技术分析中经常用到的数字3。一般来说，如果某种过程连续维持了三次，从心理上讲，人们就普遍对其有了认同感。至于是否有道理，是否符合某个现有的规律，就不必去追究了。

（2）“白转黑”和“黑转白”是趋势反转的信号。这里的“白转黑”是指在连续3根以上的阳线之后，出现一根长阴线低于前面3根阳线的低点。一般来说，连续3根阳线说明价格处在上升的趋势中，而一根阴线的出现说明趋势已经从上升转为下降，这时系统所发出的信号是卖出。与此相似，“黑转白”所发出的信号是买入。

二、砖形线

砖形线（renko chart）是由许多不同位置、不同颜色的方块（砖块）组成（见图2-10），这一点与前面介绍的三价线相似。但是，我们应该注意到在砖形线中，每个方块的高度是相同的，后面的方块与前面的方块是连在一起的，中间没有缺口。

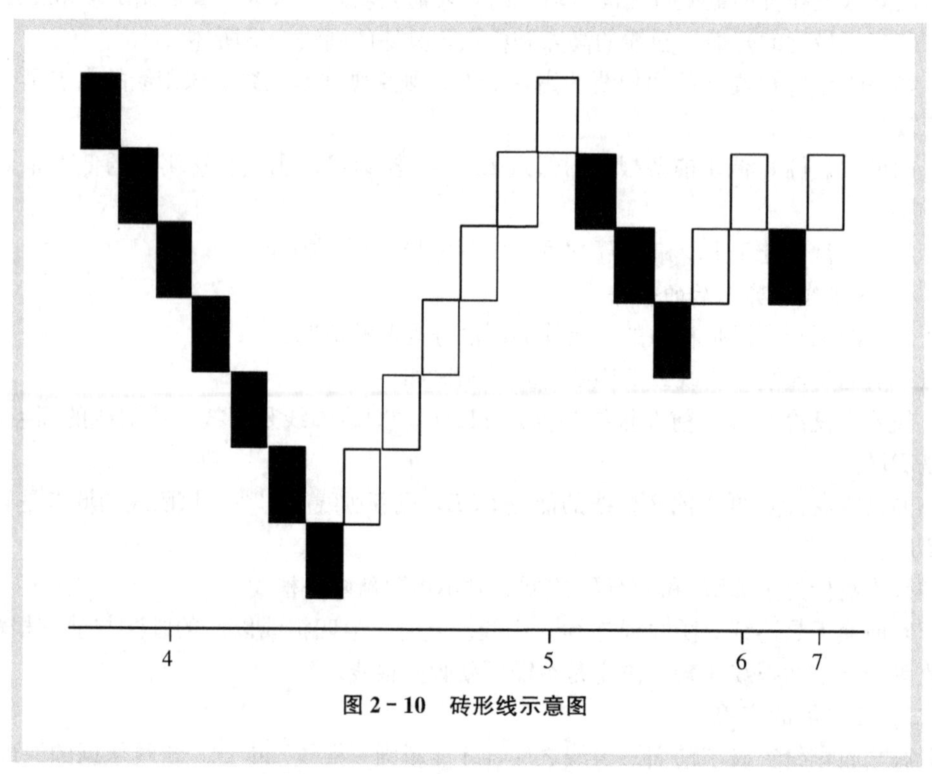

图2-10　砖形线示意图

(一) 砖形线的绘制方法

砖形线以收盘价为基础绘制，并且只考虑收盘价。随着时间的推移，当价格出现新高或新低时，需要绘制一根新的阴线或阳线。如果价格没有出现新高或新低，就不必新画一根阴线或阳线。

1. 绘制砖形线需要解决的问题

首先，绘制砖形线同样需要明确是否需要新画一根线（砖块）。其次，是新画砖块的位置和颜色。最后，是新画砖块的数量。

与三价线相比，绘制砖形线还要确定是否需要新画砖块，我们不仅需要比较价格的高低，还需要知道升高或降低了多少。此外，为了确定需要画的砖块数量，还需要事先设定一个最小价格差幅标准 P。随后我们将知道，每块砖的高度都是 P。

2. 第一块砖的画法

画第一块砖需要事先设定一个基准价格 J，具体的绘制过程分为下面三种情况：

(1) 如果收盘价 C 高于基准价格 J，并且 $C-J\geqslant P$，则需要新画 1 块或多块白色砖块（阳线），砖块的数量为分数 $(C-J)/P$ 的整数部分。第一块砖的起点是 J，每块砖都占据一格，并且高度相同，都是 P。

(2) 如果收盘价 C 低于基准价格 J，并且 $J-C\geqslant P$，则需要新画黑色砖块（阴线）。每块砖的高度相同，砖块的数量为分数 $(J-C)/P$ 的整数部分。

(3) 如果收盘价 C 不满足上面两种情况，则不需要新画一根线。

3. 第二天及其以后砖块的画法

需要用当天的收盘价 C 与前一块砖的高点 PH 和低点 PL 进行比较，具体的画法如下所述：

(1) 如果当天收盘价 C 高于前一块砖的高点 PH，并且 $C-PH\geqslant P$，则需要新画 1 块或多块白色砖块（阳线），砖块的数量为 $(C-PH)/P$ 的整数部分。新砖块中第一块砖的低点是 PH，每块砖的高度为 P，都占据一格。

(2) 如果当天收盘价 C 低于前一块砖的低点 PL，并且 $PL-C\geqslant P$，则需要新画 1 块或多块黑色砖块（阴线），砖块的数量为 $(PL-C)/P$ 的整数部分。新砖块中第一块砖的高点是 PL，每块砖的高度为 P，都占据一格。

(3) 如果当天收盘价 C 不满足上面两种情况，则不需要新画一根线。

(二) 砖形线的应用

与三价线相比，砖形线的应用非常“单纯”，其基本的思路是趋势反转的确认问题。具体地说，就是“白转黑”和“黑转白”的问题。前者属于看空的信号，应该买入；后者相反，属于看多的信号，应该卖出。

三、长城线

长城线（kagi chart）有很多名称，如折线、钩形线、价格区间线、差价线等。长城线不是由方块组成，而是由水平和垂直的线段构成，上下曲折蜿蜒移动（见图 2-11）。作者认为其形状酷似中国的万里长城在地图上的符号，因而用“长城线”对其进行命名。实际上，在日文中 kagi 是钥匙的意思，据说这种线的形状如同以前的钥匙。

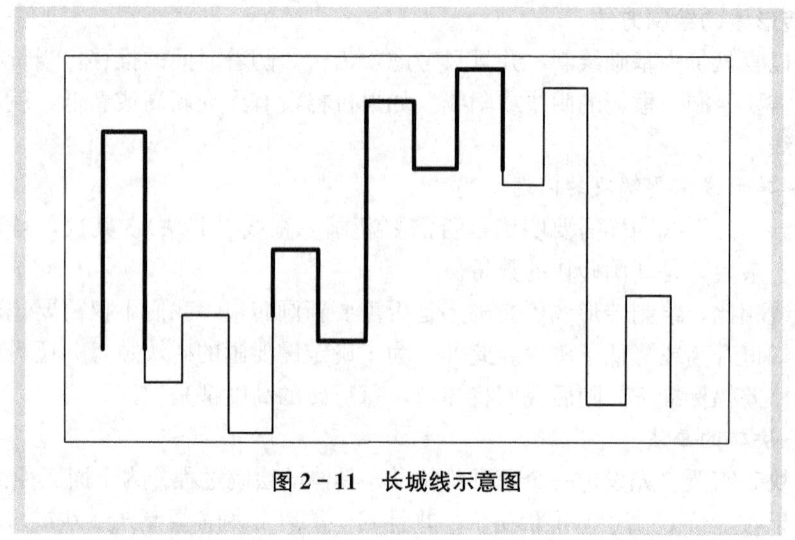

图 2-11 长城线示意图

(一) 长城线的绘制方法

长城线以收盘价为基础绘制。我们事先需要选定反转的价格幅度标准 P，只有当价格的实际反转差异大于或等于 P 的时候，才需要绘制一条新的线条。此外，线条没有阴阳之分，只有粗细之别，从细线条变成粗线条相当于从阴线反转成阳线。当然，这里的价格幅度标准可以有多种设定方式，如百分比幅度（相对量）和价格波动绝对量，一般采用的是价格绝对量。

1. 绘制长城线需要解决的问题

绘制长城线首先需要明确是否需要新画一条线。其次，是新画线的位置和粗细。最后，是新画线的数量。如果不需要新画一条线，那么原来的线条是否应该调整，如何调整？

2. 第一天的长城线画法

画第一天的长城线需要事先设定一个基准价格 J，分为下面三种情况：

(1) 如果收盘价 C 高于基准价格 J，并且 $C-J\geqslant P$，则需要新画一条粗线条。该粗线条的低点是 J，高点是 C。

(2) 如果收盘价 C 低于基准价格 J，并且 $J-C\geqslant P$，则需要新画一条细线条。该细线条的低点是 C，高点是 J。

(3) 如果收盘价 C 不满足上面两种情况，则不需要新画一条线。

3. 第二天及其以后的画法

需要用当天的收盘价 C 与前一条线条的高点 PH 和低点 PL 进行比较。此外，还要区分前面一条线的粗细，具体的画法如下：

(1) 在价格没有发生反转的情况下，此时分为两种情况。

第一，当天收盘价 C 高于前一条粗线条的高点 PH，并且 $C-PH\geqslant P$，则需要将前面一条粗线条向上延伸（加高）。新线条的高点为 C。

第二，当天收盘价 C 低于前一条细线条的低点 PL，并且 $PL-C\geqslant P$，则需要将前面一条细线条向下延伸（减低）。新线条的低点为 C。

（2）若价格发生反转，并且幅度达到 P。如果当天收盘价 C 高于前一条细线的低点 PL，或 C 低于前一条粗线的高点 PH，都称为发生了反转。如果 $PH-C \geqslant P$ 或 $C-PL \geqslant P$，称为幅度达到了 P。此时，需要在前面一条线条的右边新画一条垂直线条。新线条和前面一条线条之间用短横线连接。这条短横线被称为“转折线”，具体的画法又分为两种情况。

第一，C 处在 PH 和 PL 之间，即 $PH \geqslant C \geqslant PL$。此时，新线条的粗细与前一条线条的粗细相同，两个端点是 C 和 PH（粗线条）或 PL（细线条）。

第二，C 处在 PH 和 PL 之外，即 $C \geqslant PH$（或 $PL \geqslant C$）。此时，新线条的两个端点是 C 和 PH（或 PL），分为粗和细两个部分，上半部分是粗线，下半部分是细线条，中间的分隔点是 PH（或 PL）。

（3）如果当天收盘价 C 不满足上面两种情况，则原图没有变化。

（二）长城线的应用

应用长城线的基本思路仍然是趋势反转的确认问题。当长城线由细变粗的时候，相当于前面的“黑转白”。同理，由粗变细相当于前面的“白转黑”。前者属于看多的信号，应该买入；后者相反，属于看空的信号，应该卖出。

第四节　市场价格横截面图

市场价格横截面图的英文是 market profile。如果按原文直译，market profile 是市场轮廓或市场的外形图，有些人把 market profile 翻译成四度空间。实际上，从绘图的观点看，market profile 就是一种绘图的方式，与前面介绍的○×线等绘图方法一样，都是对市场的一种描述。

本书根据 market profile 图的具体绘制方法和所表示的实际含义，将 market profile 图翻译成市场价格横截面图，也可以翻译成市场价格剖面图。

由于绘制 market profile 图比较麻烦，目前 market profile 图还没有在中国内地流行。在作者的印象里，只有汇金和金智等少数软件中有绘制 market profile 图的功能。

一、market profile 图的基本形式和画法

图 2－12 是 market profile 图的基本形式。该图分为两个部分，左边部分是上面介绍过的 high-low 线，右边的部分才是 market profile 图，纵坐标的数字表示价格的高低。

从图 2－12 可以看出，如果将 market profile 图旋转 90°，market profile 图就成了常见的柱状图。后面我们将会看到，为了使用方便，market profile 图只能绘制成图 2－12 那样的“横放柱”。

在绘制 market profile 图之前，我们需要确定一个时间范围，选择一个时间段，这其实就是 market profile 图的“参数”。一般来说，这个参数事先确定好后就固定不变了。之后，画 market profile 图需要两个基本的要点，即 market profile 图中“横放柱”的位置和“横放柱”的长度。

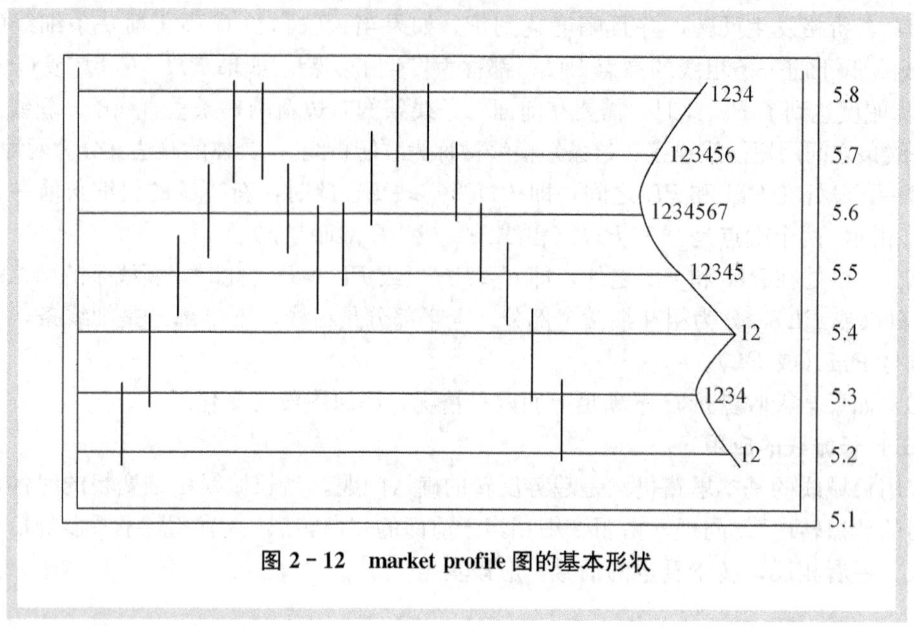

图 2-12 market profile 图的基本形状

(一)“横放柱”的位置

“横放柱”的位置就是价格的位置，以纵轴为标准。为了不使 market profile 图中的“横放柱”过多而使得图形过于密集，可将价格区域分成一些等距离的小区间。例如，可以 0.05 元、0.1 元或别的某个数字作为划分小区间的“宽度”，然后在每个划分点的位置放“横放柱”，其余的价格位置就不放了，小区间的宽度可以根据具体的情况设定。很显然，如果是价格比较高的证券，“宽度”应该比较大；如果是价格比较低的证券，“宽度”应该比较小。

(二)“横放柱”的长度

因为是横向放置，所以图形中“横放柱”的长度表示了“宽度”。某个“横放柱”的宽度取决于价格在波动过程中“接触”过该“横放柱”价格位置的次数，“横放柱”的长度就是曾经达到过的次数。次数越多，“横放柱”越长。当然，在数次数的时候要涉及所选定的时间范围，应该在时间范围之内进行统计。

画出了每个小区间的“横放柱”之后，就可以得到整体的 market profile 图。由于我们考虑的是 high-low 图中每个横截面或横剖面（价格）的情况，所以把 market profile 图称为价格横截面图或价格横剖面图应该更合适。

二、market profile 图改变了“常规”的绘图思路

目前，大多数的绘图方式都以水平轴表示时间，以纵向轴表示价格或某个指标值。这样的绘图“进程”就是以水平轴——时间为依据。

market profile 图改变了传统的绘图思路，绘制的“进程”是以纵轴——价格为依据，逐个价格区间进行。

三、market profile 图反映了市场本质

“当前的市场情况下，以 5 元持有股票 A 的有多少？以 6 元持有股票 A 的有多少？”在进行市场分析时，我们希望了解上述问题，这实际上就是市场中常说的“筹码分布”问题。

从上面 market profile 图的画法中可知，market profile 图实际上试图表现“筹码”的分布情况。也就是说，它试图为市场画出一个“轮廓”，也许这就是使用 profile 这个词的原因。

market profile 图表示在某个时间段内，每个价格高度曾经被触及的次数。如果时间单位选择的是日（day），则 market profile 图中横向“柱子”的长度表示在过去的某个固定时间长度内，总共有多少个交易日达到过某个价格。例如，图 2-12 中的 5.5 元，长度是 5，说明在过去的某个时间区域之内，一共有五个交易日的价格达到过 5.5 元。

显然，market profile 图对时间因素考虑得更多，时间因素在 market profile 图中显然更重要。我们从 market profile 图的长短就可以知道价格在某个区域所停留的时间长短。如果价格波动是在某个小区域进行整理或盘整，那么 market profile 图中的“横放柱”在这个价格区域就会比较长，说明过去在这个价格段停留过较长的时间。

四、market profile 图的使用方法

使用 market profile 图是根据“筹码分布”的原理，market profile 图主要有单峰和多峰两种情况。如果 market profile 图的图形是单峰的形状，说明筹码的成本比较集中在这个区域；如果是多峰的情况，说明筹码的分布比较分散。

进一步，我们从 market profile 图中可以发现价格的支撑压力位置，筹码集中的地方，就是支撑压力的地方。在 market profile 图为单峰的情况下，如果“峰”越尖锐陡峭，则筹码越集中，支撑压力的作用也越强。相反，在 market profile 图为多峰的情况下，寻找比较靠得住的支撑压力位置就比较困难。

第五节　多指标配合图

配合图是指在同一张大的“母图”中同时出现多个反映市场行为因素的“子图形”，最常用的是价量图——价格和成交量。此外，还有价格—技术指标图。在通常情况下，同时出现的指标应该在三个以内，如果太多，将降低每个“子图”的分析作用。

一、价格与成交量配合

价格与成交量的配合图是最常见的。价量图中出现了价格因素和成交量的因素，反映价格因素的可以是 K 线或其他前面介绍的价格图，反映成交量的是柱状线。

图 2-13 是 K 线图和成交量配合的技术图形，上面是表示价格的 K 线，下面类似于直方图的方块是表示成交量的柱状线，方块的高低表示成交量的大小。价量配合是进行技

术分析所必须考虑的问题，这样的图形显示了在价格波动过程中所伴随的成交量变化情况，我们从中可以判断价量是否配合。

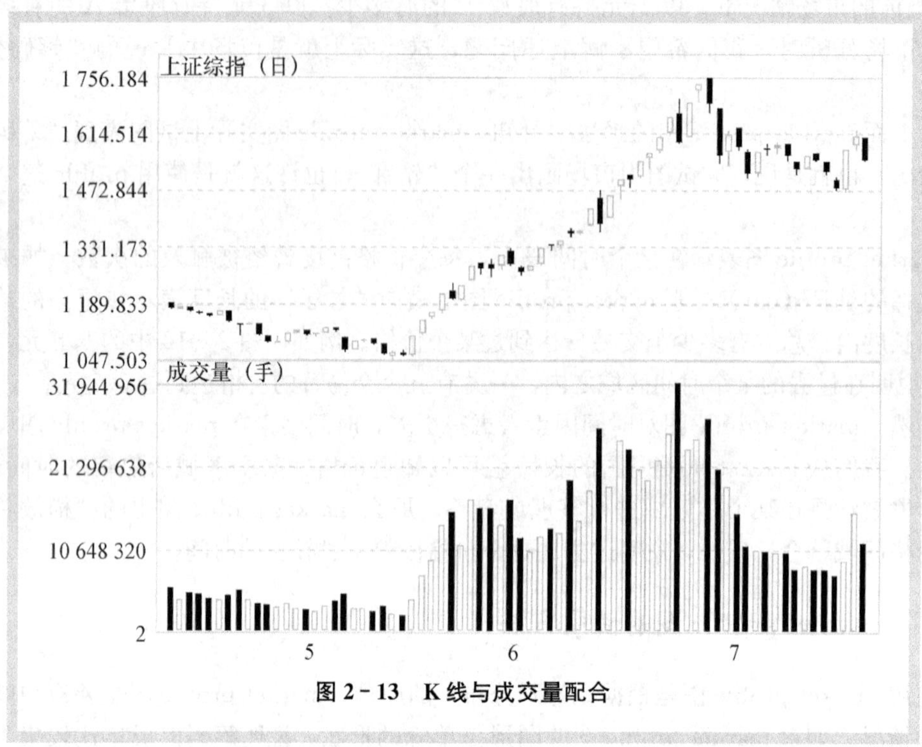

图 2-13 K 线与成交量配合

图 2-13 中显示的是属于价量配合的情况，即价格上升时成交量大，下降时成交量小。对于不配合的情况，这里没有给出实际例子。图中在成交量边上标出的“手”是一个特定的数量单位，1 手=100 股。

二、价格与技术指标配合图

价格与技术指标的配合图也是很常见的。在图形组合中，上面是价格，下面是技术指标，反映价格因素的可以是 K 线或其他前面介绍过的价格图，反映技术指标的可以是任何一个技术指标。技术指标的种类繁多，选择的余地很大。从价格与技术指标的配合图中，我们可以很清楚地看到价格波动与技术指标波动的配合过程。我们在后文将会看到，有些技术指标必须与价格图形配合才能起作用，如 OBV 等自身取值大小没有实际意义的技术指标。另外，有些技术指标的功能必须涉及价格曲线，如技术指标与价格曲线的背离。

技术指标法是重要的技术分析方法，而价格与技术指标配合图显示了在价格波动过程中技术指标的变化情况，从而为使用技术指标判断行情提供了帮助。组合图形中的技术指标可以根据自己的爱好进行选择，有时图形的下面还可以同时出现多个技术指标。

图 2-14 是 K 线图和技术指标 RSI 的技术图形，上面是表示价格的 K 线，下面是表示技术指标 RSI 的曲线。图中有两条 RSI 曲线，它们的参数分别是 5 和 10。

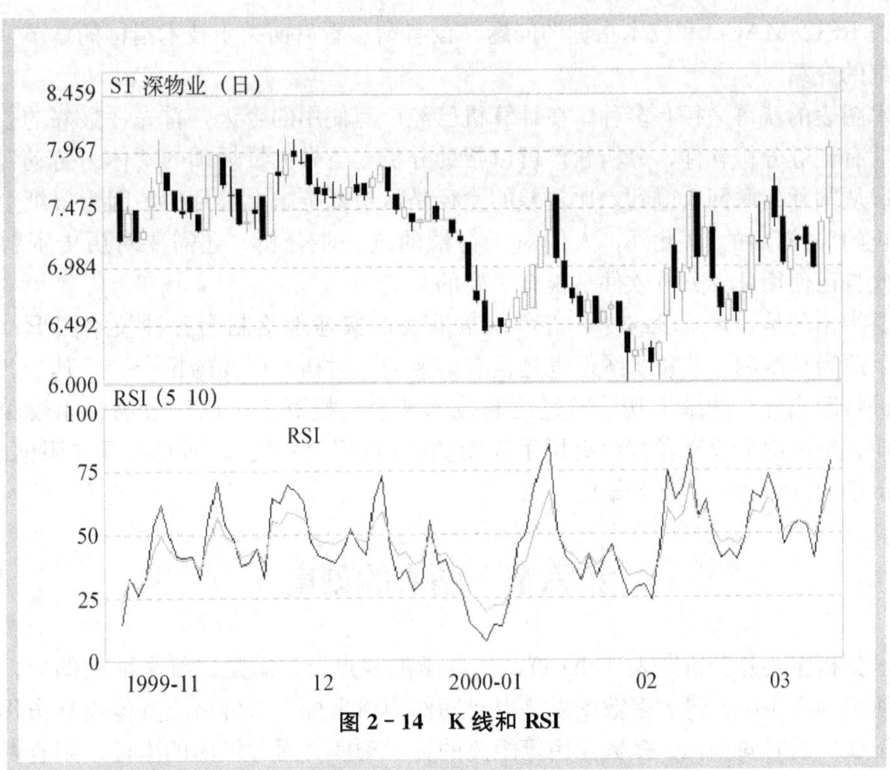

图 2-14　K 线和 RSI

图 2-15 是 K 线图和技术指标 MACD 配合的技术图形。MACD 中有三个指标，前两个指标的图形是曲线形，后一个指标的形状是柱状形。

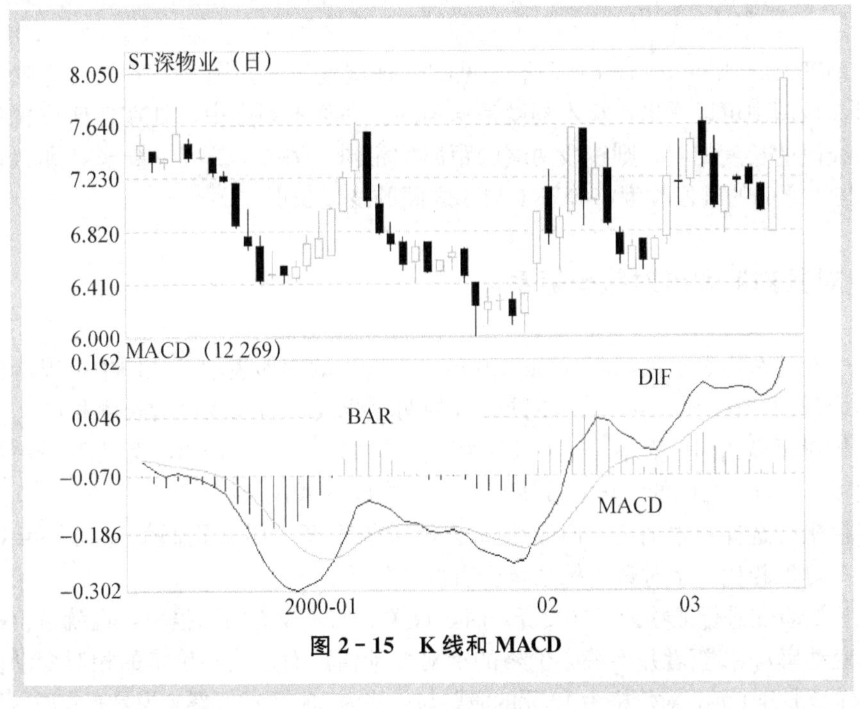

图 2-15　K 线和 MACD

有关RSI、MACD和技术指标的问题，读者请参看后面关于技术指标的章节，在那里将有详细的介绍。

技术图表的获得途径有多种。在计算机已经广泛使用的今天，首先，最好的获得方法是自己拥有证券分析软件，分析软件可以帮助分析人员做大量烦琐的“体力劳动”。其次，我们可以从国际互联网上得到。比较差的途径是从报纸杂志上得到的，因为报纸上的图表是“静止的”“滞后的”。此外，人们对于行情的进一步分析，还需要对历史资料进行保存，因此自己使用证券分析软件是很有必要的。

需要指出的是，现阶段的计算机可以帮助我们快速地绘制出各种技术图形；尽管如此，亲手适当地绘制一些技术图形也是很有必要的，对初入市场的投资者尤其如此，用手画图是进行图表分析的基本功。通过绘制技术图表，投资者可以对市场有比较深刻的认识。当前，绝大部分投资者都没有用手作图的“历史”和习惯。面对出现在眼前的图表，他们对市场的认识肯定是有欠缺的。

第六节　图表的刻度

技术分析主要是分析图表（chart），从数学的观点看，就是二维平面的图形。在技术分析所使用的图表中，绝大多数图表是以时间作为横坐标，以价格或其他指标值作为纵坐标。对于横向的时间坐标，多数是用等距离的算术刻度，而对纵向的坐标，则有两种刻度可供选择。

一、算术刻度

算术刻度（arithmetic scale）是最常见的一种刻度表示。图2-16的左边就是算术刻度的图形，从图中可以看出，算术刻度是均匀的。在算术刻度中，处在任何位置的两条线段，如果线段的长度相同，则线段两端的距离就相同。例如，$2-1=4-3$，那么在算术刻度中，2与1之间的线段长度将等于4与3之间的线段长度。

二、对数刻度和半对数坐标系

图2-16的右边是对数刻度（logarithmic scale）的图形表示。从图中可以看出，对数刻度是不均匀的。在对数刻度中，不同位置的两段线段，如果线段的长度相同，则线段两端数字的相对距离相同，而不是绝对距离相同。例如，$2-1\neq4-2$，但是$2:1=4:2$。在对数刻度中，2与1之间的线段长度等于4与2之间的线段长度。

如果横坐标选择算术刻度，而纵坐标选择对数刻度，那么我们就得到了半对数坐标系。与算术刻度相比，半对数坐标系至少有两个优势：

（1）投资者在进行证券买卖（投资）时，最关心的是投资的回报率，也就是价格变化的百分比（变动率）。投资者并不关心价格的绝对变动值，而是关心价格的相对变动值。这是因为，同样是上升1元，对价格为10元的股票与价格为100元的股票来说是有本质区别的。在

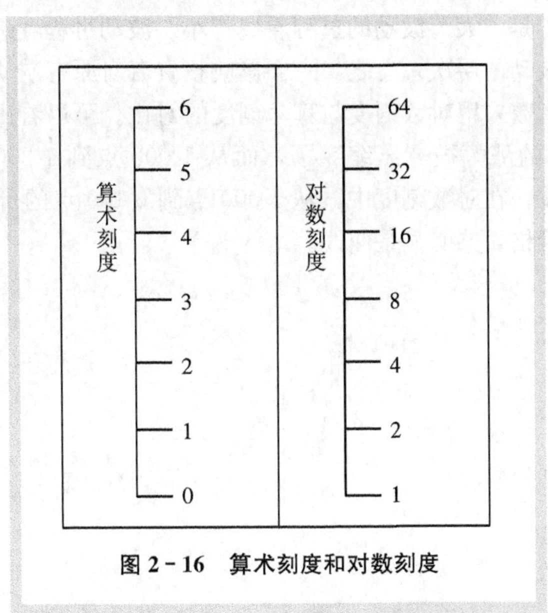

图 2-16 算术刻度和对数刻度

对数刻度中，“长度相同”表示“变动率相同”。这样，我们就可以更直观地比较上升或下降的百分比幅度。

（2）如果使用算术刻度，当同一图表中最高价格与最低价格在数值上相差很大时，图形就会“抹杀”低价格区域的价格变动，产生一个价格保持不变的假象。例如，美国的道琼斯工业平均指数（DJIA）从 100 点上升到 10 000 点，如果使用算术刻度，就会对 100 点附近的指数变动产生错觉。我国上海综合指数 2003 年是在 2 000 点附近，还显示不出算术刻度的“坏处”。今后，随着指数的上升，使用对数刻度将会成为必然。

三、刻度选择对技术分析的影响

图表刻度对技术分析方法的影响主要体现在支撑压力线、形态理论和波浪理论这三类方法上，对其他技术分析方法的影响不大。

（1）对斜支撑压力线有很大的影响。后面将要介绍，支撑压力线分为水平支撑压力线和斜支撑压力线两种。对于水平支撑压力线来说，刻度的选择对其没有影响。而对于斜支撑压力线来说，选择的刻度直接影响分析的结论，其影响主要反映在判断是否突破的时候。支撑压力线是直线，不随刻度的改变而改变，所以在不同的刻度下，原来在同一直线上的几个点，现在就一定不在同一直线上。趋势线、轨道线、速度线和甘氏线（角度线）都会直接受到影响。

（2）对形态识别的影响。对数刻度强调波动的百分比幅度，它对低价区的波动给予了过多的重视。当价格从低价上升到高价时，如果仍然使用对数刻度，我们将会发现，价格在高位的波动“变小”了，价格形态的形状也会在视觉上发生变化。

（3）对波浪理论的影响。对波浪理论的影响主要体现在两个方面：①在波浪理论中第 5 浪延伸的时候也会遇到轨道线是否突破的问题。②对数刻度压缩了价格在高价区域的波动，有可能将一些原本是“大”波动的过程看成“小”波动过程，进而改变其地位，或者被忽略，或者降低其波动的层次。总之，它会影响投资者对原有波动结构的判断。

图 2-17 是上证指数采用对数刻度与算术刻度的对比。可以看出，对数刻度与算术刻度相比，5 000 点以上的涨幅被“压缩”了，而从 1 000 点到 1 200 点的涨幅被“扩大”了。此外，从整体上看，在对数刻度中，从 1 000 点到 6 100 点的价格轨迹更像是一条直线，而算术刻度中的价格轨迹明显是曲线。

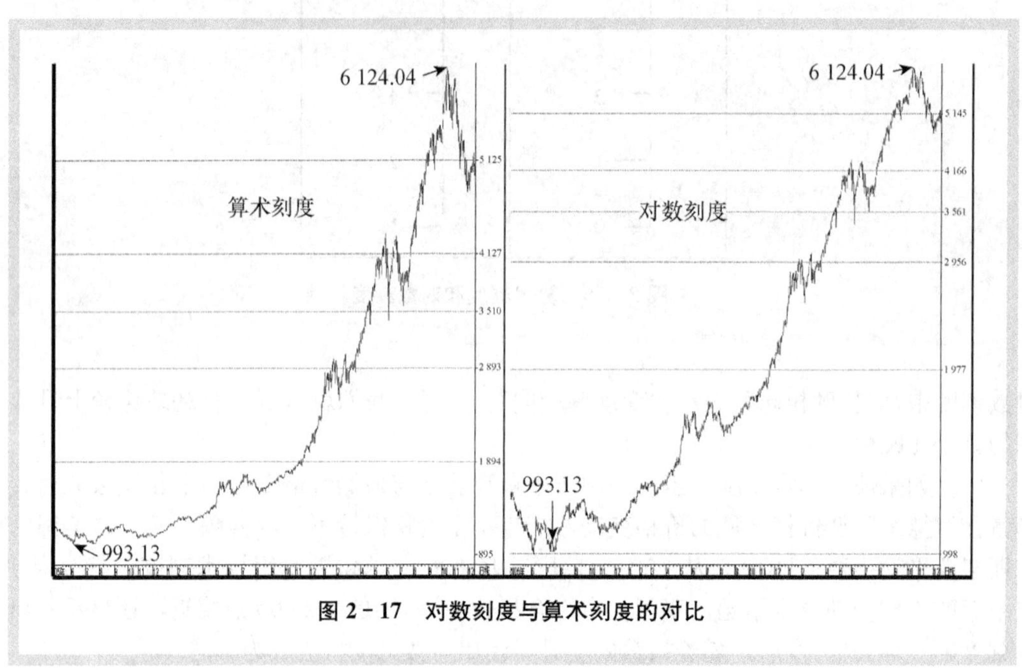

图 2-17　对数刻度与算术刻度的对比

本章小结

本章介绍了应用技术分析所必需的技术图形，详细介绍了这些图形的具体画法，对于部分图形还简单介绍了它们的使用方法和内涵。本章对坐标系中横坐标的两种可能选择进行了比较多的说明。最后，本章还对多图组合和纵坐标的对数刻度进行了介绍，并说明了它们的作用。

本章要点

1. 各种技术图形的画法。
2. 横坐标的规则和不规则的时间序列坐标。
3. 两种纵坐标的刻度。
4. 多种指标的结合图形。
5. market profile 图的意义。

本章关键词

技术图形　　多图组合　　K 线　　宝塔线　　对数刻度　　不规则时间排列

本章思考题

一、名词解释

K 线　　多图组合　　bar chart　　high-low chart

二、简答题

1. 如何画○×图和宝塔线?
2. 如何画 market profile 图? 该图的意义何在?
3. 对数刻度和算术刻度对技术分析的影响体现在什么地方?
4. 说明技术图表的重要性。
5. 何谓时间序列坐标是规则的?

第三章 K线理论

K线是进行图表分析最基本的“构件”。本章将介绍K线理论的主要内容，包括对单独一根K线和K线组合形态的介绍。如果要完整地说清楚K线理论，需要大量的篇幅。本章选择的是比较常用的、同时也是比较容易识别的K线组合形态。

第一节　K线概述

一、K线的起源

K线又称为日本线或蜡烛线，英文名称是candlestick或candle。K线据说起源于200年前日本的米市，米市类似于今天的商品期货市场。在本书所介绍的技术分析方法中，只有K线的“版权”属于东方人，其余的技术分析方法的“版权”都属于西方人。最初的K线理论被总结成Sakata5法。K线后来传到美国，被称为远东的分析方法。经过长期的运用和变更，K线理论在内容上发生了一些变化，本书只介绍其中较为常用的内容，而且从名称和用法上都采用美国的说法。

二、K线的画法

K线是一条柱状的线条，由实体（real body）和影线（shadow）组成，中间的方块是实体。影线在实体上方的部分叫上影线，在实体下方的部分叫下影线。实体分阴线和阳线，又称为红（阳）线和黑（阴）线，具体的画法如图3－1所示。

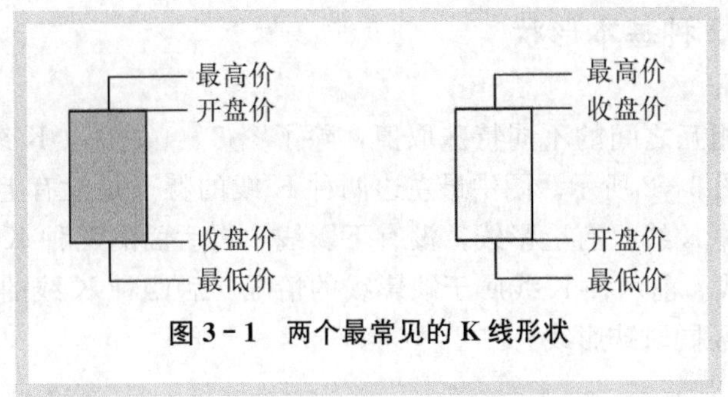

图 3-1 两个最常见的 K 线形状

画 K 线需要明确三个要点：一是上影线和下影线的位置；二是实体的位置；三是实体的阴阳。实体的模样是矩形，实体矩形的宽度是没有限制的，实体矩形上下边的位置由开盘价和收盘价确定，实体的阴阳由开盘价和收盘价的关系确定。在图 3-1 中，左边 K 线的开盘价高于收盘价，按照规定应该是阴线。在图 3-1 中，右边 K 线的开盘价低于收盘价，按照规定应该是阳线。上影线的位置由最高价确定，下影线的位置由最低价确定。在 K 线中，实体有长短之分，上下影线也有长短之分，实体的长度是开盘价与收盘价之间的距离。上影线的长度是最高价到实体上边之间的距离，下影线是最低价到实体下边之间的距离。

实体的阴阳和长短、上下影线的长短都是 K 线的重要特征，一根 K 线记录的是证券在一个交易单位时间内价格变动的情况，将各交易时间的 K 线按时间顺序排列在一起，就组成了该证券价格的历史变动情况，叫做 K 线图。

三、画 K 线所需要的四个价格

画出每个交易日的 K 线只需要用到四个证券价格——开盘价、最高价、最低价和收盘价。这四个价格是体现市场行为的最重要价格。

开盘价是指每个交易日的第一笔成交价格，这是传统开盘价的定义。由于存在人为地造出不合理开盘价的弊端，目前我国股票市场采用集合竞价的方式产生开盘价，从而减少了传统意义上开盘价的缺陷。

最高价和最低价是在每个交易日中，成交价格曾经出现过的最高价格和最低价格，它们反映股票价格上下波动的幅度大小。这两个价格如果相差悬殊，说明当时市场交易活跃，买卖双方争夺激烈。但是，最高价和最低价是瞬间的价格表现，同传统的开盘价一样，最高价和最低价也容易被人为做市而使价格脱离实际。最高价与最低价之间的间隔区域被称为当天的交易区域。

收盘价是多空双方经过一天的争斗最终达成的共识，是供需双方最后的暂时平衡点，具有指明当前价格位置的重要功能。在四个价格中，收盘价是最重要的，这一点早在 100 年前就被投资者所认识。很多技术分析方法只关心收盘价格，人们在谈到证券的价格时，指的往往也是收盘价。

四、K线的12种基本形状

根据四个价格相互之间的不同特殊取值，除了图3-1之外，K线还有另外10种形状，具体的图形如图3-2所示。图中最左边两种K线的特点是没有上影线，也没有下影线。紧跟其后的两种K线只有上影线，没有下影线。再后面的两种K线正好相反，只有下影线，没有上影线。前六种K线属于缺影线的情况，后四种K线的共同特点是没有实体，最后三种K线还同时缺影线。

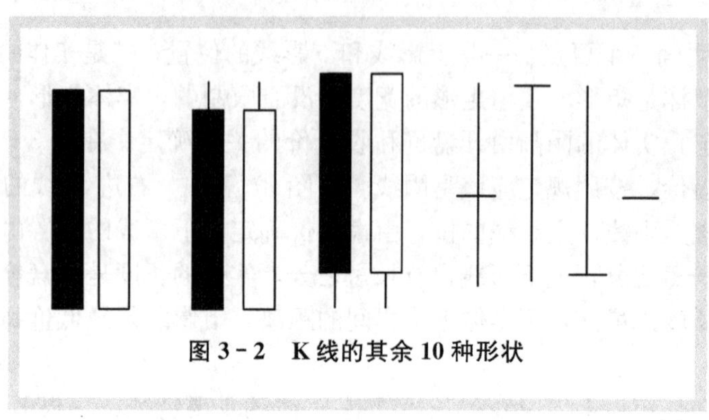

图3-2　K线的其余10种形状

第二节　单独一根K线的含义

单独一根K线有12种基本形状，读懂单根K线的含义是进行K线分析的基本功，学习K线理论应从最基本的单独一根K线开始。

从单独一根K线对多空双方优势进行衡量，主要依靠实体的阴阳长度和上下影线的长度。一般来说，上影线越长、下影线越短、阴线实体越长，越有利于空方占优，不利于多方占优；上影线越短、下影线越长、阳线实体越长，越有利于多方占优，而不利于空方占优。上影线和下影线相比较的结果，也影响多方和空方取得优势：上影线长于下影线，利于空方；反之，下影线长于上影线，利于多方。

上面所述只是一般的判断规则，根据K线所处位置的不同，上面的说法有时会有一些变化。

一、长实体

长实体（long body）是占主要地位的K线，“长”描述了实体的长度，或者说是开盘和收盘的差距，长实体表示当天的价格有大的移动。换句话说，开盘价和收盘价有很大的不同。如果市场中出现了长实体，它所提供的信息量是很大的。长实体是分析人员所关注的重点之一，在后面介绍的K线组合形态中，多数组合形态中都含有长实体。长实体的形态如图3-3所示。

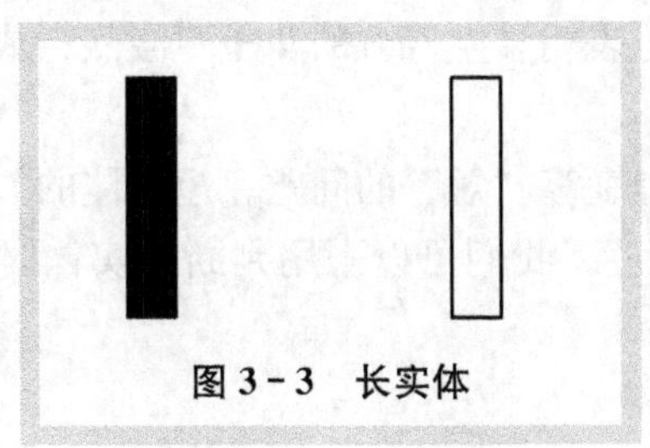

图 3－3 长实体

如果是阳线，长实体就是长阳线或大阳线；如果是阴线，长实体就是长阴线或大阴线。

判断实体的长短有个量化的问题，就是要确定长到何种程度的实体才能算做“长实体”，这是个带有主观因素的问题。长短是相对的概念，在实际判断中，我们必须考虑该K线前后的情况，最好只同最靠近的K线实体长度和价格的移动距离相比。K线分析所依赖的是短期的价格移动，所以确定“长短”应用短期的方式。

【例 3－1】 图 3－4 是上证指数 2000 年 1 月的实际图形，其中出现了大阳线和大阴线。

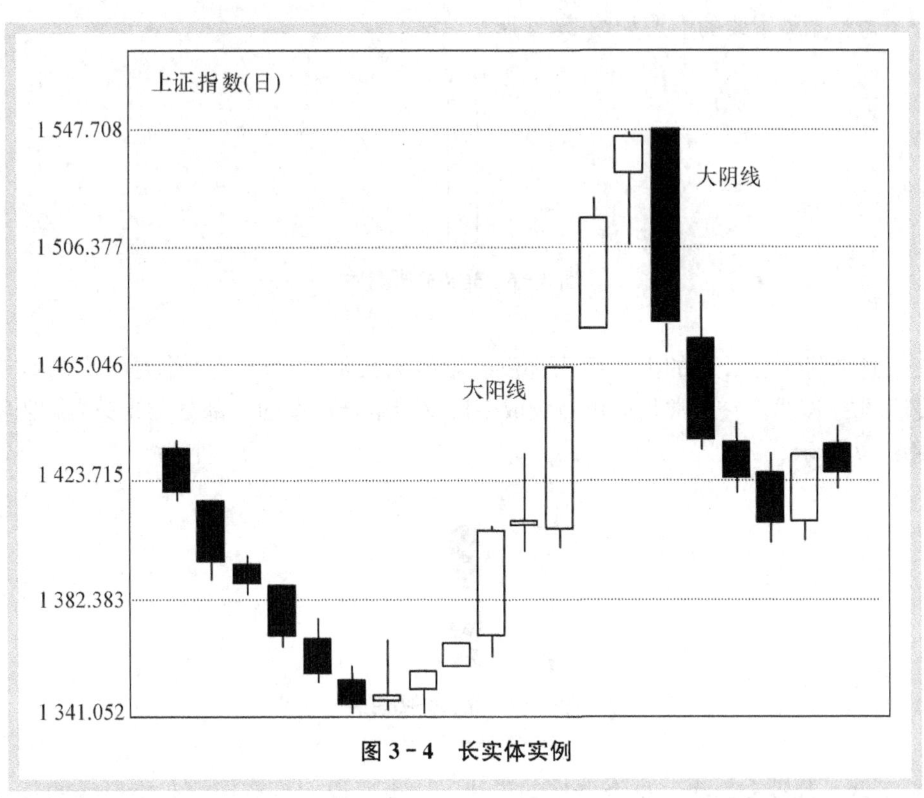

图 3－4 长实体实例

二、短实体或小实体

短实体（short body）表示价格所覆盖的区域较小，一般发生在交易不活跃时。短实体在实际图形中出现得最多，表明多空双方的斗争不激烈；或者说，投资者对其关注程度很低。

同样，短实体也有何种程度算“短”的问题。短实体的“短”也是相对的，在相互比较之后才能确定是否属于“短”。我们可以采用判断长实体时的考虑方法。短实体的形态如图 3－5 所示。

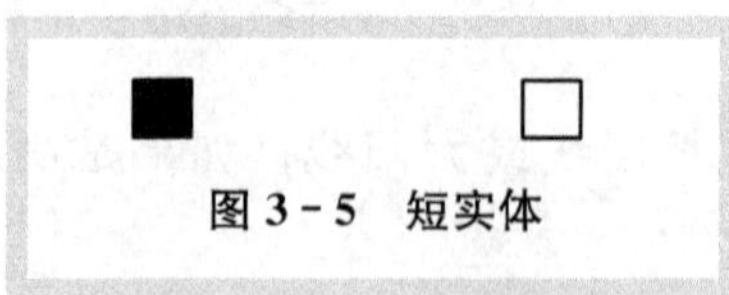

图 3－5　短实体

三、光头光脚阳线和阴线

光头光脚阳线是 K 线的上下两头都没有影线的长阳线实体，这种类型的 K 线被认为是极度强壮的 K 线。与光头光脚阴线相反，它通常是牛市的继续或者熊市反转组合形态的一部分。光头光脚阳线的形态如图 3－6 所示。

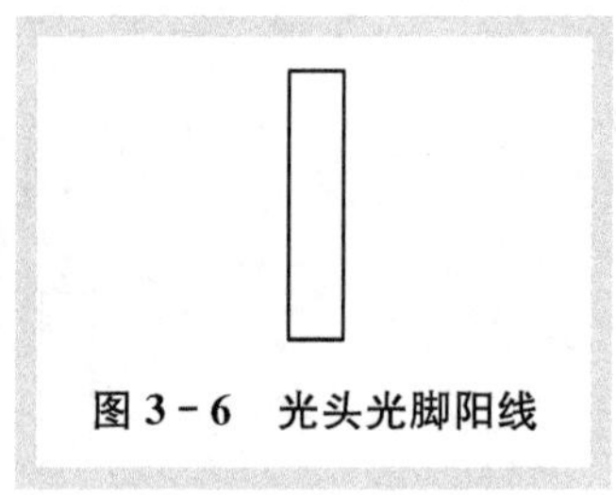

图 3－6　光头光脚阳线

光头光脚阴线是 K 线的上下两头都没有影线的长阴线实体，这种类型的 K 线被认为是极度脆弱的 K 线，它通常是熊市持续或牛市反转组合形态的一部分。光头光脚阴线的形态如图 3－7 所示。

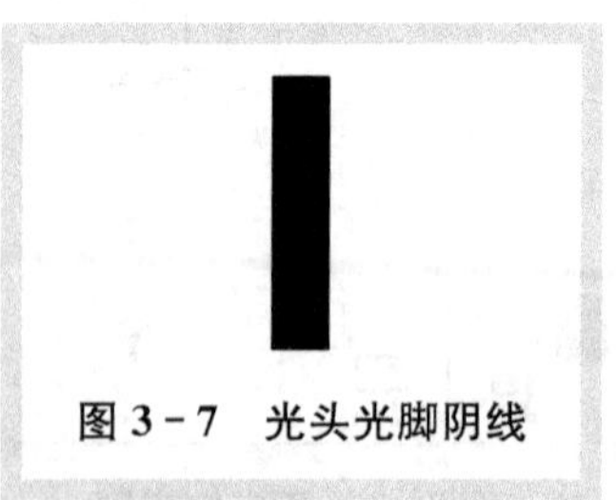

图 3－7　光头光脚阴线

“上下两头都没有影线”是个严格的说法，这里所说的没有影线是指影线的长度相对于实体的长度来说很短。有时，如果影线很短也可以认为没有影线。这个时候也会遇到量化的问题，同样是带有很强主观性的判断。

【例 3－2】　图 3－8 是 ST 渤化（600874）的实际 K 线图。1999 年 6 月 11 日是光头光脚阳线，15 日为光头光脚阴线。

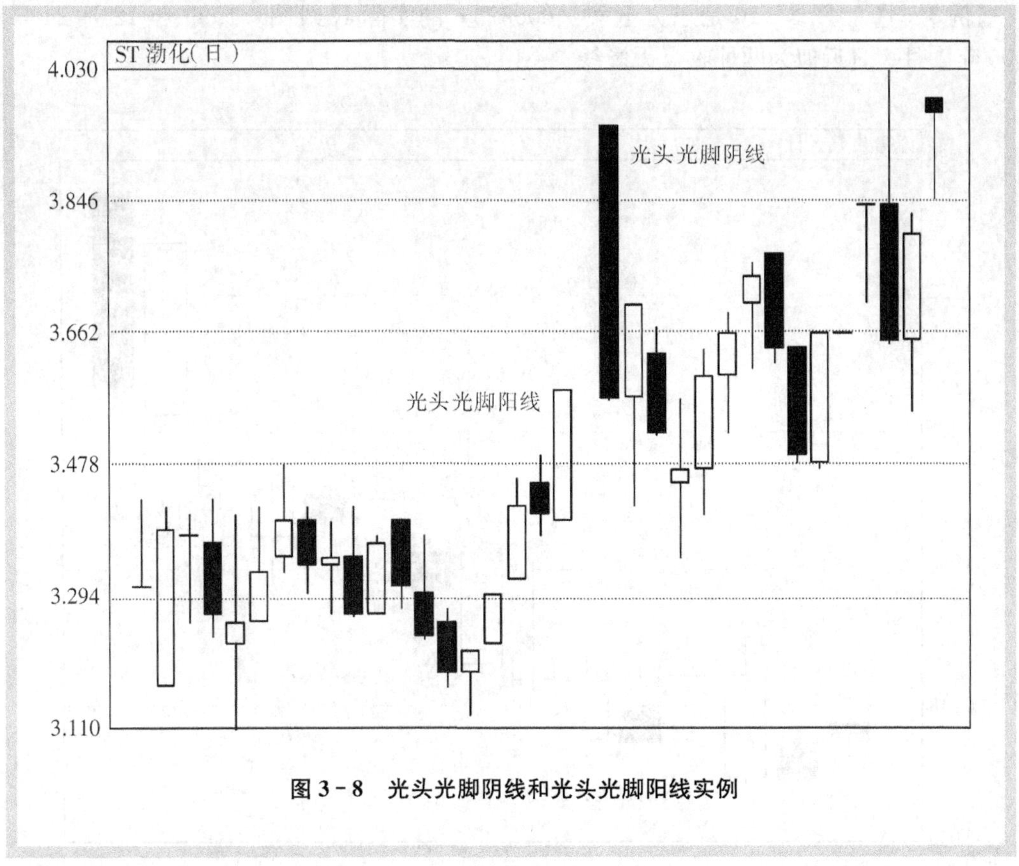

图 3-8 光头光脚阴线和光头光脚阳线实例

四、收盘无影线

收盘无影线的K线缺少从收盘方向向外伸出的影线，无论是阳线还是阴线。如果实体是阳线的，则没有上影线。此时，该K线也称为光头阳线，表示的是强势。如果实体是阴线的，则没有下影线。此时，该种K线也称为光脚阴线，被认为是表示弱市的K线。收盘无影线的形态如图3-9所示。

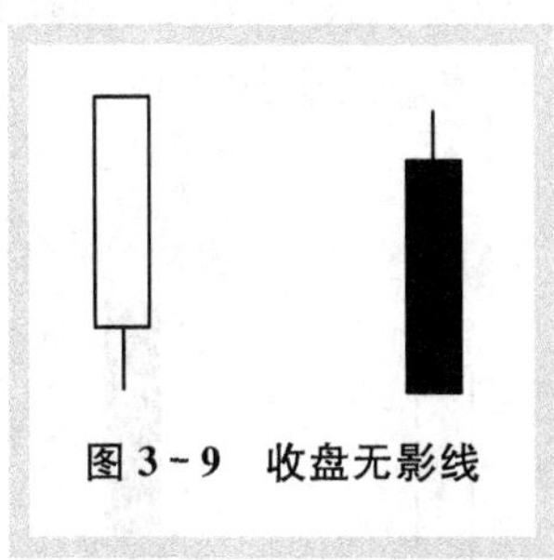

图 3-9 收盘无影线

由于涉及“没有影线”的问题，因而必然有主观的判断存在，我们可以将相对于实体而言比较短的影线当成是“没有影线”。

【例 3-3】 图 3-10 是东方电气（600875）的实际 K 线图。1999 年 12 月 24 日和 2000 年 1 月 7 日近似为两种收盘无影线。

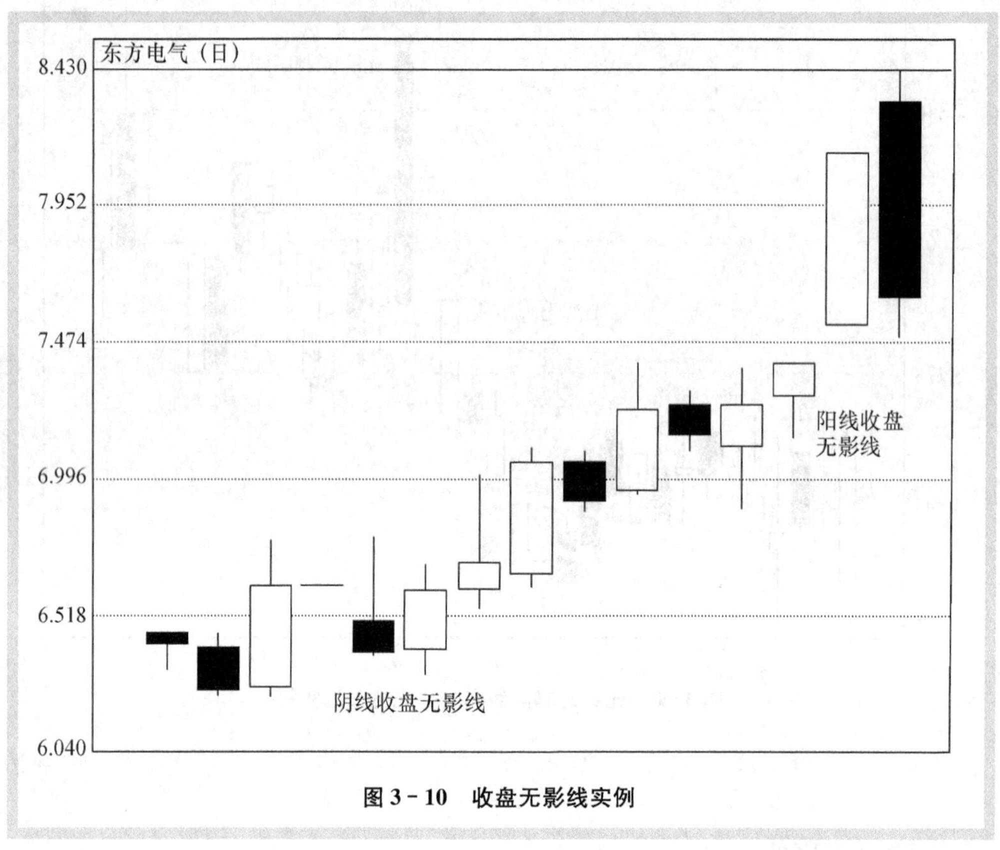

图 3-10　收盘无影线实例

五、开盘无影线

开盘无影线的 K 线缺少从开盘方向向外伸出的影线。如果实体是阳线，则没有下影线，也称为光脚阳线，表示强势。如果实体是阴线，则没有上影线，又称为秃头阴线，被认为是表示弱市的 K 线。由于涉及"没有影线"的问题，因而必然有主观的判断存在，我们可以将相对于实体而言比较短的影线当成是"没有影线"。开盘无影线的形态如图 3-11 所示。

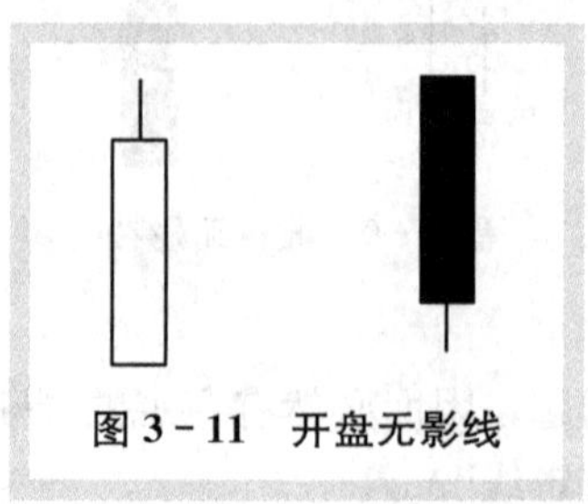

图 3-11　开盘无影线

【例3-4】 图3-12是海南高速（000886）的实际K线图。2000年7月21日和26日分别是两种开盘无影线。

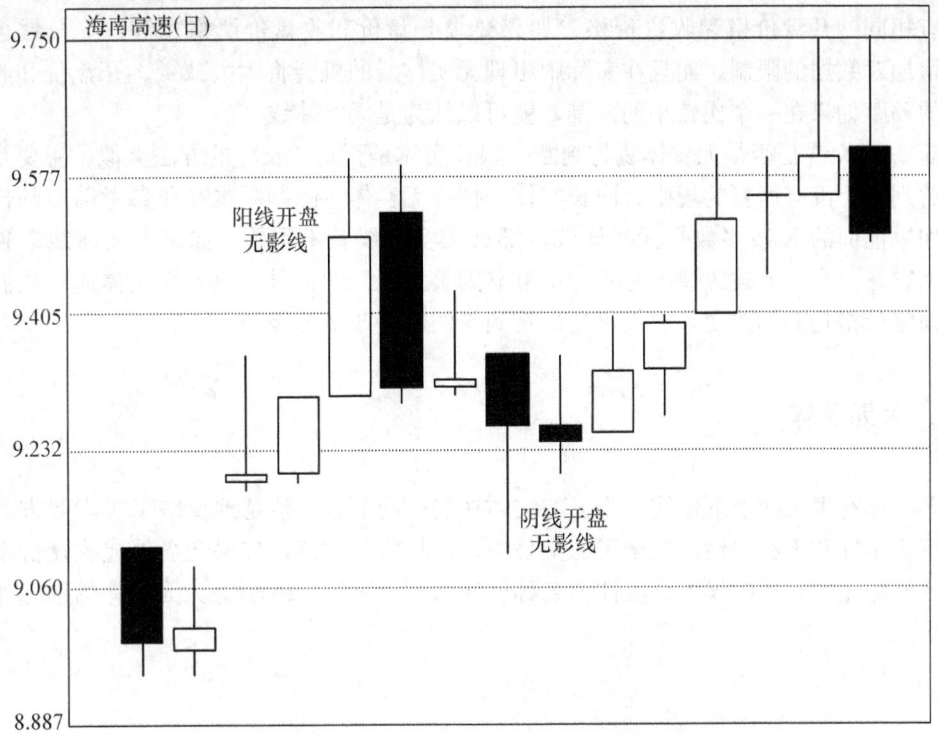

图3-12 开盘无影线实例

六、纺轴线

纺轴线（spin）是同时有上影线和下影线，而且实体比较短的K线。在长度方面，影线比实体长，这表示多空双方力量的不可靠性。纺轴线实体的颜色（阴阳性）和影线的实际长度是不重要的，同影线相关的小实体是构成纺轴线的主体。纺轴线的形态如图3-13所示。

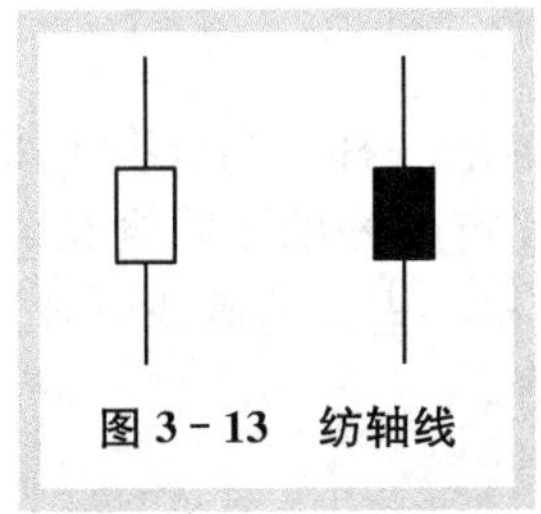

图3-13 纺轴线

七、无实体线

当K线的实体小到开盘价和收盘价相等的程度时，就被称为无实体线（doji）。无实体线发生在开盘价和收盘价相同或几乎相同时，其影线的长度是可以变化的。严格的无实体线具有相同的开盘价格和收盘价格。如果要求开盘价和收盘价严格相等，一分钱也不差，将增加对数据的限制，而且在实际中出现无实体线的机会将大大减少。开盘价和收盘价之间的差距如果在一个比较小的范围，就可以认为是无实体线。

判断一根K线是否是无实体线与判断一根长实体是否是"长"的方法类似，主要是根据主观的判断，没有严格的规则。同长实体一样，无实体线的判断也需要参考前面的价格高低。如果前面的K线多数是无实体线，那么无实体线就不重要。如果无实体线单独出现，那么它是一个不能被忽视的有关"不可靠因素出现"的信号。仅靠无实体线，我们还不足以预测价格趋势的改变，它仅仅是即将到来的趋势改变的警告。

八、大无实体

大无实体有很长的上下影线，当天的实体在居中的部分，清楚地反映了买卖双方力量对比的不确定性和不稳定性。在全天的交易中，市场大起大落，如果开盘价或收盘价正好在交易区域的正中，这时候大无实体的名称就叫做"十字"（cross）。大无实体的形态如图3－14所示。

图3－14　大无实体

【例3－5】　图3－15是湖南投资（000548）的实际K线图。1997年6月25日至7月16日连续出现多个大无实体。

九、墓碑线和蜻蜓线

墓碑线（gravestone）是无实体的一种。当没有下影线或下影线很短时，就会出现这种K线。如果上影线很长，墓碑线有强烈的下降含义。开盘后，股市全天在高位进行交易，但收盘价又回到了开盘价，这也是当天的最低价格。这只能解释为反弹失败。墓碑线的形态如图3－16所示。

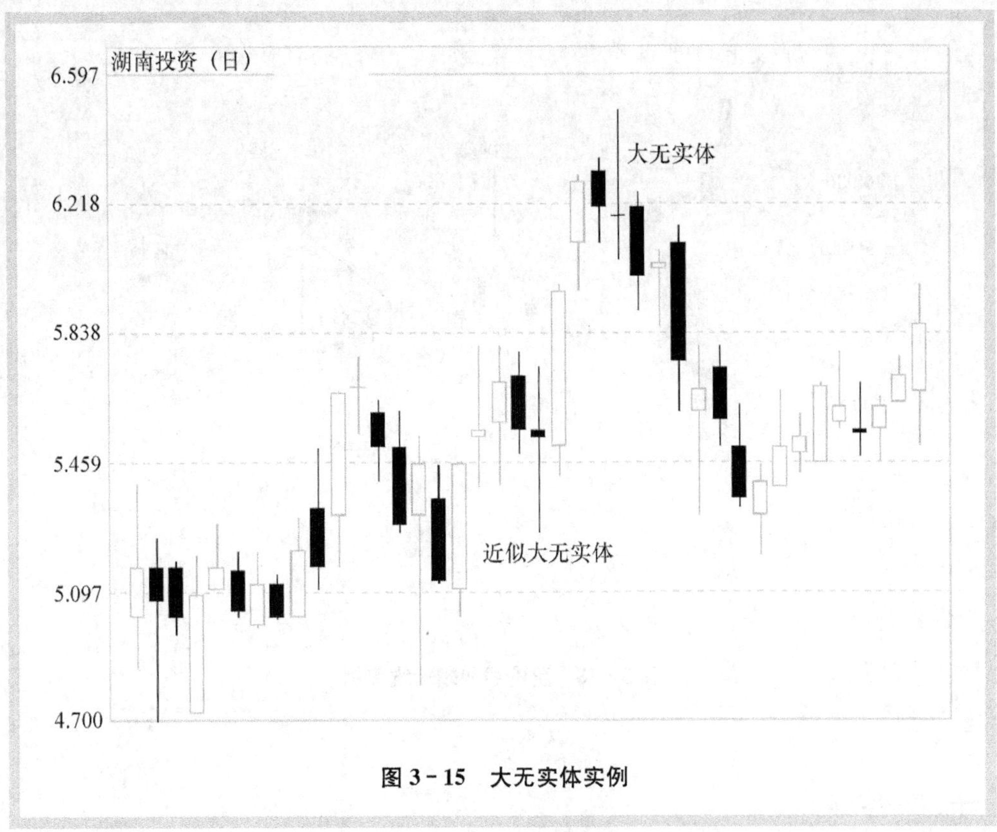

图 3-15　大无实体实例

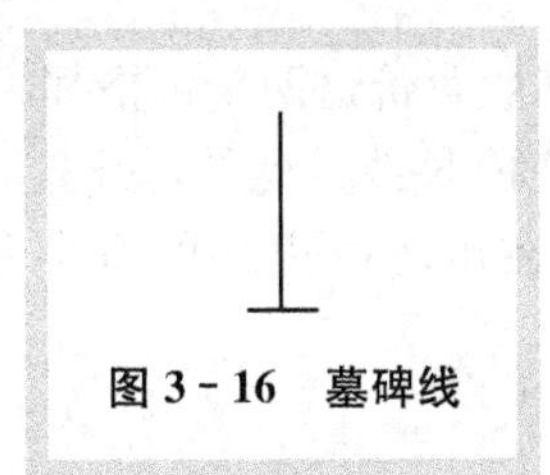

图 3-16　墓碑线

蜻蜓线（dragonfly）出现在开盘价和收盘价处在全天最高点时。同其他无实体线一样，这种K线通常出现在市场的转折点。读者将在以后看到，蜻蜓线是上吊线（hanging man）和锤形线（hammer）的特殊情况。蜻蜓线的形态如图 3-17 所示。

图 3-17　蜻蜓线

【例 3-6】　图 3-18 是诚成文化（600681）的实际K线图。在 2000 年 4 月 21 日至 5 月 15 日出现了一次墓碑线，两次蜻蜓线。

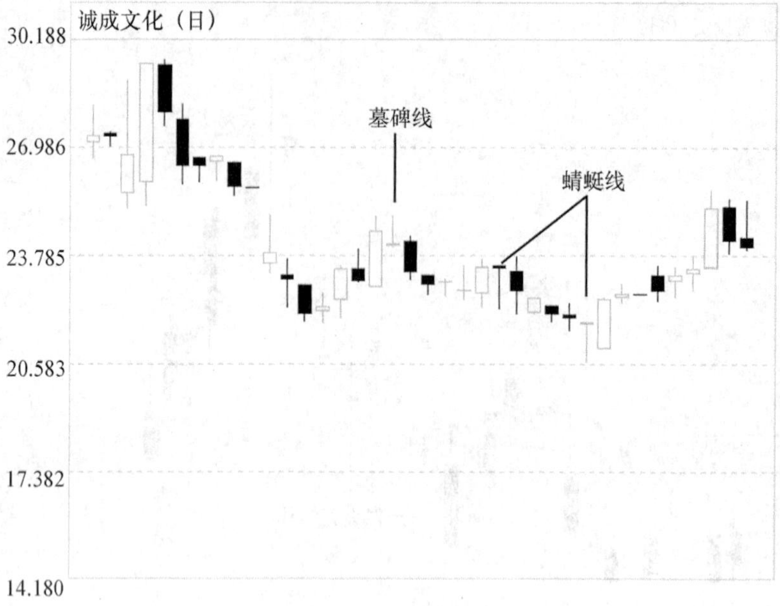

图 3-18　墓碑线和蜻蜓线实例

十、一字线

当开盘价、最高价、最低价和收盘价这四个价格都相同时，就会出现这样的 K 线。当数据来源只有收盘价时，会出现这种 K 线。此外，开盘后直接达到涨跌停板也会出现这种 K 线。一字线（four price doji）在市场中出现的机会是比较小的。一字线的形态如图 3-19 所示。

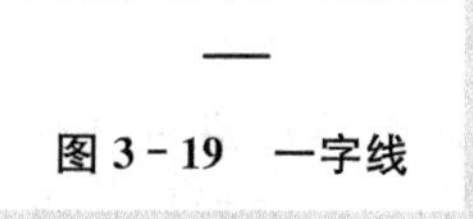

图 3-19　一字线

第三节　K 线组合形态

K 线组合可以是单根的也可以是多根的，很少有超过 5 根或 6 根的组合。从大的分类看，K 线的组合形态分为反转组合形态和持续组合形态两种。在 K 线的历史上，投资者从实际中总结了非常多的组合形态，组合形态有简单的也有复杂的。因为本书不是介绍 K 线理论的专门教材，在这里只列举其中的 10 种反转组合形态和 1 种持续组合形态。这 11 种 K 线的组合形态比较容易掌握，在实际中的应用也比较广。完整的 K 线理论可参考其他书籍。

一、锤形线和上吊线

(一) 锤形线和上吊线的基本图形

锤形线和上吊线（hammer and hanging man）的基本形状如图3－20和图3－21所示。

图3－20 锤形线

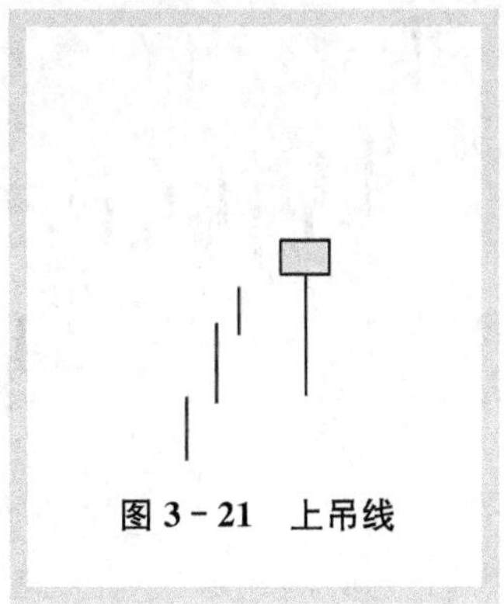

图3－21 上吊线

(二) 锤形线和上吊线的形态特征

这两种组合形态有四个特征：

（1）小实体在交易区域的上面。

（2）下影线的长度应该比实体的长度长得多，一般要求是实体长度的2～3倍。

（3）上影线非常短甚至没有。

（4）小实体的阴阳不重要。

(三) 锤形线和上吊线的市场含义

（1）锤形线处在下降趋势中。在当天，疯狂的卖出行动被遏制，市场价格又回到了或者接近了当天的最高点。此时，投资者担心踏空。如果收盘价高于开盘价，产生一根阳线，情况甚至更有利于上升。第二天较高的开盘价和更高的收盘价将使得锤形线的牛市含义得到确认。

（2）上吊线处在上升趋势中。当天的价格交易行为一定在低于开盘价的位置，之后的反弹使收盘价几乎是在最高价的位置。上吊线中产生出来的长下影线显示了一个疯狂卖出是怎样开始的。如果市场第二天开盘较低，就有很多持有多头头寸而等待卖出时机的参与者在一旁观望；如果小实体是阴线并且第二天开盘较低，将使得上吊线的熊市含义得到确认。

(四) 锤形线和上吊线的实际例子

【例3－7】 图3－22是河北宣工（000923）的实际K线图。在从高点长时间下降之后，2000年1月出现两个锤形线的K线组合形态，之后是大幅度的上升。

【例3－8】 图3－23是金果实业（000722）的实际K线图。在从低点长时间上升之后，2000年3月出现了一个上吊线K线组合形态，之后是大幅度的下降。

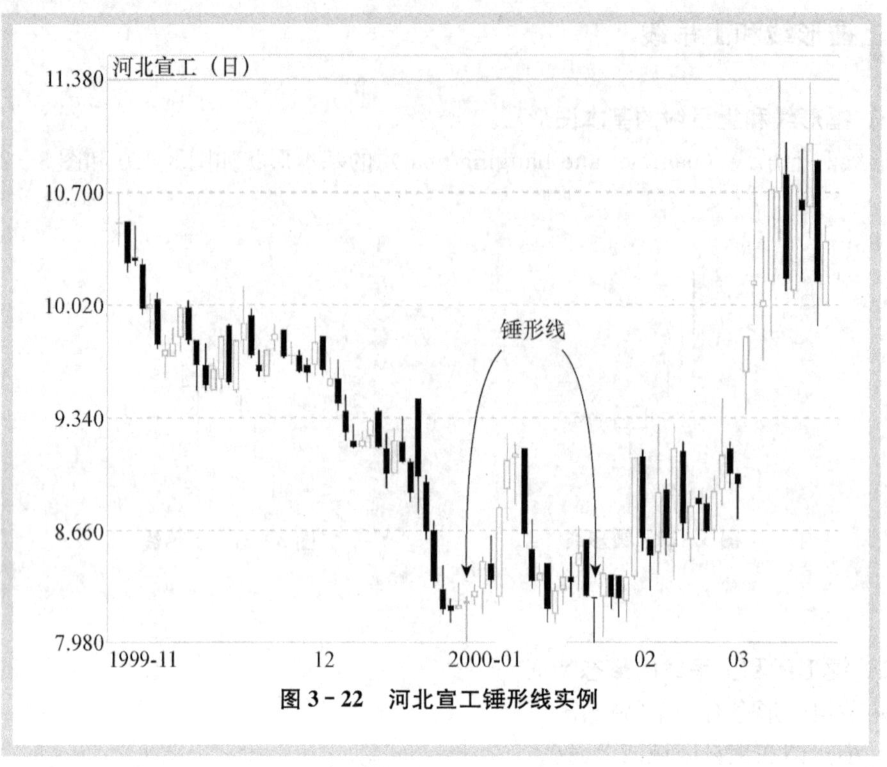

图 3-22 河北宣工锤形线实例

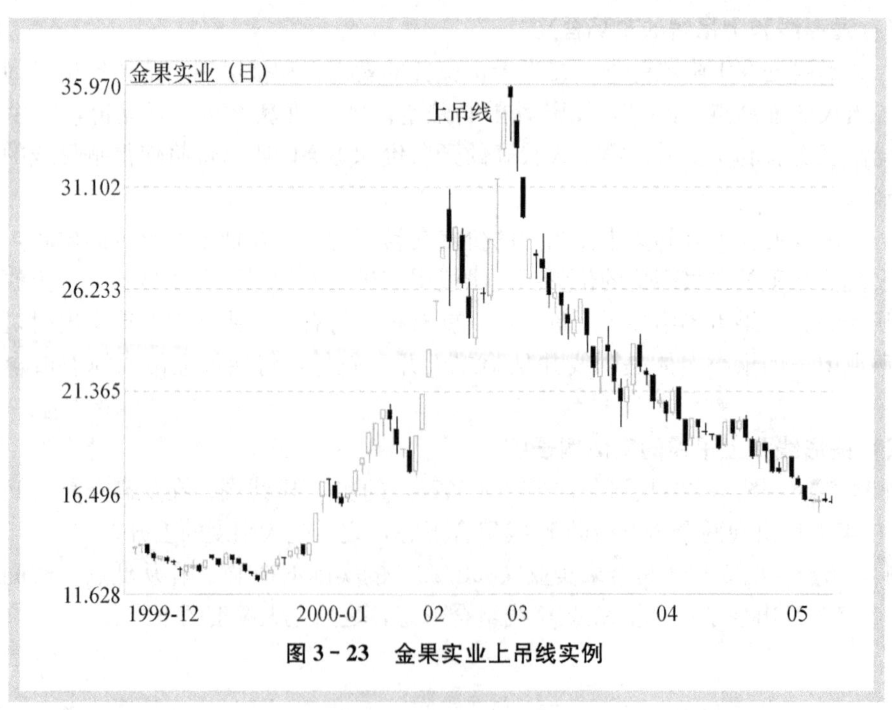

图 3-23 金果实业上吊线实例

二、鲸吞型

(一) 鲸吞型的基本图形

鲸吞型 (engulfing) 分为牛市和熊市两种，基本形状如图 3－24 所示。[①] 左边是牛市鲸吞型 (bullish engulfing)，右边是熊市鲸吞型 (bearish engulfing)。

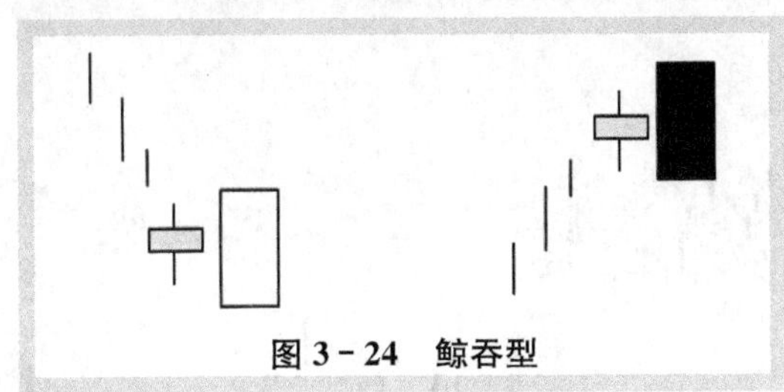

图 3－24 鲸吞型

(二) 鲸吞型的形态特征

鲸吞型组合形态有下面四个特征：

(1) 本形态出现之前一定有相当明确的趋势。

(2) 第二天的实体必须完全包含前一天的实体。

(3) 前一天 K 线的阴阳反映趋势为：阴线反映下降趋势，阳线反映上升趋势。

(4) 鲸吞型的第二根实体阴阳与第一根实体阴阳最好相反。

(三) 鲸吞型的市场含义

(1) 熊市鲸吞型处在上升趋势中，只有小成交量配合和小阳线实体发生。第二天，以新高开盘，然后是迅速的卖出狂潮并伴随大的成交量，收盘比前一天的开盘更低，上升的趋势已经被破坏。如果第三天的价格仍然保持在较低的位置，那么上升趋势将要反转。

(2) 牛市鲸吞型的情况与熊市鲸吞型的情况正好相反，是看涨的组合形态。

(3) 牛市鲸吞型处在下降趋势中，只有小成交量配合和小阳线实体发生。第二天，以新低开盘，然后是迅速的买入狂潮并伴随大的成交量，收盘比前一天的开盘更高，下降的趋势已经被破坏。如果第三天的价格仍然保持在较高的位置，那么下降趋势将要反转。

(四) 鲸吞型的实际例子

【例 3－9】 图 3－25 是亚盛集团 (600108) 的实际 K 线图。在从高点下降之后，1999 年 5 月出现 1 次牛市鲸吞型的 K 线组合。

【例 3－10】 图 3－26 是小鸭电器 (000951) 的实际 K 线图。在从低点上升了一段时间之后，2000 年 3 月底出现 1 次熊市鲸吞型的 K 线组合。

三、孕育型

(一) 孕育型的基本图形

孕育型 (harami) 分为牛市孕育型和熊市孕育型两种，基本形状如图 3－27 所示。左边是牛市孕育型 (bullish harami)，右边是熊市孕育型 (bearish harami)。

---

① 对小实体而言，阴阳的含义差别不大，因此，图中小实体用灰色表示。

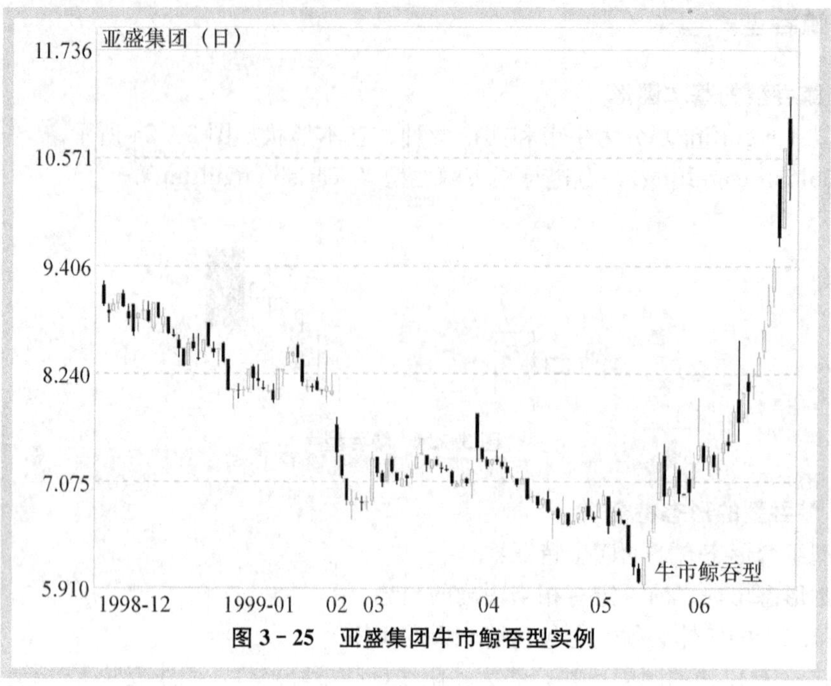

图 3-25 亚盛集团牛市鲸吞型实例

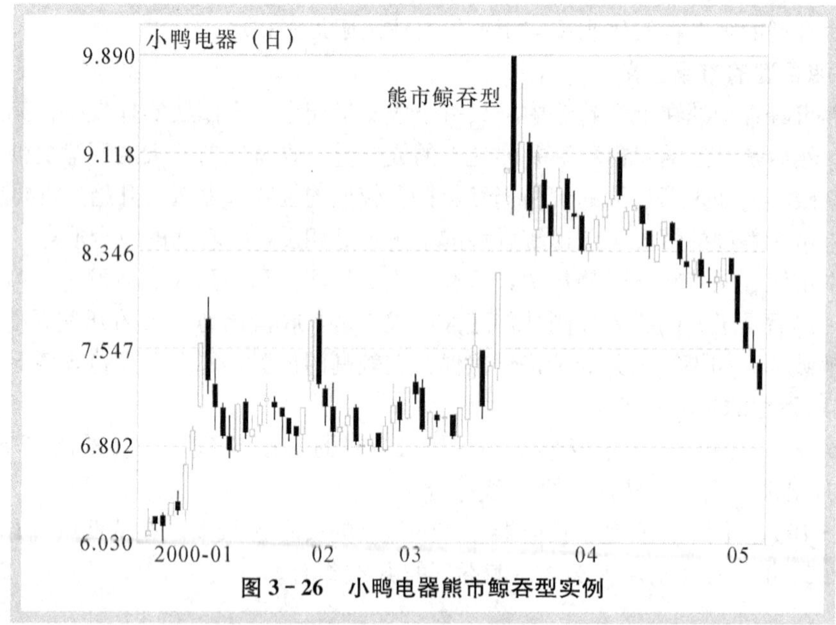

图 3-26 小鸭电器熊市鲸吞型实例

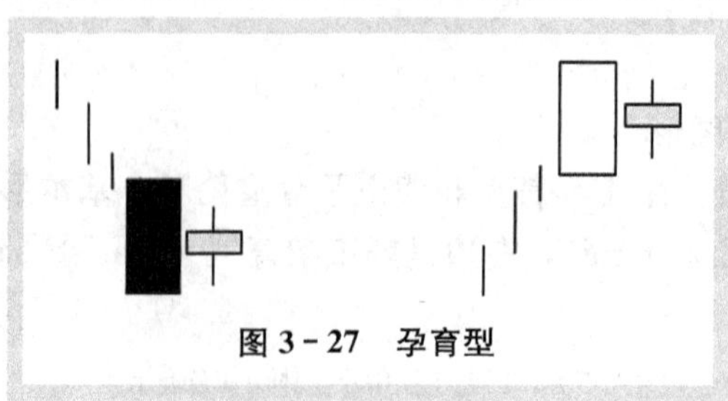

图 3-27 孕育型

（二）孕育型的形态特征

孕育型组合形态有四个特征：

(1) 在本形态长实体之前一定有相当明确的趋势。

(2) 长实体之后是小实体，小实体被完全包含在长实体的实体区域之内。

(3) 第一天的长实体颜色反映市场的趋势方向，阴线反映下降趋势，阳线反映上升趋势。

(4) 第二根实体阴阳与第一根实体阴阳相反。

（三）孕育型的市场含义

(1) 牛市孕育型出现在下降趋势进行了一段时间之后。一根伴随有平均成交量的长阴线已经出现，它维持了熊市的含义。第二天，价格高开，动摇了空头，引起价格的上升。价格的上升被逐步加强，因为后来者把它当成一次机会来弥补他们此前的“失误”。如果这一天的成交量超过前一天，就强烈地建议买进，第三天得到确认的反转将提供必要的趋势反转的证明。

(2) 熊市孕育型的叙述正好与之相反。熊市孕育型出现在上升趋势进行了一段时间之后。一根伴随有平均成交量的长阳线已经出现，它维持了牛市的含义。第二天，价格低开，动摇了多头，引起价格的下降。价格的下降被逐步加强，因为后来者把它当成一次机会来弥补他们此前的“失误”。如果这一天的成交量超过前一天，就强烈地建议卖出，第三天得到确认的反转将提供必要的趋势反转的证明。

（四）孕育型特殊情况

孕育型组合形态的特殊情况是十字胎（harami cross）（见图 3-28）。第二天的实体是十字，十字胎是比普通孕育型更为强烈的反转组合形态。

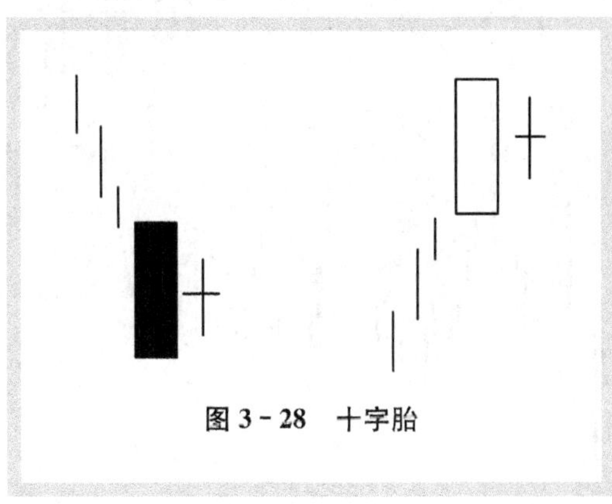

图 3-28　十字胎

（五）孕育型的实际例子

【例 3-11】　图 3-29 是山西汾酒（600809）的实际 K 线图。在从高点下降之后，1999 年末出现了一次牛市孕育型的 K 线组合。

【例 3-12】　图 3-30 是物贸中心（600822）的实际 K 线图。在从低点上升之后，2000 年 5 月末出现一次熊市孕育型的 K 线组合。

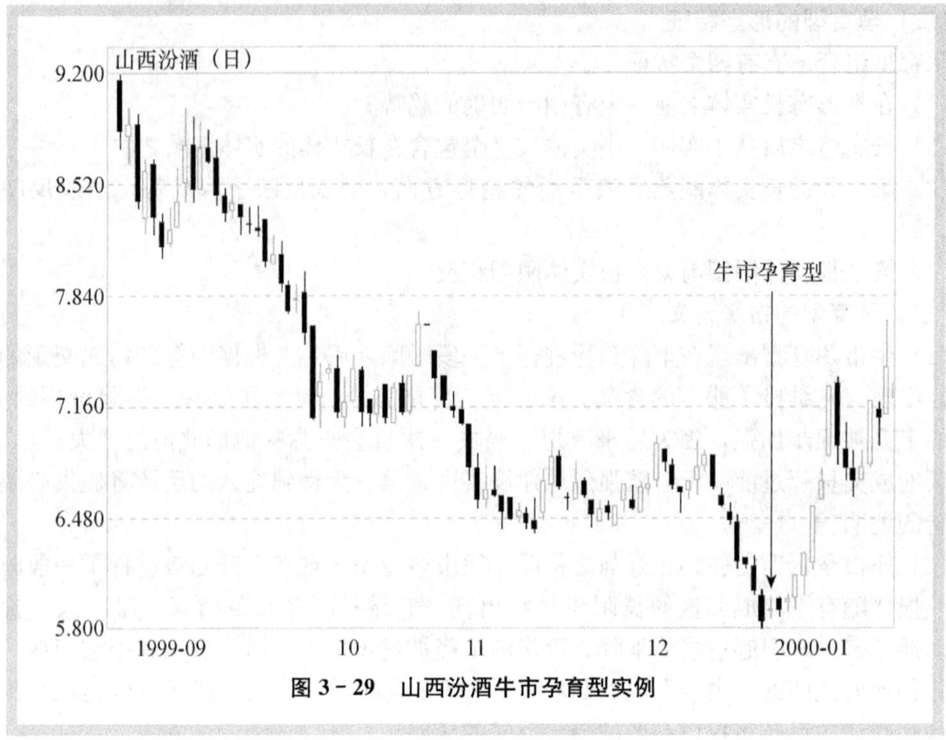

图 3-29 山西汾酒牛市孕育型实例

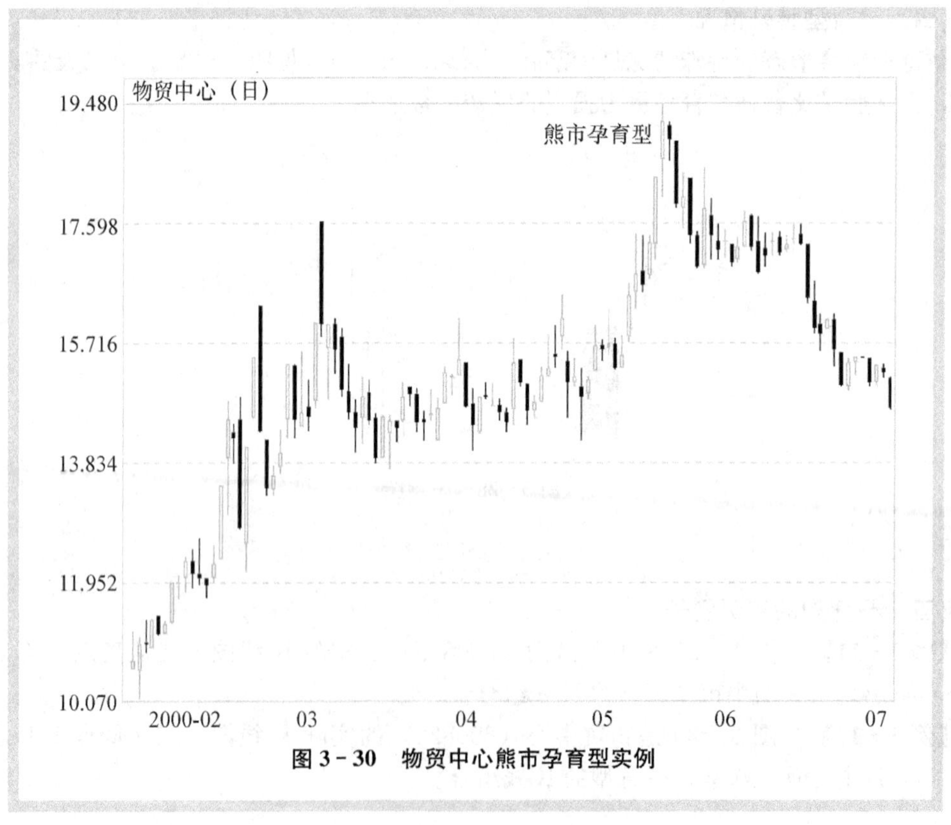

图 3-30 物贸中心熊市孕育型实例

四、倒锤线和射击之星

(一) 倒锤线和射击之星的基本图形

倒锤线和射击之星（inverted hammer and shooting star）的基本形状如下所示，图3-31是倒锤线，图3-32是射击之星。

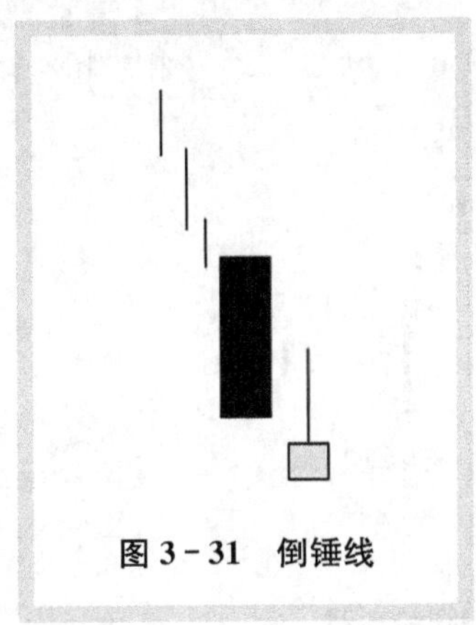

图3-31 倒锤线

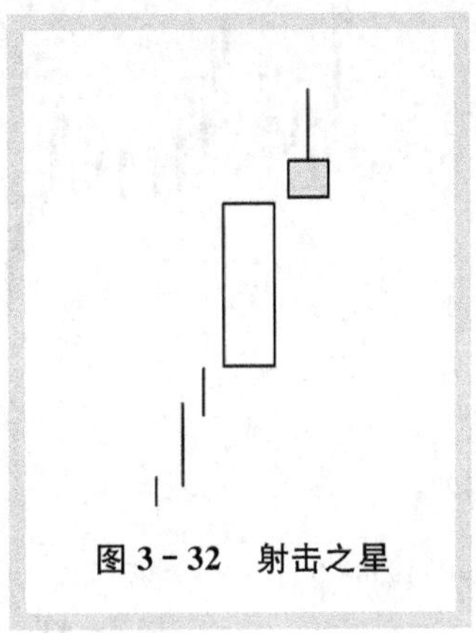

图3-32 射击之星

(二) 倒锤线和射击之星的形态特征

倒锤线组合形态有以下四个特征：

(1) 小实体在价格区域的较低部分形成。

(2) 不要求有缺口，只要在一个趋势之后下降。

(3) 上影线的长度一般有实体长度的2倍。

(4) 下影线短到可以认为没有。

射击之星组合形态有以下四个特征：

(1) 在上升趋势之后，以向上的价格缺口开盘。

(2) 小实体在价格区域的较低部分。

(3) 上影线较长，其长度至少是实体长度的3倍。

(4) 下影线较短，最好短到可以认为不存在。

(三) 倒锤线和射击之星的市场含义

(1) 对于倒锤线，当市场以跳空向下开盘时，已经有了下降趋势。当天的上冲失败了，市场的收盘较低。与锤形线和上吊线相似，在确定形态引起趋势反转是成功还是失败方面，第二天的开盘是判断的准则。如果第二天的开盘高于倒锤线实体，潜在的趋势反转将引起空头的恐慌，这将支持上升。

(2) 射击之星处在上升趋势中，市场跳空向上开盘，出现新高，最后收盘在当天较低的位置。后面的跳空行为只能当成看跌的熊市信号。

(四) 倒锤线和射击之星的实际例子

【例3-13】 图3-33是轻工机械（600605）的实际K线图。在从高点下降之后，1998年8月中出现一次倒锤线的K线组合。

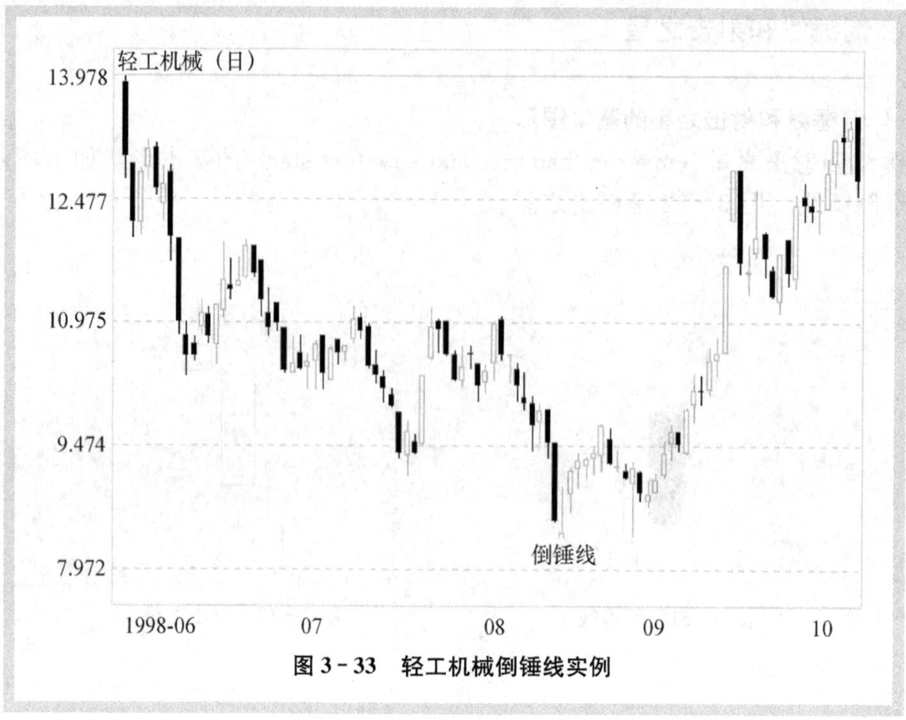

图 3-33 轻工机械倒锤线实例

【例 3-14】 图 3-34 是 ST 深物业（000011）的实际 K 线图。在从低点上升了一定幅度之后，2000 年 4 月出现一次射击之星的 K 线组合。

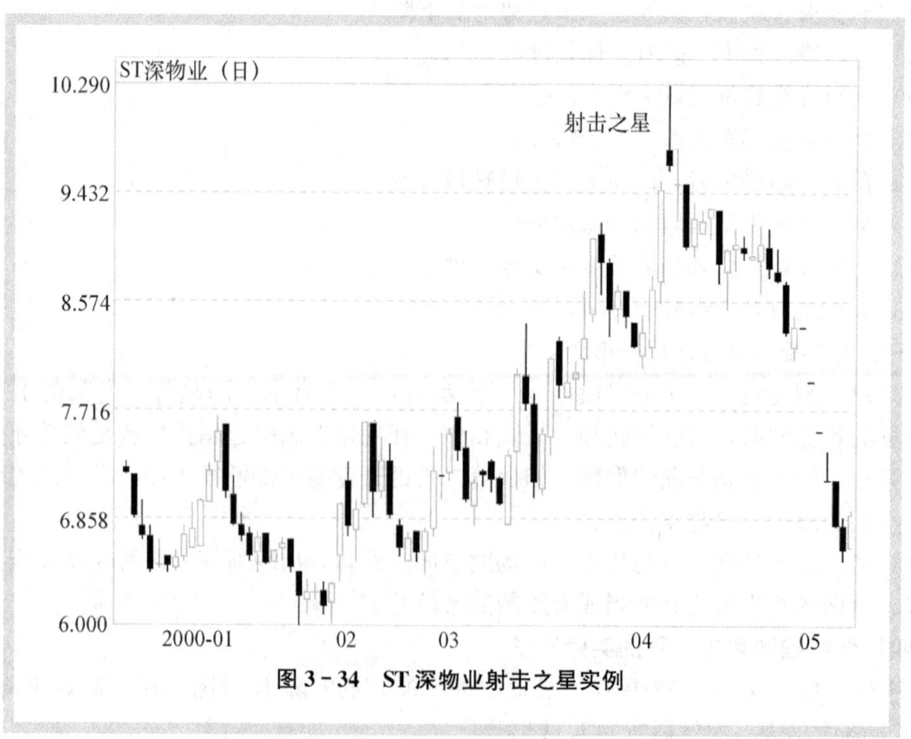

图 3-34 ST 深物业射击之星实例

五、刺穿线和乌云盖顶

(一) 刺穿线与乌云盖顶的基本图形

刺穿线（piercing line）与乌云盖顶（dark cloud cover）是相互对称图形，是发生在下降和上升市场的两根K线组合形态。刺穿线与乌云盖顶的基本形状如图3-35和图3-36所示，图3-35是刺穿线，图3-36是乌云盖顶。

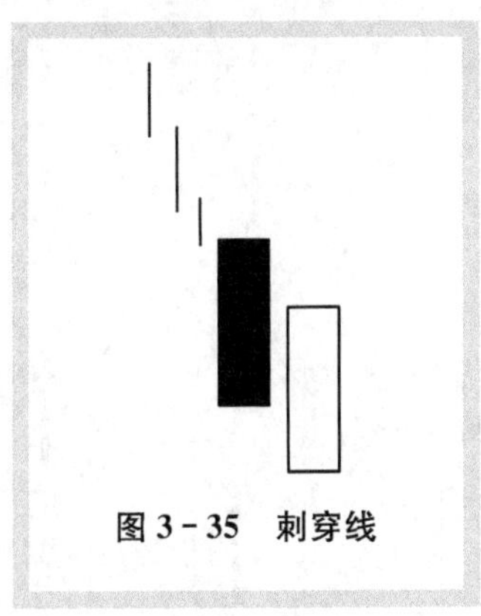

图3-35 刺穿线

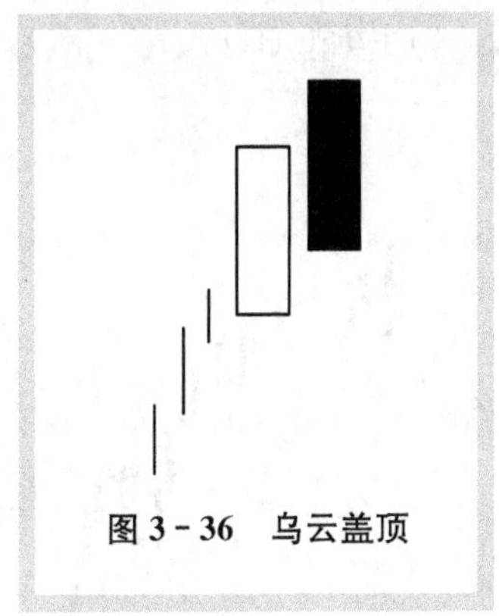

图3-36 乌云盖顶

(二) 刺穿线与乌云盖顶的形态特征

刺穿线组合形态有以下四个特征：

(1) 第一天是反映继续下降的长阴线实体。

(2) 第二天是阳线实体，开盘价低于前一天的最低价。

(3) 阳线的收盘价在第一天的实体之内，但是高于第一天阴线实体的中点。

(4) 刺穿线的两根线都应该是长实体。

乌云盖顶组合形态有以下三个特征：

(1) 第一天是反映上升趋势的长阳线。

(2) 第二天是开盘价高于第一天最高价的阴线。

(3) 第二天阴线的收盘价低于第一天阳线实体的中部。

(三) 刺穿线与乌云盖顶的市场含义

(1) 刺穿线形成于下降趋势中，第一天的长阴线实体保持了下降的含义，第二天的跳空低开进一步加强了下降的含义。然而，市场后来反弹了，并且收盘高于长阴线实体的中点，此行为构成一个潜在的底部。阳线穿入阴线的幅度越大，越像是反转形态。

(2) 乌云盖顶形成于上升趋势中。在典型的上升趋势中，出现了一根长阳线，第二天市场跳高开盘，这进一步加强了上升的含义。然而，收盘的时候价格下降到低于阳线实体的中点。面对这样的情况，多头不得不重新考虑自己的投资策略。同刺穿线一样，乌云盖顶表示明显的趋势反转已经发生。阴线刺进前一根阳线的程度越深，顶部反转的机会越大。

（四）刺穿线与乌云盖顶的实际例子

【例 3-15】 图 3-37 是 ST 中纺机（600610）的实际日 K 线图。1999 年 11 月，其价格从 9 元开始下降；在 2000 年 1 月，当价格达到 6 元时，出现一次刺穿线的 K 线组合。由于下影线比较长，该 K 线组合又具有锤形线的特征，因此在这个地方买入是有一定理由的。

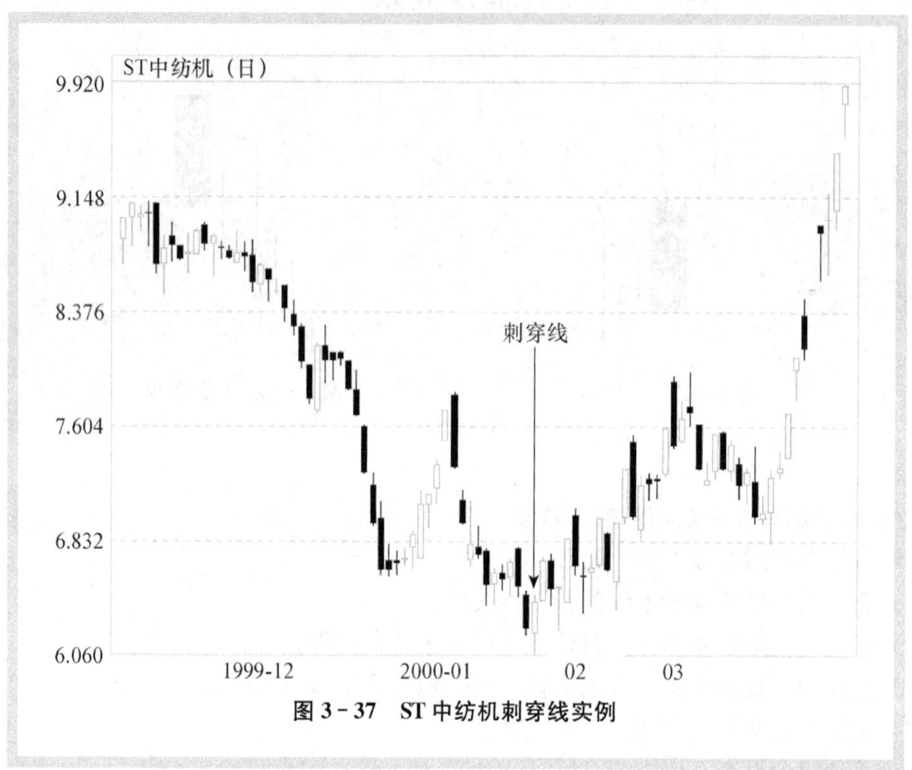

图 3-37　ST 中纺机刺穿线实例

【例 3-16】 图 3-38 是深深宝（000019）2016 年 5 月到 2016 年 9 月的实际 K 线图。价格接近 18 元时，K 线出现了明显的乌云盖顶组合形态，这是卖出信号。随后的价格下降超过了 20%，这个卖出信号是正确的。需要说明的是，这个乌云盖顶之后并不是“彻底的下降”，之后价格又出现了新高（图 3-38 中没有显示这部分）。

六、早晨之星和黄昏之星

（一）早晨之星和黄昏之星的基本形状

早晨之星（morning star）和黄昏之星（evening star）是相互对称图形，是发生在下降和上升市场的三根 K 线组合形态。早晨之星和黄昏之星的基本形状如下所示，图 3-39 是早晨之星，图 3-40 是黄昏之星。

（二）早晨之星和黄昏之星的形态特征

早晨之星和黄昏之星组合形态有以下四个特征：

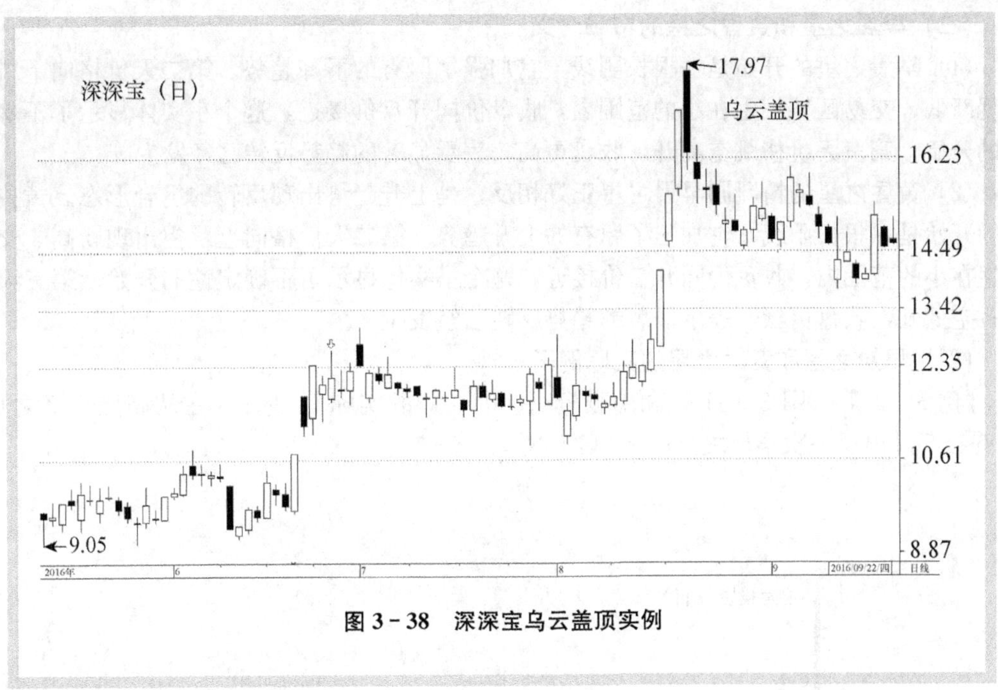

图 3-38　深深宝乌云盖顶实例

（1）第一天的实体阴阳性与趋势方向一致。早晨之星是阴线，黄昏之星是阳线。

（2）第二天的小实体星形线与第一天之间有缺口，小实体的阴阳不重要。

（3）第三天 K 线的阴阳与第一天 K 线的阴阳相反。

（4）第一天的 K 线是长实体，第三天的 K 线基本上也是长实体。

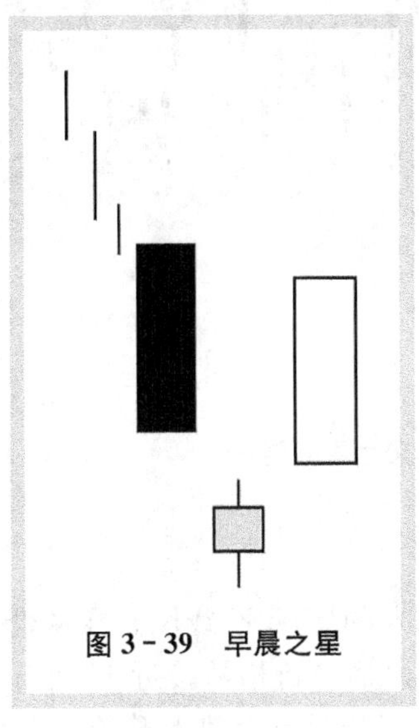

图 3-39　早晨之星

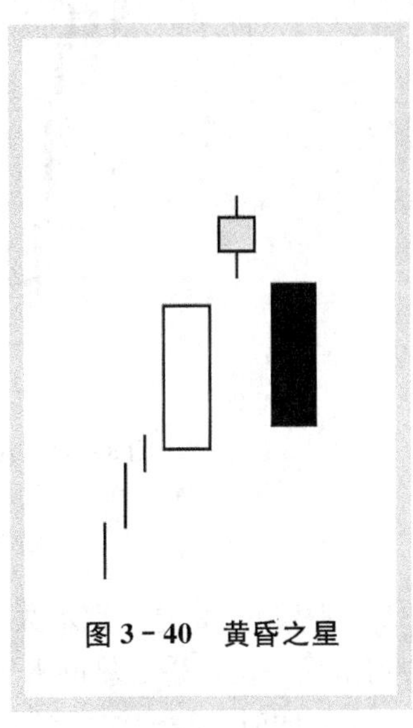

图 3-40　黄昏之星

（三）早晨之星和黄昏之星的市场含义

（1）早晨之星的开始是一根长阴线，它加强了原有的下降趋势。第二天价格向下跳空出现新低，交易区域发生在小的范围内，收盘价同开盘价接近，这个小实体显示了不确定性的开始。第三天价格跳空高开，收盘更高，表示显著的趋势反转已经发生。

（2）黄昏之星的情况同早晨之星正好相反，是上升趋势出现反转的组合形态。黄昏之星的开始是一根长阳线，它加强了原有的上升趋势。第二天价格向上跳空出现新高，交易发生在小的范围内，收盘价同开盘价接近，这个小实体显示了不确定性的开始。第三天价格跳空低开，收盘更低，表示显著的趋势反转已经发生。

（四）早晨之星和黄昏之星的实际例子

【例 3－17】 图 3－41 是湖南投资（000548）的实际 K 线图。在从高点下降之后，2000 年 5 月出现一次早晨之星的 K 线组合。

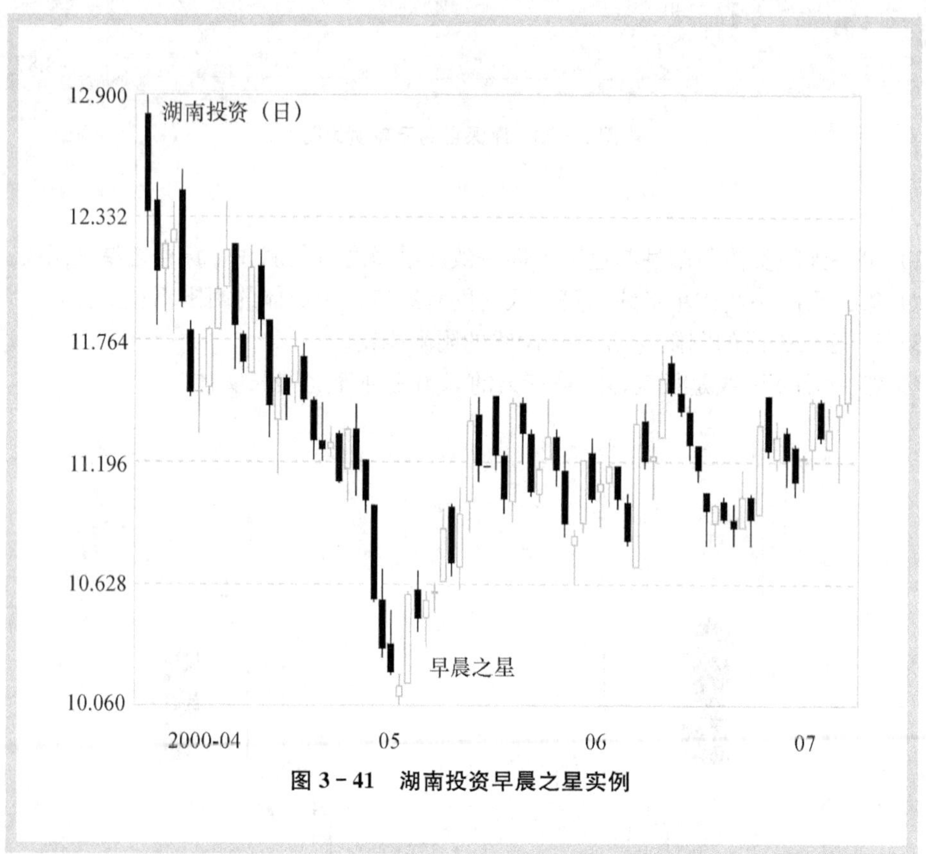

图 3－41 湖南投资早晨之星实例

【例 3－18】 图 3－42 是 ST 永久（600818）的实际 K 线图。在从低点上升之后，1999 年 8 月中旬出现一次黄昏之星的 K 线组合。之后，价格从接近 11 元开始下降。4 个月后最低价为 6 元。同时，我们注意到，在 1999 年 5 月，趋势上升的起点，是早晨之星的形态。

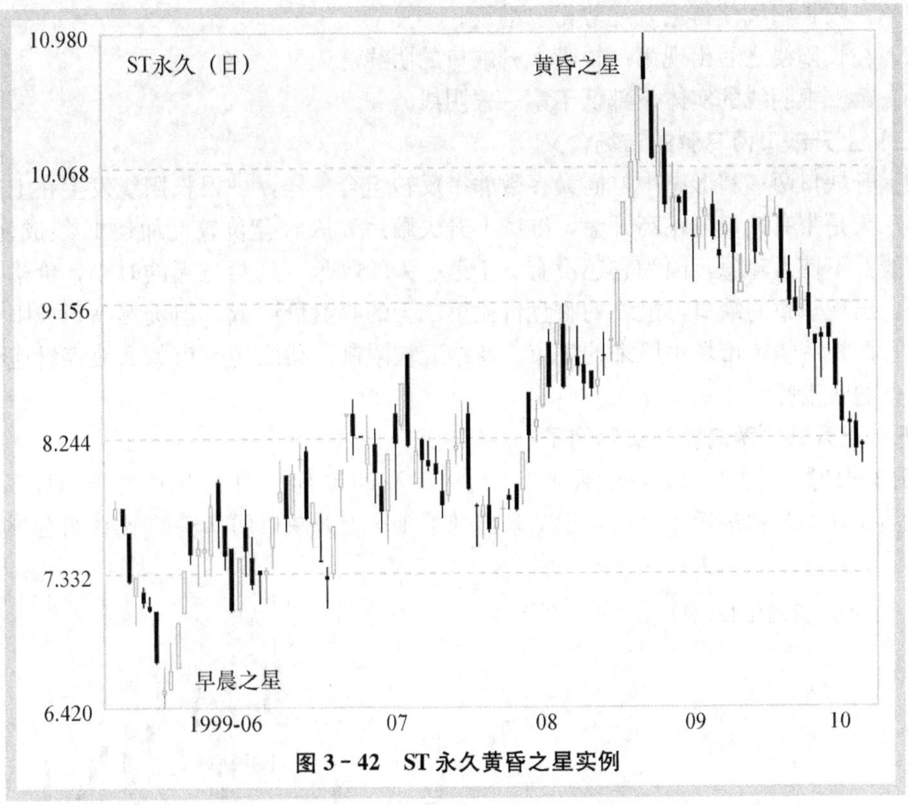

图 3-42 ST 永久黄昏之星实例

七、上升缺口两乌鸦

(一) 上升缺口两乌鸦的基本形状

上升缺口两乌鸦（upside gap two crows）是看跌的反转组合形态，是发生在上升市场中的三根 K 线组合形态（见图 3-43）。

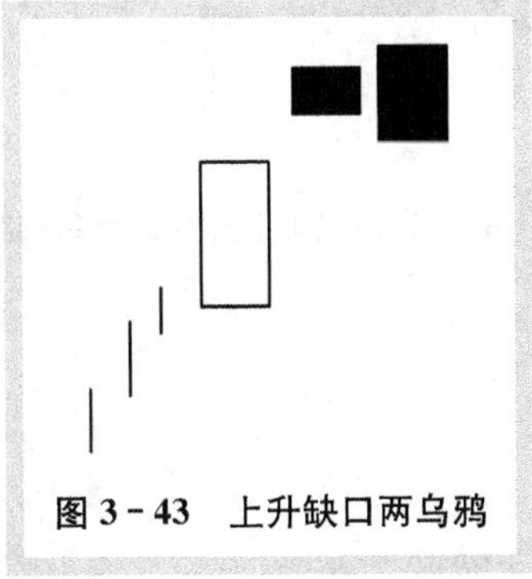
图 3-43 上升缺口两乌鸦

(二) 上升缺口两乌鸦的形态特征

上升缺口两乌鸦组合形态有以下三个特征：

(1) 一根长阳线使得上升趋势得以继续。

(2) 在长阳线之后出现第一根带上升缺口的阴线。

(3) 第二根阴线的实体下部低于第一根阴线。

(三) 上升缺口两乌鸦的市场含义

在上升缺口两乌鸦形态中，同大多数熊市反转组合一样，一根长阳线发生在上升趋势中，第二天是带有缺口的跳高开盘，继续上升失败后，因收盘价较低而使K线成为阴线。这根阴线并不使人着急，因为它还没有低于第一天的收盘。到第三天的时候，价格再次跳高开盘，出现短暂的缺口，最终的收盘价比第二天的收盘价还低，但仍然高于长阳线的位置。通过两根阴线，市场中原来的牛市“情结”被限制，猛烈的牛市怎么能容忍连续出现两次更低的收盘呢?

(四) 上升缺口两乌鸦的实际例子

【例3-19】 图3-44是辽通化工 (000059) 2000年5月至8月的实际日K线图。在价格从5元上升到接近8元后，于7月出现了1次上升缺口两乌鸦的K线组合形态。

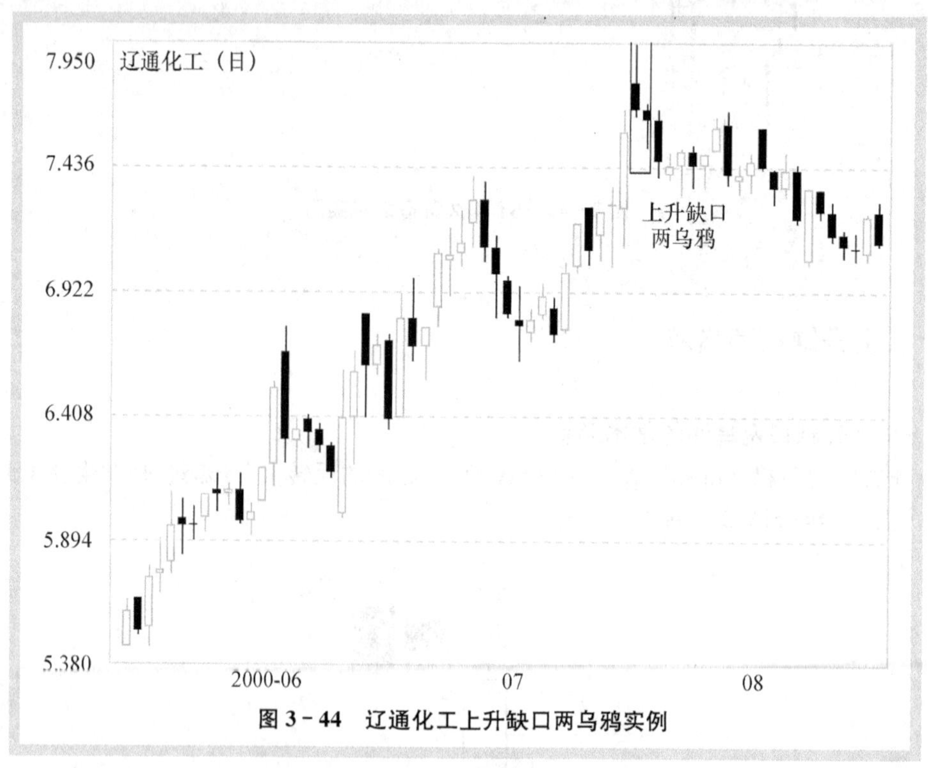

图3-44 辽通化工上升缺口两乌鸦实例

八、三白兵

(一) 三白兵组合形态的基本图形

三白兵 (three white soldiers) 是发生在下降趋势末期的三根K线组合形态，如图3-45所示。

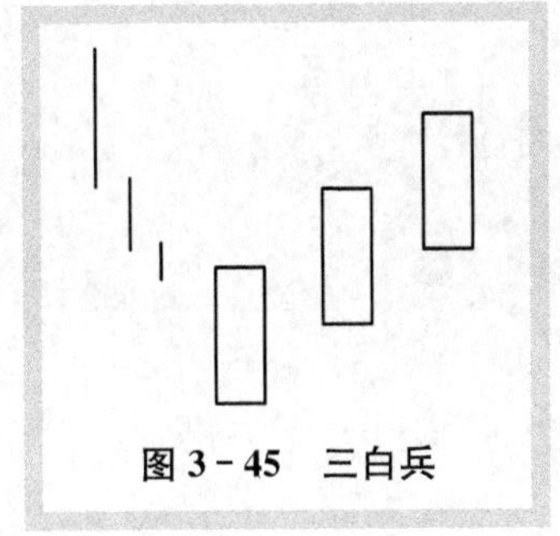

图 3-45 三白兵

（二）三白兵的形态特征

三白兵组合形态有以下三个特征：

(1) 三根连续的长阳线，每天出现更高的收盘价。

(2) 每天的开盘价应该在前一天实体的中点之上。

(3) 每天的收盘价应该在当天的最高点或接近最高点。

（三）三白兵的市场含义

三白兵如果出现在已经下降了很长时间后，将是市场即将反转的标志。每天开盘价较低，而收盘价却是最近的新高，这种价格运动上升稳定，趋势看涨，绝不应该被忽视。

（四）三白兵的市场含义与三白兵所处的位置有关

本书中没有列举与三白兵的形状极为相似的、出现在上升趋势末期的另一些K线组合形态。如果在已经上升了很长的时间后，连续出现三根长长的阳线，将是趋势即将反转的信号，尤其是当这三根长阳线之间还有缺口时，更是应该想到退出的问题。当然，在实际的市场运行中，出现过连续多日大幅度上升的情形，这些情形使得分析人员“大跌眼镜”。虽然如此，用理智的思维进行考虑，还是应该退出。

（五）沪深股票市场中的三白兵

上面所述是关于三白兵的传统说法，出现在沪深股票市场中的三白兵形态有一些自己的特点：一是三根阳线之间一般有缺口，或者三根长阳线实体之间的重叠部分很小。二是三白兵出现在上升了不长的时间和幅度后，是看涨的形态。如果出现在上升了相当一段时间后，是看跌的形态。此时，我们更应该从压力或竭尽缺口（参见第五章）方面考虑三白兵形态，后面的三乌鸦形态也有类似的应该注意的问题。

（六）三白兵的实际例子

【例 3-20】 图 3-46 是佳纸股份（000699）1999 年 11 月中旬至 2000 年 4 月的实际日K线图。佳纸股份的价格从 8 元多的高点开始下降，到 2000 年 2 月，价格达到 5 元，并形成三白兵。在三白兵之前，还出现了 1 次下降末期的看涨“四乌鸦”以及倒锤形。三白兵后，其价格的上升是巨大的，2000 年 8 月已经超过了 14 元。

九、强弩之末

（一）强弩之末组合形态的基本图形

强弩之末（deliberation）是发生在上升趋势末期的三根K线组合形态，如图 3-47 所示。

图 3-46　佳纸股份三白兵实例

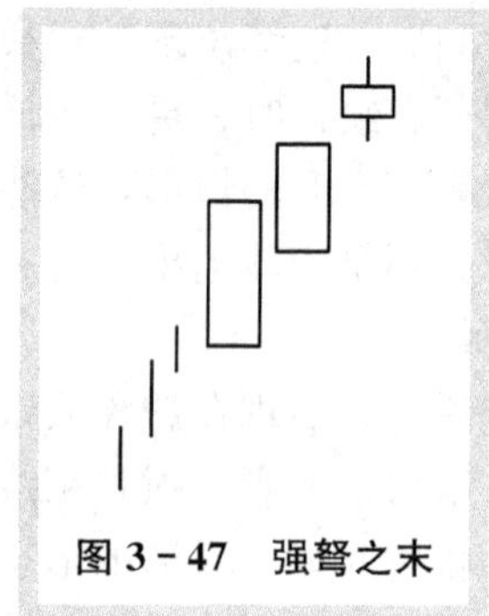
图 3-47　强弩之末

（二）强弩之末的形态特征

强弩之末组合形态有以下三个特征：

（1）第一根和第二根是长阳线实体。

（2）第三天的开盘接近第二天的收盘。

（3）第三天是纺轴线，并极有可能是星形线。

（三）强弩之末的市场含义

强弩之末的形态与三白兵有些相似，但其出现在上升的末期，前面两天的长阳线创出了新高，其后是小阳线，最好是最后一天高于第二天并存在跳空缺口。因为是小实体，这说明不确定性有阻止股价向上移动的趋势，强弩之末展示了原来上升趋势的弱化。从图形上看，强弩之末是黄昏之星的“前奏曲”。在上升的过程中，强弩之末的形态出现得越晚，不能继续上升的含义越强。

（四）强弩之末的实际例子

【例 3-21】 图 3-48 是胶带股份（600614）从 1998 年 8 月到 12 月的实际日 K 线图。从 8 月开始，胶带股份的价格从 8 元上升到 13 元，并于 1998 年 10 月形成强弩之末的组合形态。该强弩之末形态后，有 2 次上吊线和 1 次类似于射击之星的反转 K 线组合形态。后来，其价格下降到 9 元附近。

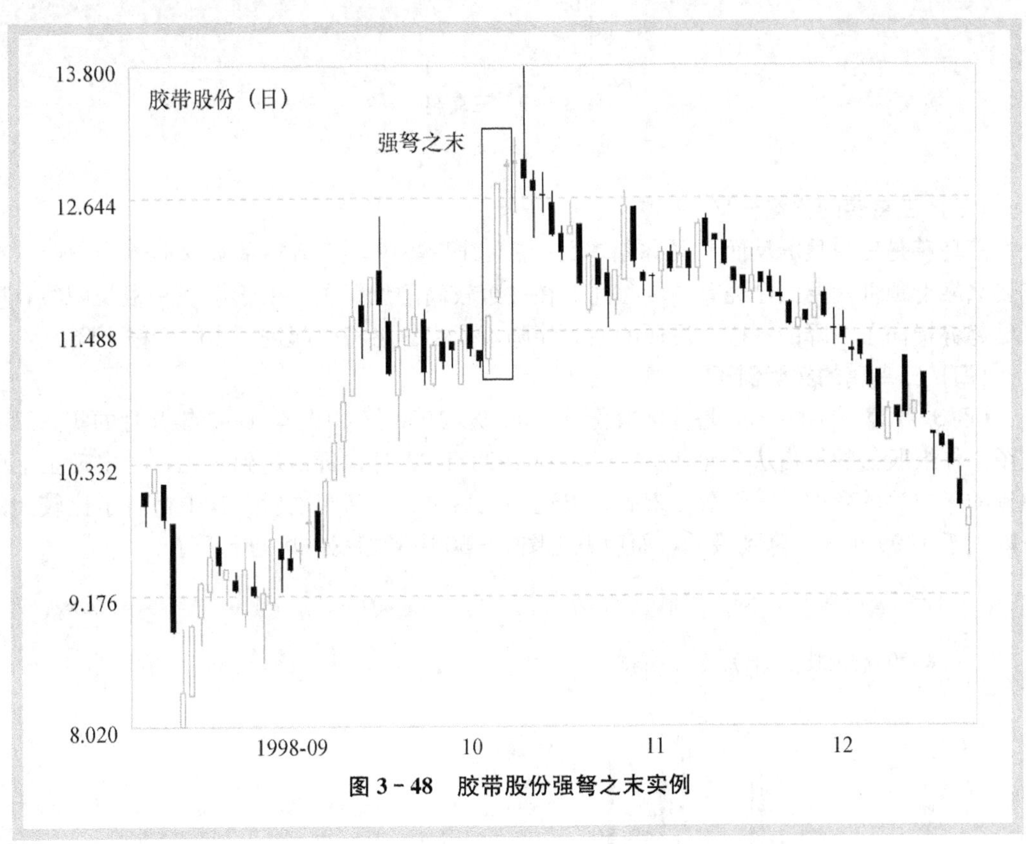

图 3-48　胶带股份强弩之末实例

十、三乌鸦

（一）三乌鸦组合形态的基本图形

三乌鸦（three crows）是发生在上升趋势末期的三根 K 线组合形态，是看跌的组合形态，如图 3-49 所示。

（二）三乌鸦的形态特征

三乌鸦组合形态有以下四个特征：

（1）连续 3 天长阴线。

（2）每天的收盘价出现新低。

（3）每天的开盘价在前一天的实体之内。

（4）每天的收盘价等于或接近当天的最低价。

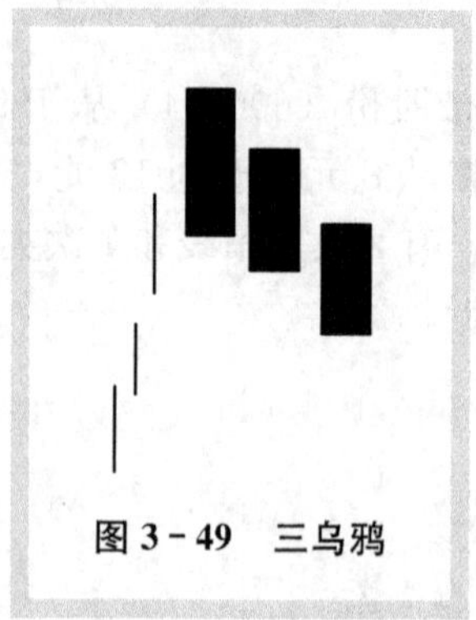
图 3-49　三乌鸦

（三）三乌鸦的市场含义

三乌鸦是三白兵的反面“对称副本”。在上升趋势中，三乌鸦呈阶梯形逐步下降，市场要么靠近顶部，要么已经有一段时间处在一个较高的位置了。由于出现一根长阴线，明确的趋势指向了下降的一边。后面的两天伴随着卖出压力将引起进一步的价格下降。

（四）三乌鸦的实际例子

【例 3-22】　图 3-50 是佳纸股份（000699）1998 年 10 月至 1999 年 3 月的实际日 K 线图。佳纸股份的价格从 5 元开始上升，到 1998 年 11 月，价格达到 8 元，在出现了上面提到的三白兵的变种——强弩之末后，出现了三乌鸦。三乌鸦之后，其价格有了比较大的下降，于 1999 年 3 月降到最低，而后就是图 3-50 中紧随三白兵的上升了。

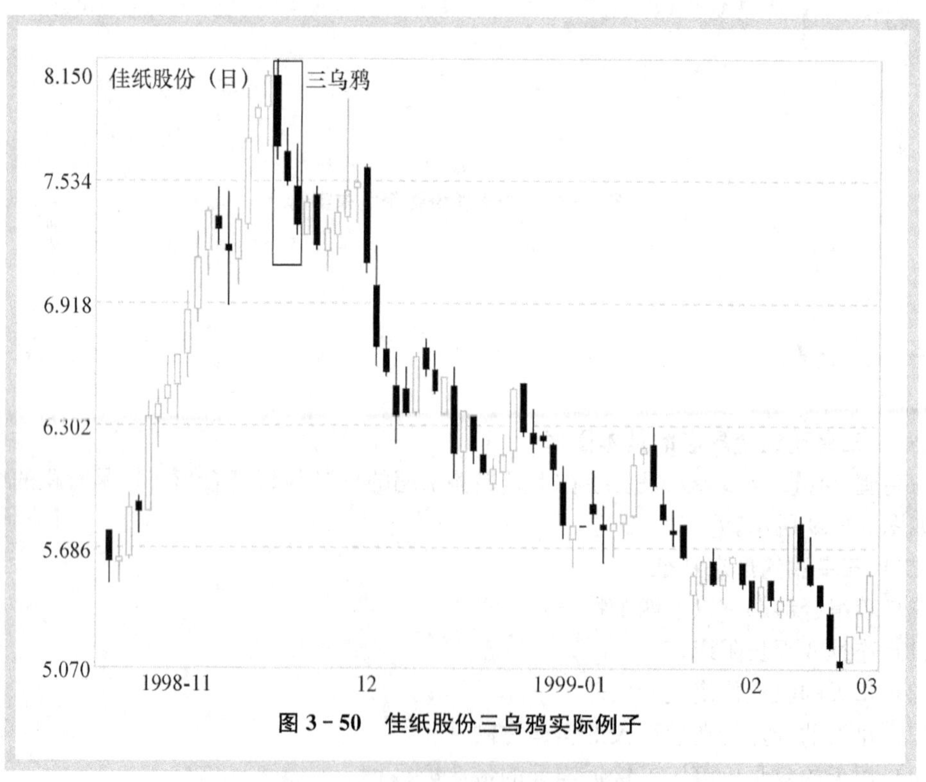

图 3-50　佳纸股份三乌鸦实际例子

十一、上升三法和下降三法

(一) 上升三法和下降三法的基本形状

上升三法（rising three methods）和下降三法（falling three methods）是持续型组合形态，如图 3-51 所示。

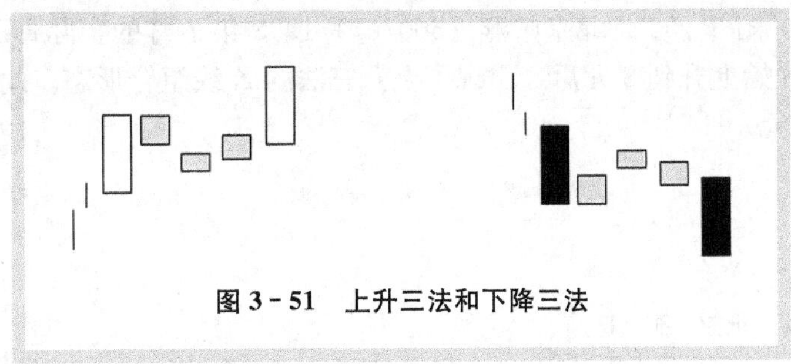

图 3-51 上升三法和下降三法

(二) 上升三法和下降三法的形态特征

上升三法和下降三法组合形态有以下四个特征：

(1) 长实体的形成表示了当前的趋势。

(2) 长实体被一组小实体所跟随。

(3) 小实体沿与当前趋势相反的方向或高或低地排列，并保持在第一天实体的最高价和最低价所限定的范围之内。

(4) 最后一天应该是强劲的一天，其收盘价高于或低于第一根长实体的收盘价。

(三) 上升三法和下降三法的市场含义

(1) 上升三法的长阳线形成于上升趋势之中，这根长阳线之后是一群抵抗原来趋势的小实体。这些反向的 K 线一般是阴线，但最重要的是，这些小实体大都位于长阳线的最高价和最低价所限定的范围之内，最高价和最低价的范围包括上影线和下影线。最后一根 K 线的开盘价高于前面一根 K 线的收盘价并且收盘价出现新高，进而维持了原来的趋势。

(2) 下降三法是上升三法的熊市“版本”，其含义正好相反，是下降趋势经过停顿后继续下降的组合形态。

(四) 上升三法和下降三法形态中包含的理念

上升三法和下降三法最根本的思想是：在一个趋势过程中，两根同阴阳的长实体之间的时间距离不能太长，如果太长，将不利于维持原来的趋势。

下面，我们以上升三法为例进行说明。当上升途中出现了一根长阳线后，紧跟其后的不是继续上升的长阳线，而是一些小实体。如果我们希望今后的价格波动维持原来的上升趋势，那么在“短时间”内，应该出现第二根长阳线。如果在一定时间内没有出现第二根长阳线，我们有理由认为，“希望今后的价格波动维持原来的上升趋势”的愿望可能实现不了，或者实现的机会降低了。

上面所指的“短时间”带有一定的主观因素，在上升三法和下降三法中，一般是将“短时间”设定为 3 天。其实，实际中的情况可以比 3 天少，也可以比 3 天多。在上升三法和下降三法的形态特征中，我们并没有强调中间是 3 个小实体，而说的是一组小实体。在实际的使用中，上升三法和下降三法中间的小实体数量可以适当增加。以作者的观察，小实体数量最多时约为 20 个，大部分实例中的小实体数量在 8 个以内。

（五）上升三法和下降三法的实际例子

【例 3-23】 图 3-52 是北京中燕（600763）1998 年 7 月的实际日 K 线图。北京中燕的价格从 7 元开始上升到 8 元后，出现了上升三法的 K 线组合形态。此后，其价格继续上升，并达到 10 元。

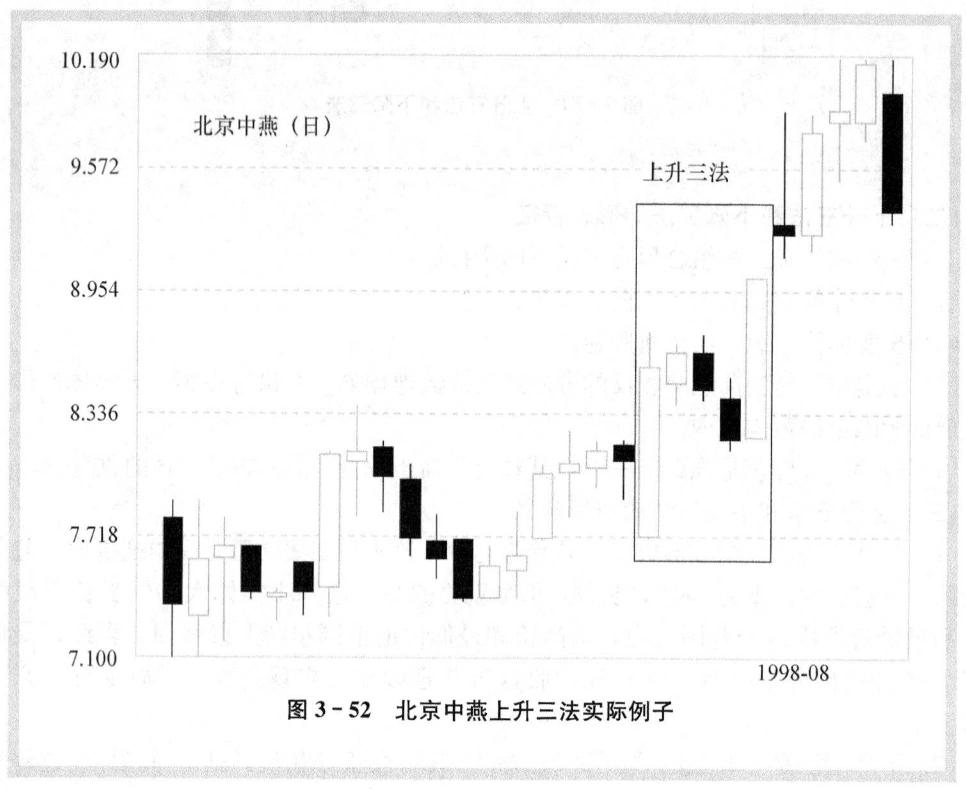

图 3-52 北京中燕上升三法实际例子

【例 3-24】 图 3-53 是天鹅股份（600829）1994 年 9 月至 10 月的实际日 K 线图。天鹅股份的价格从 10 元开始下降，价格达到 8 元后，出现了下降三法的组合形态，而后其价格继续下降到了 5 元。

【例 3-25】 图 3-54 是多佳股份（600086）1998 年 8 月至 1998 年 11 月的实际日 K 线图。实际中，当多佳股份的价格形态出现了早晨之星和三白兵的反转 K 线组合之后，其价格从 9 元开始上升，并遇到第一个上升五法。1998 年 9 月，当其价格达到 14 元的时候，出现了第 2 次上升五法，而后价格继续上升，到了 1999 年 3 月，其价格达到了 19 元。

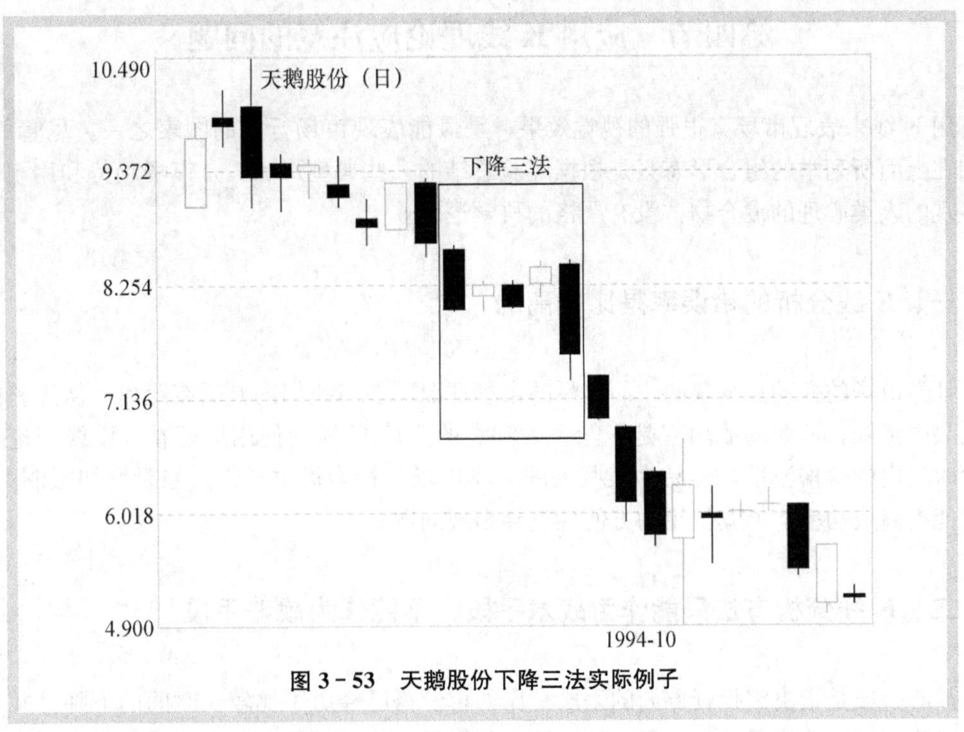

图 3－53　天鹅股份下降三法实际例子

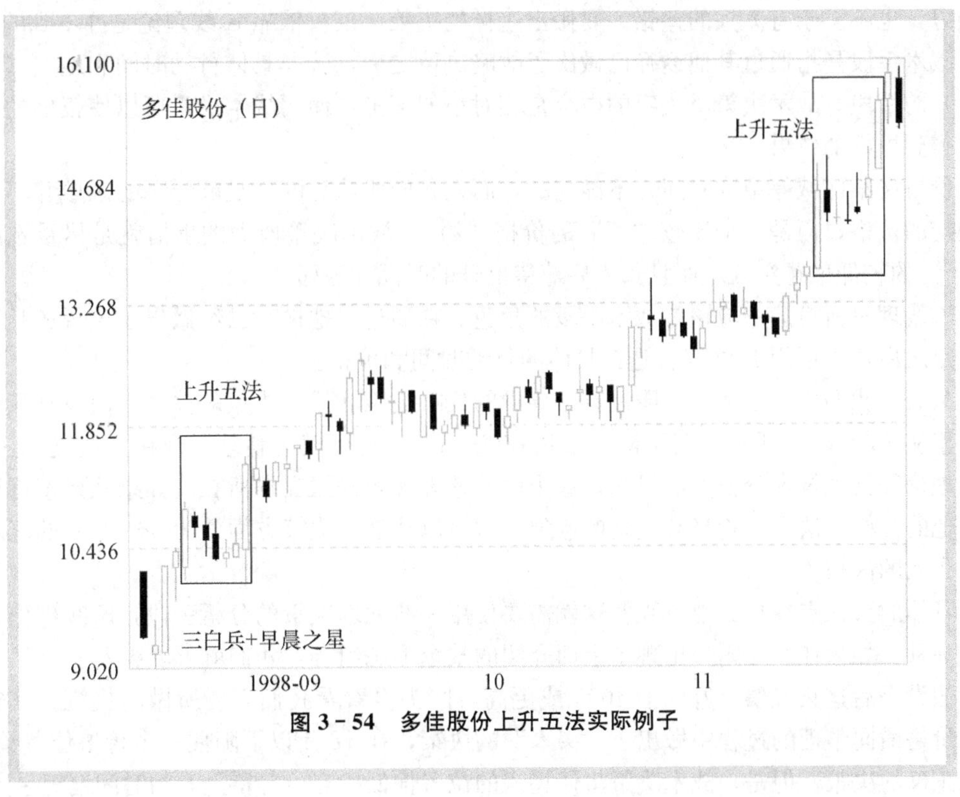

图 3－54　多佳股份上升五法实际例子

第四节　应用K线理论应注意的问题

用K线来表现市场有很强的视觉效果，是最能表现市场行为的图表之一。尽管如此，我们在上面所列举的组合形态只是根据经验总结的一些典型形状，是市场趋势和用组合形态表现的人类心理的混合物，没有严格的科学逻辑。

一、K线分析的错误率是比较高的

证券市场的变动是复杂的，而实际的市场情况可能与我们的判断有距离。从经验的统计结果中可知，K线的成功率是不能令人满意的。从K线的使用原理看，K线理论只涉及短时间内的价格波动，容易为某些人的“非市场”行为提供条件。如果增加限制条件，有可能提高成功率，但其使用的方便性就会出现问题。

二、K线分析方法只能作为战术手段，不能作为战略手段

战略手段是指决定投资方向的手段。比如，价格已经历了比较长时间的下降，并且价格已下降到可以认为是“足够低”的区域，我们战略决策的投资方向应该是买入，决定在这个价格区域买入，需要使用的就是战略手段。如果战略决策是正确的，即使买入的点不是很好，也不至于有太大的差错。要做出这样的决策，仅仅依靠K线理论是办不到的。

战术手段是指通过其他途径已做出了战略决策之后，选择具体行动时间和地点（价格位置）的手段。战术决策所决定的内容是相对小的范围，使用战术决策可以使正确的战略决策得到更好的效果。

价格在某区域停留的时间是不确定的，而且我们所认为的“足够低”的区域并不是某个确定的价格，而是一个比较“宽”的价格“箱”。战术决策所做的事情就是尽量选择在“箱子”的较低位置买入，而且买入后等待上升的时间比较短。

K线理论所扮演的应该是战术手段的角色。在通过其他途径已经做出了该买还是该卖的决定之后，才可用K线组合选择具体的行动时间和价格。

最后，我们用一个例子说明证券市场中的战略决策和战术决策的关系。假设某只股票的价格从30元附近开始一路下降，最后在8～12元进行横向整理。现在，从支撑压力、波浪理论等其他技术分析方法可知，这个横向整理区域是强支撑所在。如果从形态理论或者其他的分析方法看出价格有启动的迹象，就可以从战略决策方面认为8～12元的区域是可以买入的区域。

具体的买入点在什么地方呢？这就需要使用一些战术决策的分析手段，K线理论是其中的一种。如果在9元附近出现了上面介绍的某个形态组合，我们就可以买入了。

假设今后这只股票上升到了40元或更高，回头再看看我们当初所做的决策。其实只要在价格横向整理的过程中做出了“买入”的决策，在12元以下随便一个价格位置买入，都是正确的决策。但是，战术决策将使买入的位置偏低一点，等待上升的时间偏短一点。

三、K线分析的结论在空间和时间方面的影响力不大

由K线分析方法所做出的预测结果，影响的时间短，在我国股票市场中一般不超过3天；预测的价格波动幅度相对较小，一般不超过5%。我们在具体使用时对此要加以注意，以免超出K线理论的范围。

四、反转点会出现K线的反转形态，但出现了反转形态不一定是反转点

回顾实际的价格波动图形，我们可以发现，在每个事后可以被称为“低点”或“高点”的地方，都或多或少出现了本章所列举的K线组合形态。但是，出现了这些形态并不意味着就是局部的低点或高点。

五、K线组合形态的变形

在具体应用中，一般不大可能出现与教科书上所画K线完全相同的情况，或多或少会有些差异。我们在具体识别时，要根据实际情况调整已有的K线组合形态，不能局限在教科书的范围之内，这就是K线组合形态的变形问题。

组合形态只是总结经验的产物。实际中，完全满足我们所介绍的K线组合形态的情况是不多见的。如果机械地照搬组合形态，有可能长时间碰不到合适的机会，我们要根据情况适当地改变组合形态。

另外，为了更深刻地了解K线组合形态，我们应该了解每种组合形态内在和外在的原理，因为它不是一种完美的技术，这一点同其他技术分析方法是一样的。K线分析是靠人类的主观印象而建立，并且基于历史的形态组合进行表达的分析方法之一。

六、一个K线组合失败的例子

在我国目前有关K线的书籍中，都没有对K线的使用正确地加以定位，从而夸大了K线的“能力”。作者在本书中所举的例子都有一定的偶然性，不能认为所有的K线组合都能得到同样好的结果。下面就是一个失败的例子，同时也是一个如何正确认识K线战术性质（非战略性质）的例子。

【例3-26】 图3-55和图3-56都是深宝恒（000031）从2002年初到年底的实际K线图。图3-56是对图3-55中矩形的放大。如果仅仅看K线组合形态，从图3-56中可以看到，至少有两个组合形态指出了买入信号，但是在10.5元附近买入是错误的。对这个问题的解释就是，在10.5元附近从战略上讲不是买入的时机。从后文有关支撑压力的介绍中可知，从14元下降到10.5元，其下降的空间幅度还“不够深”。

图 3－55　深宝恒 K 线应用的失败

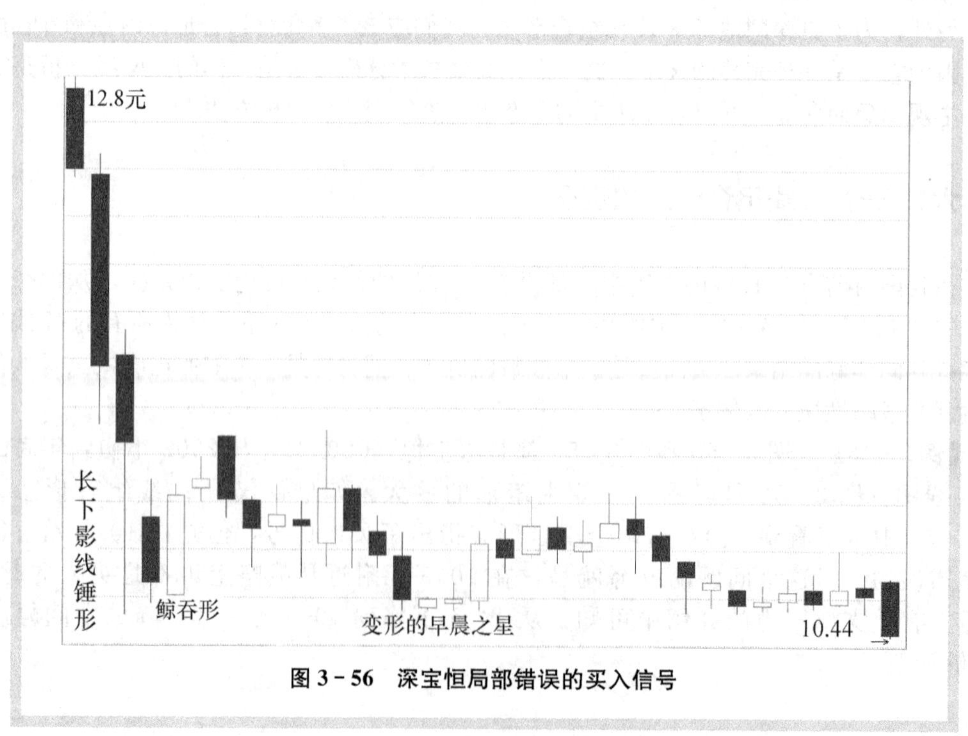

图 3－56　深宝恒局部错误的买入信号

本章小结

本章介绍了K线理论的主要内容，说明了K线的具体画法和主要的形态组合，而后详细说明了K线组合形态的识别和在实际应用中的部分例子。最后，本章对K线的诸多弱点进行了说明。

本章要点

1. K线的画法。
2. 单独K线的基本含义。
3. 多根K线组合形态的识别和应用。
4. K线的弱点。

本章关键词

K线的上影线和下影线　　K线的实体　　K线组合形态

本章思考题

一、名词解释

十字　　实体　　影线　　阴阳

二、简答题

1. K线的阴阳如何区分？上下影线的长度如何影响多空双方力量的对比？
2. K线组合的准确性与组合中所包含的K线数目是否有关？
3. K线理论的结论在时间、空间方面的具体表现如何？
4. K线组合形态出现的位置是否影响对该组合形态的判断效果？
5. 根据实际结果，谈谈如何增加使用K线组合形态的成功率。

三、自我练习题

验证：在价格的反转点，K线一定会出现反转形态，但K线出现了反转形态，不一定是反转点。

第四章
支撑压力——切线理论

历史告诉我们，只有顺应时代的潮流，改变原来不正确的观念，才能兴旺发达。证券市场也有顺应潮流的问题，要“顺势而为”，不“逆势而动”，这是被广泛接受的投资证券准则。一个证券投资者如果不懂得这一点，其后果将是非常可怕的，即使他能够一时取得成功，但维持的时间不可能长久，最终必将招致重大损失。

证券投资者要准确地把握形势，了解大势的发展方向，判断是上升还是下降，是暂时上升马上就会下降，还是持续上升不会马上下降，做到这一点是很困难的。大势的发展变动并不是简单的上升下降，由于各种原因，股市在上升和下降的过程中要经历许多曲折。也就是说，上升的趋势中会有下降，下降的趋势中含有上升。这就给投资者的判断造成很大的麻烦，容易在判断暂时反弹（或回档）或者彻底转势这个问题上出现失误。

本章从对趋势的认识着手，应用有关支撑压力的分析方法，帮助投资者提高识别大势是继续维持原方向还是掉头反转的能力。当然，支撑压力的切线法主要是给出一些方法，这些方法一般只能提供参考意见，而获得“正”收益的前提是对投资分析方法的合理、正确使用。

较早从理论上对支撑压力进行完整的叙述，是由爱德华和马吉所著于 1948 年出版的《股市趋势技术分析》一书。在这本书中，他们对支撑压力的本质性内容进行了较为系统全面的说明，举出了大量股票市场中的实例，其阐述方式非常细致，甚至可以说达到了“啰唆”的地步。

第一节 趋 势

一、趋势的定义

证券的市场价格随时间的推移，在图表上会留下自己的痕迹，这些痕迹会呈现一定的方向性，这种方向反映了价格的波动情况。

趋势就是价格波动的方向，或者说是证券市场运动的方向。若确定了当前市场是一段上升（或下降）趋势，则价格的波动就是向上（或向下）运动。当然，在上升的趋势里，肯定会出现下降的过程，但这不是主流，不影响上升的大方向，不断出现的新的高价会使偶尔出现的小幅度下降黯然失色。在下降趋势中，情况正好相反，不断出现的新的低价会使投资者悲观失望。

技术分析三个假设的第二条明确说明价格的变化是有趋势的，没有特别的理由，价格将沿着这个趋势继续运动。这一点说明了趋势这个概念在技术分析中占有很重要的地位，是分析人员应该注意的核心问题。

一般来说，市场变动不是朝一个方向直来直去，中间肯定要出现曲折。从图形上看就是一条蜿蜒曲折的折线，每个折点处就形成一个峰或谷，从这些峰和谷的相对高度上，我们可以看出趋势的方向。

二、趋势的方向

趋势有三种方向：第一，上升方向（up trend）；第二，下降方向（down trend）；第三，水平方向（sideway），也就是无趋势方向。在实际的投资行为中，我们重点关注的是上升方向和下降方向。

价格的波动在图表中会形成一些“峰”（peak）和“谷”（trough）。直观地看，如果价格波动图形中后面的峰和谷都高于前面的峰和谷，那么趋势就应该属于上升的方向，这就是常说的“一底比一底高”或“底部抬高”。如果图形中后面的峰和谷都低于前面的峰和谷，那么趋势就应该是下降方向，这就是常说的“一顶比一顶低”或“顶部降低”。

如果价格图形中后面的峰和谷与前面的峰和谷相比，没有明显的高低之分，几乎呈水平延伸，这时的趋势就是水平方向。水平方向趋势是容易被大多数投资者忽视的一种方向，这种方向在市场上出现的机会是相当多的。就水平方向本身而言，也是极为重要的，大多数的技术分析方法在处理水平方向的市场时都容易出错，或者说作用不大。这是因为，这时的市场正处在供需平衡的状态，下一步朝哪个方向运动的偶然性很大，没有规律可循，它既可以向上也可以向下，而预测这样的对象朝何方运动是极为困难的，也是不明智的。随机漫步理论正是基于此种情况而提出的。

图 4-1 是三种趋势方向的最简单的表示图形。

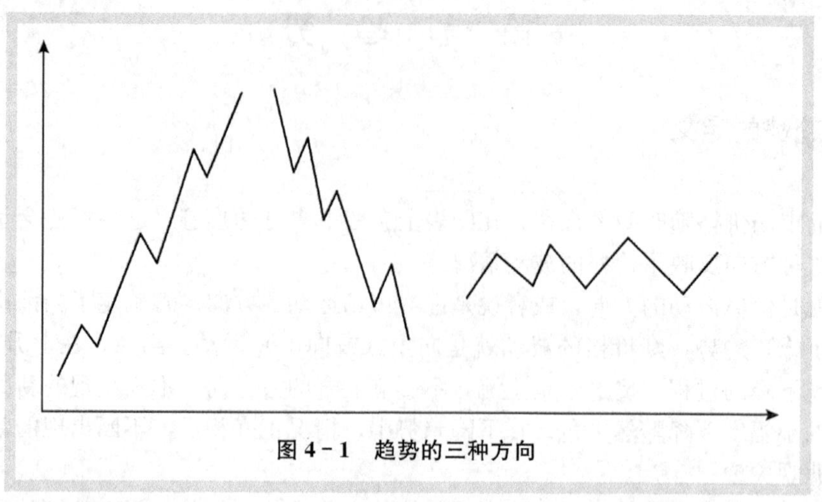

图 4－1　趋势的三种方向

三、趋势的类型

按道氏理论的分类，趋势分为三个类型：

第一种趋势类型是主要趋势（primary trend）。主要趋势是趋势的主要方向，是证券投资者极力要弄清楚的目标，证券投资者在了解了主要趋势后才能做到顺势而为。主要趋势是价格波动的大方向，持续的时间一般比较长，技术分析三个假设中的第二个假设就是用于说明这一点。

第二种趋势类型是次要趋势（secondary trend）。次要趋势是在主要趋势中进行的调整。我们知道，趋势不会一成不变地直来直去，总有局部调整和回撤的过程，次要趋势正是完成这一使命。

第三种趋势类型是短暂趋势（near term trend）。短暂趋势是在次要趋势中进行的调整。短暂趋势与次要趋势的关系就如同次要趋势与主要趋势的关系一样。

这三种趋势类型的最大区别是时间的长短和波动幅度的差异。以上三种划分可以解释绝大多数行情，对于更复杂的价格波动过程，以上三种类型可能还不够用。不过，这不是很大的问题，我们可以继续对短暂趋势进行细分。图 4－2 是这三种趋势类型的图形说明。

四、一个实际的趋势图

【例 4－1】　图 4－3 是上证指数从 1994 年 9 月至 2000 年 3 月的实际走势日线图。从图中可以看出，大趋势中有中趋势，中趋势中有小趋势。经过 5 年的时间，上证指数从 325 点上升到 2 097 点。总的过程是上升，这是主要趋势方向。但是，从 1994 年 9 月的 1 050 点下降到 1996 年 1 月的 510 点，以及从 1997 年 5 月的 1 510 点下降到 1999 年 5 月的 1 050 点是次要趋势，它是对主要趋势的调整。在次要趋势的过程中还有很多短暂趋势，由于图中短暂趋势的幅度不大，短暂趋势的过程不明显。

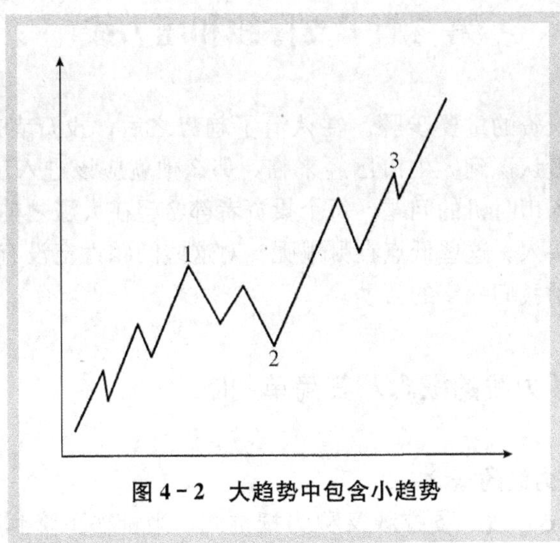

图 4－2　大趋势中包含小趋势

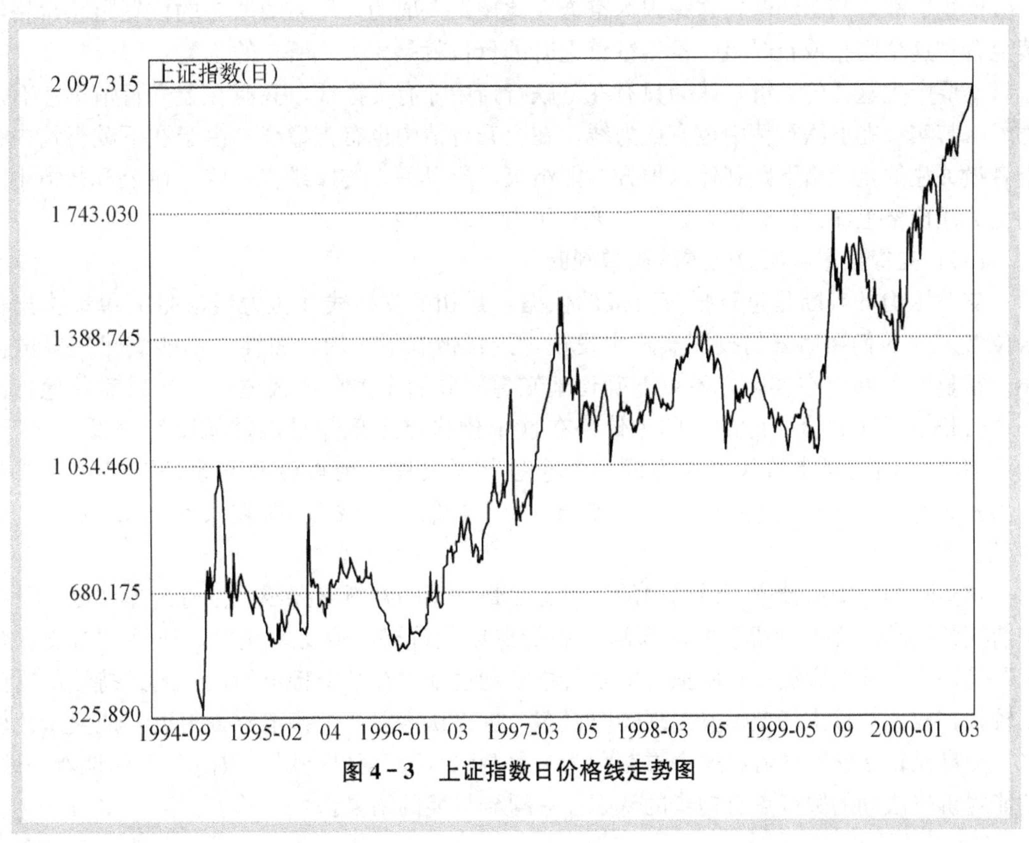

图 4－3　上证指数日价格线走势图

第二节 支撑线和压力线

认清趋势是进行投资的重要步骤。在认清了趋势之后，投资者就应该采取相应的行动。例如，如果投资者认识到大牛市已经来临，那么他就应该进入市场进行实际的投资，这时将面临一个选择入市时机的问题。每个投资者都希望在大涨之前的低点买入，或者在涨势中途回落的低点买入。这些低点在哪里呢？对这些问题肯定没有十全十美的答案，但是支撑线和压力线会给我们一定的帮助。

一、支撑线和压力线的概念及其简单判断

（一）支撑线和压力线的概念

（1）支撑（support）线。支撑线又称为抵抗线，当价格下降到某个价位附近时，价格停止下跌，甚至有可能还有回升，这是因为多方在这个位置买入造成的，这个位置对价格继续下降起了迟滞作用。这个阻止证券价格继续下降或暂时阻止价格继续下降的价格位置就是支撑线所在的位置。

（2）压力（resistance）线。压力线又称为阻力线，当价格上涨到某个价位附近时，价格会停止上涨，甚至回落，这是因为空方在此抛出造成的。压力线所在的位置阻止价格继续上升，这个阻止或暂时阻止价格继续上升的价位就是压力线所在的位置。

不要产生这样的误解，认为只有在下跌行情中才有支撑线，只有在上升行情中才有压力线。其实，在下跌行情中也有压力线，在上升行情中也有支撑线。由于在下跌行情中投资者最关注的是价格下跌到什么地方才能结束，所以关心支撑线多一些；在上升行情中人们更关注价格上涨到什么地方，所以关心压力线多一些。

（二）支撑位置和压力位置的简单判断

支撑压力的判断是进行投资决策的依据，最初的支撑线和压力线就是简单地指出价格位置。但人们在后来的投资实践中发现，这样做有很大的片面性，不能满足实际的需要。很显然，我们在实际中不可能确切地知道实际的支撑在什么位置，如果简单地指出一个价格点是不符合实际的，因为价格在这个价格点出现停顿的“概率”很低。之后，投资者在运用时对支撑线和压力线的概念进行了发展。最重要的“改进”是将支撑和压力的概念从一个“价格点”扩大成了一个“价格区域”，即在某个价格附近出现停顿。

在实际的投资活动中，最简单的同时也是最常用的判断支撑压力位置的方法是，价格在前期的波动过程中所留下的局部高点和低点以及价格的成交密集区。所谓“成交密集区”是一个定性的说法，它所描述的是价格波动过程中在某个特定的位置附近持续的时间比较长，或者在这个特定位置出现的时候多，进而认为在这个特定位置附近的成交量比较多，交易比较活跃。作者将这个方法称为“目测法”，其意思是用“眼睛”简单地看一眼，就能对价格波动的关键点有初步的认识，并得到早期的结果。

二、支撑线和压力线的作用

如前所述，支撑线和压力线会阻止或暂时阻止价格沿原来的方向继续运动。我们知道，价格的变动是有趋势的，要维持这种趋势，保持原来的变动方向，就必须冲破阻止其继续向前的障碍。要维持下跌行情，就必须突破支撑线的阻力和干扰，创出新的低点；要维持上升行情，就必须突破压力线的阻力和干扰，创出新的高点。由此可见，支撑线和压力线有被突破的可能，它们不可能长久地阻止价格保持原来的变动方向，使其在一个区间永远运行下去，只不过使其暂时停顿而已，如图 4-4 中上半部分的图形。

同时，支撑线和压力线又有彻底阻止价格沿原方向变动的可能。当一个趋势终结了或者说到头了，它就不可能创出新的低价和新的高价，这时的支撑线和压力线就显得异常重要，是取得巨大利益的地方。当然，我们应该指出，“趋势终结”是相对的概念，不是绝对的概念。从经验上看，没有不可能被突破的高点，突破只是时间问题。

在上升趋势中，如果价格的下一次上冲未创出新高，即未突破压力线，这个上升趋势就已经处在比较关键的位置了，如果再往后的价格又向下突破了这个上升趋势的支撑线，就会产生一个趋势变得很强烈的警告信号，这通常意味着，这一轮上升趋势已经结束，下一步的走向是向下的过程。同样，在下降趋势中，如果价格的下一次下跌未创新低，即未突破支撑线，这个下降趋势就已经处于很关键的位置，如果其后的价格向上突破了这个下降趋势的压力线，就会发出这个下降趋势将要结束的强烈信号，价格的下一步走向将是上升的趋势，如图 4-4 中下半部分的图形。

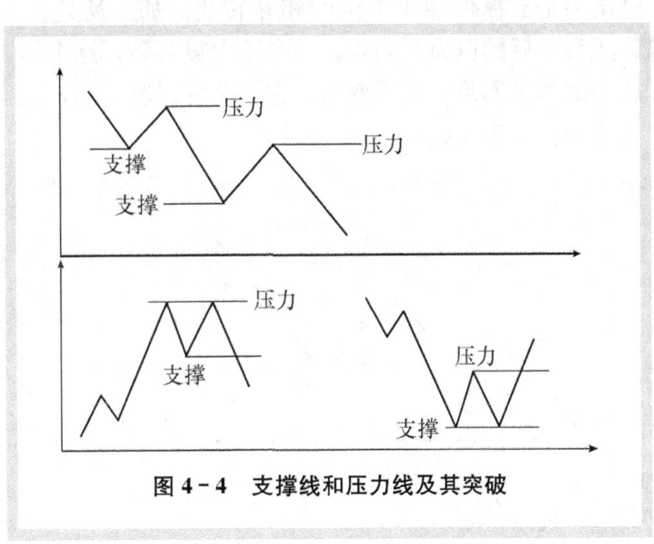

图 4-4　支撑线和压力线及其突破

三、支撑线和压力线的相互转化

支撑线和压力线考虑了投资者的心理因素，两者的相互转化也是从心理方面考虑的。支撑线和压力线之所以能起支撑作用和压力作用，很大程度是由于心理因素，这就是支撑线和压力线理论的依据。当然，心理因素不是唯一的依据，我们还可以找到其他依据，但心理因素是主要的理论依据。

在一个市场中无外乎三种人，多头、空头和旁观者。旁观者又可分为持股者和持币者两种。假设价格在一个支撑区域停留了一段时间后开始向上移动，在此支撑区买入股票的多头很肯定地认为自己买对了，并对自己没有多买而感到后悔。在支撑区卖出股票的空头这时也认识到自己卖错了，他们希望价格再跌回他们的卖出区域，并将他们原来卖出的股票补回来。而旁观者中持股者的心情和多头相似，持币者的心情同空头相似。无论是这四种人中的哪一种，都有买入股票成为多头的愿望。

正是由于这四种人决定要在下一个买入的时机买入股票，所以才使价格稍一回落就会得到大家的关注，他们会或早或晚地进入市场买入股票，这就使价格还未下降到原来的支撑位置，上述四种新的买入大军就把价格推上去了。在该支撑区发生的交易越多，就说明越多的股票投资者在这个支撑区有切身利益，这个支撑区就越重要。

假设价格在一个支撑位置获得支撑后，停留了一段时间开始向下移动，而不是像前面假设的那样向上移动。对于上升，由于每次回落都有更多的买入，因而产生新的支撑；而对于下降来说，由于跌破了该支撑，情况就截然相反。在该支撑区买入的多头都意识到自己买错了，而没有买入的或卖出的空头都意识到自己可能做对了。无论是多头还是空头，他们都有抛出股票逃离目前市场的想法。一旦价格有所回升，即使未到达原来的支撑位，也会有一批股票抛售出来，从而再次将价格压低。

以上的分析过程对于压力线同样适用，只不过方向正好相反。

这些分析的附带结果是支撑位和压力位的相互转化。如上所述，一个支撑如果被突破，那么这个支撑将成为今后的压力；同理，一个压力被突破，这个压力将成为今后的支撑。这说明支撑和压力的角色不是一成不变的，它们是可以改变的，改变的前提是被有效的、足够强大的价格变动所突破，如图 4-5 所示。

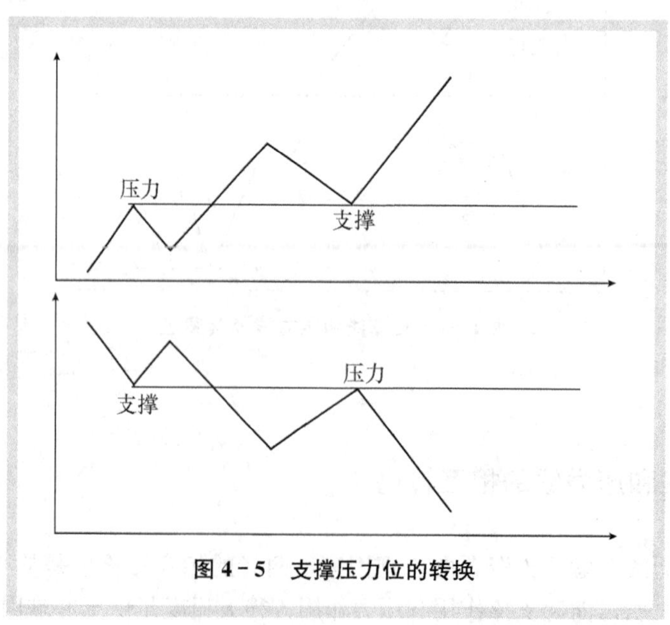

图 4-5　支撑压力位的转换

支撑和压力相互转化的重要依据是被突破。怎样才算被突破呢？用一个数字来严格区分突破和未突破是很困难的，不可能有一条截然的分界线。

一般来说，价格穿过支撑线或压力线越远，支撑压力被突破的结论越正确，越值得我们相信，越能够让我们认识到有新的压力线和支撑线出现的可能。

四、支撑线和压力线的确认和修正

每一条支撑线和压力线的确认都是人为主观判断的，主要的判断依据是根据价格变动所画出的图表。

一般来说，一条支撑线或压力线对当前时期影响的重要性可从三个方面来考虑：一是价格在这个区域停留的时间长短；二是价格在这个区域伴随的成交量大小；三是这个支撑区域或压力区域发生的时间距离当前这个时期的远近。很显然，价格停留的时间越长，伴随的成交量越大，离现在越近，则这个支撑区域或压力区域对当前的影响就越大；反之就越小。

上述三个方面是确认一个支撑或压力的重要识别手段。有时，由于价格的变动，我们会发现原来确认的支撑或压力可能并不真正具有支撑或压力的作用。比如，不完全符合上面所述的三条。这时，就有一个对支撑线和压力线进行调整的问题，这就是支撑线和压力线的修正（见图 4-6）。

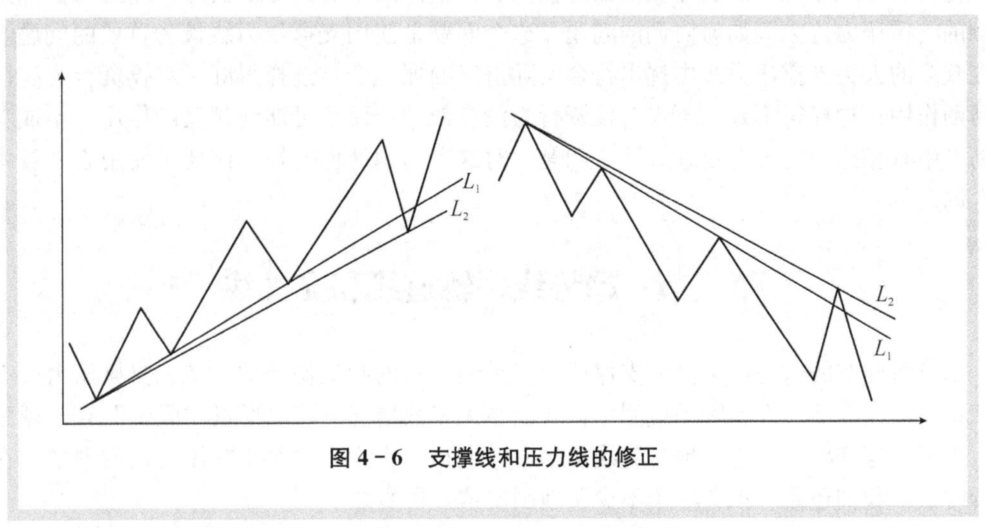

图 4-6　支撑线和压力线的修正

对支撑线和压力线的修正过程其实是对现有的支撑线和压力线重要性的确认过程，每个支撑区域和压力区域在人们心目中的地位是不同的。价格到了某个区域，投资者可能心里清楚，它很有可能被突破，而到了另一个区域，投资者可能心里也明白，它不容易被突破。这就为买入卖出提供了一些依据，不至于使投资者仅凭直觉进行买卖决策。

五、支撑线和压力线的方向

支撑压力的方向分为水平和倾斜两种，最初的支撑线和压力线都是水平的，后来经过发展，增加了倾斜的。实际情况中，倾斜的支撑压力线居大多数，即使是水平的支撑压力线，也不是严格意义上的水平，而是指一个区域，一个“带状”区域，只不过比较“窄”而已。后文将介绍的黄金分割线和百分比线是“水平”的支撑压力线，其余的支撑压力线都是倾斜的。

在以后的章节中，我们还可以看到，成为支撑压力线的不一定是直线，也可以是曲线。例如，移动平均线 MA、BOLL（Bollinger bands，即布林带）、薛斯通道（Hurst envelope）等。

六、实际支撑压力位和人为预测的支撑压力位

实际支撑压力位是实际的证券价格被阻止的位置，由证券价格的实际移动结果决定。人为预测的支撑压力位是交易者通过某些方法事先人为画出的位置，由投资者根据自己的“经验”得到。应用支撑压力理论的本质是尽量使这两种支撑压力的位置一致。

本章将要介绍的方法是人为预测支撑压力线的方法，用这些方法画出支撑压力线是非常容易的事情，不需要太高深的知识，但实际应用远远不是这么简单。投资者可以画出很多人为的支撑压力位，而实际支撑压力位只有一个。其中的关键是实际支撑压力位和人为预测的支撑压力位之间如何协调的问题，这个问题是使用支撑压力线最为重要的问题。如何在众多的人为支撑压力线中选出符合实际情况的那一个：选择得好，对投资行为有巨大的帮助作用；选择得不好，不仅对投资行为没有帮助，而且可能起相反的作用。不成功的交易者中有相当一批没有处理好这个问题，对这个问题处理的好坏体现了使用者“技术水平”的高低。

第三节　趋势线、轨道线和交叉线

本节所介绍的这三种常见的支撑压力线是最基本的和最初等的，认识支撑压力线都应该从这三条线开始。在实际的应用中，我们在大多数情况下可以通过“眼睛”直接观察得到，而不一定需要“真正”地将直线画出来。但是，作为一种对支撑压力线的理解，在最初的时候，我们还是应该“一个不少”地画出这几种直线。

一、趋势线

（一）趋势线的画法和实际例子

1. 画趋势线的步骤

趋势线（trend line）是表现证券价格波动趋势的直线。从趋势线的方向中，可以明确地看出价格波动的趋势，趋势线分为上升和下降两种，如图 4－7 所示。

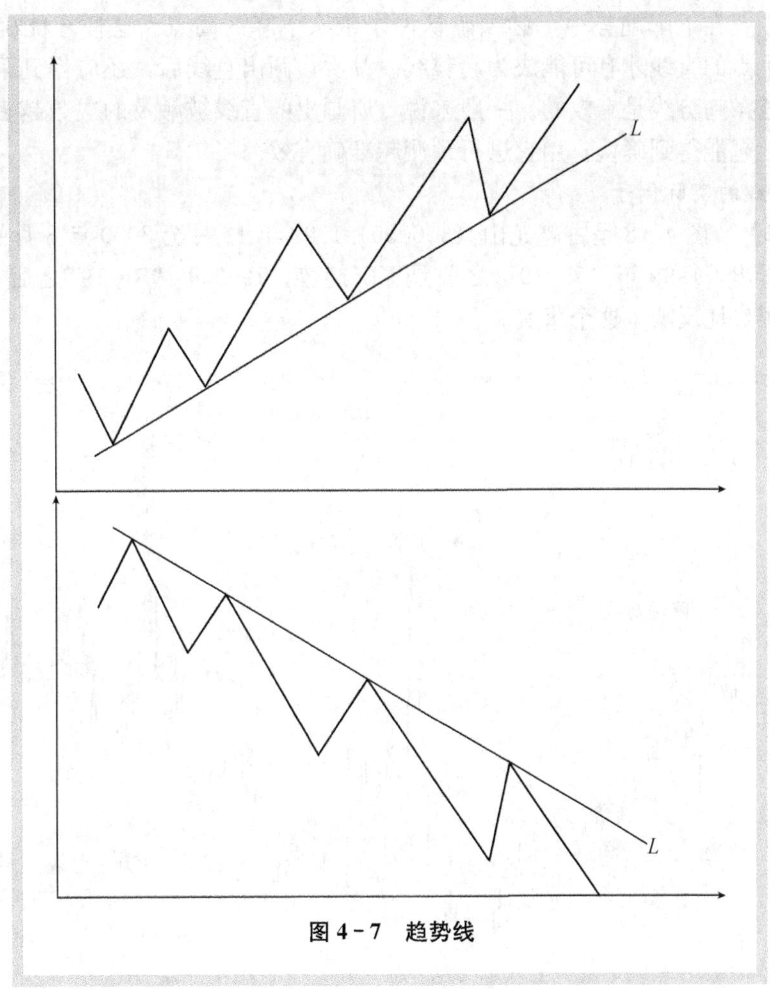

图 4－7 趋势线

在上升趋势中，将两个上升的低点连成一条直线，就得到上升趋势线。

在下降趋势中，将两个下降的高点连成一条直线，就得到下降趋势线。

从图 4－7 中可以看出，上升趋势线起支撑作用，下降趋势线起压力作用。也就是说，上升趋势线是支撑线的一种，下降趋势线是压力线的一种。我们可以很容易地在技术图上画出趋势线，但这并不意味着趋势线已经被我们掌握了。在画出一条直线后，有很多问题需要我们去回答。

最迫切需要解决的问题是：我们画出的这条直线在使用上是否具有价值？也就是说，如果以这条直线作为我们今后预测市场的参考，是否具有比较高的准确性？如果不能令人满意，这条线就没有存在的必要。

这个问题实际上是对用各种方法画出的趋势线进行筛选和评判的问题，众多的直线中只有一条是确实有效的趋势线，我们必须对趋势线进行筛选，去掉我们认为无用的，保留有用的。

要得到一条真正起作用的趋势线，需经多方面的验证才能最终确认，不合条件的一般应予以删除。首先，必须确实有趋势存在。也就是说，在上升趋势中，必须确认出两个依次上升的低点；在下降趋势中，必须确认两个依次下降的高点。这样才能确认趋势的存在，连接两个点的直线才有可能成为趋势线。其次，画出直线后，还应得到第三个点的验证才能确认这条趋势线是有效的。一般来说，所画出的直线被触及的次数越多，其作为趋势线的有效性越能得到确认，用它进行预测越准确有效。

2. 趋势线的实际例子

【例 4-2】 图 4-8 是古越龙山（600059）1998 年 10 月至 2000 年 8 月的日 K 线图。从图中可以看出，1999 年“5·19”之前是下降趋势，1999 年“5·19”之后是上升趋势。两条趋势线很好地反映了这个事实。

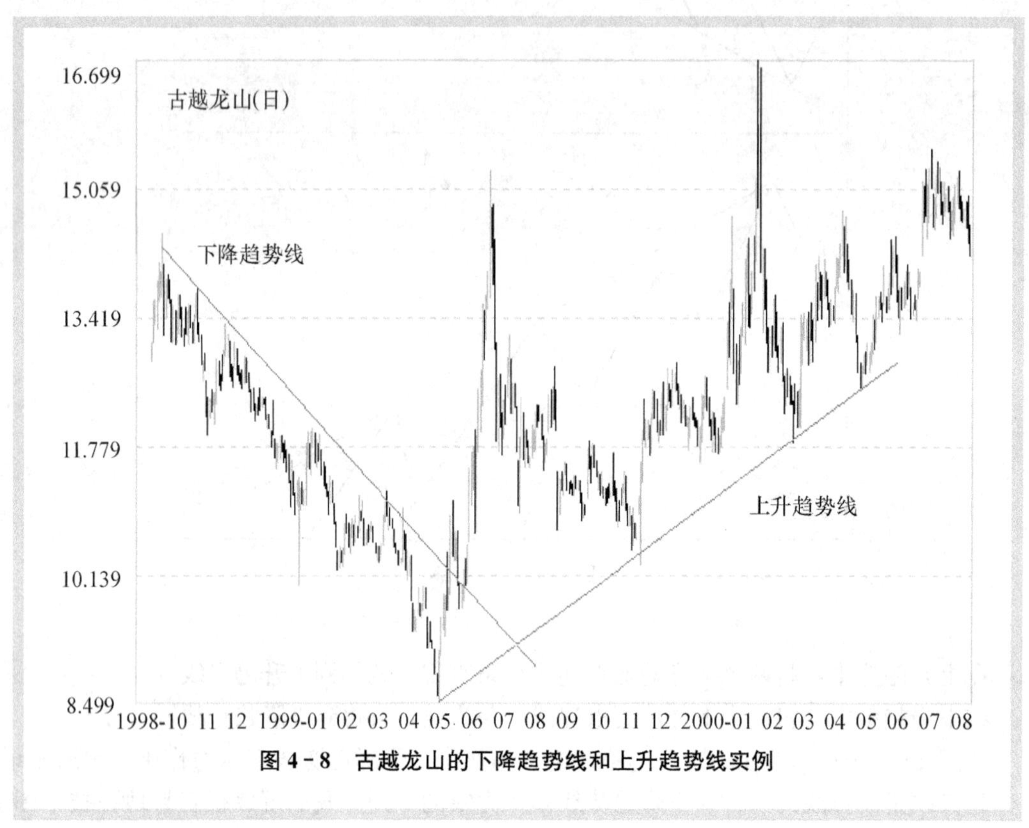

图 4-8 古越龙山的下降趋势线和上升趋势线实例

（二）趋势线的作用

一条趋势线一经认可，那么下一个问题就是：怎样使用这条趋势线对价格进行预测？一般来说，趋势线有两个作用：

(1) 对价格今后的变动起约束作用，使价格总保持在这条趋势线的上方（上升趋势线）或下方（下降趋势线）。实际上，就是起支撑和压力作用。

(2) 对趋势线的突破是价格下一步的走势将要改变波动方向（反转）的信号。越重要越有效的趋势线被突破，其反转的信号越强烈，被突破的趋势线原来所起的支撑和压力作用将会反转。也就是说，原来是支撑线的，现在将起压力的作用，原来是压力线的，现在将起支撑的作用，如图 4-9 所示。

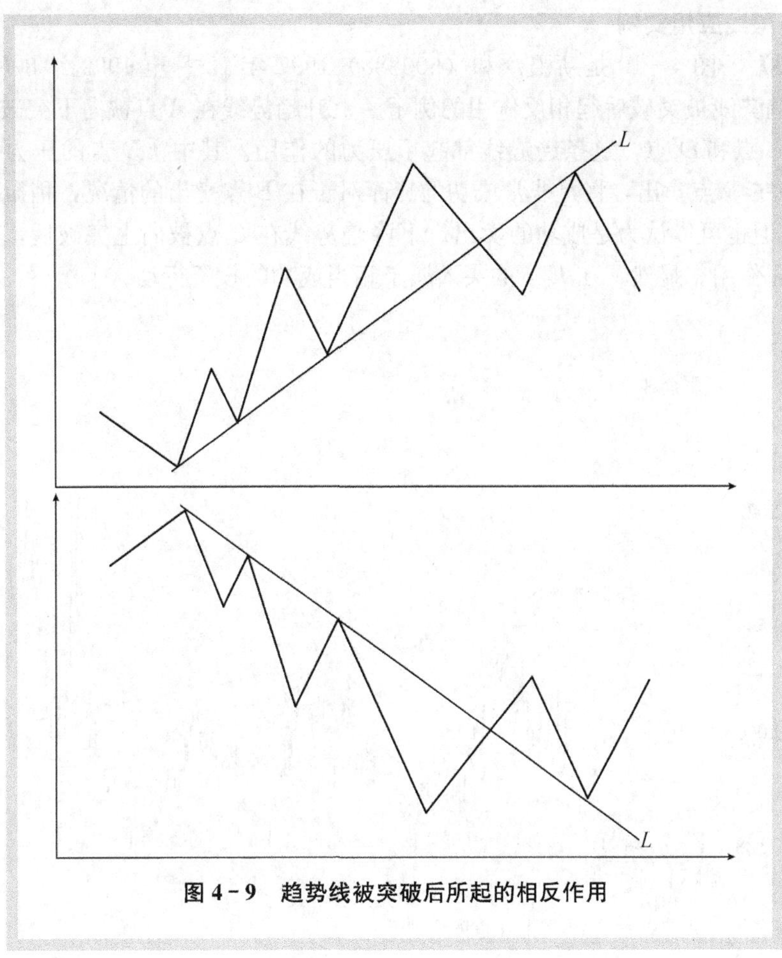

图 4-9　趋势线被突破后所起的相反作用

(三) 趋势线的突破

应用趋势线最为关键的问题是：怎么才能判断出趋势线被突破了？

这个问题是对前面支撑和压力位置被突破问题的进一步延伸。同样，没有一个绝对明确的数字告诉我们，这个数字之前算突破，之后不算突破。这里面包含很多人为主观的因素，或者说是主观成分。这里只提供几个判断是否有效的参考意见，以便在具体判断中进行考虑。

(1) 收盘价突破趋势线比日内最高价或最低价突破趋势线重要。最高价和最低价的突破，带有强烈的“瞬间”性质，具有偶然性的色彩，有可能不说明问题。而收盘价的突破，则说明价格的波动具有决定性和必然性，这可以从收盘价比其他价格重要这一点看出。

(2) 穿越趋势线后，离趋势线越远，突破越有效。人们可以根据每只股票的具体情况，自己制定一个界限。

(3) 穿越趋势线后，在趋势线的另一方停留的时间越长，突破越有效。很显然，仅在趋势线的另一方停留了一天，肯定不能算突破。但至少多少天才算突破，这又是一个人为的选择问题。

(四) 趋势线应用实例

【例 4-3】 图 4-10 是新疆众和(600888)1997 年 12 月至 1999 年 8 月的日线图，其中有两条趋势线被突破后起相反作用的例子。上升趋势线在 A 点被向下突破之后，在其延长位置的 B 点和 D 点，这条趋势线都起了压力的作用。其中，D 点的压力作用"近乎完美"。如果在 D 点卖出，将是非常成功的。而对于在 B 点卖出的情况，稍微有一点"不尽如人意"，但也可以认为是成功的卖出。下降趋势线在 C 点被向上突破后，在回落的 E 点起到了支撑作用。显然，在 E 点的买入属于相当成功的投资行动。

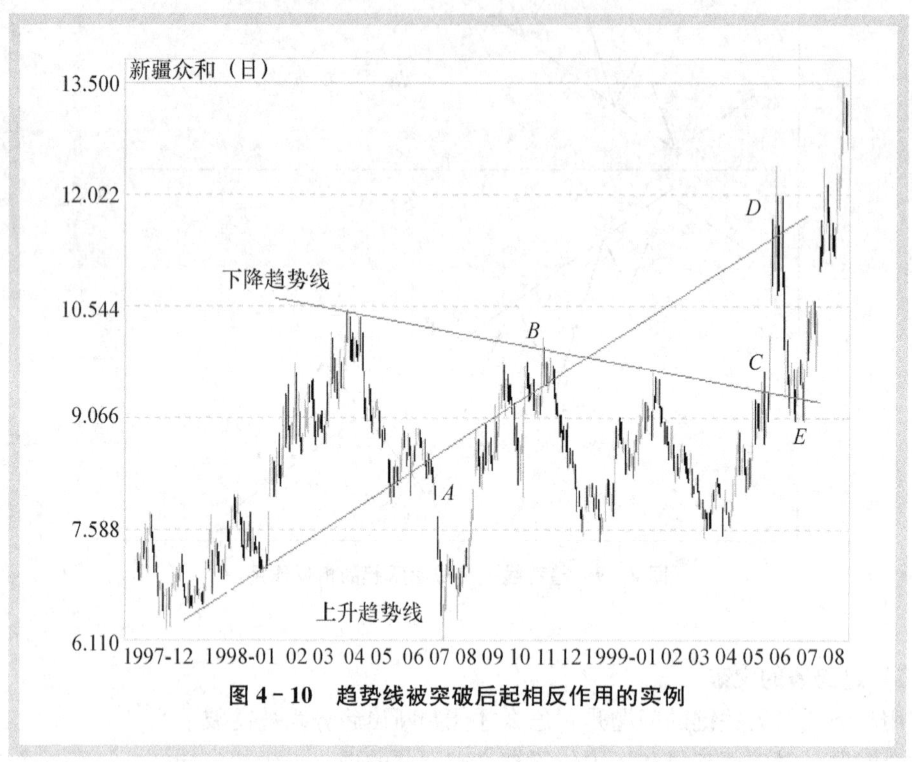

图 4-10 趋势线被突破后起相反作用的实例

对于 D 点之后(右边)的情况，连接 AD 的直线仍然能起作用。我们可以这样认为，在图形最右端的位置，如果从支撑压力的理论进行判断，是应该卖出的。

二、轨道线

(一) 轨道线的画法

轨道线(channel line)又称通道线或管道线，是基于趋势线的一种支撑压力线。在得到了趋势线后，通过第一个峰(或谷)的高点(或低点)可以做出这条趋势线的平行线，这条平行线就是轨道线。两条平行线共同组成了一条"轨道"，这就是市场中常说的上升通道或下降通道，如图 4-11 所示。当然，图中的轨道是示意图，现实中没有这么"规矩"的轨道。

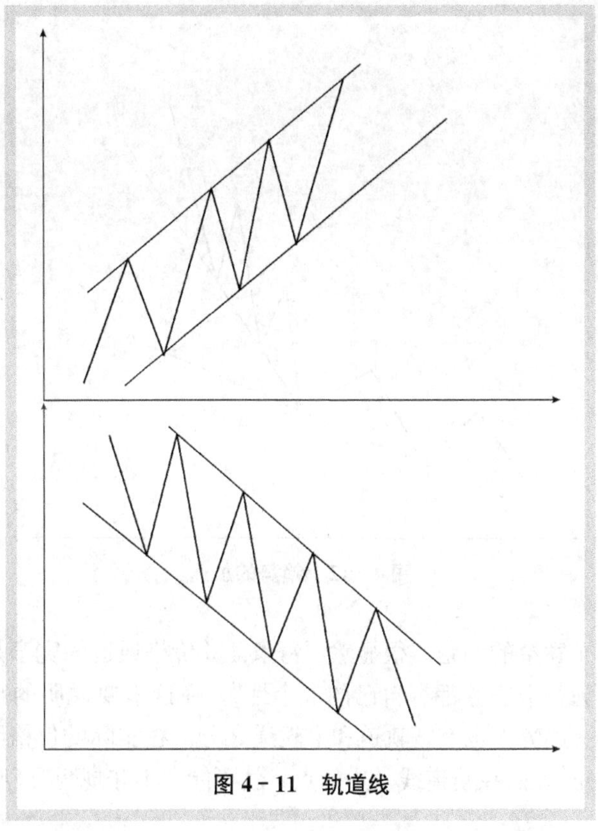

图 4-11　轨道线

（二）轨道线的突破

与突破趋势线不同，对轨道线的突破并不是趋势反转的开始，而是原有趋势加速的开始，即原有趋势线的斜率将会增加，趋势线将会更加陡峭（见图 4-12）。图 4-12 中描述的是上升的情况，下降的情况与此相对。

（三）轨道线的作用

轨道线的作用是限制价格的变动范围，让它不能过分远离，变得太离谱。一条轨道一旦得到确认，那么价格将在这个通道里变动。如果通道上面的直线或下面的直线被突破，就意味着价格将有一个大的变化。

同趋势线一样，轨道线也有被确认的问题。在图 4-11 中，价格如果的确得到支撑或受到压力而在轨道线处掉头，并一直走回到趋势线上，那么这条轨道线就可以被认可了。当然，轨道线被触及的次数越多，延续的时间越长，其被认可的程度和重要性就越高，这一点同趋势线以及后文将要介绍的大多数直线是相同的。

轨道线的另一个作用是提出趋势反转的预警。如果在一次价格波动中未触及轨道线，而且离轨道线很远就开始掉头，这往往是原有趋势将要改变的信号。这是因为市场已经没有力量继续维持原有的上升或下降的趋势了。

（四）轨道的宽窄

轨道线和趋势线是相辅相成的。很显然，先有趋势线，后有轨道线，趋势线比轨道线重要得多。趋势线可以独立存在，而轨道线不能。

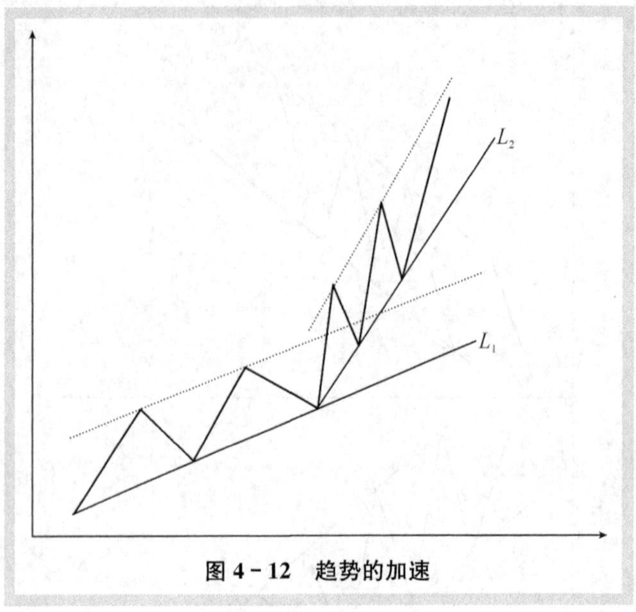

图 4-12 趋势的加速

有了轨道，就有了宽窄的问题。很显然，每条证券价格通道的宽窄是不可能统一的。这一点很容易理解，因为每个证券都有自己的“个性”。在这里要说明的是，对同一个证券而言，对同一时间的同一趋势，也有宽轨道和窄轨道之分。在实际的价格图形中，在趋势线上的点一般比较“守规矩”，而在轨道线一边的点，就可能“不守规矩”（见图 4-13）。

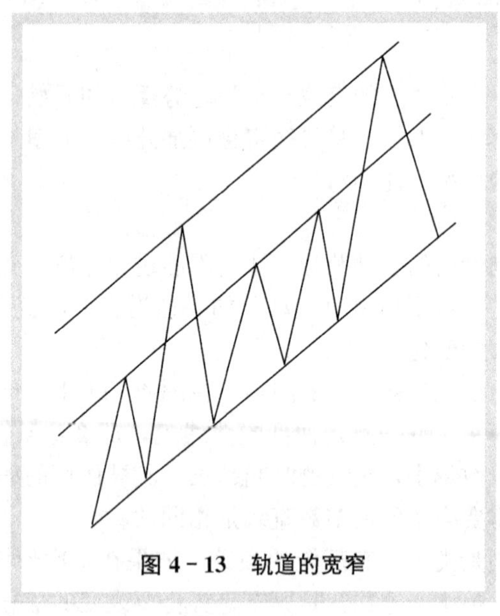
图 4-13 轨道的宽窄

（五）轨道线与其他涉及轨道的技术分析方法

薛斯通道（Hurst envelope）和 BOLL（Bollinger bands）是两个涉及轨道的技术分析方法。其中，薛斯通道与轨道线更接近。

（1）薛斯通道使用的是曲线，而轨道线是直线，它也分宽窄两条通道。在很少的情况下，通道可以有多于两个的情况。薛斯通道中的上下两条曲线“包容”了价格波动的大部分行为，当实际价格波动触及薛斯通道的上通道或下通道时，就是买卖的信号。有关薛斯通道的更多内容，将在本书后文详细介绍。

(2) BOLL 其实是个技术指标，它的计算方法将在后面有关技术指标的章节中介绍。

(六) 轨道线实例

【例 4-4】 图 4-14 是三九生化（000403）1999 年 11 月至 2000 年 8 月的日线图，从中可以看到两次趋势的加速。最初的上升趋势几乎是水平的，在 *A* 点突破轨道线后，趋势呈现的上升要“稍微陡峭”一些，并且同时形成了比较“宽”的轨道。随后，价格在 *B* 点向上突破了新的轨道线。从图中可见，上升趋势明显得到加速，其上升的速度很快。需要说明的是，这样的上升加速并不意味着投资者应该在这个时候买入。事实上，在 *B* 点之后的买入在多数情况下是“危险的”，这一点与国外的证券价格波动“规律”有区别。

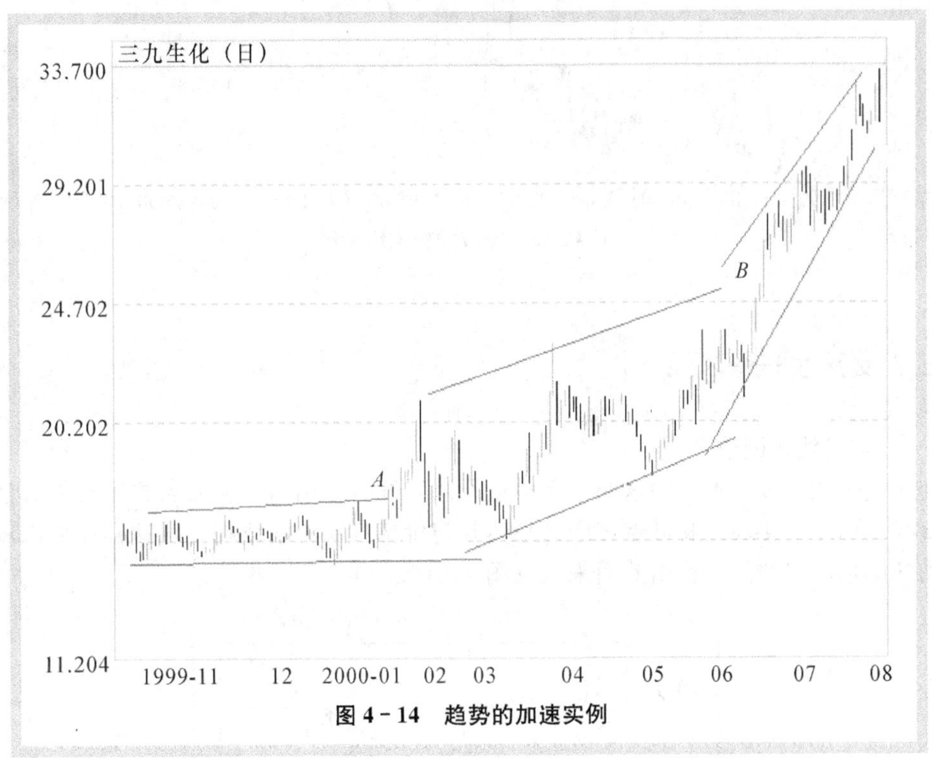

图 4-14 趋势的加速实例

【例 4-5】 图 4-15 是 ST 高斯达（600670）1995 年 6 月至 2000 年 8 月的日线图。我们从中可以看到，整个趋势是上升的。1996 年 5 月后，开始出现上升的趋势，并形成了图中“窄”的轨道。1997 年 5 月之前，出现了“更宽”的轨道。随后，趋势就以两个层次的轨道运行。当然，如果愿意，我们还可以画出更窄的一条轨道。

这个图形在实际中是比较“规矩”的，因为这个通道所持续的时间很长（4 年以上）。对于实际的买卖投资来说，需要指出的是，在图形的最右边，价格达到了轨道线的上轨，或者说，达到了连接价格波动的高点所组成的直线，这个时候是应该卖出的。有兴趣的读者可以验证一下，在 12 元以上卖出这只股票的实际结果。

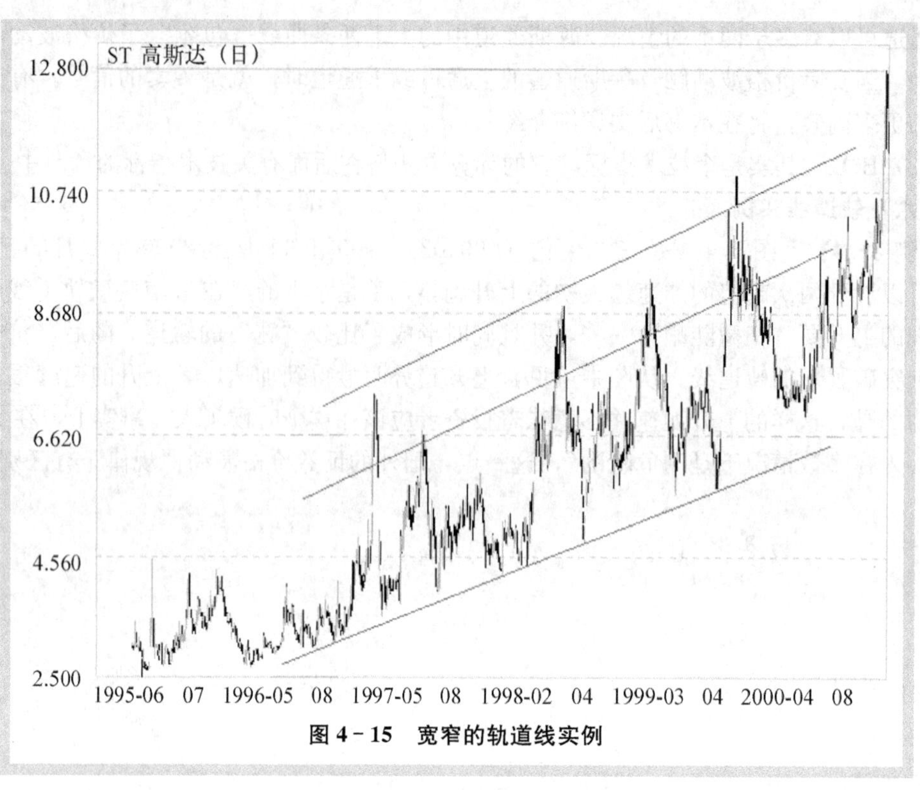

图 4-15　宽窄的轨道线实例

三、交叉线——×线

（一）交叉线的画法

交叉线也叫×线，本书中这两个名称通用。×线是采用高点和低点相连接的方法构成一条直线，由于连接高点和低点，中途必然要与价格自身的曲线相交，这样在局部就会形成交叉的图形，×线的名称由此而来（见图 4-16）。

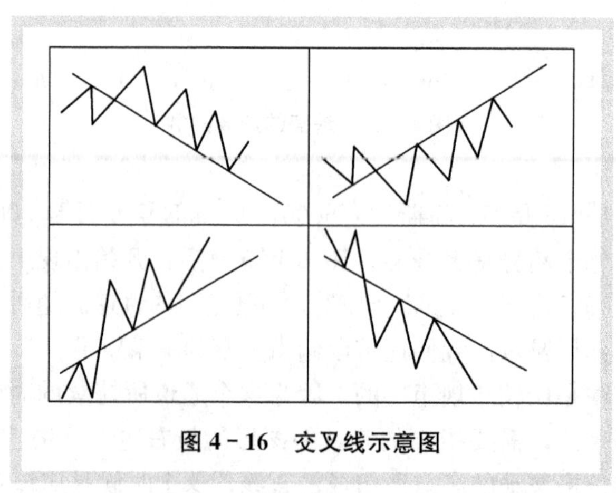
图 4-16　交叉线示意图

根据高点和低点相对位置的不同，×线可以分为以下四种：

(1) 低点在后，并且低点低于高点，见图 4-16 中的左上图。

(2) 低点在后，并且低点高于高点，见图 4-16 中的左下图。

(3) 高点在后，并且高点低于低点，见图 4-16 中的右下图。

(4) 高点在后，并且高点高于低点，见图 4-16 中的右上图。

(二) 交叉线的作用

×线其实是趋势线的延伸使用，当前期的某一条趋势线被突破了以后，趋势线与价格曲线就会出现一次相交；相交形成后，我们认为趋势发生了根本的改变。前面已经指出，这条被突破的趋势线现在仍然有效，只是起相反的作用。价格在突破趋势线后的回调中，将在原来的趋势线附近获得支撑或压力。如果价格回调的位置与原来的趋势线有小差异，那么连接高点和低点其实是对原来趋势线的一种修正。

×线一经画出，就会起到支撑线和压力线的作用，这一点同趋势线有相似的地方。不过，×线的确认要比趋势线的确认快一步。趋势线至少需要两个相邻的低点或高点，并且要经过第三点的验证才可能得到确认，而×线只要有一个低点和高点就可以了，因为另一个点是在这个趋势之前就有了。

对×线也有判断和验证其有效性和重要性的问题，以下几点是进行判断的主要依据：

(1) ×线与股价线相交越简单，交叉线的作用越有效。

(2) 交叉点右边的长度越长，落在上面的点越多，交叉线的作用越有效。

(3) 如果同时有多条×线交于同一处（同一点的附近），那么交叉线在这一处的支撑作用或压力作用将越大。

(4) 如果价格波动处在横向整理的无趋势状态，那么×线能够起到的作用将不大，而这时水平方向的支撑压力线将起重要作用。

(三) 交叉线的实例

【例 4-6】 图 4-17 是四川金顶（600678）1998 年末至 2000 年 8 月的日线图。从图中可以看到，连接 A、B 和 C 三点的直线就是交叉线。该交叉线对下降趋势起到了支撑作用，并最终在 D 点阻止了继续下降，开始全面上升。其实，在 D 点之前的那个“谷”，这条直线就已经对价格的波动起了支撑作用。如果从另一个角度来看这个图形也可以发现，C 点恰好是 A 点和 B 点的连线，我们也可以将这个图形理解成下降趋势线被突破后起支撑作用的例子。

【例 4-7】 图 4-18 是深长城 A（000042）1996 年 4 月至 2000 年 5 月的日线图，图中左上角括号中的“日除”表示是经过除权处理的。从图中可见，连接 A 点和 B 点的直线就是交叉线，这条交叉线从 C 点开始就对价格起到了支撑作用，最终在 D 点开始全面上升。如果从买卖信号角度来看这个图形也可以发现，C 点所提供的买点位置不是最好的，但至少从 C 点之后，投资者应该有“买入股票”的意识。在随后价格快速下降到 D 点的过程中，投资者应该有可能在某个地方买入。

(四) 交叉线的补充说明

在经典的技术分析中，其实没有交叉线。交叉线的出现是在不得已的情况下对趋势线的变通。例如，在图 4-18 中，如果不借助 B 点，仅凭 A 点无法画出一条有用的直线。此时，使用交叉线就成为必须。与此相比，在图 4-17 中，不借助 C 点，也就是不使用交叉线，也可以得到有用的直线。此时，交叉线就不是必须使用。

图 4-17 交叉线实例 1

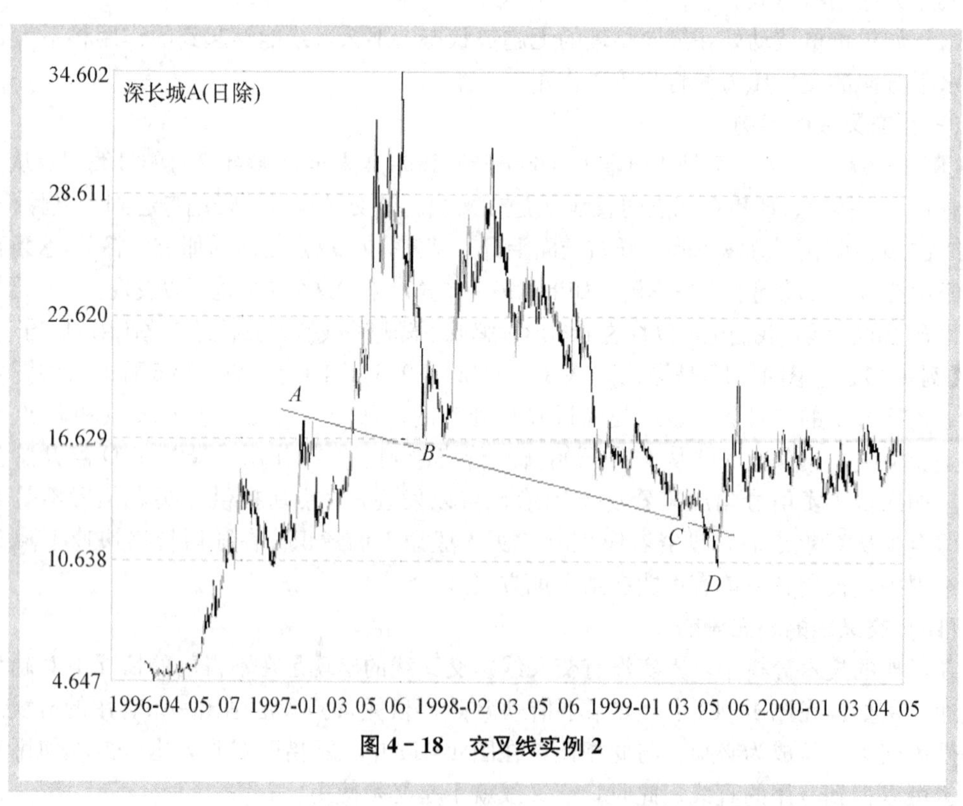

图 4-18 交叉线实例 2

第四节　黄金分割线和百分比线

前面介绍的趋势线在一般情况下是“倾斜方向”的，而在本节将要介绍的这两种支撑压力线是“水平方向”的，它们注重于支撑线和压力线所在的价位，但对什么时间达到这个价位不关心。

很显然，随着时间的变化，支撑位和压力位也要不断地变化。向上斜的直线价位会变高，向下斜的直线价位会变低。对水平直线来说，每个支撑位或压力位相对来说较为固定。为了弥补水平支撑压力线在时间上考虑的不周，往往在画水平直线的时候，需要多画几条以供选择。也就是说，同时提供多条支撑线和压力线，并指望被提供的这几条中最终会有一条能对价格的波动起到支撑和压力的作用。为此，在应用水平支撑压力线时，应注意它们与其他直线的不同。水平直线中最终只有一条被确认为支撑线或压力线，因而其他直线就不是支撑线和压力线，它们应当自动被取消，或者说只保留那条被认可的直线。这条保留下来的直线就具有一般的支撑线或压力线所具有的全部特性和作用，对我们今后的价格预测工作有一定的帮助。

一、黄金分割线

黄金分割是一个古老的数学方法，它的各种神奇的作用和魔力，屡屡在实际中发挥我们意想不到的作用，并被广泛用于“优选法”中。在技术分析中，还有一个重要的分析方法——波浪理论要用到黄金数字。至于黄金数字的由来，本书将在关于波浪理论的章节中进行介绍，在此只需要关心这些数字就可以了。

黄金分割线分为两种：单点黄金分割线和两点黄金分割线。

（一）单点黄金分割线

（1）画单点黄金分割线的两个因素。画出黄金分割线的过程其实非常简单，一共需要了解两个因素：一是黄金数字；二是最高点或最低点的价格。

（2）画单点黄金分割线的步骤。画单点黄金分割线一共需要三个步骤：

第一个步骤是记住以下几个特殊的黄金数字。

0.236　0.382　0.500　0.618　0.809
1.618　2.000　2.618　4.236　6.854

请注意，这两行数字中，第一行的数字比 1 小，第二行的数字比 1 大，而其中最重要的是下面列出的几个数字。价格在运动过程中，极容易在这几个数字产生的黄金分割线处获得支撑和压力。

0.382　0.500　0.618
1.618　2.000　2.618

需要说明的是，上述数字并不是全部的黄金分割数字。在极端的情况下，可能还需要使用更大或更小的黄金分割数字。关于黄金分割数字的来历，将在后面波浪理论的内容中进行详细说明。

第二个步骤是在价格的波动图中找到一个点，这个点应该是比较显著的高点或低点。通常说来，这个点是上升行情结束时调头向下的最高点，或者是下降行情结束时调头向上的最低点。当然，这里的高点和低点都是针对一定的范围而言，是局部的。只要我们能够确认一个趋势（无论是上升还是下降）已经结束或暂时结束，则这个趋势的转折点就可以作为画单点黄金分割线所需要的点。这个点一经选定，就可以很容易地画出黄金分割线。

第三个步骤是计算出黄金分割线的位置。此时，分为上升行情和下降行情两种情况：

（1）下降行情的情况。当下降行情进行了很长时间后，价格已经下降了很多，此时投资者最为关心的是，下降趋势将在什么位置获得支撑。单点黄金分割线提供了如下几个价位，它们是由这次下降开始的顶点价位分别乘以上面所列特殊数字中比 1 小的数字，如图 4－19 所示。

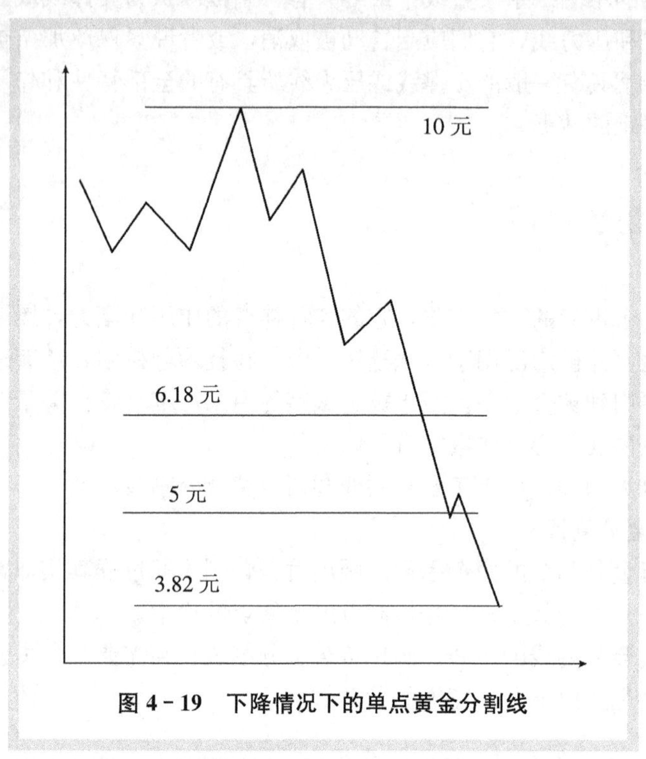

图 4－19　下降情况下的单点黄金分割线

例如，本次下降起点的顶点价格是 10 元，则

6.18＝10×0.618

5.00＝10×0.500

3.82＝10×0.382

这三个价位有可能成为今后的支撑。

（2）上升行情的情况。当上升行情进行了很长时间后，价格已经上涨了很多，此时投资者最为关心的是，上升趋势将在什么位置遇到压力。用本次上升开始的低点价位分别乘以上面所列特殊数字中比 1 大的数字，就得到单点黄金分割线提供的未来可能成为压力的

几个价位，如图 4-20 所示。

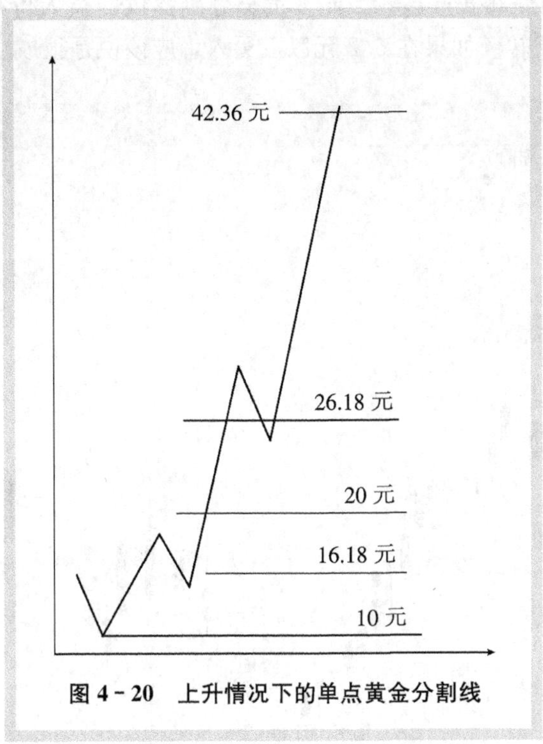

图 4-20　上升情况下的单点黄金分割线

例如，本次上升的低点价格为 10 元，则

16.18＝10×1.618

20.00＝10×2

26.18＝10×2.618

42.36＝10×4.236

这四个价位可能成为未来的压力位。

需要说明的是，4.236 倍差不多是中国股票市场的“极限”，90％的股票的上升幅度都在 4.236 倍之内。当然，这里所说的“极限”，并不是说永远不能超越，而是指在一次上升过程中，而不是多次上升过程中，“一口气”上升的最大限度。图 4-24 中的例子就是最标准的“一口气”上升。从这个意义上讲，与国外股票市场相比，我国市场波动的范围其实是比较小的，用单点黄金分割线的成功率比较高。如果处在活跃程度很大的市场，这个方法容易出现错误。

（二）单点黄金分割线的适用条件

单点黄金分割线所针对的对象是经过了长时间上升或下降的波动现象。对于价格在某个方向波动的早期，单点黄金分割线是没有用处的。使用单点黄金分割线的时候，一定是“涨疯了”和“跌惨了”的时候。

（三）单点黄金分割线实例

【例 4-8】　图 4-21 是苏威孚 A（000581）1999 年 7 月至 2000 年 8 月的周线图，图

中左上角括号中的“周除”表示是经过除权处理的。从图中可见，1999年7月的最高点约为10元，2000年初的局部低点是6.2元。黄金分割提供的买入价格是10×0.618=6.18（元），其后价格开始反转。如果在6.2元以下买入，应该说是很成功的。

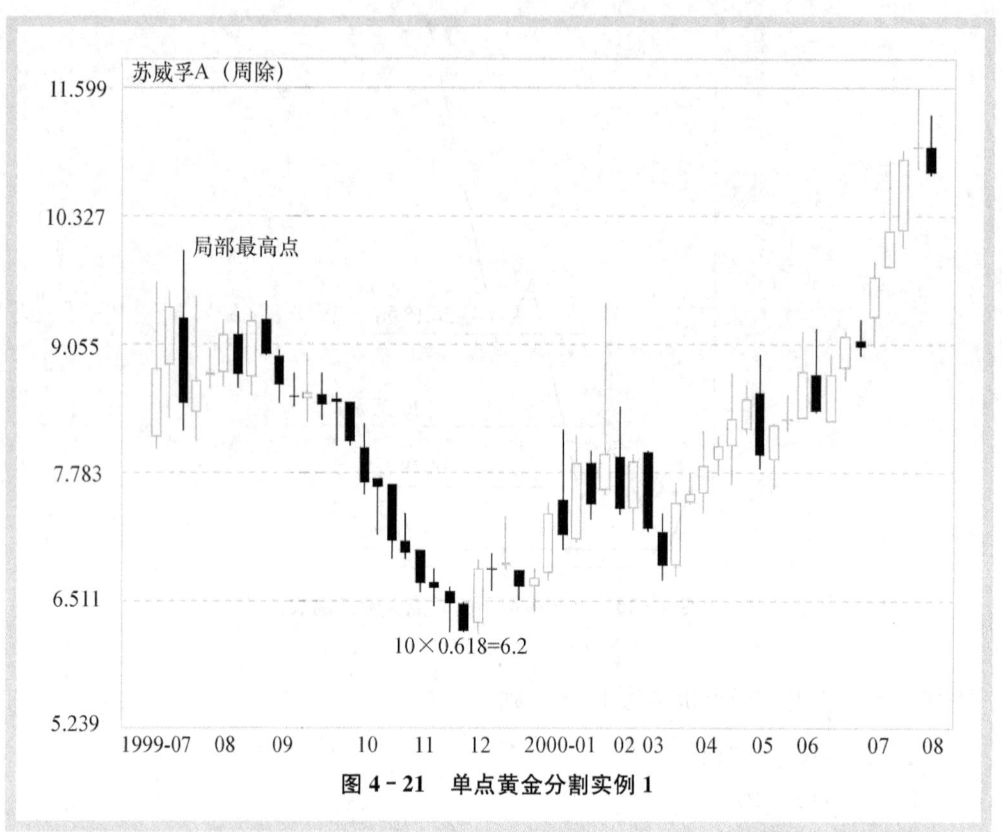

图4-21　单点黄金分割实例1

【例4-9】　图4-22是ST江铃（000550）1997年7月至2000年7月的日线图。从图中可见，1997年的最高点约为11元，1999年初和2000年初2次低点是4元。黄金分割提供的买入价格是11×0.618=6.80（元）和11×0.382=4.20（元）。在6.80元以下买入，可以获得小的利润，如果在4.20元以下买入，应该说是非常成功的。

【例4-10】　图4-23是ST渤化（600874）1999年初至2000年8月的周K线图。从图中可见，1999年的最低价格为2.72元。黄金分割提供的两个卖出价格是2.72×1.618=4.40（元）和2.72×2.618=7.12（元），实际情况是价格在4.64元和7.53元出现比较大的回落。如果严格按照黄金分割进行交易，可以成功地“逃顶”。在图形的最右端，ST渤化的价格正向下一个目标2.72×4.236=11.5（元）的价格靠拢。

【例4-11】　图4-24是宏盛科技（600817）2000年1月至2000年4月的日K线图。从图中可见，2000年的最低价格为12元，黄金分割提供的前两个卖出价格是12×1.618=19.42（元）和12×2.618=31.42（元）。在本例中，这两个位置没有起到压力的作用，价格一跃而过。实际情况是价格在越过下一个黄金分割的卖出位置12×4.236=50.83（元）后，从52元开始出现比较大的回落。

图 4－22　单点黄金分割实例 2

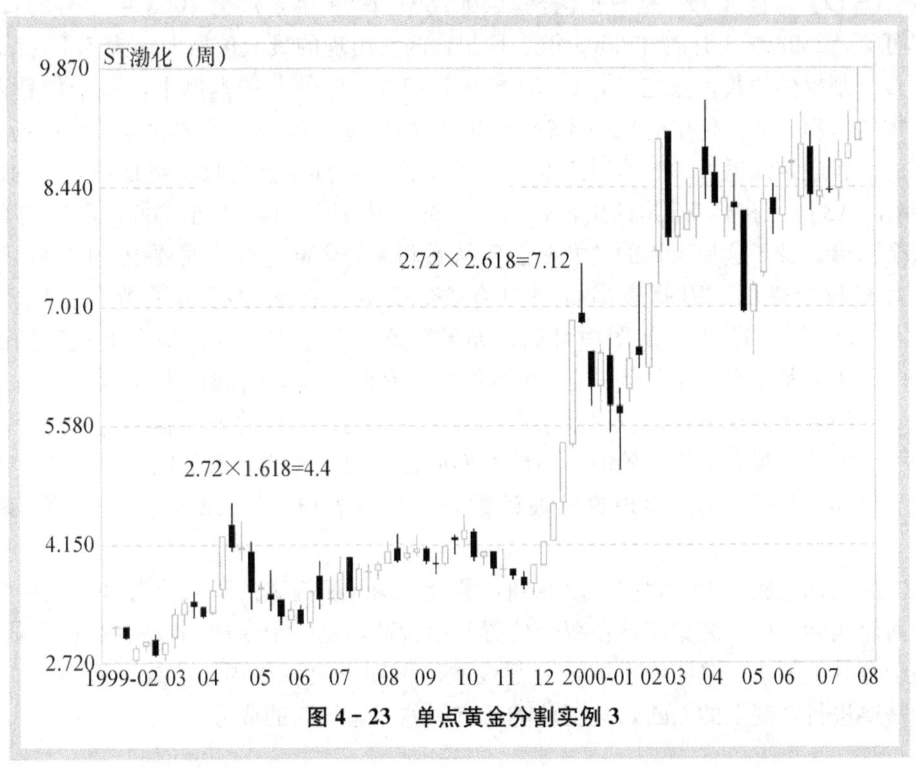

图 4－23　单点黄金分割实例 3

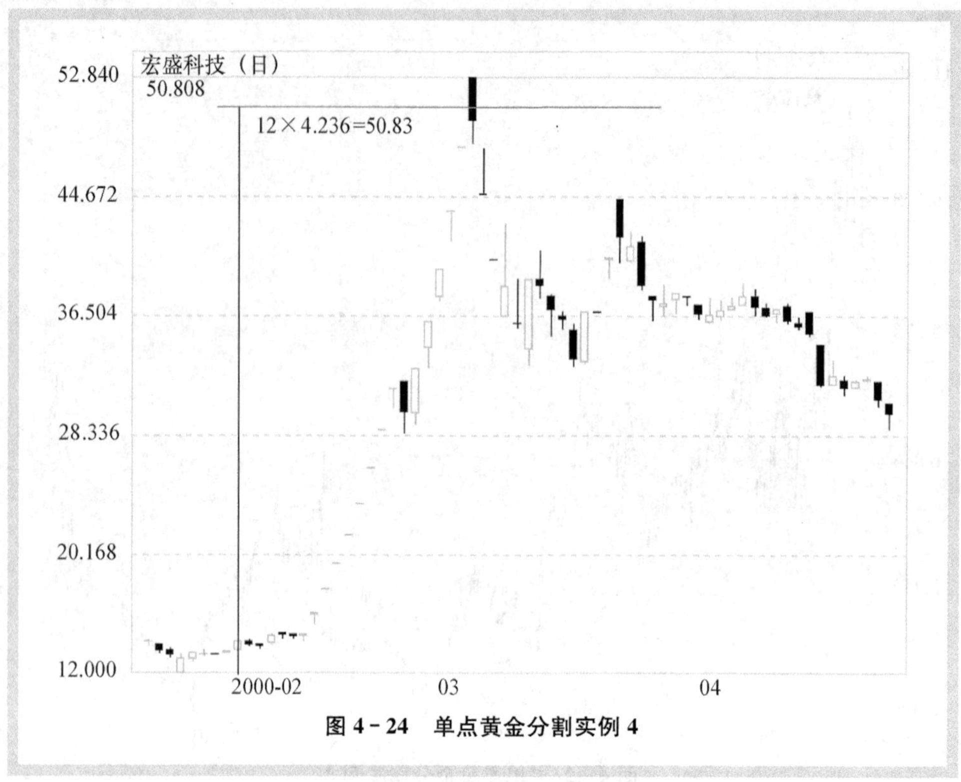

图 4-24　单点黄金分割实例 4

【例 4-12】　图 4-25 是鲁抗医药（600789）1999 年 5 月至 2003 年 7 月的日线图。从图中可见，2002 年 1 月底和 2003 年 1 月初，两次出现的最低价格大约为 5.78 元。这正好是黄金分割提供的买入点之一，11.55×0.5=5.78（元）。在本例中，这个位置两次起到了支撑的作用，而且价格的反弹比较大，两次都超过了 60%。了解我国股票市场价格波动过程的读者应该知道，2002 年之后的一年多时间内，如果能有收益将是不容易的。

【例 4-13】　图 4-26 是四川长虹（600839）从 1996 年 1 月至 2003 年 11 月的日线图，这个图形记录了这只当年的“龙头股”从盛到衰的全部过程。需要说明的是，这个图形是经过复权处理的，因此最高价格只有 28.37 元。在图中标出了黄金分割点 0.5、0.382、0.236 的价格位置。从图中可见，如果在这三个地方买入，基本上是正确的，但在 10.87 元买入稍微有一点“问题”。在本例中，有两点需要引起读者注意：一是这里用到了 0.236 的黄金分割点。在沪深股票市场，一般来说，股票的下降程度将比这个小。二是在 0.618 的位置买入是不正确的。但就本例而言，利用其他技术可以避免在 0.618 买入的错误。比如，利用后面波浪理论的波浪数量就可以看出，0.618 仅仅是开始下降的第一浪。

从上面的几个例子中，我们可以看到，黄金分割线所提供的买入位置和卖出位置是很多的。面对实际情况，究竟应该在哪个位置开始行动，是一个令使用者头疼的问题。这时就需要结合其他因素，单纯依靠黄金分割线往往不知道应该在哪一条线采取行动。此时，投资者需要进行主观上的判断，甚至可能还有一些“运气”的成分。

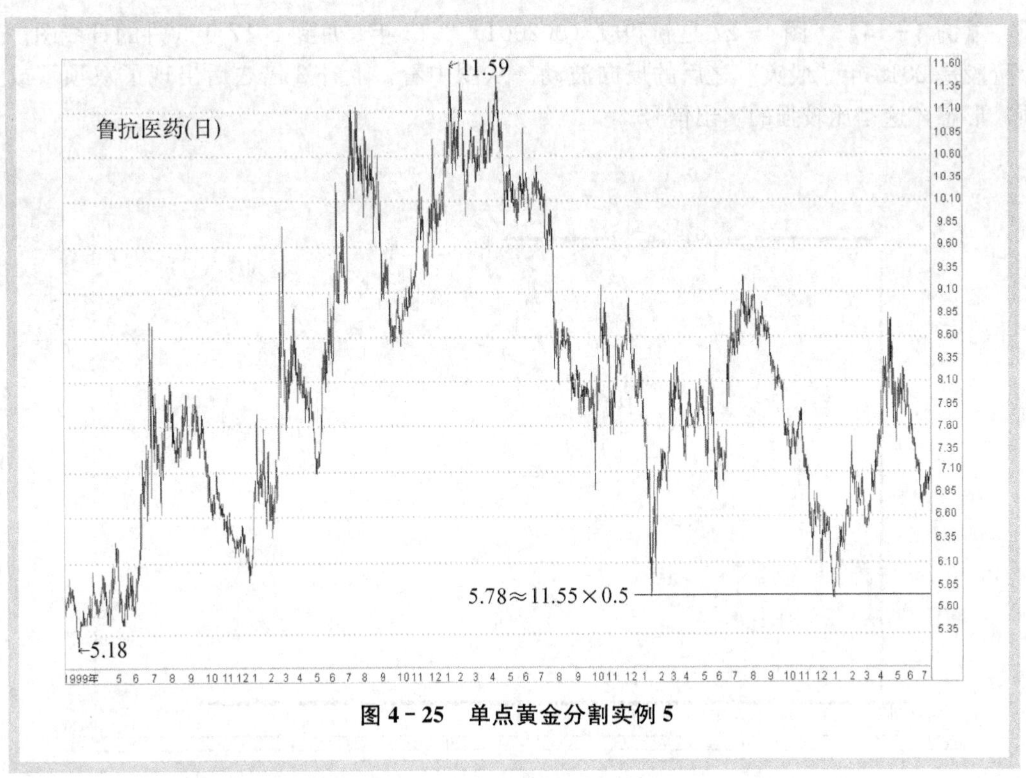

图 4-25　单点黄金分割实例 5

图 4-26　单点黄金分割实例 6

【例 4-14】 图 4-27 是新和成（002001）2015 年 9 月到 2017 年 5 月的日线图。这个阶段是 2015 年“股灾”之后的反向波动。从图中看，上升 2 倍之后出现了双顶（或三顶）形态，这是比较强的卖出信号。

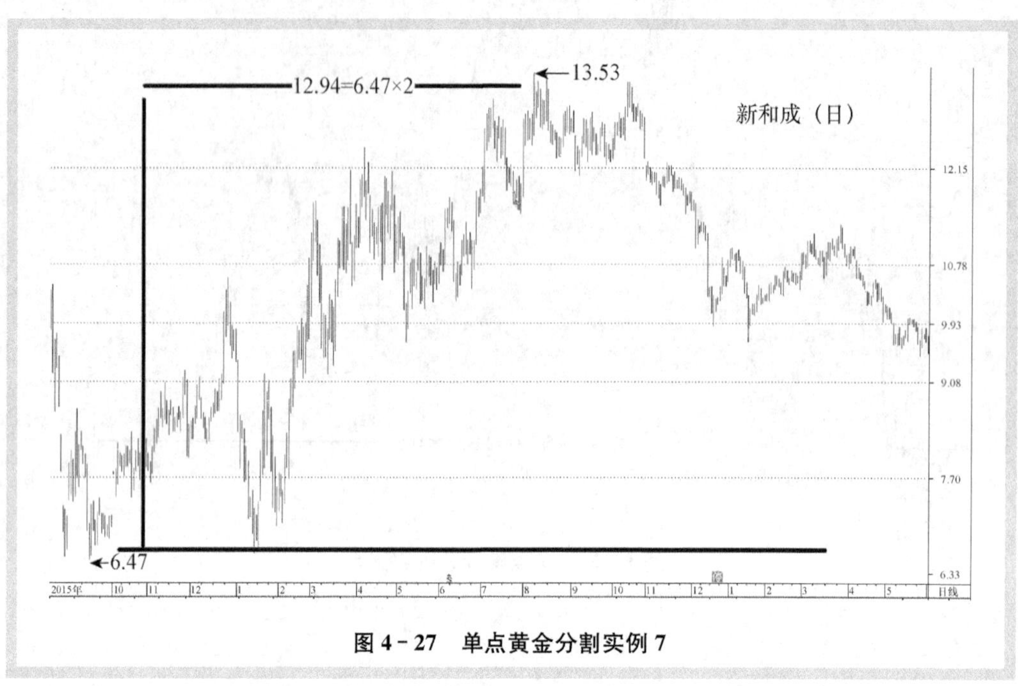

图 4-27 单点黄金分割实例 7

（四）两点黄金分割线

两点黄金分割线实际上是百分比线的一种特殊情况，我们将在下面介绍。

二、百分比线

（一）百分比线的画法

下面将以上升过程中的回落为例，说明百分比线的画法（见图 4-28）。对于下降中的反弹，我们也可以进行类似的计算。

当价格持续向上涨到一定程度，肯定会遇到压力，在遇到压力后，价格就要回调，回调的位置很重要。单点黄金分割可以提供几个价位，百分比线也可以提供几个价位。

先确定本次上涨开始的最低点和开始向下回落的最高点，然后得到两者之间的差，分别乘以几个特定的百分比数，就可以得到未来支撑位可能出现的位置。这些百分比数一共 9 个，它们是 1/8，1/4，3/8，1/2，5/8，3/4，7/8，1/3，2/3。

例如，假设最低点是 10 元，最高点是 22 元。按上述方法将得到如下 9 个价位：

$11.5=1/8\times(22-10)+10$　　$13=1/4\times(22-10)+10$

$14.5=3/8\times(22-10)+10$　　$16=1/2\times(22-10)+10$

$17.5=5/8\times(22-10)+10$　　$19=3/4\times(22-10)+10$

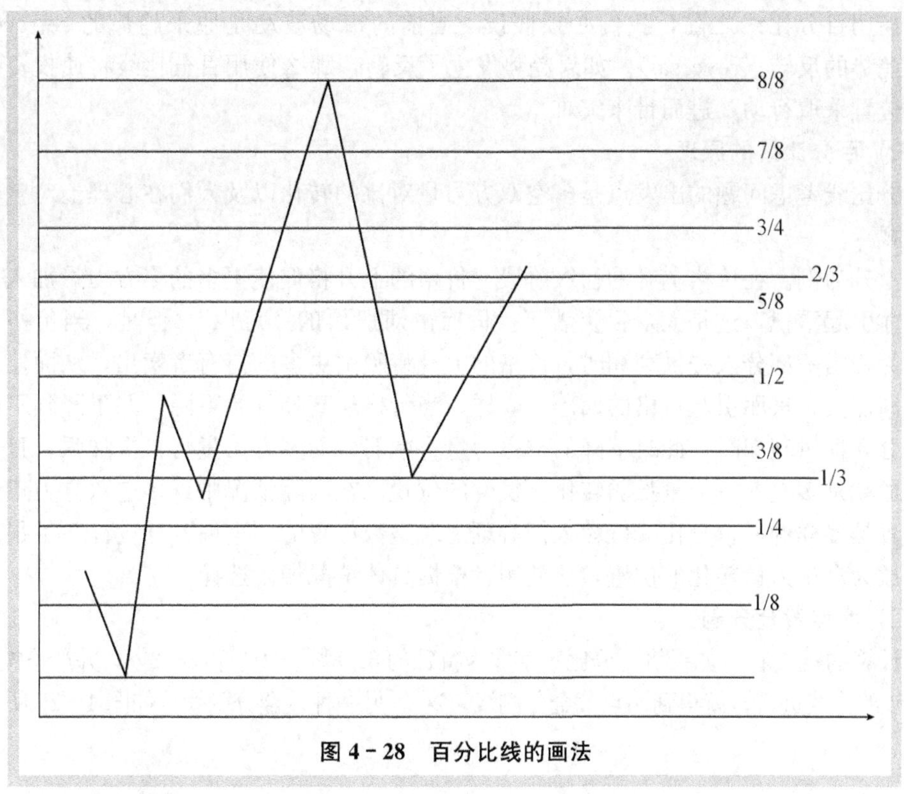

图 4-28 百分比线的画法

20.5＝7/8×(22－10)＋10　　14＝1/3×(22－10)＋10

18＝2/3×(22－10)＋10

在这 9 条百分比线中，1/3，1/2，2/3 这三条线最为重要，就是例子中的 14 元、16 元和 18 元这三个价格最重要。在很大程度上，回落到 1/2，1/3，2/3 是人们的一种心理倾向。如果没有回落到 1/3 以下，就好像没有回落够似的；如果已经回落到 2/3 以下，人们就比较自然地会认为回落的深度已经够了。

上面所列的 9 个特殊数字都可以用下面的百分比进行表示，之所以用上面的分数表示，是为了突出整数的习惯。这 9 个数字中有些很接近，如 1/3 和 3/8、2/3 和 5/8，在应用时，以 1/3 和 2/3 为主。

1/8＝12.50％　　1/4＝25.00％　　3/8＝37.50％

1/2＝50.00％　　5/8＝62.50％　　3/4＝75.00％

7/8＝87.50％　　1/3＝33.33％　　2/3＝66.67％

对于下降行情中的向上反弹，百分比线同样也适用，其使用方法与上升情况完全相同。

(二) 百分比线的适用条件和对象

百分比线所针对的对象是趋势中出现的反向运动，属于技术分析中计算开始回落和开始反弹位置的方法。回落是指在上升了一段时间后的下降过程，反弹是指在下降了一段时间后的上升过程。在英文中，回落和反弹是同一个单词——retracement。在实际中，有时也把回落叫做“回荡”或“回撤”。

在使用百分比线之前，我们必须假设，当前的市场波动是原来趋势的 retracement，而不是趋势的反转（reversal）。如果趋势发生了反转，那么使用百分比线将使投资者在不合适的位置采取行动，进而带来灾难。

（三）百分比线的原理

百分比线考虑问题的出发点是多空双方力量对比的转化以及人们在心理上对整数分界点的重视。

以上升为例。在价格上升的初级阶段，价格的上升将促使更多的多方力量加入。价格上升了才引起重视，这是大众投资者天生固有的对股票的“意识”。但是，当价格上升到了能够为相当一部分人提供利润时，价格的上升将吸引更多的持有者卖出，从而使空方的力量逐渐加大，进而引起价格的回落。同样，当价格从高处开始下降，并下降到不能为相当一部分人提供利润时，此时下降的空方力量将减弱，而多方力量将再次加强。百分比线所寻求的就是多空双方力量强弱转化所发生的位置。在实际情况中，多空双方力量的对比转化位置是多样的。百分比线依赖人们心理上对整数位置的“重视”，“设计”了很多条未来可能成为多空力量转化的位置，让使用者根据具体情况做出选择。

（四）两点黄金分割

从计算的观点看，如果将百分比数字取为特殊的 61.8%、50%和 38.2%，并严格按照计算百分比线的方式进行，就得到两点黄金分割线，这是另一种黄金分割线，如图 4－29 所示。在

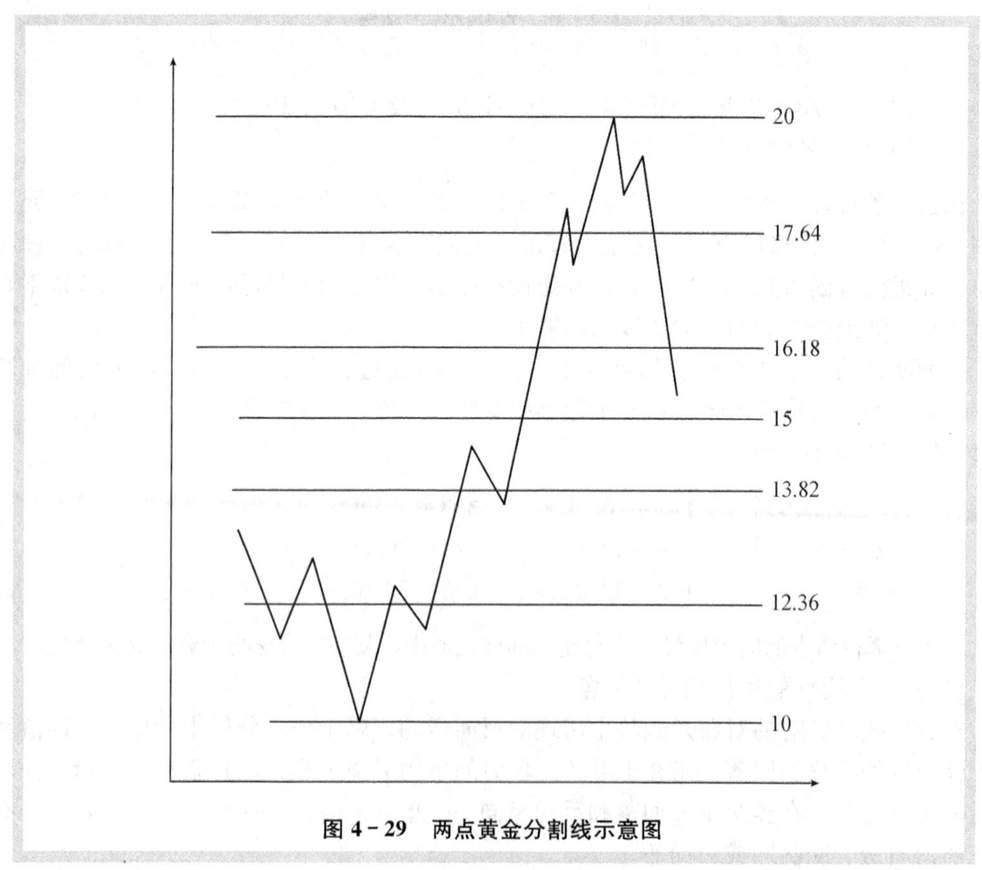

图 4－29　两点黄金分割线示意图

实际中，两点黄金分割线使用得很频繁，差不多已经取代了百分比线的地位。尽管如此，我们还是应该认识到，两点黄金分割仅是百分比线的一种特殊情况。

注意到，图 4-29 中画出了 5 条线，而不是 3 条。中间 3 条的位置“只有一个版本”，其余两条线有不同的版本。这里采用的是 0.236 和 0.764。其余版本中，有 0.809、0.8、0.75、0.25 等不同的数字。

此外，图 4-29 中所表示的是上升之后的回落。对于下降之后的反弹也有类似的图形（见图 4-31）。

（五）百分比线实例

【例 4-15】 图 4-30 是燃气股份（000793）1999 年 2 月底至 2000 年 2 月的日线图。从图中可见，1999 年 2 月的最低价为 5.8 元，1999 年 7 月的高点是 24.9 元。在其后的回落中，两点黄金分割提供的买入价格大约是 13.34 元，随后价格在 1999 年 11 月下降到 13.00 元附近，然后是一次新的上升过程。如果严格按照黄金分割进行交易，投资者可以成功地在 13.30 元“短线抄底”。

图 4-30 两点黄金分割实例 1

【例 4-16】 图 4-31 是 ST 深物业（000011）1999 年 7 月底至 2000 年 5 月的日线图。从图中可见，1999 年 7 月的最高价格约为 12 元，2000 年 2 月的最低价格是 6 元，在其后的反弹中，两点黄金分割提供的卖出价格大约是 9.7 元。实际情况是，价格在 2000 年 4 月的一天上升到 10.20 元后，快速下降，连续多个跌停板。如果严格按照黄金分割进行交易，可以成功地在 10 元附近“出逃”。

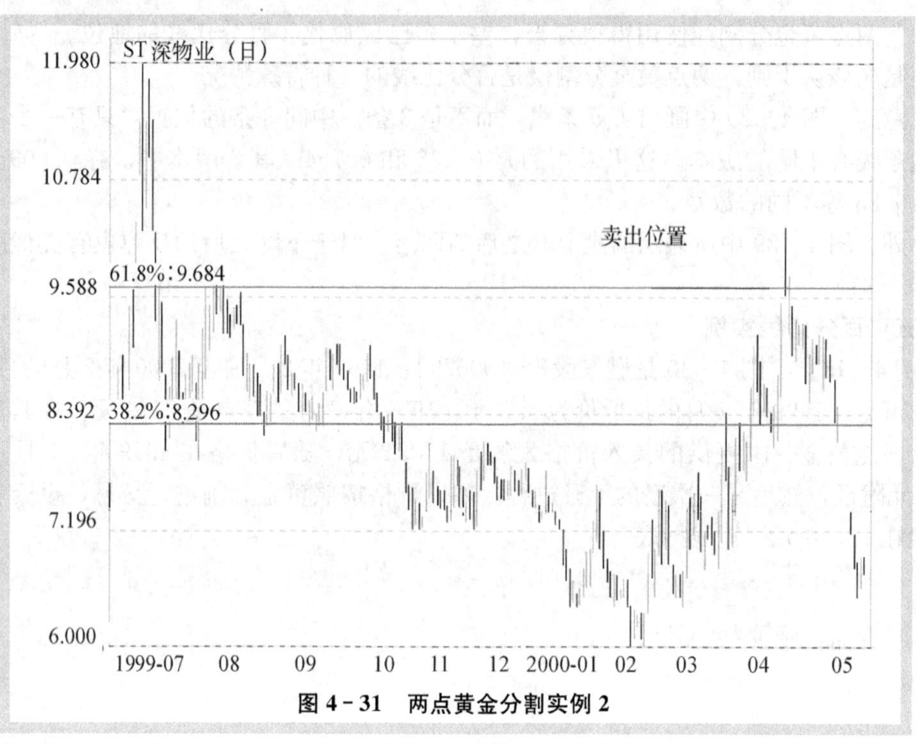

图 4-31　两点黄金分割实例 2

【例 4-17】　图 4-32 是广东甘化（000576）1994 年 7 月底至 2003 年 8 月的日线图。从图中可见，1996 年 1 月的最低价格约为 3.21 元，1997 年 4 月的最高价格是 13.04 元。

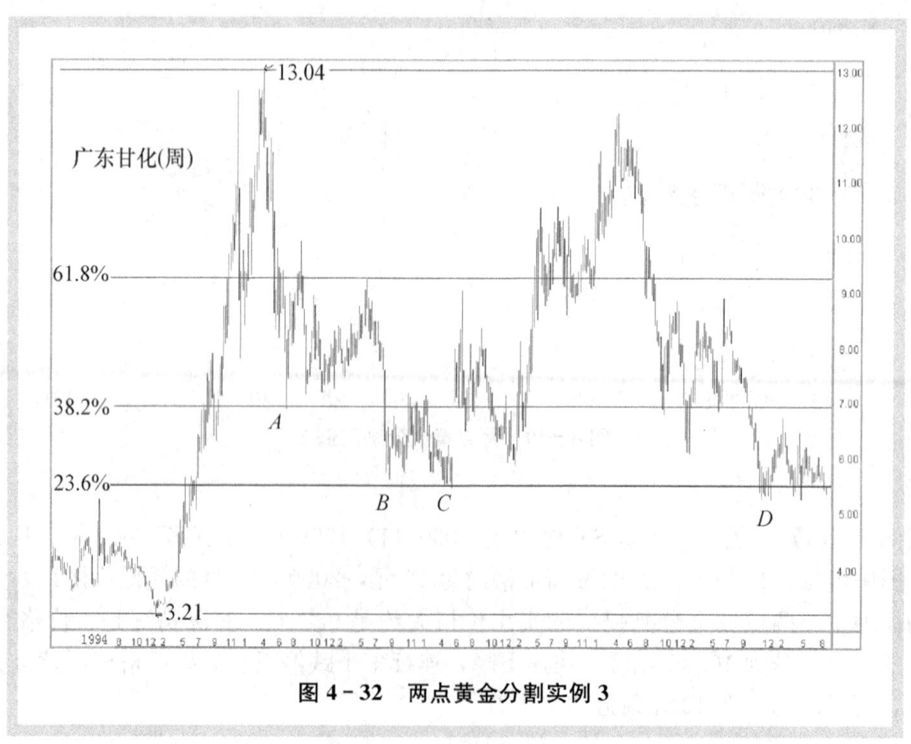

图 4-32　两点黄金分割实例 3

在其后的下降过程中，两点黄金分割提供的买入位置在 A、B、C 三点。其中，A 点是比较常见的回落 38.2%，而 B、C 两个点是下落的比较“深”的 23.6%的情况，价格在 B 和 C 两点真正地止跌反弹。从图中看出，之后的价格是上升的过程。很长时间都处于 B、C 两点的价格之上。这也给投资者以提示，在我国市场上，下降到 23.6%后，买入一般比较“安全”。当然，这种安全是相对的。

【例 4-18】 图 4-33 是神州泰岳（300002）2012 年 11 月至 2014 年 6 月的日线图。根据图中的最高点 H 和最低点 L，可以得到两个点的黄金分割。事后发现，50%（价格大约是 7.3 元）成为实际的支撑线。价格两次在这个位置获得支撑。

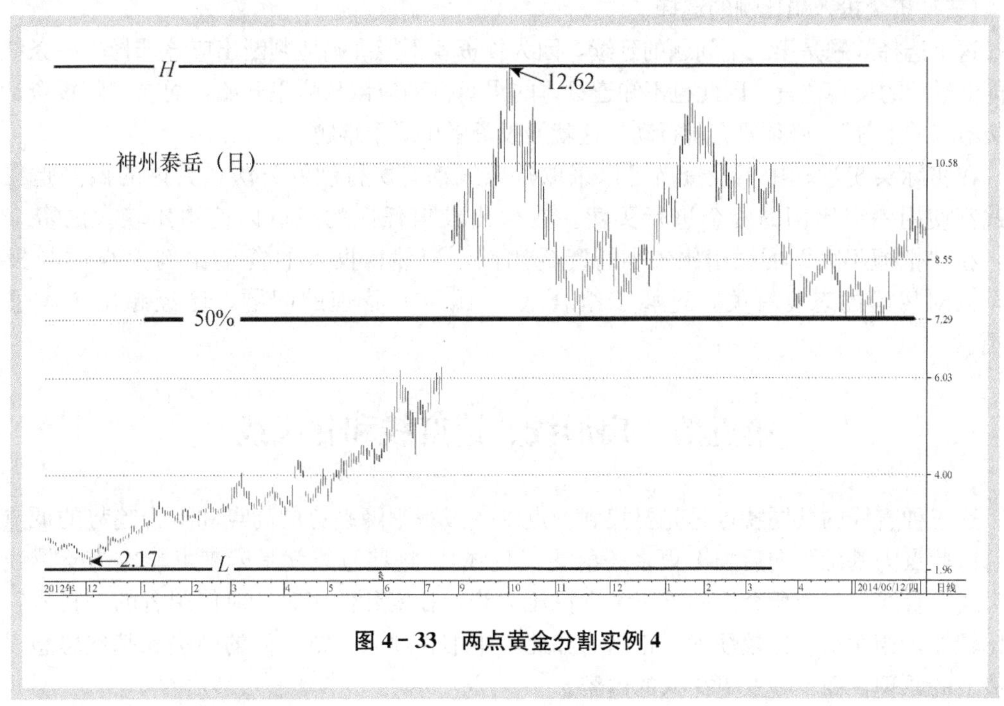

图 4-33 两点黄金分割实例 4

三、使用黄金分割线和百分比线中的主观因素

我们在具体使用这两种支撑压力线时，不可避免地要遇到使用者主观因素的作用，具体体现在下面三个“选择”：

（1）高点和低点的选择。

（2）黄金分割数字和百分比数字的选择。

（3）买卖行动中资金投入量比例的选择。

（一）高点和低点的选择

价格在波动过程中，肯定会出现很多的高点和低点。对单点黄金分割，低点是行情发动之初的低点，应该选择成交密集区的低点，而且价格经历的上升时间最好在 3 周以上（不同的证券可有不同的时间长度），越长越有效。从实际的价格波动图形上看，在中国的股票市场上，低点应该是价格的密集成交区。对于高点的选择，应该等到价格已经下降了相当程度之后才能确定。这样一来，可以忽略价格在波动过程中出现的众多有“干扰”性质的“小高点”。一般不要求价格在高点有密集的成交，即不要求在高点停留的时间有多长。这是因为，在我国的股票市场中，价格在高位停留的时间不长。

（二）黄金分割数字和百分比数字的选择

这个选择问题其实是在多条支撑压力线中进行选择的问题，也是“世界性难题”。对此，我们不可能得到很确切的答案，因为不同证券的市场表现是千姿百态的，应该结合其他方法处理这个问题。唯一有指导意义的一般原则是，根据证券价格过去波动的历史“表现”，粗略判断本证券下降的程度大致属于哪条线。

（三）资金投入量比例的选择

这个选择问题是第二个问题的延续，因为投资者不能准确地判断出应该选择哪一条线作为价格最后的反转位置，因此也不知道具体的买卖行动应该从哪里开始，而在实际投资活动中又不能“干等”，必须要有所行动，这就给投资者出了个难题。

在实际买卖过程中，投资者可以采取每条线都有所行动的方法，具体的做法是在每条线都使用一定比例的资金进行买卖。在“比较信任”的线可以使用比较大的资金比例，在“把握不大”的线用比较小的资金比例。当然，投入的资金比例大小还与投资者个人对风险的态度有关。这属于组合（portfolio）管理的问题，已经超出了本书的范围。

第五节　扇形线、速度线和甘氏线

这三种直线的共同特点是先要找到一点（一般是下降趋势的高点和上升趋势的低点），然后以此点为基础，向后画出很多条射线（直线）。这些直线就是未来可能成为支撑线和压力线的直线。本节所介绍的这三种支撑压力线，在实际使用时，对使用者的“技术”要求比较高，相对来说比较烦琐。正因为如此，本书在此只介绍它们的画法和基本思想以及构造上的原理，而不涉及更深入的内容。

一、扇形线和扇形原理

扇形线与趋势线有很紧密的联系，初看起来很像趋势线的调整。扇形线丰富了趋势线的内容，明确给出了趋势反转（不是局部短暂的反弹）的信号。

一般来说，一个趋势要反转必须突破层层阻止反转的阻力。例如，要从下降趋势反转向上，必须突破很多条压在头顶上的压力线，也就是在这些价格位置可能出现的由于前期套牢盘的卖出而形成的压力。同样，要从上升趋势反转向下，必须突破多条横在下面的支撑线，这些支撑线的位置有前期形成的“想买入但是没有买成功的买入大军”。价格微小距离的突破或短暂的突破都不能被认为是反转的开始，必须消除所有的阻止反转的力量，才能最终确认反转的来临。

在技术分析的各种方法中，有很多关于如何判断反转的方法，扇形原理（fan principle）只是从一个特殊的角度来考虑反转的问题。实际应用时，投资者应结合多种方法来判断反转是否来临，单纯用一种方法肯定是不行的。

下面以上升趋势为例说明扇形线的画法。在上升趋势中，先以两个低点画出第一条上升趋势线（图 4－34 左图中的 L_1）。如果价格向下回落，跌破了刚画出的第一条上升趋势线 L_1，则以新出现的低点与原来的第一个低点相连接，画出第二条上升趋势线（图中的 L_2）。此后，如果第二条趋势线又被向下突破，则同前面一样，用新的低点与最初的低点相连接，画出第三条上升趋势线（图中的 L_3）。显然，三条直线 L_1、L_2 和 L_3 变得越来越平缓。这三条直线形如张开的扇子，扇形线和扇形原理由此而得名。

对于下降趋势也可如法炮制，只是方向正好相反。在叙述过程中，需要将上升变成下降，将向下突破变成向上突破，将支撑线变成压力线，将压力线变成支撑线（见图 4－34 右图）。

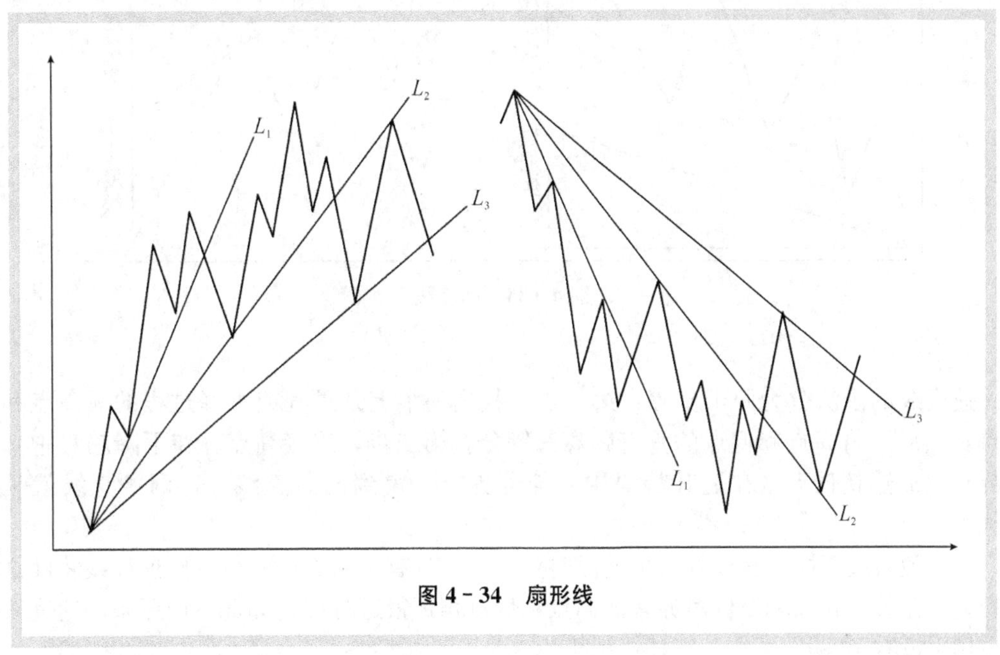

图 4－34 扇形线

扇形线所画出的三条直线一旦被突破，它们的支撑和压力角色就会相互交换，这一点符合支撑线和压力线相互转化的普遍规律。扇形原理可以简单地叙述为：上述三条趋势线一经突破，则趋势将反转。

这个原理被称为三次突破原理。在实际应用中，扇形线的使用很不方便：一方面，画这些趋势线本身就比较麻烦。另一方面，画出三条趋势线后，并不能保证趋势反转，因为所画出的趋势线是否合理还是个问题，通常要画多条趋势线才会出现反转。此外，等到第三次突破后，价格往往已经下降或上升了很多，此时已不是最好的交易价格，甚至不是次好的价格，这就给投资者的使用造成了麻烦。在投资者对扇形线方法了解不够深入的情况下，我们建议不使用扇形线。

二、速度线

与扇形原理考虑的问题一样，速度线（speed line）也是用于判断趋势是否将要反转的

(见图 4 - 35)。不过，速度线给出的是固定的直线，而扇形原理中的直线是随着价格的变动而变动的。另外，速度线具有一些百分比线的思想，它将每个上升或下降的幅度分成三等分进行处理。

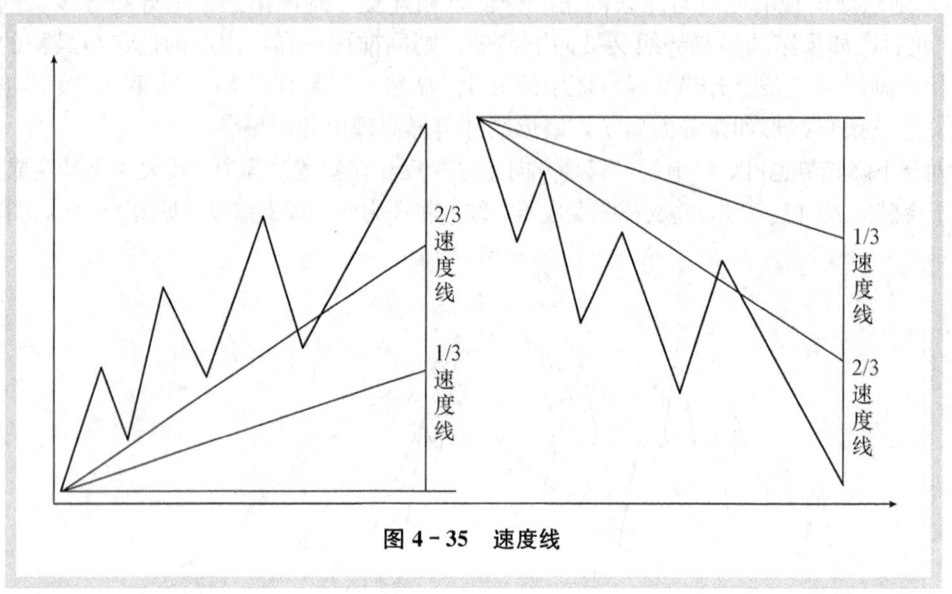

图 4 - 35 速度线

速度线的画法分为两个步骤：第一步，找到一个上升过程或下降过程的最高点和最低点，然后，将高点和低点的垂直距离三等分。第二步，连接高点（在下降趋势中）与分界点，或连接低点（在上升趋势中）与分界点，得到两条直线。这两条直线就是速度线。

与其他直线不同，速度线有可能随时变动，一旦有了新高或新低，则速度线将随之发生变动，尤其是新高和新低离原来的高点和低点相距很近时更是如此，而原来的速度线就一点用也没有了。

速度线一经突破，其原来的支撑线和压力线的作用将相互变换，这也符合支撑线和压力线相互转化的一般规律。

速度线最为重要的功能是判断一个趋势是被暂时突破还是长久突破（转势），其基本思想可叙述如下：

(1) 在上升趋势向下调整之中，如果向下折返的程度突破了位于上方的 2/3 速度线，则价格将试探下方的 1/3 速度线。如果 1/3 速度线被突破，则价格将一泻而下，预示这一轮上升的结束，也就是趋势从上升趋势反转成下降趋势。

(2) 在下降趋势向上调整之中，如果向上反弹的程度突破了位于下方的 2/3 速度线，则价格将试探上方的 1/3 速度线。如果 1/3 速度线被突破，则价格将一路上行，标志着这一轮下降的结束，价格进入上升趋势。

由此可以看出，速度线具有判断趋势是否“反转”的功能，这一点与前面的扇形线有类似的地方。应该注意的是，扇形线所需要的是三条线，而速度线所需要的是两条线，少了一条，这是两者在构造上的区别。

与扇形线一样，速度线的使用也是“高难度的”，不仅画起来比较麻烦，而且经常变动。此外，我们完全可以想象到，如果等到价格突破了1/3速度线才开始买卖的行动，那么一定不是进行交易的“好的地点和好的时机”。当然，这也是没有办法的事情，一方面需要准确的结论，另一方面又需要“好的地点”，投资者对这两者不能兼顾。从理论上讲，在事后的评判中，我们可以对这样的“好事”有所憧憬，但在实际的投资行动中，这样的“好事”可以说根本没有。对于不是专业研究速度线的投资者，建议不使用这个方法。

三、甘氏线

甘氏线（Gann line）分上升甘氏线和下降甘氏线两种，它是由威廉·D. 甘（William D. Gann）创立的一套独特的理论。Gann有时被翻译成甘恩，他是一位具有传奇色彩的股票技术分析大师。甘氏线就是他将百分比原理和几何角度原理结合起来的产物。甘氏线是从一个点出发，依一定的角度向后画出的多条射线，所以甘氏线包含了角度线的内容。图4-36是一幅射线方向朝上的上升甘氏线各个角度的直线图，这个图形也叫甘恩正方。此外，还有射线方向朝下的下降甘氏线。

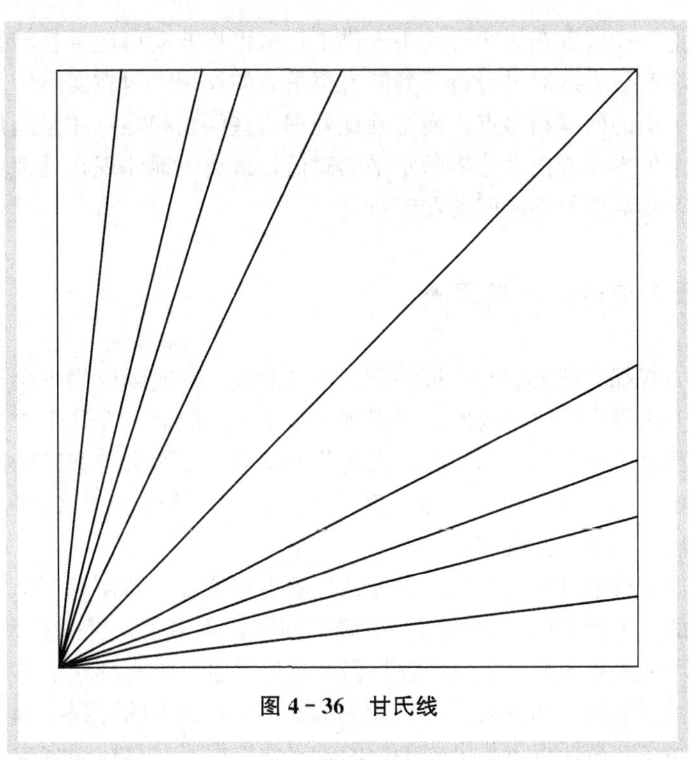

图4-36 甘氏线

图中的每条直线都有一定的角度，这些角度都与百分比线中的那些数字有关，每个角度的正切或余切分别等于百分比数中的某个分数（或者说是百分数）。

每条直线都有支撑和压力的功能，但其中最重要的是1×1、2×1和1×2。其余的角度虽然在价格的波动中也能起一些支撑和压力作用，但重要性都不大，很容易被突破。

画甘氏线的具体方法是首先找到一个点，然后以此点为起点，按照图 4－36 的方式将各条直线直接画到图上即可。

被选择的点一定是显著的高点和低点，如果刚被选中的点马上被新的高点和低点取代，则甘氏线的选择也随之变更。

如果被选到的点是高点，则应画下降甘氏线，这些线将在未来起支撑和压力作用。

如果被选到的点是低点，则应画上升甘氏线，这些线将在未来起支撑和压力作用。

需要特别强调的是，甘氏线是比较早期的技术分析工具（大约是 20 世纪 40 年代），其思路与现在的实际情况有一定的不符。甘氏线在使用的时候会遇到两个问题：第一，受到技术图表使用的刻度影响，选择不同的刻度将影响甘氏线的作用。只要不断地调整刻度，永远可以使甘氏线达到“准确预报”的效果。第二，甘氏线提供的不是一条或几条线，而是一个扇形区域，在实际应用中有相当的难度。对那些不是专业研究甘恩理论的投资者，最好不要使用甘氏线。对于甘氏线的更详细的内容，本书不做介绍。

第六节　使用支撑压力应注意的问题

支撑压力理论为投资者在买卖行动中提供了很多价格波动可能存在转折的位置。毫无疑问，这些支撑线和压力线对进行行情判断有很重要的作用。但在实际应用中，投资者不可避免地会遇到下面的问题和难点，而正确地处理这些问题和难点才是运用支撑压力理论的关键所在。一个证券投资技术分析师水平的高低，最集中地体现在处理这些问题和难点上，下面就是几个最需要处理的问题和难点。

一、支撑压力位是否会被突破

支撑线和压力线都有被突破和不被突破两种可能性，在实际应用中会出现令人困惑的现象，我们以上升过程中的回落为例。当得到了某个支撑线后，在这个支撑线上我们能够做什么事情？这就是个令人烦恼的问题。因为我们将面对是否会被突破的问题。如果支撑住了，就应该开始买入；如果向下突破，就不应该买入，甚至要“逃命”。这个问题总结起来就是，支撑压力是否会被突破？

在实际中，如果价格真的到了我们事先计算的支撑位置，即使有下降突破的可能，有时也是可以买入的，因为我们可以认为，下降空间已经不多了，冒一点风险也是值得的。虽然这个决定有可能是错误的，也只能这样做，这样做也是没有办法的事情，因为没有人能很“准确地”找到最低点和最高点，只能去试探，并在试探的过程中找到最后的高点和低点。其实，最高点和最低点不是事先确定的，需要根据当时具体的多空双方力量的对比来确定。在实际的投资判断中，我们通过分析方法只能确定大约的位置。

如果继续等待价格的下降而价格却飞涨，将失去机会。这样的事情如果发生多了，将使投资者的心态变坏。在证券市场中有较长经历的投资者应该明白，投资者心态的好坏对投资的成功有不可估量的作用。

二、支撑压力位的真突破和假突破

这个问题是上一个问题的另一种说法，这是在判断市场是否会突破时一定会遇到的问题。虽然有一些方法可以进行真假突破的判断，但是效果都不令人满意，因为市场是“强大的”，我们不可能战胜它。有时，往往要等到价格已经离开了很远的时候才能够肯定突破成功或真突破，而此时对投资行为的指导意义已经不大了。

就作者的观点看，判断突破的真假性，在多数情况下要依靠“猜测”，或者说判断真假有一定的试探性质，这是技术分析的特点之一。

但在个别情况下，通过对“时间、位置和大气候”三个因素的考虑，可以提高“猜测”的准确性。对于时间和幅度比较容易理解，一个趋势所持续的时间越长、价格波动的幅度越大，其继续向原来的方向突破的可能性会下降。当时间和幅度达到一定程度后，就可以认为将出现假突破。至于“大气候”，有点类似“天时、地利、人和”中的“天时”，其含义是在不同的时间，投资者行动的“疯狂性和理智性”不同，进而其行为所表现出来的价格波动“模样”不同，而且不同的时候有不同的表现。

三、支撑线和压力线的多样性

用各种方法得到的直线都提供了支撑和压力可能出现的位置。在实际的投资行为中，我们究竟应该相信其中的哪一条呢？这其实又成了上面的第一个问题，即哪一条不会被突破，至少是暂时不会被突破。

当然，通过大量的实际观察和统计，可以得到一些对投资决策有用的结论。比如，每种支撑压力线更适用的“环境”。再比如，支撑压力线被突破的概率问题。有些位置不容易被突破，有些位置被突破的可能性大。但是，这些结论的可靠性是比较差的，同样是因为我们无法战胜市场。

四、水平的支撑压力线比斜方向的支撑压力线更重要

这一章中介绍了支撑压力线可以分为水平方向和斜方向两大类。从实际的使用来看，水平方向的直线使用更方便。这是因为，确定一条直线需要两个点，而在实际应用时，每个所谓被确定的点都不是精确的，而是一个范围。对于斜方向的直线来说，如果一个点的位置稍微高一点或低一点，对今后的直线的延伸部分来说，则可能产生较大的差距。随时间的延续，差距会越来越大，这就使得支撑压力的范围过大。这个缺陷对于水平方向的直线来说，是不存在的。它的差距是恒定的，不随时间的延续而变大。

在结束本章之前，需要提醒读者的是，用本章介绍的支撑压力方法得到的这些位置仅仅是进行参考的价格位置，不能把它们当成万能的工具而完全依赖它们。证券市场中影响价格波动的因素很多，支撑线和压力线仅仅是多种因素中的一个，只有对多个方面同时考

虑才能提高正确投资的概率。

本章小结

本章所介绍的支撑压力理论是技术分析中比较基础的，同时也是较早出现的分析理论。从对支撑压力理论的理解和应用上，我们可以看出一个分析人员“功力”的高低。本章对于支撑压力理论的主要内容进行了比较详细的说明，而后对于趋势线、黄金分割线等典型的支撑压力线有较为完整的说明，并附有一定的实际例子。最后，本章对于应用支撑压力理论的难点，从客观的角度进行了分析和说明。

本章要点

1. 趋势的方向和类型分类。
2. 支撑压力的概念和角色的相互转换。
3. 支撑压力的突破。
4. 趋势线和轨道线的画法和作用。
5. 黄金分割线的画法和作用。

本章关键词

趋势　支撑压力　突破　黄金数字　交叉线　成交密集区
三次突破原理

本章思考题

一、名词解释

支撑和压力　趋势的类型　支撑和压力的突破　成交密集区

二、简答题

1. 如何用轨道线和趋势线描述价格波动的趋势?
2. 在何种情况下可以使用黄金分割线进行买卖的指导？使用黄金分割线进行了实际的行动后，对今后应该有什么样的预期?
3. 支撑线和压力线对价格的波动起什么作用？有人说，价格下降到支撑线就可以买入了，这句话正确吗?
4. 速度线和百分比线的主要思想是什么?
5. 如何理解支撑压力的转换?
6. 交叉线和趋势线在应用的时候有何异同点?

第五章 形态理论

在前面的K线理论中，出现了组合形态的概念，并叙述了利用一些有关组合形态对今后价格运动方向进行判断的方法。请注意，如果要使用K线理论中的组合形态，应时刻记住其短线的投资操作特点，它的预测结果只适用于之后很短的时期，有时仅仅是一两天。为了弥补这种不足，我们可以将K线组合形态中所包含的K线数目扩大到更多、更远。这样，众多的K线就组成了一条上下波动的曲线，这条曲线就是价格在这段时间移动的轨迹，它比前面K线理论中的K线组合情况所包括的内容要全面得多。

这条曲线的上下波动实际上是多空双方进行争斗的结果。在不同时期，多空双方力量对比的大小决定曲线是向上还是向下。这里的向上和向下波动所延续的时间要比K线理论中所说的向上和向下波动长得多。

形态理论这种重要的技术分析方法正是通过研究价格所走过的轨迹，分析和挖掘出曲线告诉我们的某些多方和空方之间力量对比的结果，进而指导我们的投资行动。

趋势的方向发生变化一般不是突然来到的，都有一个发展变化的过程。形态理论通过研究价格曲线的各种形态，发现价格正在运行的方向，其分析方法有很多都是K线理论和切线理论的方法。

由于形态理论考虑的时间范围大，价格的波动纵深也大，所以在实际中，使用价格线与使用K线没有大的区别。为了简单起见，有时不用K线，而用价格线。

在长期的实践中，历史上各个时期和各国的证券投资分析人员对各种价格曲线的形态进行了综合的分析整理，总结出了十几种具有代表性的形态，其中的每个形态都会告诉我们一些有帮助的内容。本章将从价格移动的总体规律出发，逐步介绍这些在技术分析历史上有重要作用的组合形态。

第一节　价格移动的规律和两种形态类型

一、价格移动的一般规律

（一）价格移动的方向由多空双方力量对比决定

作为一般的规律，价格的高低由供求关系决定。在证券市场中，价格是完全按照多空双方力量对比大小而波动，或者说按照双方所占优势的大小而波动。

在某一时期，如果多方处于优势，那么价格将向上移动，这是众所周知的。同样，在另一个时期，如果空方处于优势，则价格将向下移动，这也是显然的。市场价格正是在多空双方不断地“领先”中上下波动。

多空双方中一方占据优势的情况又是多种多样的：有的只是稍强一点，价格向上（下）走不了多远就会遇到阻力；有的强得多一些，可以把价格向上（下）拉得远一些；有的优势是决定性的，这种优势完全占据主动，对方几乎没有什么力量与之抗衡，价格的向上（下）移动势如破竹，没有任何阻挡的力量。

一方的优势大，价格将向这一方移动。如果这种优势不足以摧毁另一方的抵抗，则价格不久还会“走”回来。这是因为，另一方只是暂时退却，随着这种小优势影响的消失，它还会站出来收复失地。另外，如果这种优势足够大，足以摧毁另一方的抵抗，甚至把另一方的力量转变成本方的力量，则此时的价格将沿着优势一方的方向移动到很远，短时间内肯定不会回来，甚至永远也不会回来。这是因为此时的情况发生了质变，多空双方原来的平衡位置发生了变化，已经向优势一方移动了。而上一种情况多空双方的平衡位置并未改变，所以价格会很快回到原来的位置。

取得决定性优势的一方把价格推向自己一方时，并不是无限制地移动到任何位置。随着价格向自己一方的移动，原来属于本方的力量将逐渐跑到对方的行列中去。例如，多方取得绝对优势（比如有一个绝好的利多消息），价格一路上扬，买入者蜂拥而至。随着价格的升高，买入者心有余悸；同时，原来在低位买入的获利者也会获利抛出，这两方面原因就会限制价格无休止地上扬。

（二）价格波动过程是不断地寻找平衡和打破平衡

根据多空双方力量对比可能发生的变化，我们知道价格的移动应该遵循这样的规律：第一，价格应该在多空双方取得均衡的位置来回波动。第二，原有的平衡被打破后，价格将寻找新的平衡位置。

我们可以用下面的方法具体描述价格移动的规律：

> 持续整理，保持平衡→打破平衡→寻找到新的平衡→再打破新的平衡→再寻找更新的平衡→……

价格的移动就是按这一规律循环往复、不断进行的。市场中的胜利者往往是在原来的平衡快要打破之前或者是在打破的最初过程中采取行动而获得收益的。如果原来的平衡已经被打破，新的平衡已经找到，这时才开始行动，就已经晚了。

平衡被打破的原因可能是多种因素综合的结果，但在证券市场中，最大的因素应该是一些“外力”的冲击，具体地说就是一些突发事件的影响。这样的事件对市场的影响有大有小，并且总是存在。

同支撑线、压力线被突破一样，平衡被打破也有被认可的问题。刚打破一点，不能算真正打破。反转突破形态存在种种假突破的情况，这是我们要时时刻刻牢记在心里的，假突破给我们造成的损失有时是很大的。

二、价格波动的两种基本形态类型

价格移动的过程就是保持平衡的持续整理和打破平衡的反转突破这两种过程。打破平衡之后，投资者最为关心的是价格今后的移动方向。这样，根据平衡打破之后方向的不同，我们可以把价格曲线的形态分成两大基本类型：一是持续整理形态；二是反转突破形态。

这两种基本类型的图形都是价格处在平衡状态下的“模样”，价格的波动呈现“横向”运动，但两者都要打破平衡。平衡的概念是相对的、有范围的，价格只要在一个范围内变动，都可以认为处于平衡状态。因此，判断平衡与波动范围的选择有关，这也是判断平衡是否被打破的关键。

（一）反转突破形态

反转突破形态（reversal patterns）有时简称为反转形态。反转突破形态最主要的特点是，形态所在的平衡被打破以后，价格的波动方向与平衡之前的价格趋势方向相反。例如，此前是上升趋势，在经过一段时间的平衡整理后，价格的波动趋势变为下降。

反转突破形态是形态理论研究的重点内容。我们在判断反转形态时，要注意以下几点：

（1）股价原先必须确有趋势存在，才能谈得上这个趋势反转的问题。

（2）某一条重要的支撑线或压力线被突破，是反转形态突破的重要依据。

（3）某个形态形成的时间越长、规模越大，则反转后带来的市场波动也越大。

（4）交易量是向上突破的重要参考因素。向下突破时，交易量可能作用不大。

（二）持续整理形态

持续整理形态（continuation patterns）有时简称为持续形态。持续整理形态最主要的特点是，形态所在的平衡被打破以后，价格的波动方向与平衡之前的价格趋势方向相同。例如，此前是上升趋势，在经过一段时间的平衡整理后，价格的波动趋势仍然是上升。

持续整理形态也要考虑平衡被打破的问题，然而这不是研究持续整理形态的重点。持续整理形态与反转突破形态相比，两者最大的区别就是持续整理形态所需花费的时间比后者少。持续整理形态只是在原有价格运动趋势方向上的暂时休止，时间一般不长。

虽然上面将形态的类型进行了分类，但是实际中的形态有些是不容易区分的，“这个形态究竟属于哪一类”经常是个问题。例如，一个局部的三重顶底形态，在一个更大的范围内有可能被认为是矩形形态的一部分。一个三角形形态有时也可以被当成反转突破形态，尽管多数时间我们都把它当成持续整理形态。其实，一个形态究竟叫什么名字是不重要的，我们关注的重点是这个形态之后价格的变动方向。

第二节 双重顶和双重底

双重顶和双重底就是众所周知的M头和W底，属于反转突破形态。这种形态在实际中出现得非常频繁，是利用形态进行判断不可缺少的基本形态。

一、双重顶和双重底的基本图形

图5-1是双重顶和双重底（double tops and double bottoms pattern）的基本图形。从图中可见，双重顶或双重底总共出现两个顶或两个底，也就是两个相同高度的高点或低点。

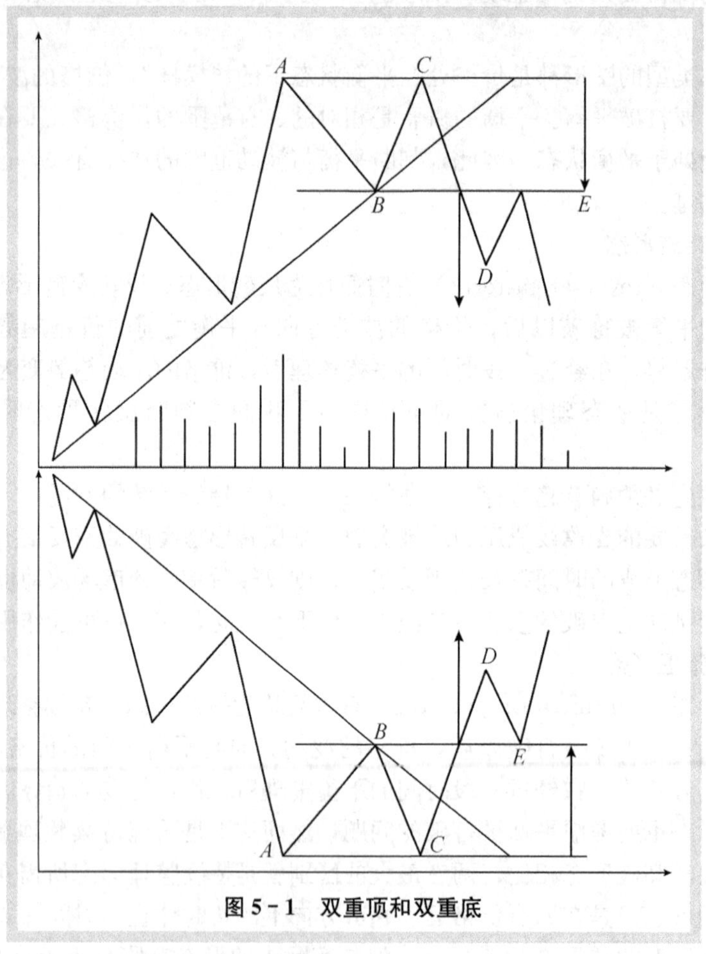

图5-1 双重顶和双重底

二、双重顶和双重底的形成过程

下面将以双重顶（M头）为例进行说明。对于双重底，与此类似。

在大幅度的上升趋势进行了相当长的时间之后，上升趋势过程进入了末期，如图 5-1 上图所示，价格在第一个高点 A 建立了新高点，之后进行正常的回落，受上升趋势线的支撑，这次回落将在 B 点附近停止；之后是继续上升，但是力量不够，上升高度也不足；在 C 点（与 A 点等高）遇到压力后，价格向下运动，这样就形成了 A 点和 C 点共两个顶的形状。

M 头形成以后，随后的发展有两种可能的情况：第一种情况是未突破 B 点的支撑位置，价格在 A、B、C 三点构成的狭窄范围内上下波动，演变成后文将要介绍的矩形或三角形。第二种情况是突破 B 点的支撑位置继续向下，这种情况才是真正意义的双重顶反转突破形态。前一种情况只能说是出现了一个潜在的双重顶反转突破形态。

三、双重顶和双重底中的颈线

过 B 点做平行于 A 点、C 点连线的平行线（图中连接 B、E 的直线），就得到一条非常重要的直线——颈线（neck line）。A 点与 C 点的连线是趋势线，颈线是与这条趋势线对应的轨道线，这条轨道线在这里起的是支撑作用。

前面已经说过，形成一个真正意义的双重顶反转突破形态，除了应有两个相同高度的高点以外，还应该向下突破 B 点支撑。

突破颈线就是突破轨道线，突破支撑线，所以也有突破被确认的问题。前面介绍的有关支撑压力线被突破的确认原则在这里同样适用，主要是百分比原则和时间原则。前者要求突破到一定的百分比数，后者要求突破后保持多日，至少是两日。

四、双重顶和双重底的形态高度和测算功能

双重顶或双重底反转突破形态一旦得到确认，我们就可以用它对后市进行预测。

从突破点算起，价格至少要下降与形态高度相等的距离。所谓的形态高度就是从 A 点或 C 点到 B 点的垂直距离，也即从顶点到颈线的垂直距离。图中右边箭头所指就是价格至少要下降的距离，换句话说，价格必须在这个距离之下才能找到像样的支撑，此前的支撑都不足取。

在突破颈线后，价格往往会有一个返回的过程，这个过程被称为“反扑”（pull back）。对于双重顶来说，最重要的是在反扑时出逃，因为只有在这个时候我们才确切地知道应该怎么办。图 5-1 上图中的 E 点将是最好和最安全的行动位置。

上面以双重顶为例对双重形态进行了介绍，对于双重底，有相似的叙述，只要将双重顶的介绍反过来叙述就可以了。比如，向下说成向上，高点说成低点，支撑说成压力。

五、反扑

颈线被突破后，价格可能不是一直向下移动，通常会回头，并且在颈线被阻止，这个现象叫“反扑”（图 5-1 上图中的 E 点）。颈线在这里起着支撑和压力作用，也就是说，这种回头将受到颈线的阻挡。

按照理论上的观点，在整个双重顶（底）的过程中，投资者只有在反扑时才真正知道应该“做什么”。在此前的任何时候，投资者其实是不知道怎么做的。在这时，投资者应该采取行动，俗称“逃命”，这是最后的机会。对于双重顶，是多方“逃命”；对于双重底，是空方“逃命”。应该提醒的是，如果在离开颈线很远后才开始反扑，投资者可以结合支撑压力理论的有关方法选择采取行动的地点。

六、对双重顶（底）形态的补充说明

除了上面所述的内容之外，对于双重顶的形态识别和应用还应该有下面几点需要进行说明：

(1) 两个顶点或底点的高度不要求完全相同，允许有一些差异。要求双重顶（底）的两个顶（或底）完全相同是很困难的，在绝大多数情况下它们不相等。如果出现第二峰稍高（或低）于第一峰的情况，并不能认为是向上（下）突破，原有的上升（下降）趋势恢复了。此时，使用者会遇到如何判断两个顶（或底）的差异是否处于允许范围的问题。很显然，这就涉及主观因素的判断。

(2) 顶底的形态多样性。两个顶（或底）可能并不是某个单纯的高点或低点，而可能是由多个小顶（底）组成的复合形状。在形成顶（底）时，价格有时并不是刚一接触到这个价位就立即调头反向，而有可能经过多次小的波动冲击这个顶（底），不成功之后才调头，这样就有可能形成复杂多样的情况。

(3) 顶底成交量的差异。在成交量方面，双重顶和双重底有细小的不同。双重顶的两顶位置成交量都很大，但第二顶一定比第一顶成交量少。双重底的第一个底成交量有可能比较大，价格“触底上升”时成交量也不少，但第二个底的成交量显著萎缩，有时第二个底可能要经过比较长的“筑底过程”。除此之外，双重底向上突破颈线时，一定要求有大的成交量配合，而双重顶向下突破颈线时，则没有成交量配合的要求。

(4) 形态的规模。两个顶或两个底之间相距的距离越远，也就是形成双重顶或双重底所延续的时间越长，则将来双重顶或双重底反转的潜力越大，波动越剧烈。时间长短所体现的是形态的规模。小规模的双重顶（底）的两个顶（底）之间应相距 2～3 周，大规模的双重顶（底）可能会延续数年。

(5) 双重顶（底）的形态高度与形态之前上升（或下降）趋势的波动幅度相比，不能过低也不能过高。如果“过低”，投资者容易将其当成波动过程中的小“干扰”而忽略；如果“过高”，则形态中的波折本身就可以被看成是一次新的上升趋势或下降趋势，而与原来的趋势不属于同一“层次”。

七、双重形态的实际例子

【例 5-1】 图 5-2 是永鼎光缆（600105）1998 年 8 月至 1999 年 5 月的日线图。从图中可见，1998 年 11 月在价格为 21 元处形成了一个双重顶。1998 年 12 月末和 1999 年 4 月，价格出现了两次“反扑”。需要说明的是，从严格意义上讲，图中的第二次反扑不能算作是双重顶的反扑。这是因为，这次价格的波动规模比较大，而应该算作是价格的另一次波动。在第一次反扑后，价格下降得很快，几乎到了 17 元。从形态的测算功能来看，也已经达到了预期的幅度。此时，我们可以说，这个双重顶已经完成了“历史的使命”，对今后的价格波动预测来说，其作用已经不大。此外，需要指出的是，在本例中价格上升的高度并没有达到 1.618 倍。如果按照黄金分割，则可能没有卖出信号。然而，在第一次反扑之前，双重顶已经形成。在大约 20 元时已经有卖出信号。这个例子说明，形态理论帮助黄金分割“避免了”一次可能的错误。

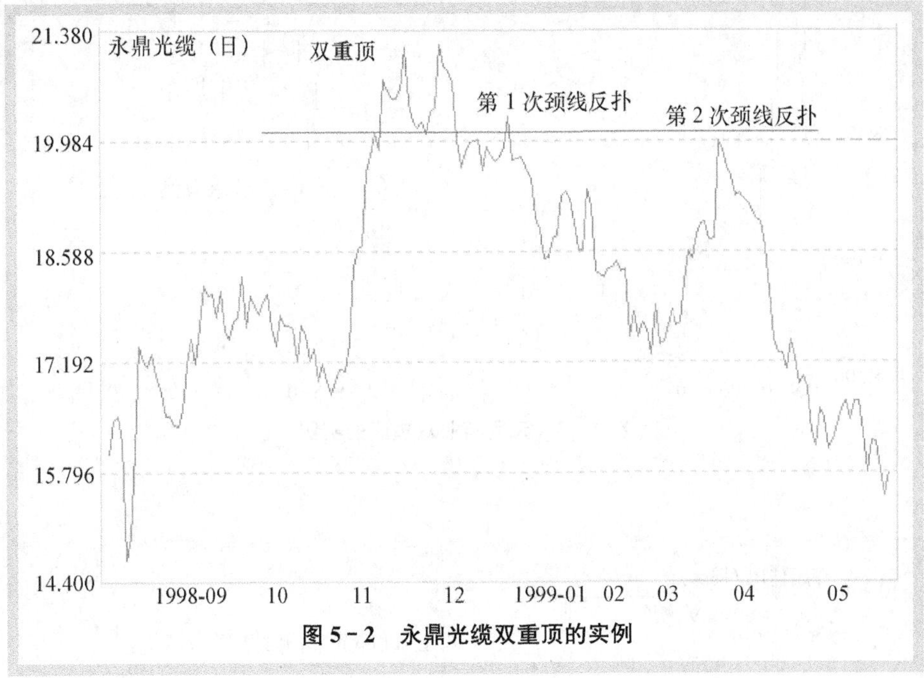

图 5－2　永鼎光缆双重顶的实例

【例 5－2】　图 5－3 是天目药业（600671）1997 年 5 月至 1998 年 6 月的日线图。从图中可见，1997 年 7 月至 9 月形成了一个双重底，1998 年初曾经出现了一次“反扑”，但是反扑的力度很小，未触及颈线。另外，右端的第二个底部属于“复合型”的底部，而左端的底部属于“单纯”的底部。从测算功能来看，价格的上升已经远远超过了测算功能所提供的高度。从时间上看，价格最后突破颈线的时间与第二个底部相差 3 个月，而两个底部的时间相差也有近 3 个月，这两者都属于比较长的。因此，我们可以认为这样的双重底属于规模较大的形态。

【例 5－3】　图 5－4 是深康佳 B（200016）1996 年 7 月至 2000 年 7 月的日线图。从图中可见，1997 年 7 月后形成了一个双重顶，但是价格随后的波动没有出现反扑的过程。这一点需要特别说明，即反扑不是双重顶底形态的必需。1999 年 1 月前后形成双重底，2000 年初价格回落，反扑到达颈线。显然，此时是一个较好的买入点，之后价格继续上升。这里的两个形态都属于“简单”的形态，不是复合的形态。如果从时间范围来看，这里的两个形态又都属于规模大的类型。对于这个图形，还有一点需要说明，图形中颈线的位置正好是双重底之前价格波动所形成的一个前期低点。从支撑压力线的观点看，该颈线恰好是一条比较重要的支撑压力线。

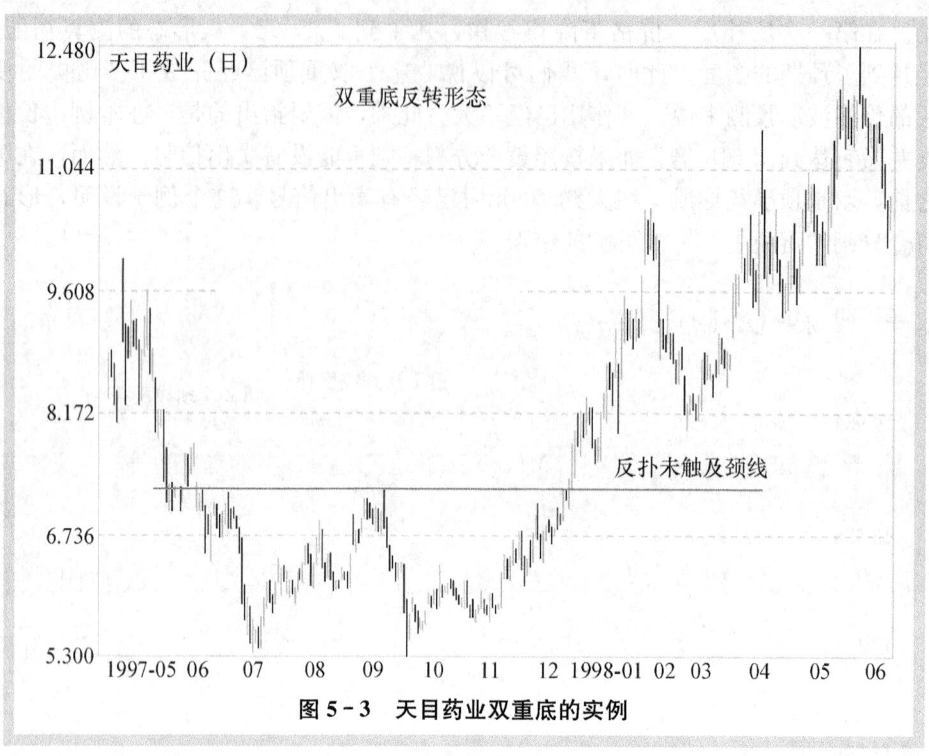

图 5-3　天目药业双重底的实例

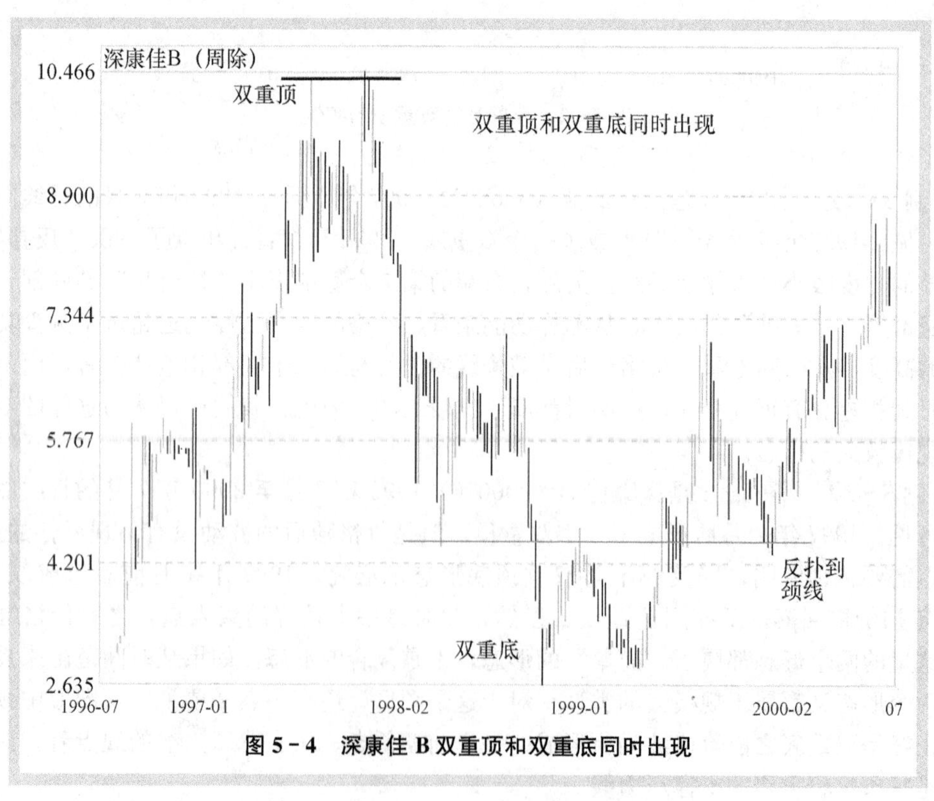

图 5-4　深康佳 B 双重顶和双重底同时出现

第三节　头肩顶和头肩底

一、头肩形的基本形状

头肩顶和头肩底（head and shoulders tops and bottoms pattern）是实际价格形态中出现得最多的形态，是最著名和最可靠的反转突破形态，图 5－5 是头肩形的简单图形。

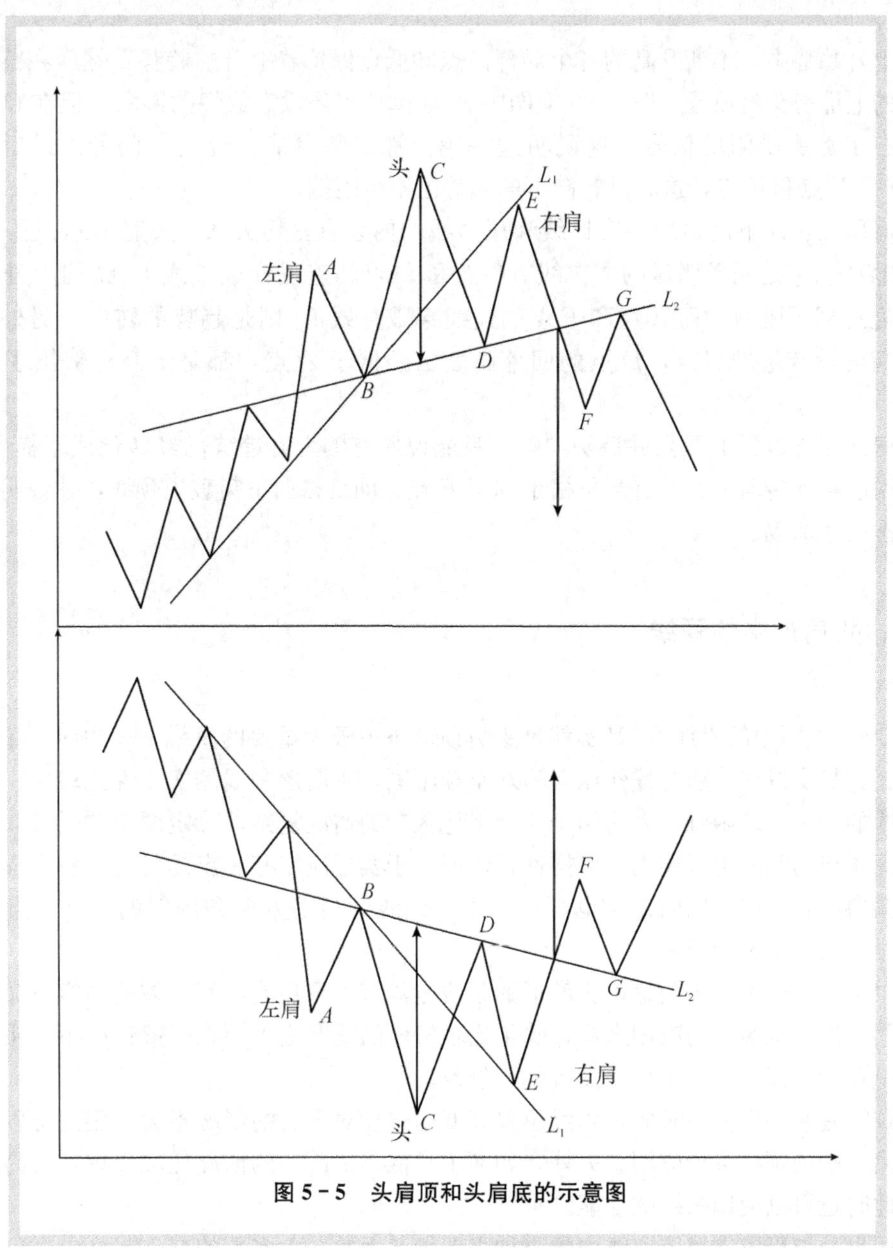

图 5－5　头肩顶和头肩底的示意图

从图中可见，这种形态一共出现三个顶或者三个底，也就是要出现三个局部的高点或三个局部的低点：中间的高点（低点）比另外两个都高（低），称为头；左右两个相对较低（高）的高点（低点）称为肩，这就是头肩形名称的由来。下面以头肩顶为例对头肩形进行介绍。

二、头肩形的形成过程

在上升趋势中，不断升高的各个局部高点和低点保持着上升的趋势，然后在某一个地方趋势的上涨势头将放慢。图 5-5 上图中 A 点和 B 点还没有放慢的迹象，但在 C 点和 D 点已经有了势头受阻的信号，这说明这一轮上涨趋势可能已经出了问题。最后，价格“走”到了 E 点和 F 点，这时反转向下的趋势已不可阻挡。

头肩顶反转向下的道理与支撑线和压力线的内容有密切关系。头肩形示意图中的直线 L_1 和直线 L_2 是两条明显的支撑线。C 点和 D 点的连线穿破直线 L_1 说明上升趋势的势头已经遇到了阻力，而 E 点和 F 点的连线穿破直线 L_2 则是趋势的转向。另外，E 点的反弹高度没有超过 C 点，D 点的回落高度已经低于 A 点，都是上升趋势出了问题的信号。

头肩顶形态走到了 E 点并调头向下，只能说原有的上升趋势已经转化成了横向延伸，还不能说已经反转向下。只有当价格走到了 F 点，即价格向下突破了颈线，才说明头肩顶反转形态已经形成。

三、头肩形中的颈线

图 5-5 上图中的直线 L_2 其实就是头肩顶形态中极为重要的直线——颈线。在头肩顶形态中，它是支撑线，起支撑作用。与双重顶不同，头肩形颈线的实用性比较差。在实际中，颈线的画法比较困难，因为两个“低谷地区”的情况复杂，确定两个“低谷”有多样性，因而画出的颈线也可能出现多样性，进而对于实际应用有一定的妨碍。头肩形的颈线可能是倾斜的，方向可以向上，也可以向下，颈线倾斜的方向和倾斜的程度（直线的斜率）对今后的走势影响很大。

如果按照“正统”的理论，头肩形的颈线也具有测算功能，其具体的内容下文将有详细的说明。但是从实际的应用来看，除了比较特殊的情况之外，在一般情况下，头肩形的颈线只是理论上存在，在实际中没有使用价值。

当颈线是水平方向的时候，颈线位置高低的选择对今后的影响不大，因此可以参考双重顶（底）中的颈线进行应用。另外，如两个“低谷地区”的情况比较简单，容易将颈线画出，此时也可以使用颈线的功能。

颈线也是被当成支撑压力线中的一种来看待，因此同大多数的突破一样，这里颈线的被突破也有一个被认可的问题。百分比原则和时间原则在这里均可适用。

四、头肩形的形态高度与测算功能

颈线被突破后，反转就得以确认。据此，我们就知道价格下一步的大方向是下跌，而不是上涨或横盘。对于下跌的深度，我们可以借助头肩顶形态的测算功能，其测算功能可以叙述如下：从突破点算起，价格将至少跌到与形态高度相等的距离。

形态高度的测算方法是这样的，首先度量出从头到颈线的距离（图 5-5 上图中从 C 点向下的箭头长度），这个长度就是头肩顶形态的形态高度。右边箭头所指出的位置就是突破头肩形后，价格波动至少要达到的位置。上述距离是价格下落最起码的深度，是最近的目标。价格的实际下落位置要根据许多因素来确定，上述原则只是给出了一个范围，对投资具有一定的指导作用。预计价格今后将要跌到什么位置能止住或将要涨到什么位置而调头，永远是证券投资者最关心的问题，也是最不容易回答的问题。

五、对头肩形的补充说明

关于头肩形的判断和识别，除了上面的“常规”介绍之外，还有一些细节性的内容需要说明，这些属于补充性的说明，一共有六个方面：

（1）头肩形两个肩的高度可以不一样。图 5-5 中 A 点和 E 点的高度可以不相等。其实，在绝大多数情况下，两者都是不相等的，相等也只是偶然现象。同样，肩与头之间的两个低点或高点（B、D 两点）通常也是不相等的。这就是说，颈线在多数情况下不是水平的直线，而是倾斜的直线。

（2）头肩形有很多变形体——复合头肩形。这种形态的肩和头有可能是两个高点或低点，其局部形状很像双重顶和双重底。如果站在更广的视角来看它，把相距较近的两个高点或低点看成一个，则可以将其看作局部的双重顶底以及更大范围内的头肩形。对头肩形适用的规律同样适用于复合头肩形。此外，如果头和肩的起伏不大，复合头肩形有时可能与后面将要介绍的圆弧形相似。

（3）对成交量的要求，头肩顶和头肩底有区别。对于左肩、右肩和头来说，右肩的成交量一定是最少的；左肩与头相比，一般认为左肩的成交量大于头部的成交量。另外，突破颈线后，头肩底要求有较大的成交量，头肩顶则没有这个要求。

（4）形态的规模越大越重要。形成头肩形的过程所花费的时间越长，价格在此过程中的起伏越大，将来突破颈线后，价格反转的潜在力量就越大，对头肩形适用的规律越可信。这属于形态规模的大小问题，时间一般以一个月为准，大的头肩形可能需要花费几年的时间。

（5）对颈线的反扑。颈线被突破后，价格可能不是一直就朝突破的方向走下去，而是有一定的回头，这也叫反扑。但是，这种反扑会遭到颈线的控制，头肩顶中反扑到颈线是逃命的时机，突破颈线之后的反扑更容易发生在头肩底形态中。由于头肩形中的颈线不容易确定，利用反扑就没有双重顶底那样方便。对此，前面已经有所说明，只有在比较特殊的情况下，对头肩形才能使用反扑技术。

(6) 头肩形可能是持续形态。头肩形有时可能是持续整理形态，而不是反转突破形态。如果头肩形是持续整理形态，那么形成头肩形的时间一般比较短，主要发生在下面三种情况下。

①下降趋势中出现头肩顶，并且颈线向上倾斜。

②上升趋势中出现头肩底，并且颈线向下倾斜。

③与形态之前的价格波动幅度相比，形成头肩形的价格波动“区域”太小。

前两种情况与后面要介绍的旗形很相似。最后一种情况需要进行主观的判断。

上面以头肩顶为例，对头肩顶（底）形态进行了介绍。对头肩底而言，它除了在成交量方面与头肩顶有所区别外，其余方面可以说与头肩顶一样，只是方向正好相反。例如，上升改成下降，高点改成低点，支撑改成压力。

六、头肩形的实际例子

【例 5 - 4】 图 5 - 6 是内蒙华电（600863）1998 年 1 月至 1998 年 9 月的日线图。从图中可见，1998 年 5—7 月形成了一个模样比较大的头肩顶，而且在价格突破颈线后，没有出现“反扑”，随后的价格下降得很快，完全满足测算功能所叙述的下降深度。在头肩形中，这个图形属于“颈线比较容易画的”，因为两个点比较“简单”。从实际的买卖信号来看，就本例而言，我们除了可利用头肩形外，还可以运用黄金分割的一些结果。在本例

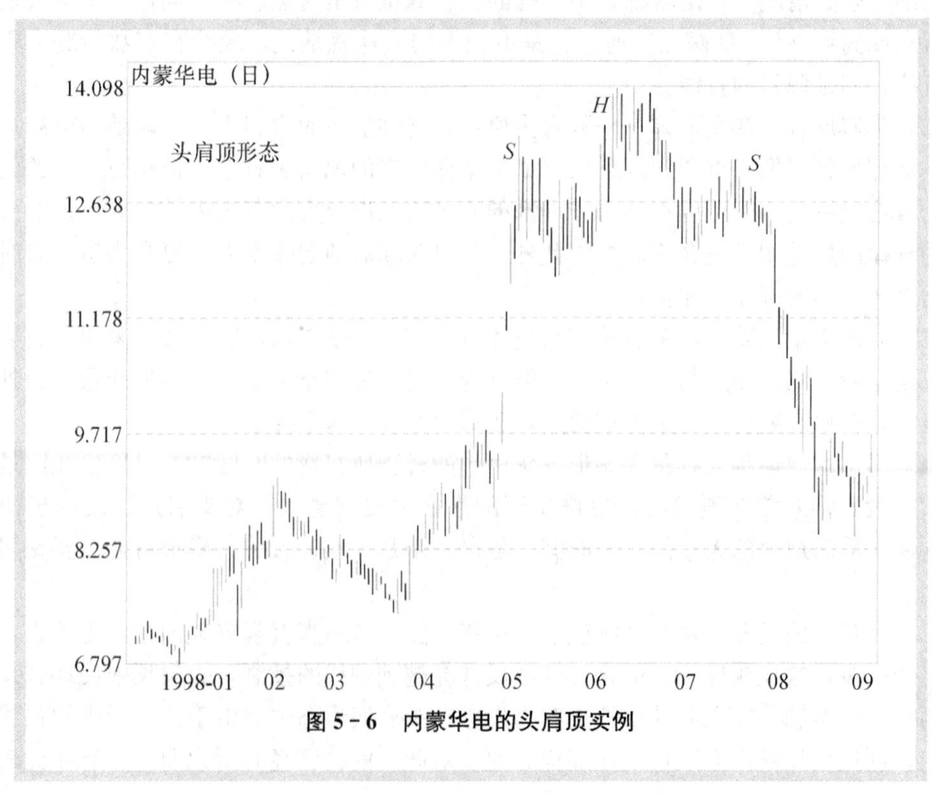

图 5 - 6 内蒙华电的头肩顶实例

中，价格开始上升时的最低价格是 6.8 元，其 2 倍是 13.6 元，正好在头和肩的高度附近。因此在这个时候，发现右肩的成交量缩小，是最后的“逃命”机会。

【例 5-5】 图 5-7 是中金岭南（000060）1997 年 5 月至 1998 年 8 月的日线图。从图中可见，1997 年 10 月前后形成了一个头肩底，在突破了颈线之后，于 1998 年 3 月出现了“反扑”，但是这个反扑幅度显得有点“过分地深”。1998 年 6 月前后形成了一个头肩顶，随后价格下降得很快。不过，与前面的例子相比，这个头肩顶属于比较复杂的：首先，左肩出现了两个高点；其次，右肩显得“单薄”，而且不容易确认。我们要想在图中右侧这个头肩顶中画出颈线是很困难的事情。

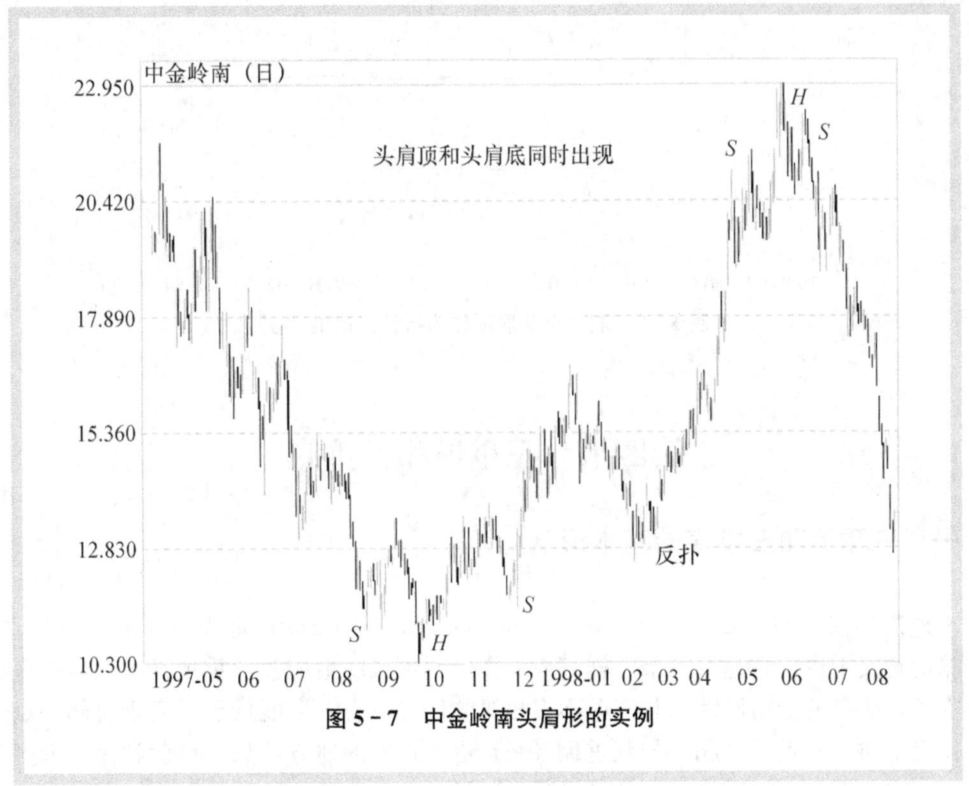

图 5-7 中金岭南头肩形的实例

【例 5-6】 图 5-8 是湘酒鬼（000799）1998 年 6 月至 1999 年 5 月的日线图。从图中可见，1998 年 10 月前后，在价格从 26 元开始下降并形成下降趋势后，在 1998 年 6 月至 1999 年 2 月间形成了一个下降过程中的头肩顶。在这个形态中，1999 年 4 月出现了一次“反扑”，之后价格继续下降，并维持了原来的下降趋势，这个例子是头肩形作为持续形态的例子。就这个例子而言，在实际的判断中，有两点需要说明：第一点，头肩顶形成之前的趋势是下降，因此从严格意义上讲，这个头肩顶其实不是头肩顶（头肩顶要求前面是上升趋势）。第二点，这个头肩顶之前的下降过程经历的时间不够长、幅度不够大，因此认为它要反转的“条件”不充分。可见，这个头肩顶最终成为持续形态并不是偶然的。

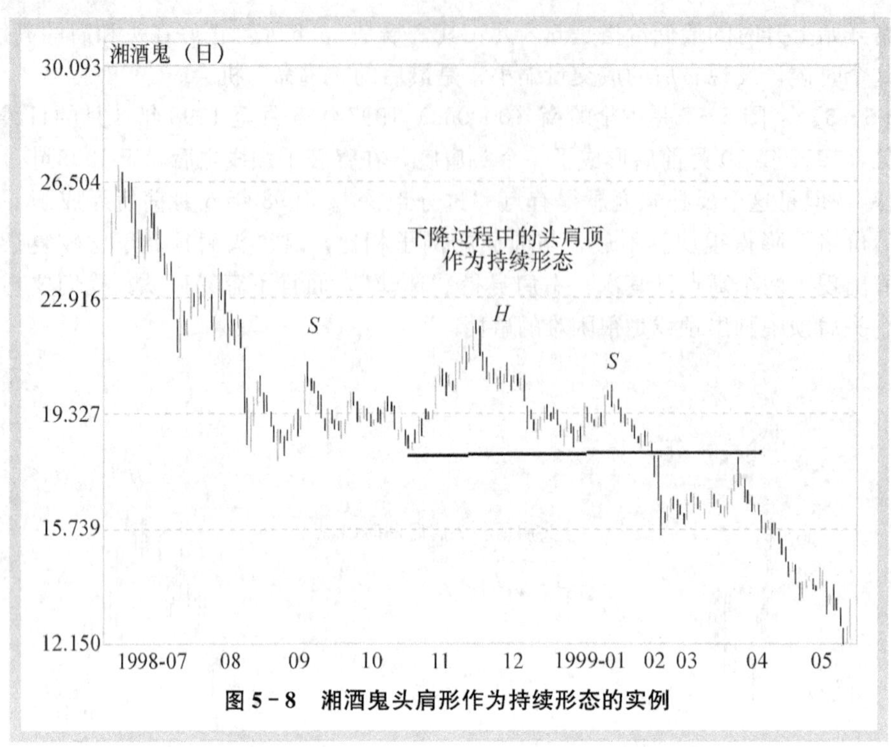

图 5-8 湘酒鬼头肩形作为持续形态的实例

第四节 三重顶和三重底

一、三重顶和三重底的基本形状

三重顶和三重底（triple tops and triple bottoms patterns）是头肩形的一种变形体。从严格的意义上讲，它是由三个一样高或一样低的顶或底组成。三重顶（底）与头肩形的区别在于，头部的价格回缩到与肩差不多相等的位置，有时可能低于或高于肩部一点。从这个意义上讲，三重顶（底）与双重顶（底）也有相似的地方，只不过前者比后者多“折腾”了一次。图 5-9 是三重顶（底）的简单图形。

二、三重顶（底）的应用

应用和识别三重顶（底）基本上是使用识别头肩形的方法，我们可以直接应用头肩形的结论。头肩形适用的东西三重顶（底）差不多都适用，这是因为三重顶（底）从本质上说就是头肩形，有些文献甚至不把三重顶底单独看成一类形态，而直接纳入头肩形的范畴。

与一般头肩形最大的区别是，三重顶（底）的顶部（或底部）连线是水平的，这就使得三重顶（底）具有矩形的特征。与头肩形相比，三重顶（底）更容易演变成持续形态，而不是反转形态。

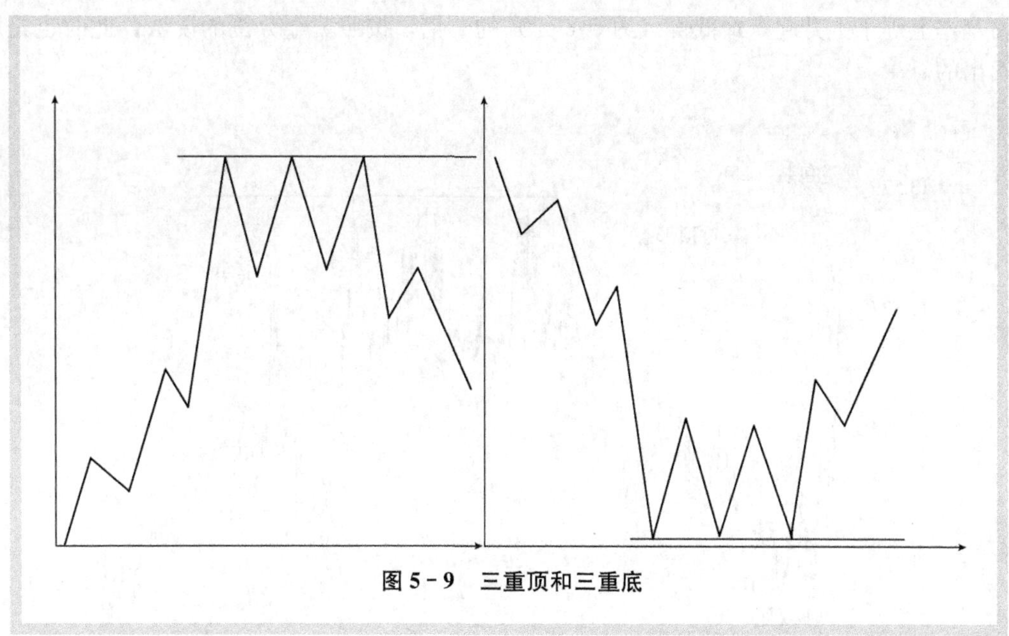

图 5-9 三重顶和三重底

三、斜三峰和斜三谷

从严格的意义上说，三重顶（底）在实际中几乎没有。这是因为，要求三个顶（底）相同或相近是很困难的。作者在实际的投资过程中发现，有一种与三重顶（底）有一定关系的技术形态在实际中出现的概率相对较多，而且准确性较高。由于现有的形态理论中没有关于这种形态的描述，作者目前姑且把它叫做“斜三峰”或“斜三谷”。

当三个顶或三个底是依次上升或下降（不是水平）时就会形成这样的形态，这种形态属于三重顶（底）的“变种”。对于斜三峰和斜三谷来说，我们在实际中更容易看到的是斜三峰，而不是斜三谷。但是，无论是斜三峰还是斜三谷，必然要求在出现三个从左到右依次上升（下降）的峰（谷）之前，需要出现一次“疯狂”的上升（下降）过程。所谓的“疯狂”上升，从图形上看，就是说这个上升的过程几乎是“直线形”地上升。同理，对于“疯狂”的下降过程，其下降也是直线型的。用“形象”的话来说，这样的下降属于“瀑布式”的下降。我们在识别斜三峰和斜三谷的时候，对于“疯狂”的认知是不可少的。

四、三重顶（底）的实际例子

【例 5-7】 图 5-10 是盛道包装（000769）1997 年 7 月至 2000 年 2 月的日线图。在 1998 年 7 月至 1999 年 3 月前后形成了一个三重顶。在 1999 年 5 月出现了一次“反扑”。该图形在上升趋势的起点形成了一个“小双底”。其实，这个小双底叫做三重底更合适一些，因为它具有三重底的特征，只不过中间的底短了一些。从买卖信号来考虑，如果第三（甚至第二）个顶部的成交量缩小，就是强烈的卖出信号。另外，我们注意到顶部高点的价格基本上等于上升起点最低价（约 6.6 元）的 2 倍，按照黄金分割的说法，此时也是应该卖出的。

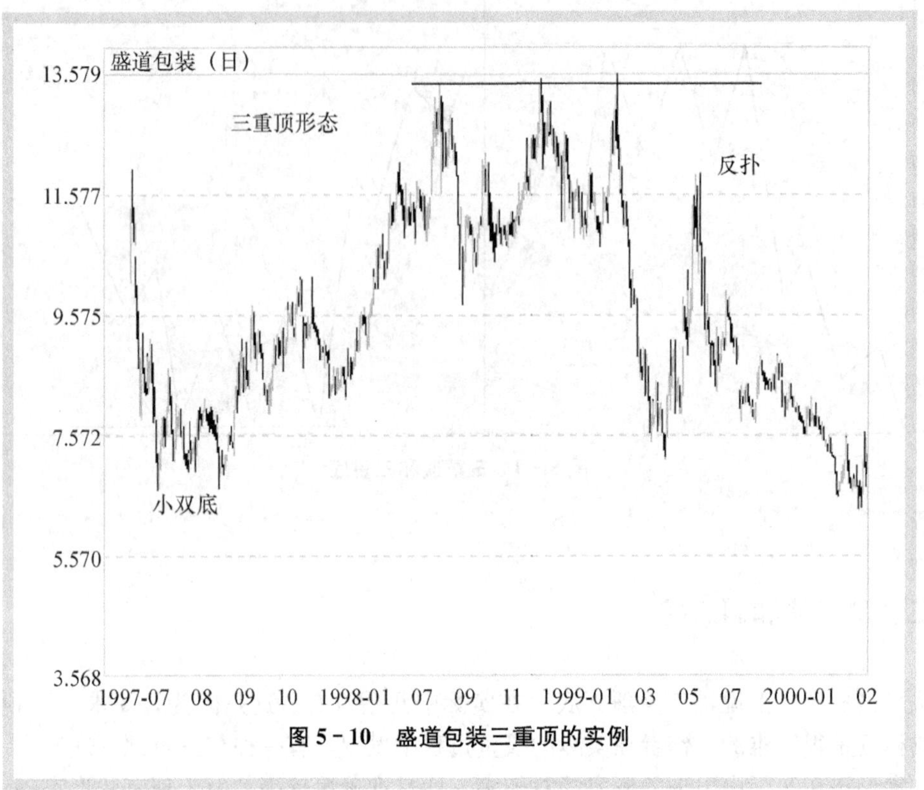

图 5-10　盛道包装三重顶的实例

【例 5-8】　图 5-11 是公用科技（000685）1997 年 3 月至 1998 年 7 月的日线图。在 1997 年 7 月至 1997 年 9 月前后形成了一个较大的三重底。在 1997 年 10 月的 *A* 点出现了一次向上触及颈线的“反扑”。从买卖信号来考虑，*A* 点似乎是一个可以考虑的买入点。另外，就这里的顶部形态而言，很难说属于哪一种，双顶、三顶似乎都可以，但是更可以接受的是后面将要介绍的圆弧顶。注意到顶部高点（24.7 元）的价格基本越过了上升起点最低价（10.02 元）的 2 倍，并接近 2.618 倍，按照黄金分割的说法，此时是可以考虑卖出的。

【例 5-9】　图 5-12 是大显股份（600747）1999 年 1 月至 1999 年 12 月的日线图。从图中可见，1999 年 6 月至 7 月前后形成了向上的“斜三峰”。“斜三峰”形态之后，价格出现了巨大的下降。读者应该注意到，在形成斜三峰之前，价格出现了“疯狂”的上升，从 13 元上升到 18 元，近乎“垂直上升”。从实际的买卖信号来看，当价格波动到两个峰的时候，就应该引起投资者的警惕，并时刻准备卖出。如果第三个峰的成交量没有维持原来的数量，投资者就应该坚决卖出。

【例 5-10】　图 5-13 是广西康达（000662）1999 年 6 月至 2000 年 8 月的日线图。从图中可见，1999 年 6 月前后形成了“斜三峰”，随后是“瀑布式”的下降。在经过了长时间的多波次下降后，在 1999 年 11 月前后形成了“斜三谷”。

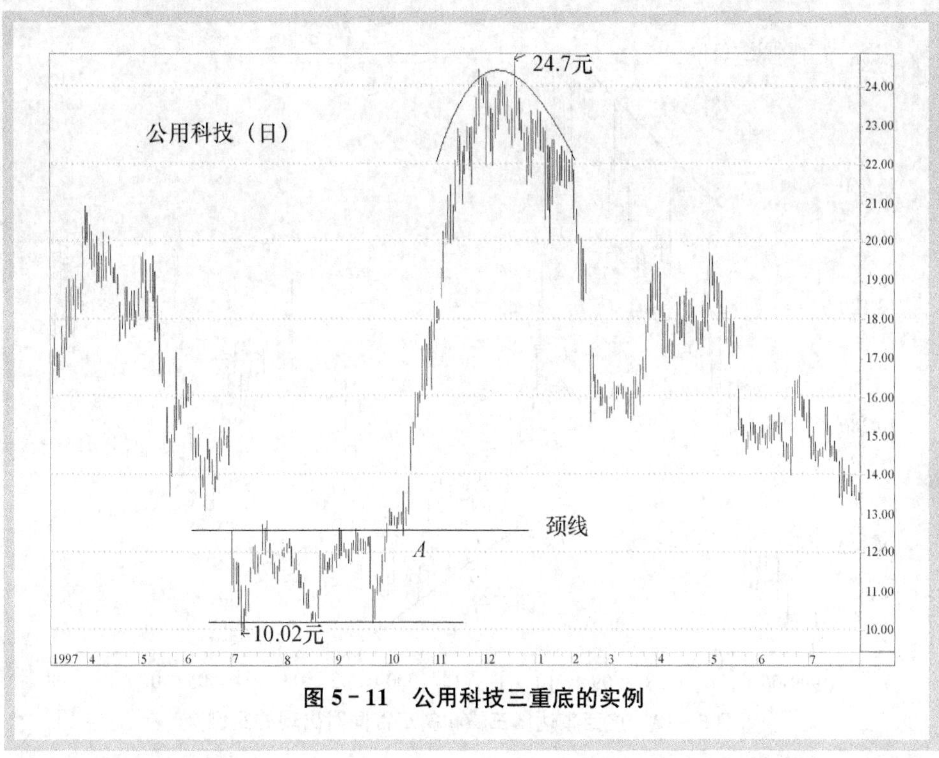

图 5－11　公用科技三重底的实例

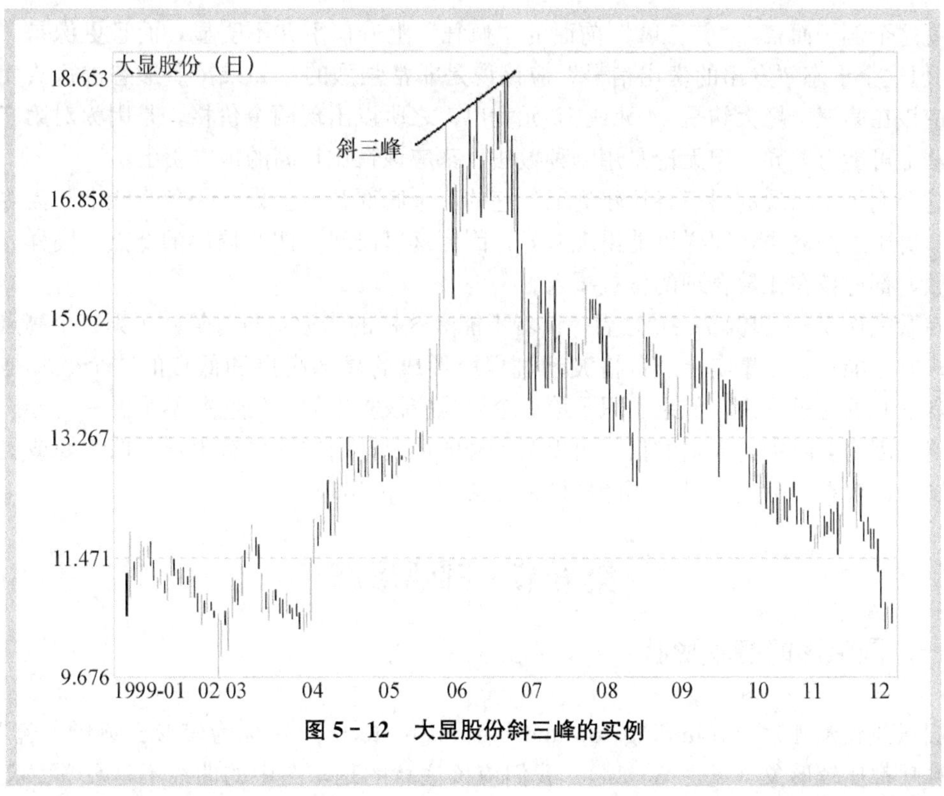

图 5－12　大显股份斜三峰的实例

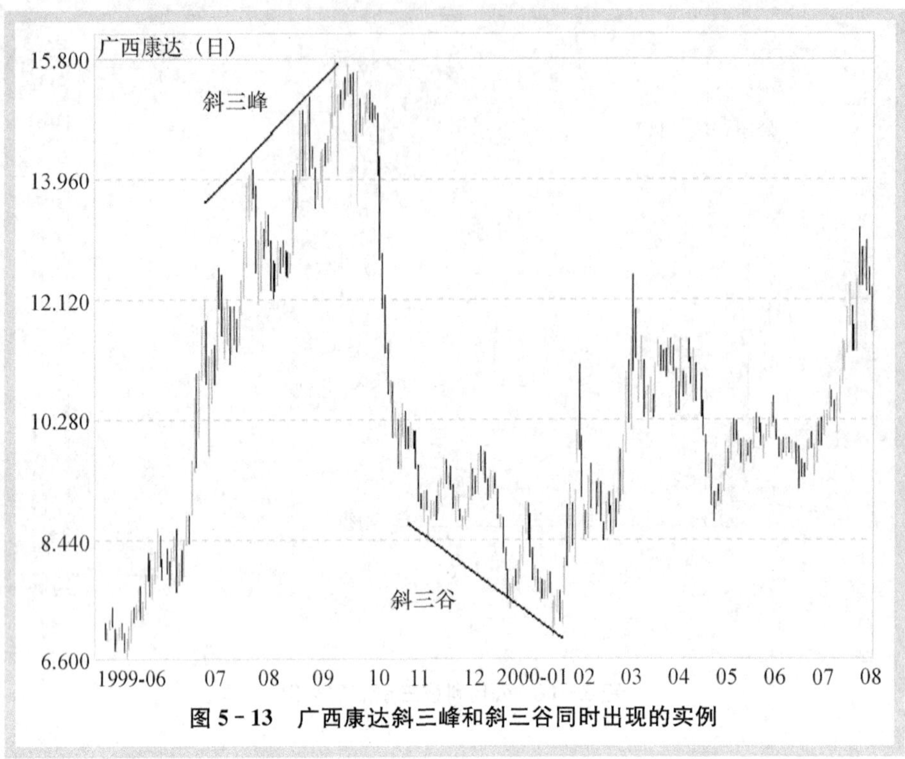

图 5-13 广西康达斜三峰和斜三谷同时出现的实例

就这个例子而言，“斜三峰”前面的“疯狂”上升似乎并不明显，而且更像是“斜四峰”，但这个形态“发出的卖出信号”应该说是非常强烈的。如果按照形态进行买卖，投资者应该在第三个峰大约是 14 元或 15 元卖出。之所以出现两个价格，是因为对第三个峰的数法上可能有差异，但无论是用哪种数法，都应该在比较高的地方卖出。

这个例子中出现的斜三谷比较规范，它的三个底部基本上处在一条直线上。需要说明的是，对于谷的数法，同样可能出现差异，因为这里出现了四个局部的低点。同样，无论如何数，都应该在比较合理的位置买入。

在看完例 5-9 和例 5-10 之后，读者不能有这样的错觉：只有等到了第三个高点或低点出现时才能行动。事实上，价格波动过程所形成的局部高点和低点的“个数”是多样的。斜三峰的意思是说，如果出现了第三个峰是应该卖出的，但它并不是说一定会出现第三个峰，因为实际中有大量的仅仅出现两个峰的情况；同样，也有出现了四个峰或更多峰的情况。读者在实际应用时，不能机械地等待“3”的出现。

第五节 圆弧形态

一、圆弧形的基本形状

圆弧顶和圆弧底（rounding top and bottom patterns）又称为碟形、圆形、碗形等，这些称呼都比较形象（见图 5-14）。我们应该注意的是，图中的曲线不是数学意义上的圆，也不是抛物线，而是一条曲线。人们已经习惯于使用直线，在遇到图 5-14 这样的顶和底时，用直线显然就不够了，因为价格在顶（底）的变化太频繁，一条直线应付不过来。当价格在平衡位置波动的幅度比较小，没有形成前面几种反转形态所需要的几次大“起伏”时，就可能出现圆弧形。

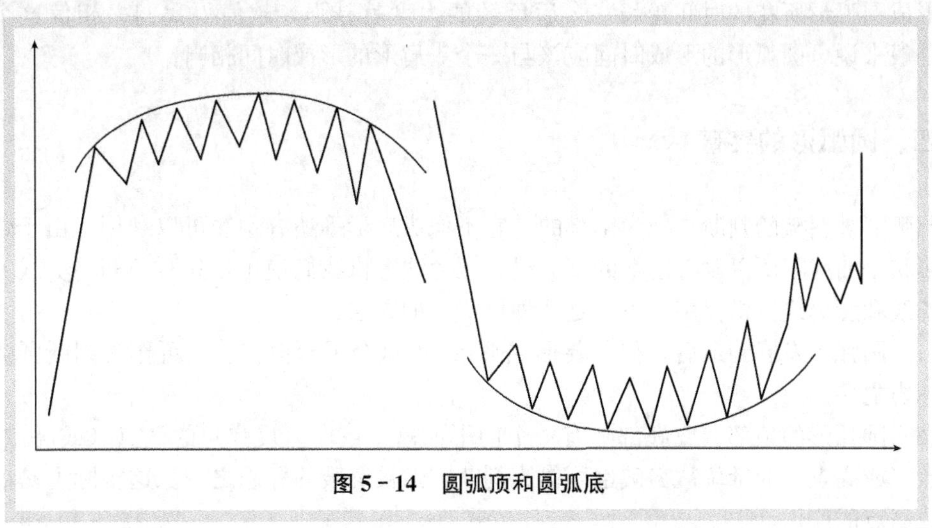

图 5－14　圆弧顶和圆弧底

将价格在一段时间的顶部高点用折线连起来，每一个局部的高点都考虑到，我们有可能得到一条类似于圆弧的弧线，盖在价格之上；将每个局部的低点连在一起也有可能得到一条弧线，托在价格之下。

在我国沪深股票市场的具体实践中，圆弧底比圆弧顶出现的机会多得多。

圆弧形在实际中出现的机会较少，一旦出现则是绝好的机会，因为它的反转深度和高度是不可测的，这一点同前面几种反转形态有一定区别。

二、圆弧形的形成过程

圆弧形的形成过程与头肩形中的复合头肩形有相似的地方，只是圆弧形的各种顶或底没有明显的头肩形态。这些顶部和底部的地位都差不多，没有明显的主次区分。这种局面的形成在很大程度上是一些机构大户炒作市场的产物，这些人手里有足够的“筹码”，如果一下子抛出太多，价格将下落得太快，手里的“货”可能无法全部出手。他们只能一点一点地往外抛，这样就会形成众多来回“拉锯”的现象，直到手中“筹码”接近抛完时，才会大幅度打压，一举将价格打压到很深（很低）的位置。类似地，如果这些人手里持有足够的资金，如果一下“吃”得太多，价格会上升得过快，也不利于今后的买入，因此要一口一口地吃进，直到价格一点一点地来回“拉锯”，往上接近圆弧边缘时，他们才会用少量的资金一举将价格往上提拉到一个相对很高的高度。因为这时的“筹码”被大部分机构大户所控制，别人无法打压。

三、圆弧形中的成交量和形成的时间

在识别圆弧形时，成交量是十分重要的。无论是圆弧顶还是圆弧底，在它们的形成过程中，成交量都是两头多、中间少，越靠近顶点或底点的成交量越少，到达顶或底时成交量最少（圆弧底在达到底部时，成交量可能突然增大，之后恢复成小成交量），在突破后的一段，都有相当大的成交量。

形成圆弧形所花的时间越长，今后反转的力度就越强，越值得我们去相信这个圆弧形。一般来说，圆弧形的形成时间应该与一个头肩形的形成时间相当。

四、圆弧形的突破

圆弧形被突破的判断是极为困难的，它不像头肩形等还有颈线可以利用。由于价格走过的形状是曲线，所以没有近期的支撑线、压力线等供我们使用，只有长期趋势线和原来的支撑线和压力线可供使用。下面是几种供参考的方法：

(1) 圆弧形发展到最后，往往要形成平台，“这个平台被突破”可作为判断圆弧被突破的标志之一。

(2) 圆弧形的顶部（或底部）有一个向下回落（或向上反弹）的低点（或高点），这个低点（或高点）的价位被突破也可作为判断圆弧被突破的标志之一。这实际上是前期的低点或高点的应用。

(3) 圆弧形最初形成时的价位被突破也可作为圆弧被突破的标志之一，但这个开始时的价格一般难以确定。

(4) 突破后巨大的成交量也是突破的标志之一。

圆弧一旦被突破，其上升（或下降）的空间是无法估量的，上升（或下降）的过程往往是垂直式的，人们根本无法想象。突破后，价格也会有所反扑，但幅度不会像头肩形和双重顶（底）那样大，根本回不到原来圆弧边缘的价位。所以，对于突破后的反扑，我们在操作策略上应与前面介绍的不同。

五、圆弧形的实际例子

【例 5-11】 图 5-15 是古汉集团（000590）1998 年 7 月至 2000 年 4 月的日线图。从图中可见，自 1998 年 4 月至 1999 年 12 月，价格在经历了从 19 元下降到 8 元的过程后，形成了一个巨大的圆弧底，随后的上升是“巨大”的，甚至是超过想象的。在圆弧的“尾声”，价格出现了一个“上升三角形”，俗称圆弧（锅）形的“把手”。从实际情况看，这个例子中的圆弧规模属于比较大的。

【例 5-12】 图 5-16 是黄河旋风（600172）1999 年 3 月至 1999 年 12 月的日线图。从图中可见，自 1999 年 7 月至 1999 年 10 月，价格形成了一个圆弧顶形态，之后是大幅度的下降。如果单从买卖信号来看，这个例子中卖出点的确定完全可以依靠“斜三峰”和黄金分割线来完成，最低点价格的 2 倍基本上等于斜三峰中第二峰的价格，这里的黄金分割线用的是 2 倍的数字。当价格波动到左端的最高点时，已经形成了斜三峰的模样。因此，投资者没有必要等到圆弧形完成之后才采取行动。作者认为，圆弧形在这里的作用是指出了最后的“逃命”信号，价格大约是 12 元。

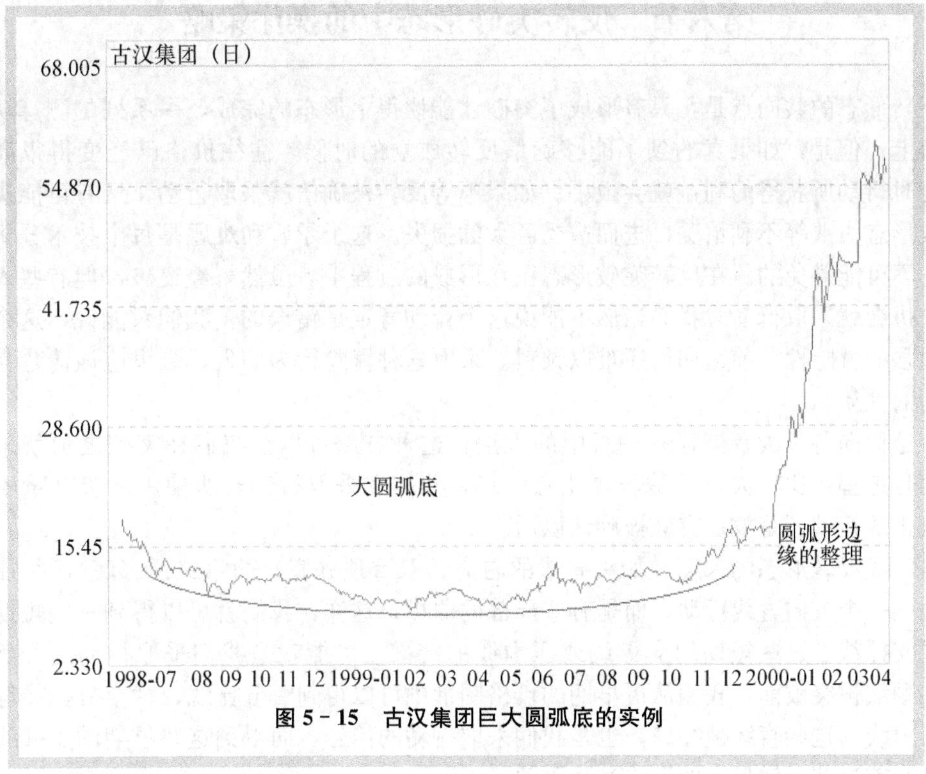

图 5－15　古汉集团巨大圆弧底的实例

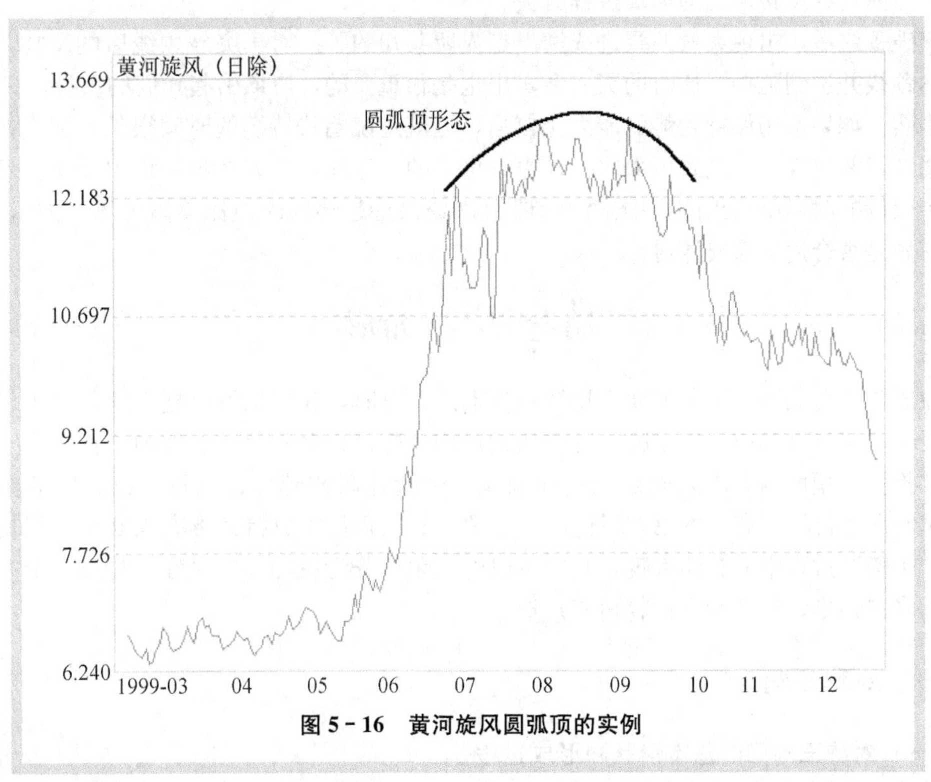

图 5－16　黄河旋风圆弧顶的实例

第六节　反转突破形态中的操作策略

反转形态的共同点是，只有形成了突破才能谈得上形态的完成，一系列的测算功能才能用得上。但是，如果真的到了能够确信反转成立的时候，往往价格已经变得很高或很低，此时行动所获得的利益就会很小。如果不等反转被确信就采取行动，又有可能遭遇假突破或形态失败等不利情况，进而遭受巨大的损失。这个矛盾和难题是每个技术分析使用者永远不可能避免的。在反转突破形态正在形成的过程中，虽然未经突破，但有些人为了不损失机会就采取行动。我们当然不能说这个行动肯定是错误的，我们只能说，这个行动带有很强的冒险性，前途如何还难以预料。采取这种冒险行为的人，心里应该清楚自己这个行为的性质。

在这里向各位读者推荐一种折中的方法，这种方法可以让我们在突破之前就采取行动，而且把握还比较大，只是需要注意一点，我们在采取行动时所使用的资金量不能过大，真正的行动还是放在突破被确认以后。

在完成反转形态的末期，如头肩形的右肩、双重顶（底）的第二顶（底），往往不是简单地朝一个方向直线行动，而是有些局部的曲折。这样，我们就可以得到一些短期的压力线或支撑线。这些短期的支撑线或压力线的突破，可能就是我们采取行动的开始。另外，在颈线被突破前，我们从更早期的价格图形中可以得到百分比线、黄金分割线等支撑线和压力线。这些直线被突破，也是我们采取行动的信号，而得到这些早期的支撑线和压力线与当前这些反转形态的形成过程无关。

突破颈线后，出现大量的买进或抛出是人所共知的了。对于突破颈线后的反扑，若反扑到达颈线并遭到阻挡，这时的买入和卖出也是很重要的，应该引起我们的重视。

当然，如果市场保持趋势的能力比较强，也就是说趋势持续的时间很长，那么，在确信形态形成并出现反转之后再采取行动也是可取的。然而，正如在第一章中介绍技术分析第二个假设的时候所指出的，中国沪深股票市场保持趋势的能力比美国市场“差”，像上面那样做是否合适还需要探讨。

第七节　三角形

在通常的情况下，三角形属于持续整理形态。有时，我们也可以把三角形划为反转形态。至于三角形具体应该属于哪一种类型的形态，应该根据三角形所处的位置以及三角形自身“折腾”幅度的大小来确定。一般来说，位置越高或越低、自身“折腾”的幅度越大，越倾向于反转形态。本书在讨论时，主要是将三角形当成持续形态来对待。根据三角形在“折腾”过程中的具体表现，我们可以将三角形分为三种——对称三角形、上升三角形和下降三角形，后两种合称直角三角形。

一、对称三角形

（一）对称三角形的基本形状和形成过程

对称三角形（symmetrical triangles pattern）大多发生在一个大趋势的进程中，它表示原有的趋势暂时处于休整阶段，之后还要沿着原趋势的方向继续行动。由此可见，出现对称三角形后，今后最有可能的价格运动方向是原有的趋势方向。

图 5－17 是对称三角形在上升过程中的一个简化图形，图中的原有趋势是上升，所以三角形完成以后是突破向上。从图中可以看出，对称三角形有两条聚拢的直线，上面的向下倾斜，起压力作用；下面的向上倾斜，起支撑作用；两直线的交点称为顶点（apex）。另外，对称三角形要求至少有四个转折点，因为每条直线的确定需要两个点，上下两条直线至少要求有四个转折点。正如趋势线的确认要求第三点验证一样，对称三角形一般应有六个转折点，这样上下两条直线的支撑、压力作用才能得到验证。

对称三角形描述的只是原有趋势在运动途中的休整阶段，所以持续的时间不应该太长，若持续时间太长了，那么保持原有趋势的能力就会下降。一般来说，突破上下两条直线的包围，继续沿原有方向的时间要尽量早些，越靠近三角形的顶点，三角形的各种功能就越不明显，对我们进行买卖操作的指导意义就越不强。根据作者多年的经验，突破的位置一般应在三角形横向宽度 1/2～3/4 的某个地点。三角形的横向宽度是指图 5－17 上图的顶点到虚线的横向距离。

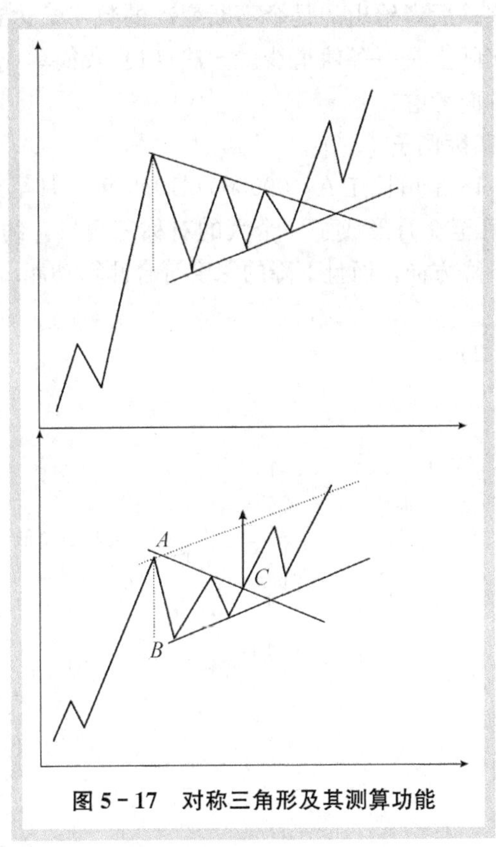

图 5－17　对称三角形及其测算功能

（二）对称三角形测算功能和三角形的突破

由对称三角形的特殊性，实际上可以预测价格向上或向下突破的区域，只要得到了上下两条直线就可以完成这项工作。我们可在图上根据两条直线找到顶点，然后计算出三角形的横向宽度，标出 1/2 和 3/4 的位置。这样，这个区域就是价格未来可能要突破并保持原来趋势的位置，这对于我们进行买卖是很有指导意义的。不过，这需要有一个大前提，必须认定价格一定要突破这个三角形。如前所述，如果价格没有在预定的位置突破三角形，那么这个对称三角形可能转化成别的形态。

此外，我们仍要遇到突破是真是假这个老问题。我们可以沿用以往的对策，按各自的喜好，采用百分比原则、日数原则或收盘原则进行判断。

这里介绍两种测算对称三角形被突破后价位的方法。我们以原有趋势为上升举例。

（1）如图 5－17 下图所示，从 C 点向上的带箭头的直线高度，是未来价格至少要达到的高度，箭头的直线长度与 AB 连线的长度相等，AB 连线的长度称为对称三角形的形态高度。

从突破点算起，价格至少要运动与形态高度相等的距离。

（2）如图 5－17 下图所示，过 A 点做平行于下边直线的平行线——图中的斜虚线，这是价格今后至少要达到的位置。

从几何学可以知道，用这两种方法得到的两个价位在绝大多数情况下是不相等的：前者给出的是个固定的数字；后者给出的是个不断变动的数字，达到"虚线"的时间越迟，价位就越高，这条虚线实际上是一条轨道线。方法（1）较简单，易于操作和使用。方法（2）更多的是从轨道线方面考虑。

（三）对称三角形的实际例子

【例 5－13】 图 5－18 是川长江 A（000586）1999 年 5 月至 1999 年 12 月的日线图。从图中可见，1999 年 7 月至 9 月形成了一个大的对称三角形，约在 3/4 的位置突破三角形，其后保持了原来的下降方向，而且下降的深度符合测算功能。

图 5－18 川长江 A 对称三角形的实例

【例5-14】 图5-19是西南化机（000838）1999年8月至1999年11月的日线图。从图中可见，1999年9月至11月，该股在上升趋势后形成了一个大的对称三角形，其后保持了原来的上升方向。

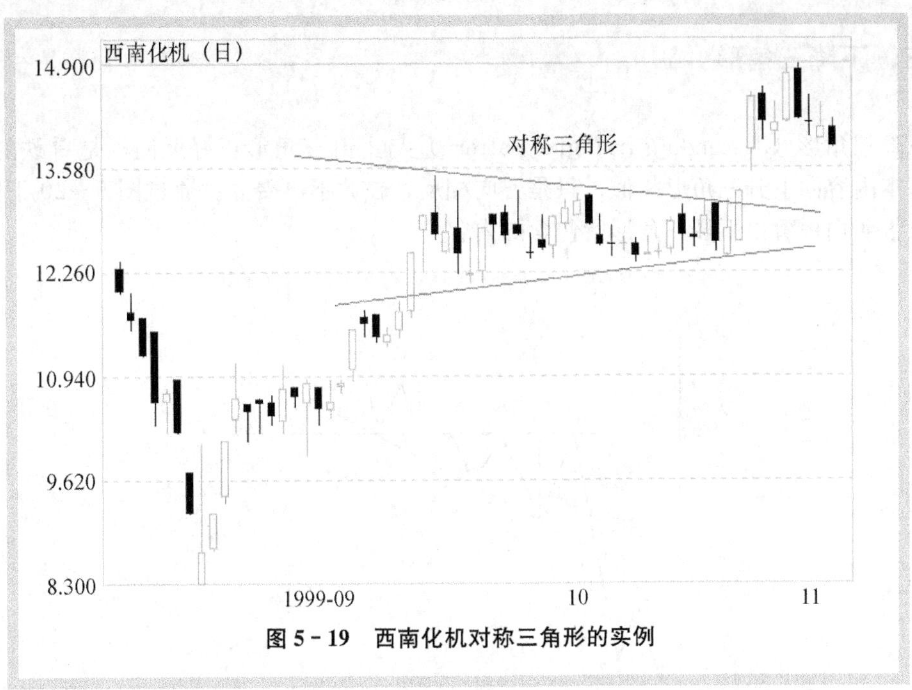

图5-19 西南化机对称三角形的实例

二、上升三角形

上升三角形（ascending triangles pattern）是对称三角形的变形体。对称三角形有上下两条直线，将上面的直线由逐渐向下倾斜变成水平就得到上升三角形。除了上面的直线是水平的以外，上升三角形与对称三角形在形状上没有什么区别（见图5-20）。

我们知道，上边的直线起压力作用，下面的直线起支撑作用。在对称三角形中，压力和支撑都是逐步加强的，一方是越压越低，另一方是越撑越高，看不出谁强谁弱。上升三角形中的情况就不一样了，压力线是水平的，而且压力始终都一样，没有变化，而支撑则是越撑越高。由此可见，上升三角形比对称三角形有更强烈的上升意识，多方比空方更为积极主动，通常是以三角形向上突破水平压力线作为这个上升三角形过程终止的标志。

如果价格原来的趋势方向是向上，那么遇到上升三角形后，我们几乎可以肯定今后将突破上升水平压力，继续保持向上运动。这是因为，一方面三角形要保持原来的趋势方向，另一方面上升三角形本身就有向上的愿望，这两个方面的因素使今后价格的波动很难与原来的方向相反。

如果原有的趋势是下降，那么在出现上升三角形后，前后价格的趋势判断起来有些难度：一方要继续下降，保持原有的趋势；另一方要上涨，两方必然发生争执。如果在下降趋势处于末期时（下降趋势持续了相当一段时间）出现上升三角形，还是以看涨为主，这时，上升三角形就成为反转形态的底部。

上升三角形被突破后，测算的方法与对称三角形类似。图 5－20 上图是上升三角形的简单图形表示以及测算的方法，图中的箭头范围将是今后价格波动至少要达到的位置。

三、下降三角形

下降三角形（descending triangles pattern）与上升三角形正好反向，是看跌的形态，它的基本内容同上升三角形相似，只是方向相反，在此不再赘述。通过图 5－20 下图，我们可以很明白地看出下降三角形所包含的内容。

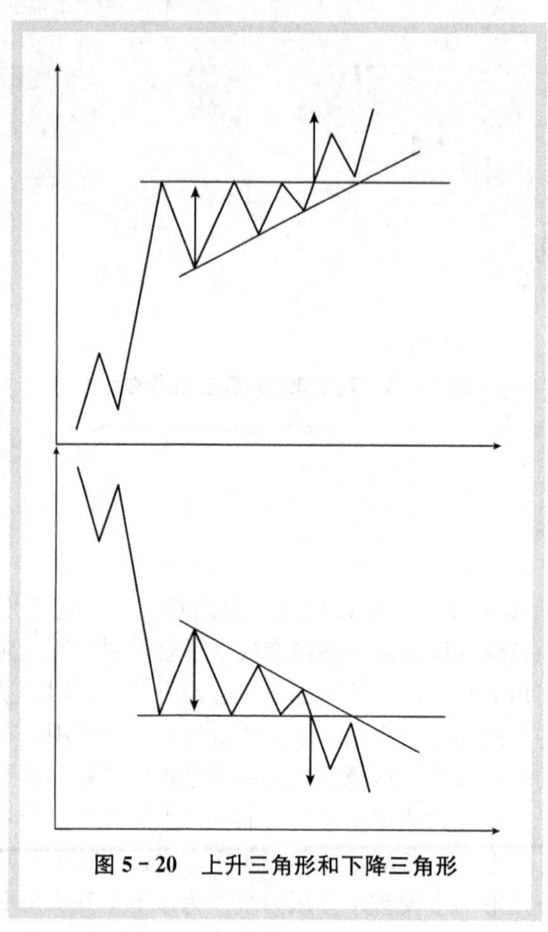

图 5－20　上升三角形和下降三角形

四、三角形补充说明

对于三角形的识别和应用，下面五点是值得注意的：

（1）三角形形态更适用于日线图形。

（2）持续时间过短的三角形可能是其他形态，如后面要介绍的楔形等。

（3）在三角形的形成过程中，从左到右的成交量逐渐减少。

（4）对称三角形上下两条边的倾斜程度可能不一样。直角三角形的水平直线可能不是水平的，允许有一点倾斜。换句话说，对称三角形和直角三角形都不是几何学上的严格几何图形。

（5）在直角三角形中，一旦水平线被突破，之后的股价可能有反扑的情况。此时，这条水平线就会起着阻止回头的作用。

五、作为反转形态的三角形

需要指出的是，三角形也可能成为反转形态。如果上升或下降了很长时间，而且三角形最初的两次波动幅度比较大，两次波动的高点或低点如果相差不大，那么这样的三角形就有双重顶（底）的特征。在中国股票市场上，这样的形状比较常见，我们姑且把它们称为“大三角形”。其实，我们可以把这样的形态当成双重顶或双重底来对待。

六、上升（下降）三角形的实际例子

【例 5－15】 图 5－21 是上证 B 股指数 1999 年 12 月至 2000 年 8 月的日线图。从图中可见，指数从 35 点开始上升，在 2000 年 6 月至 7 月间，上升趋势在 56 点遇到压力，不断地回落，形成了一个上升三角形。其后在 7 月突破 56 点（大约是最低点的 1.618 倍）的压力，继续保持了原来的上升趋势。按照两种形态的测算功能进行计算，突破三角形之后的上升高度已经超过了理论上要达到的高度。在图形后面的半个月，指数上升到了 83 点。

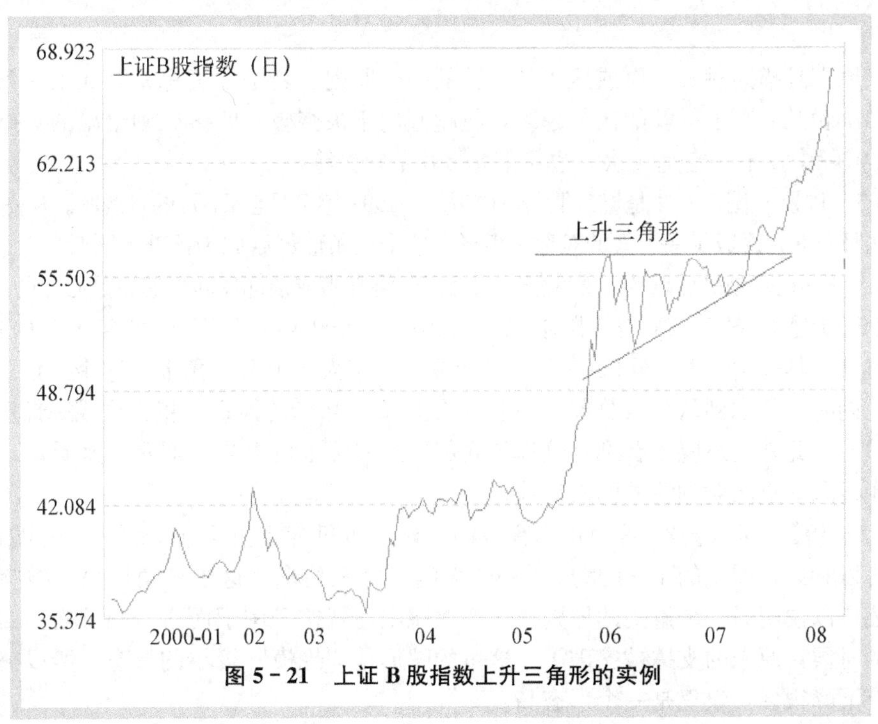

图 5－21　上证 B 股指数上升三角形的实例

【例 5-16】 图 5-22 是神马实业（600810）1999 年 7 月至 2000 年 2 月的日线图。从图中可见，该股从 1999 年 7 月的 15 元开始下降，在下降的过程中出现了两次下降三角形，第一个下降三角形属于“小型”的三角形，第二个三角形属于“大型”的三角形。对于“大型”横向整理持续形态，可以使用四次原则（rule of four）。

图 5-22 神马实业下降三角形实例

四次原则是描述触及支撑或压力的次数的一个原则。其基本意思是，如果一条支撑压力线被多次触及，则被触及的次数越多，将越倾向于被突破。四次原则给出的具体次数是 4 次。在实际中，不一定是 4 次，也可能是 3 次、5 次等。

【例 5-17】 图 5-23 是燃气股份（000793）1999 年 1 月至 11 月的日线图。从图中可见，1999 年 7 月至 8 月形成了一个大的对称三角形，这个三角形最后成为顶部。同时，考虑到价格上升了 300%（正好是最低点的 4.236 倍）的因素，将其当成顶部反转形态也是必然的。

【例 5-18】 图 5-24 是襄阳轴承（000678）1999 年 8 月至 2000 年 8 月的日线图。从图中可见，1999 年 12 月至 2000 年 2 月形成了一个大的上升三角形。这个三角形最后成为底部。同时，考虑到从高点算起，该股价格下降了 45%的因素，将其当成底部反转形态也是必然的。此外，还应该看到，这里的底部形态实际上可以当成双重底来看待，图中还出现了颈线和双重底对颈线的两次反扑。

【例 5-19】 图 5-25 是泸州老窖（000568）1999 年 5 月至 1999 年 11 月的日线图。从图中可以看到，图中的 1～4 形成了一个大的下降三角形，这个三角形最后被突破。结合本例还可以说明另一个重要的原则——四次原则。就这个例子而言，当价格第四次触及支撑线的时候，原来的支撑被突破了。这里的图形是“规模”较小的形态，所以突破后价格并没有下降很多，仅仅是一个形态高度。

图 5-23 燃气股份三角形作为顶部反转的实例

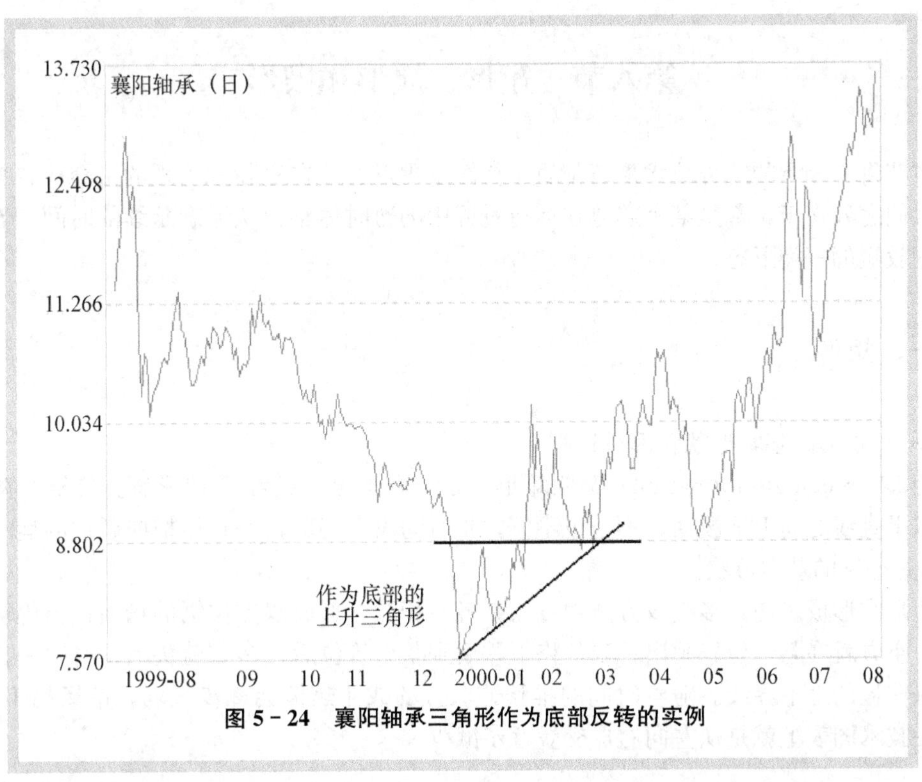

图 5-24 襄阳轴承三角形作为底部反转的实例

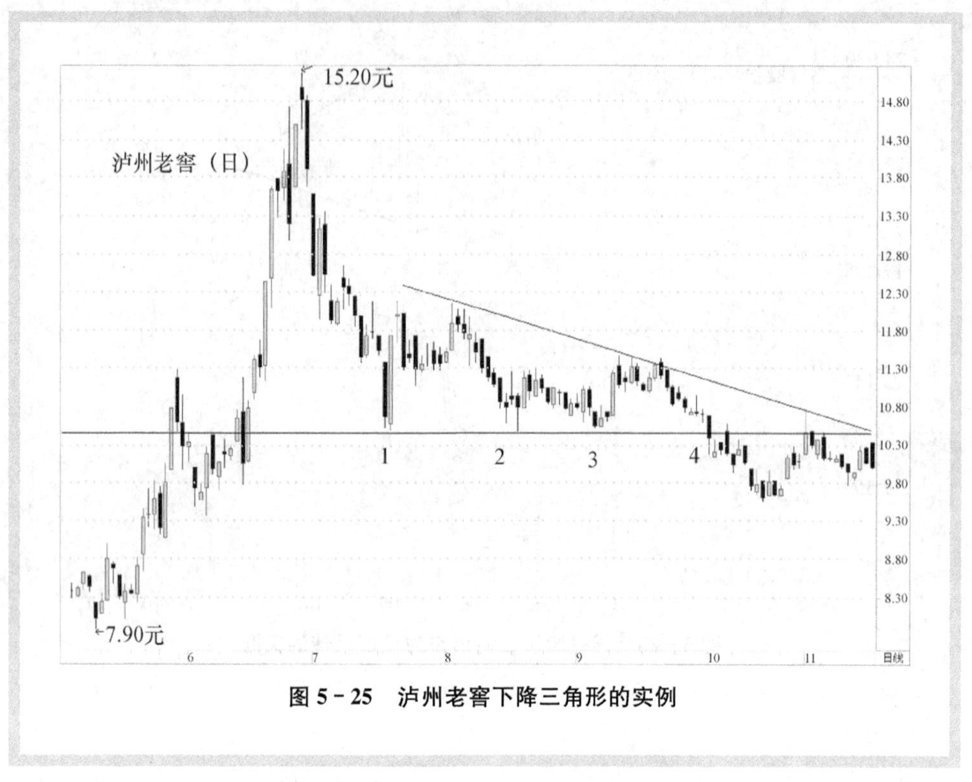

图 5－25　泸州老窖下降三角形的实例

第八节　矩形、旗形和楔形

本节将要介绍的三种技术形态都属于持续整理形态，在实际中出现的机会比较多。它们的共同之处在于，都是某个趋势在运行过程中的暂时休整，从形态延续的时间上看，属于时间较短的一类形态。

一、矩形

（一）矩形的基本形状和形成过程

矩形（rectangle formation）又叫箱形，是一种典型的持续整理形态。价格在两条横着的水平直线之间上下波动，不上也不下，长时间没有突破，一直做横向延伸的运动。图 5－26 是矩形的基本形状。

矩形在形成之初，多空双方全力投入，各不相让，形成双方拉锯的场面：当价格走高以后，空方就在某个位置抛出；当价格下跌后到某个价位后，多方就买入；时间一长就形成两条明显的上下界线。随着时间的推移，双方的战斗热情会逐步减弱，市场趋于平淡，反映在技术图表上就是从左向右成交量逐步减少。

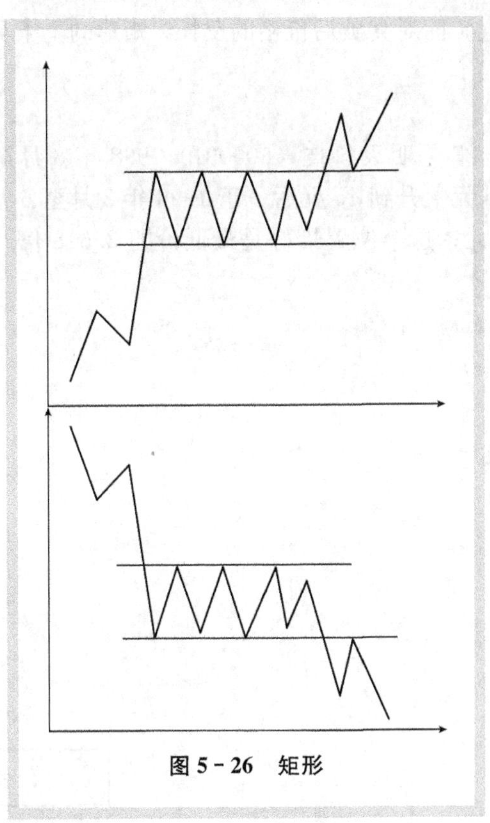

图 5-26 矩形

（二）矩形的突破方向和短线交易机会

如果原来的趋势是上升，那么经过一段矩形整理后会继续原来的趋势，多方会占优并采取主动，使价格向上突破矩形的上界。如果原来是下降趋势，则空方会采取行动，使价格突破矩形的下界。

从图 5-26 可以看出，矩形在其形成的过程中极可能演变成三重顶底形态，这是我们应该注意的。正是由于矩形的判断有这样一个容易出错的地方，在面对矩形和三重顶底进行操作时，最好等到突破之后才采取行动，因为这两个形态今后的走势方向完全相反：一个是反转突破形态，要改变原来的趋势；另一个是持续整理形态，要维持原来的趋势。

此外，我们从图中还可以看出，在矩形临近完成时，有一些迹象会提供今后突破的方向。如果在矩形最近的波动过程中出现“不到位”的现象，即价格波动没有接触到下界甚至远离下界就回头向上，这实际上具有上升三角形的特点。在这种情况下，认为今后价格的趋势向上应该是合理的。

与其他大部分形态不同，矩形为我们提供了一些“短线炒作”的机会。如果矩形的“宽度”比较大，而我们在矩形形成的早期又能够预计到价格将按矩形进行调整，那么就可以在价格接近矩形的下界线附近买入，在矩形的上界线附近抛出，做短线的进出。如果矩形的上下界线相距的距离比较远，这种短线的收益也是相当可观的。

（三）矩形的测算功能

矩形被突破后，也具有测算意义，其形态高度就是矩形的高度。价格被突破后，至少要移动到形态高度的位置。面对突破后价格的反扑，矩形的上下界线同样具有阻止反扑的作用。

（四）矩形实例

【例 5－20】 图 5－27 是明天科技（600091）1998 年 8 月至 1999 年 7 月的日线图。从图中可见，在价格从 6 元上升到 15 元后，于 1999 年 3 月至 6 月形成了一个矩形，其上下波动的范围是 13～15 元；这个位置恰好是最低价的 2.618 倍。之后，价格继续上升到接近 28 元。

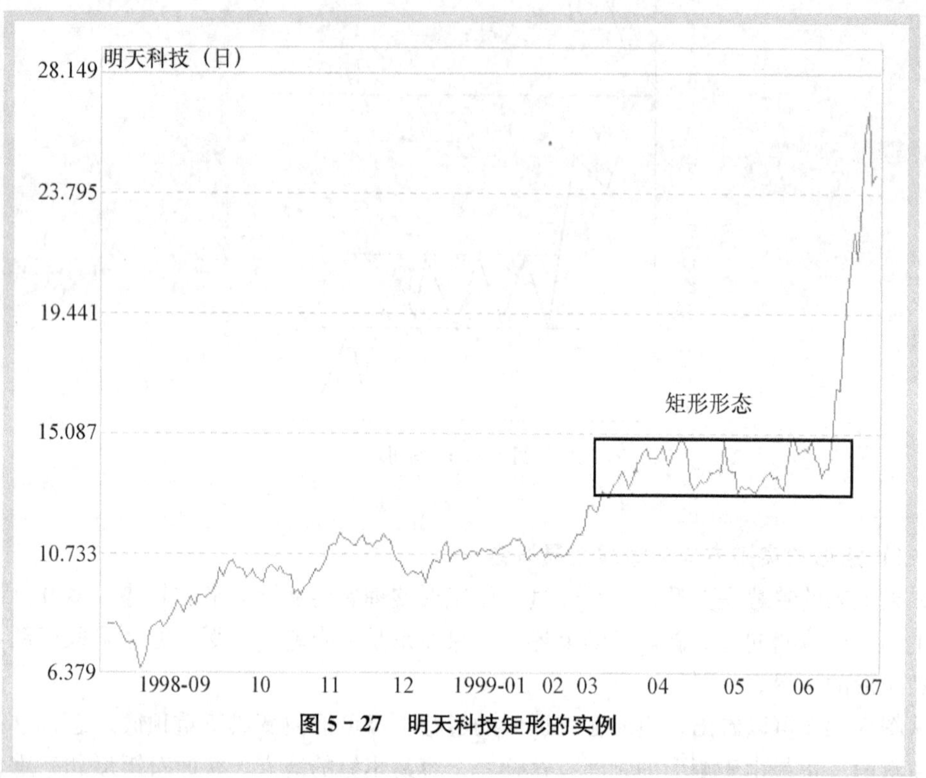

图 5－27　明天科技矩形的实例

【例 5－21】 图 5－28 是佛山照明（000541）1996 年 3 月至 1998 年 8 月的日线图。从图中可见，价格从低点 4 元上升到 18 元后形成斜三峰（或斜四峰）的形态，之后开始下降，于 1997 年 9 月至 1998 年 7 月形成了一个矩形，该矩形上下波动的范围是 12～14 元，而后价格继续下降。

二、旗形

旗形（flags formation）和楔形都是最为常见的持续整理形态，在价格的曲线图上，这两种形态出现的频率最高——一段上升或下跌行情的中途，可能多次出现这样的图形。两者都是一个趋势的中途休整过程，休整之后，还要保持原来的趋势方向。这两个形态的特殊之处在于，它们的形态本身都有明确的方向，并与价格波动原有的趋势方向相反。例如，如果原有的趋势方向是上升方向，则这两种形态的形态方向就是下降方向。

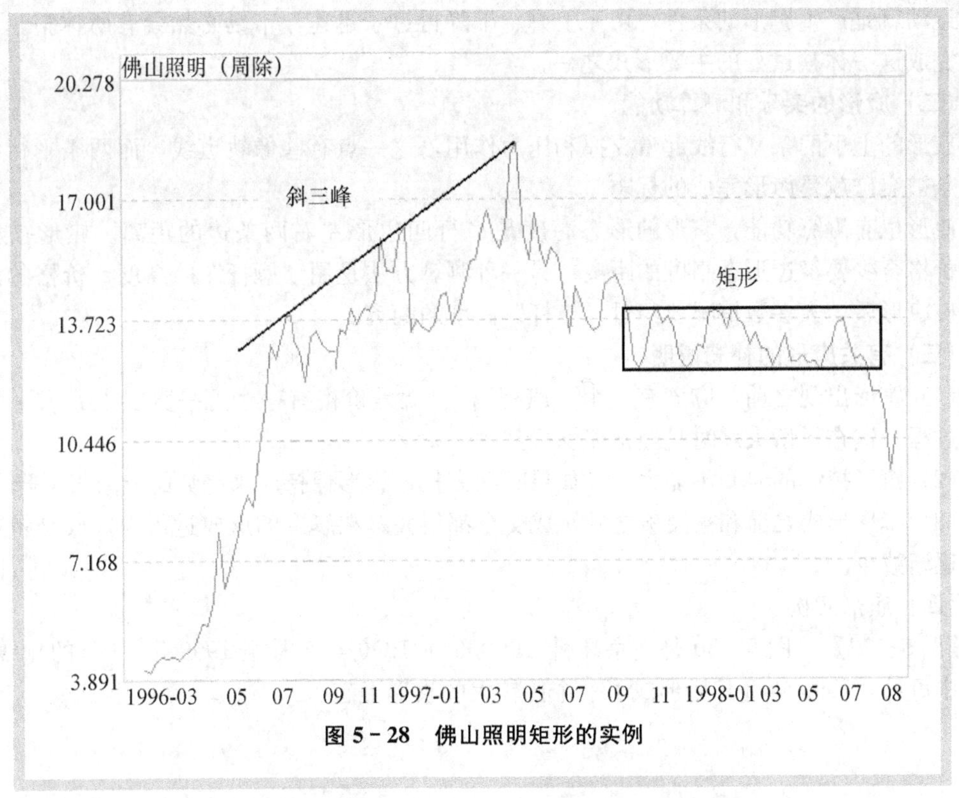

图 5－28 佛山照明矩形的实例

从本质上讲，旗形和楔形没有根本的区别，在实际的画图过程中，有时很难区别。

(一）旗形的基本形状和形成过程

从几何学的观点看，旗形应该叫平行四边形，它的形状是一个上倾（或下倾）的平行四边形（见图 5－29）。

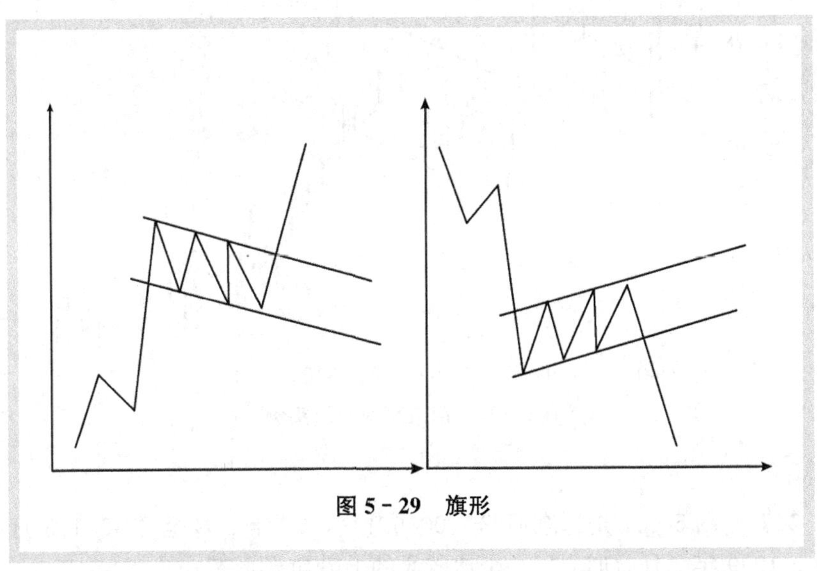

图 5－29 旗形

旗形大多发生在市场极度活跃，价格运动剧烈、近乎直线上升或下降的情况下，这种剧烈运动就是产生旗形的条件。由于上升、下降得过于迅速，市场必然会有所休整，旗形就是完成这一休整过程的主要形式之一。

（二）旗形的突破和测算功能

旗形的上下两条平行线起着支撑和压力作用，这一点有些像轨道线，而两条平行线的某一条被突破就是旗形完成的标志。

旗形也有测算功能，旗形的形态高度是平行四边形左右两条边的距离。旗形被突破后，价格至少要经过形态高度的距离；另一种测算方法是用“旗杆”的高度，价格的波动在突破旗形后，大多数情况要经过“旗杆”高度的距离。

（三）有关旗形的补充说明

（1）旗形出现之前，应该有一个“旗杆”，也就是价格有一个近乎直线上升或下降的运动过程。这在行情火爆时是经常能够看到的。

（2）旗形持续的时间不能太长。如果时间太长，旗形保持原来趋势的能力将下降。

（3）旗形形成之前和被突破之后，成交量都很大。在旗形的形成过程中，成交量从左向右逐渐减少。

（四）旗形实例

【例 5-22】 图 5-30 是南京高科（600064）1999 年 7 月至 1999 年 12 月的日线图。从图中可见，1999 年 8 月后形成了一个比较大的旗形形态。

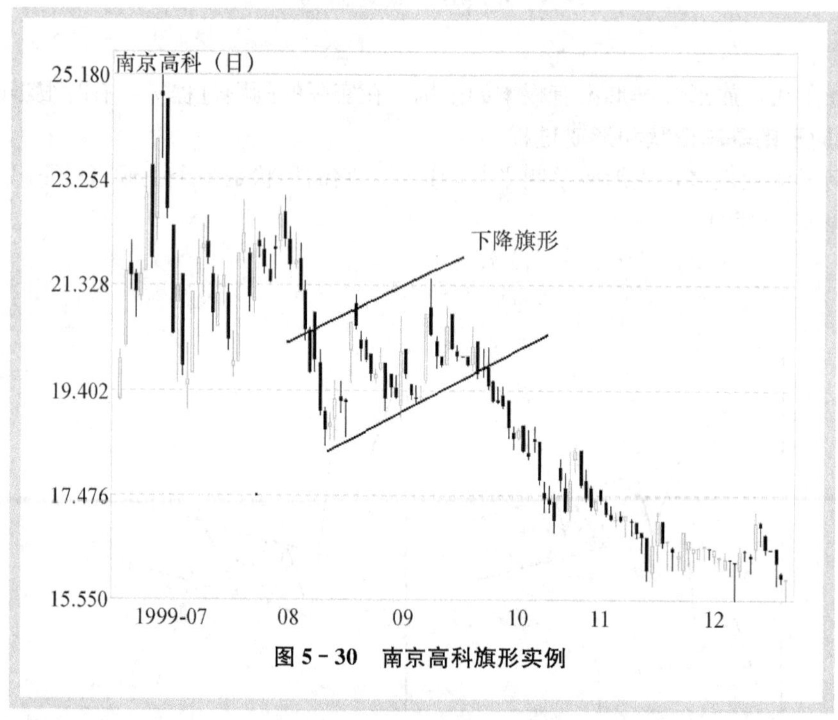

图 5-30 南京高科旗形实例

【例 5-23】 图 5-31 是远东股份（000681）1997 年 9 月至 2000 年 3 月的日线图。从图中可见，1999 年 7 月后形成了一个比较大的上升旗形形态。

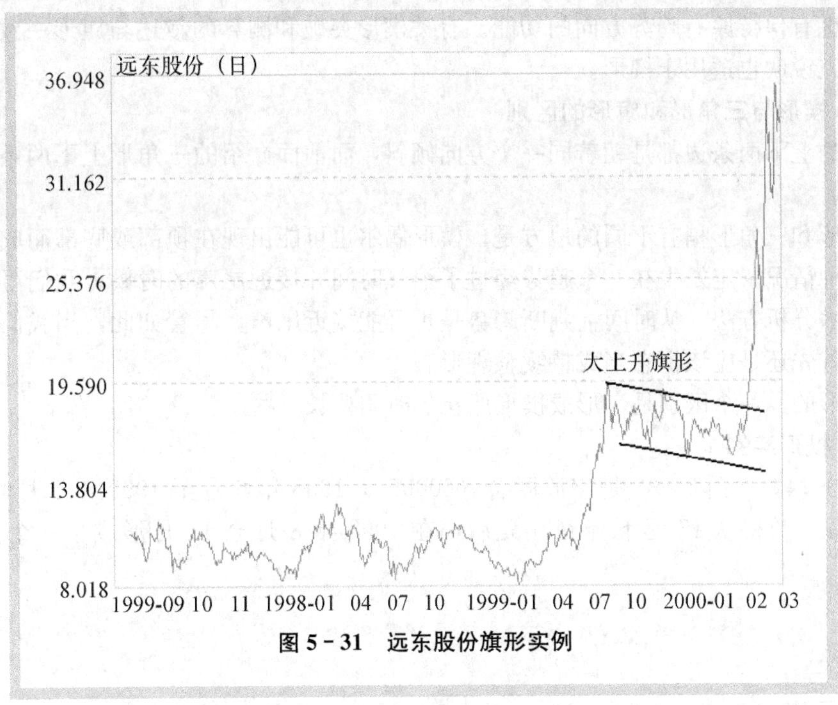

图 5-31 远东股份旗形实例

三、楔形

（一）楔形的基本形状

楔形（wedge formation）和旗形是两个极为相似的形态。楔形有时也被称为第二旗形。如果将旗形中上倾或下倾的平行四边形变成上倾或下倾的三角形，就会得到楔形，图 5-32 是楔形的基本形状。

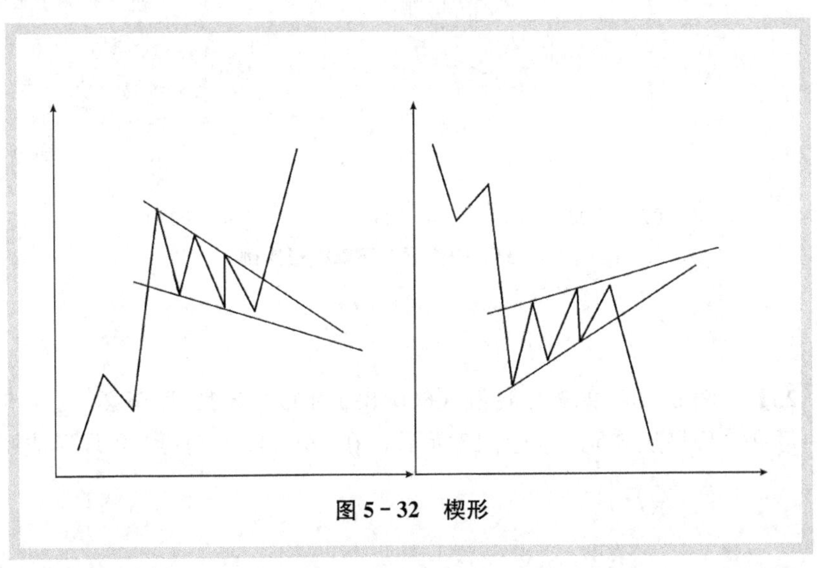

图 5-32 楔形

楔形也有保持原有趋势方向的功能。有关楔形突破和测算的叙述与旗形一致，而且对旗形的补充说明也适用于楔形。

（二）楔形与三角形和旗形的区别

楔形的上下两条边都是朝着同一个方向倾斜，而前面介绍的三角形上下两条边的倾斜方向相反。

与旗形和三角形稍有不同的地方是，楔形偶尔也可能出现在顶部或底部而成为反转形态，但这种情况一定发生在一个趋势经过了很长时间并接近尾声的时候。我们可以借助很多其他技术分析方法，从时间上判断趋势是否可能接近尾声。尽管如此，当我们看到一个楔形后，首先还是应该把它当成持续整理形态。

与旗形的另一个区别是，形成楔形所花的时间要长一些。

（三）楔形实例

【例 5-24】 图 5-33 是宁波联合（600051）1998 年 6 月至 1999 年 5 月的日线图。从图中可见，价格从 17 元下降到 9 元后，在 1998 年 8 月至 11 月形成了一个大的下降楔形。

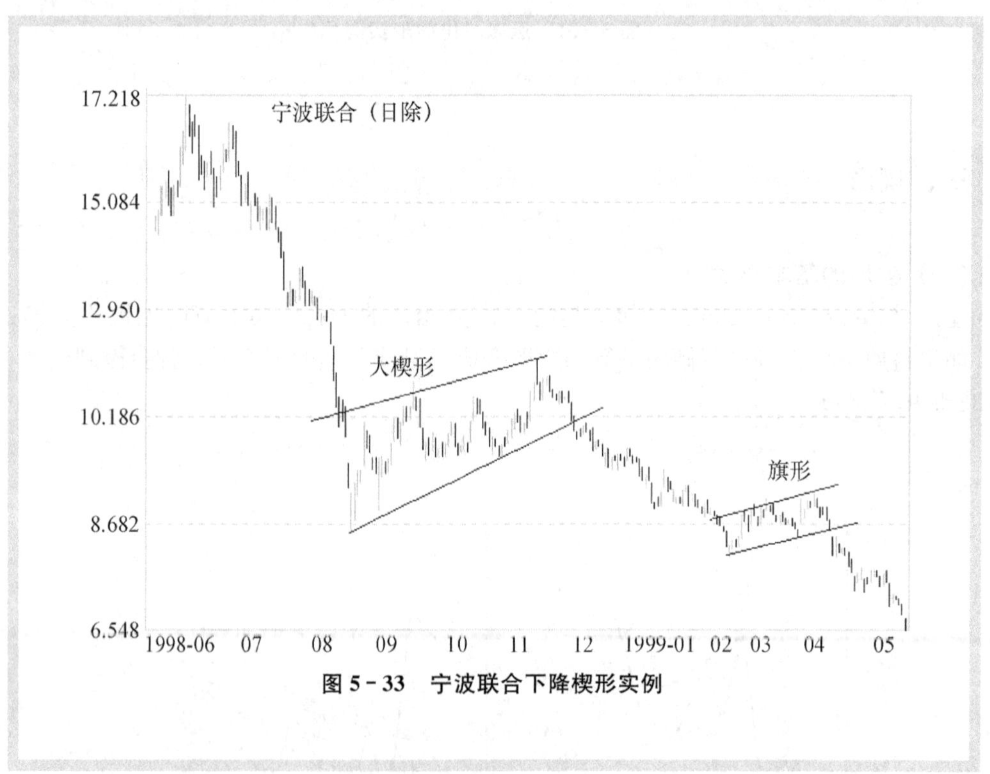

图 5-33 宁波联合下降楔形实例

【例 5-25】 图 5-34 是津百股份（600082）1998 年 12 月至 2000 年 3 月的日线图。从图中可见，价格从 6 元上升到 13 元后，在 1999 年 8 月至 12 月形成了一个上升楔形。

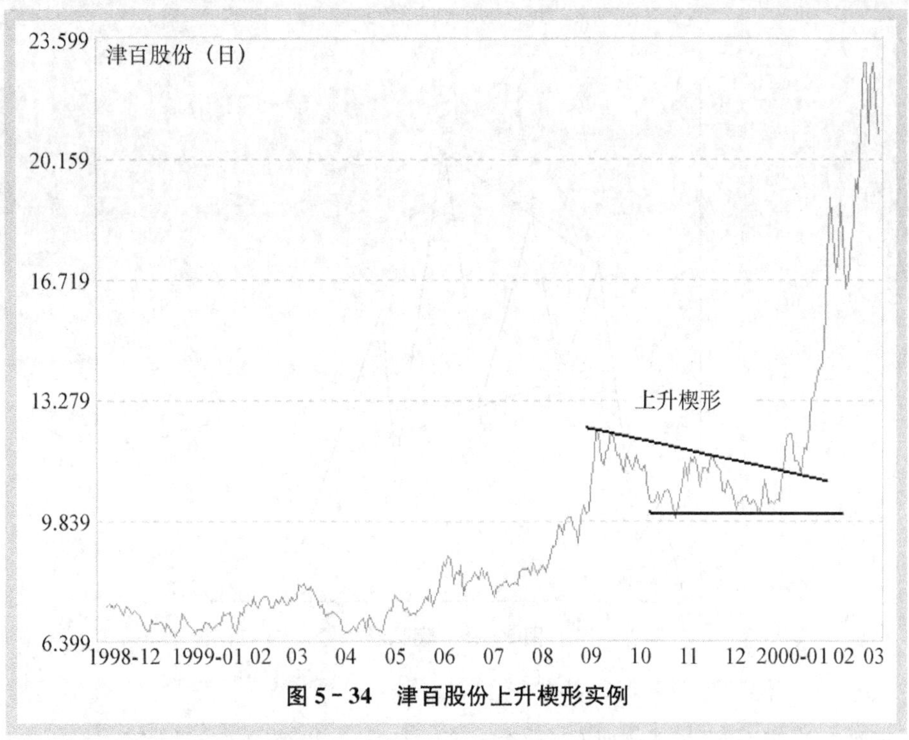

图 5-34 津百股份上升楔形实例

第九节 喇叭形和菱形

喇叭形和菱形是三角形的变形体，在实际中出现的次数不多，一旦出现，对我们有极大的指导作用。

这两种形态的共同之处是，它们大多出现在顶部，而且两者都看跌。由此可知，喇叭形和菱形又可以作为顶部反转突破的形态。更为可贵的是，喇叭形和菱形在形态完成后几乎总是下跌，所以没有突破是否成立的问题，投资者在形态形成的末期就可以行动了。

一、喇叭形

（一）喇叭形的基本形状、形成过程以及操作策略

严格地说，喇叭形（broadening formation）的正确名称应该是扩大形或增大形，因为这种形态酷似一个喇叭，故得名。这种形状其实也可以看成是一个对称三角形倒转过来的结果，所以我们把它看作是三角形的一个变形体（见图 5-35）。

从图 5-35 中看出，由于价格波动的幅度越来越大，形成了越来越高的三个高点以及越来越低的两个低点。这说明当时的交易异常活跃，成交量日益放大，市场已失去控制，完全由参与交易的公众情绪决定。因此，在目前这个混乱的时候进入市场是很危险的，进行交易也十分困难。在经过了剧烈的动荡之后，人们的热情会渐渐平静，慢慢远离这个市场，价格也会逐步地往下运行。

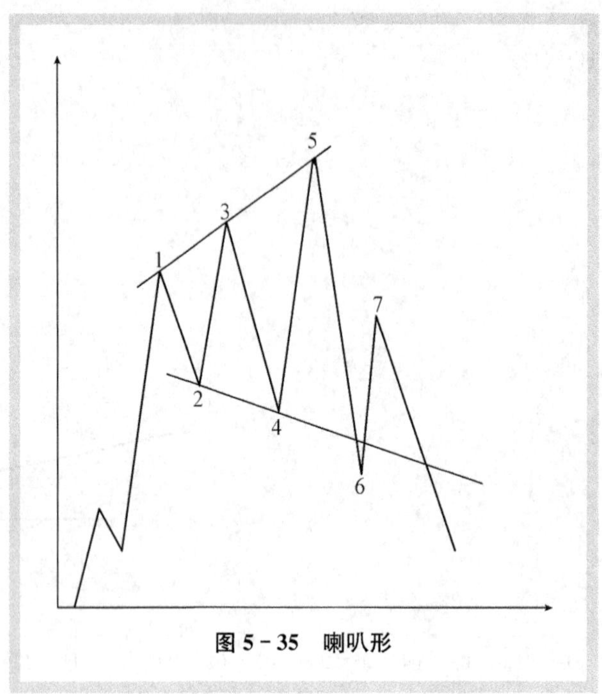

图 5－35　喇叭形

三个高点和两个低点是喇叭形已经完成的标志。投资者应该在第三峰（图 5－35 中的 5）调头向下时就抛出手中的股票，这在大多数情况下是正确的。如果价格进一步跌破了第二个谷（图 5－35 中的 4），则喇叭形的完成得到确认，抛出就成为必然的选择。

价格在此后的下调过程中肯定会反扑，而且反扑的力度会相当大，这是喇叭形的特殊性。但是，只要反扑的高度不超过下跌高度的一半（图 5－35 中的 7），那么价格下跌的势头还是会被保留的。

有时，喇叭形也可能作为持续形态出现。这时多半是因为价格上升的幅度还不太多。至于这个标准则不能用一个具体的数字说清楚。在这时，我们可以把喇叭形当成一种特殊的楔形。其实，在波浪理论中，这样的喇叭形属于调整形态中的一种，与楔形、旗形、矩形、三角形等属于同一类。

（二）喇叭形的实例

【例 5－26】　图 5－36 是华新水泥（600801）1997 年 1 月至 1998 年 1 月的日线图。从图中可见，当价格从 5 元上升到 10 元后，于 1997 年 5 月形成了一个喇叭形。这个喇叭形属于比较大的喇叭形，一般的喇叭形只出现 3 个高点，而这个喇叭形共出现了 4 个高点。在实际交易中，一般在第三个高点（大约 9 元附近）就应该比较警惕，密切关注市场的动向，时刻准备卖出。

【例 5－27】　图 5－37 是九发股份（600180）1998 年 9 月至 1999 年 3 月的日线图。从图中可见，当价格从 14 元上升到 21 元后，于 1998 年 11 月至 12 月形成了一个喇叭形。随后的实际结果是下降，但是下降的深度没有“以为的”那么大。

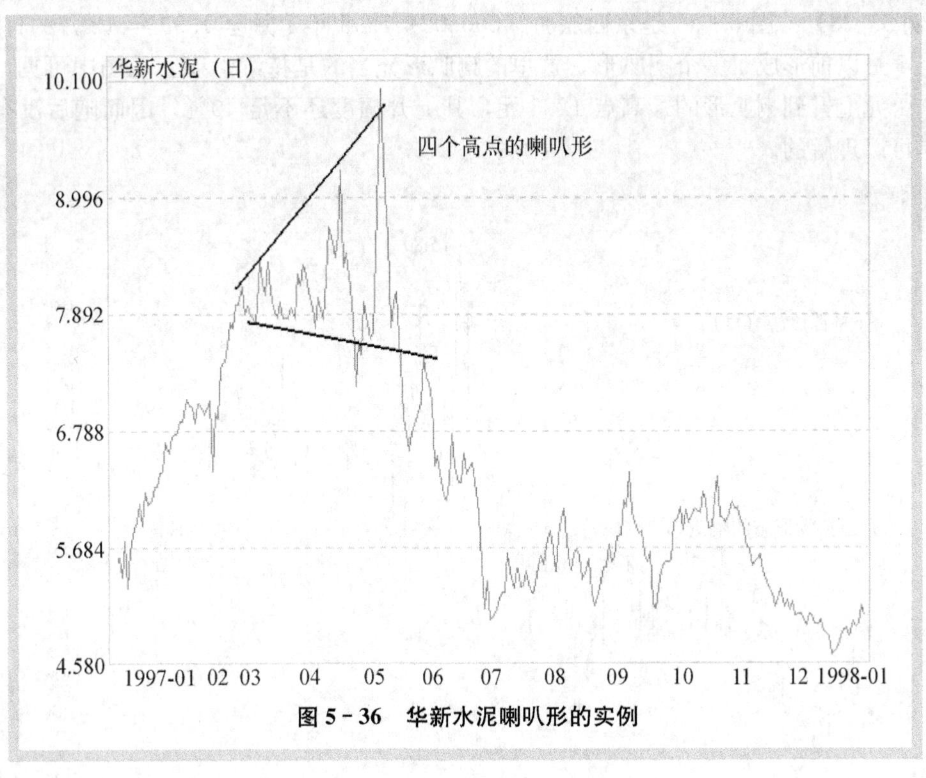

图 5-36　华新水泥喇叭形的实例

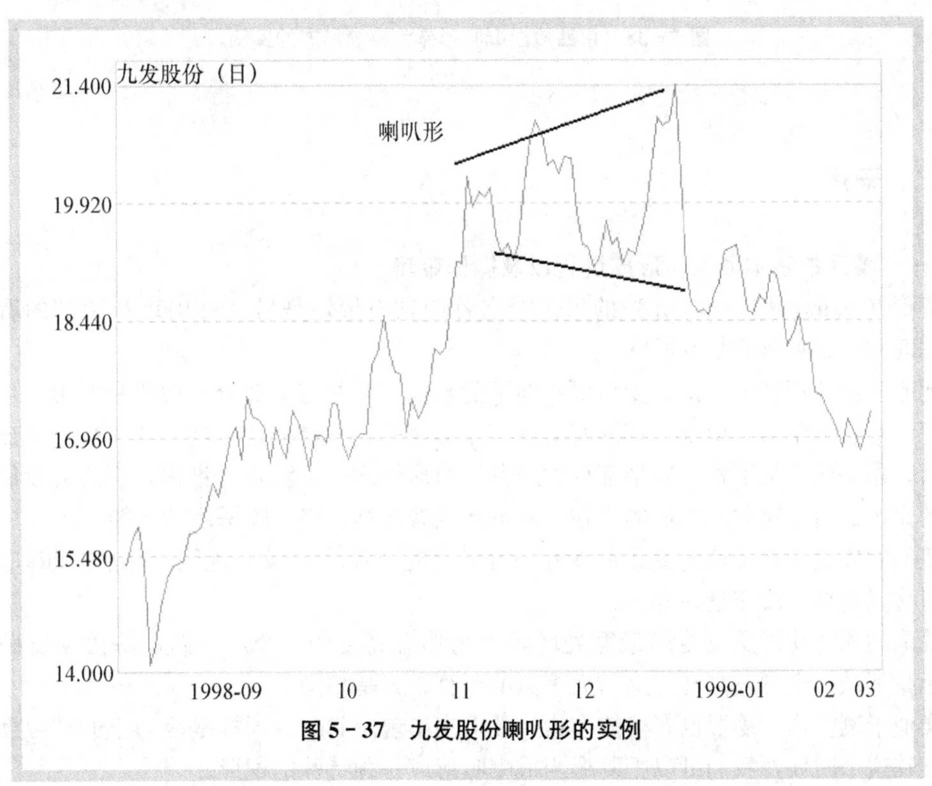

图 5-37　九发股份喇叭形的实例

【例 5-28】 图 5-38 是京西旅游（000802）1999 年 1 月至 1999 年 12 月的日线图。该股在 5 月以前形成了一个喇叭形，这里的喇叭形充当的是持续形态。从图中可见，从最低点 9.1 元上升到喇叭形的最高点 12.3 元，其上升幅度还不足 40%，因而随后没有出现下降是可以理解的。

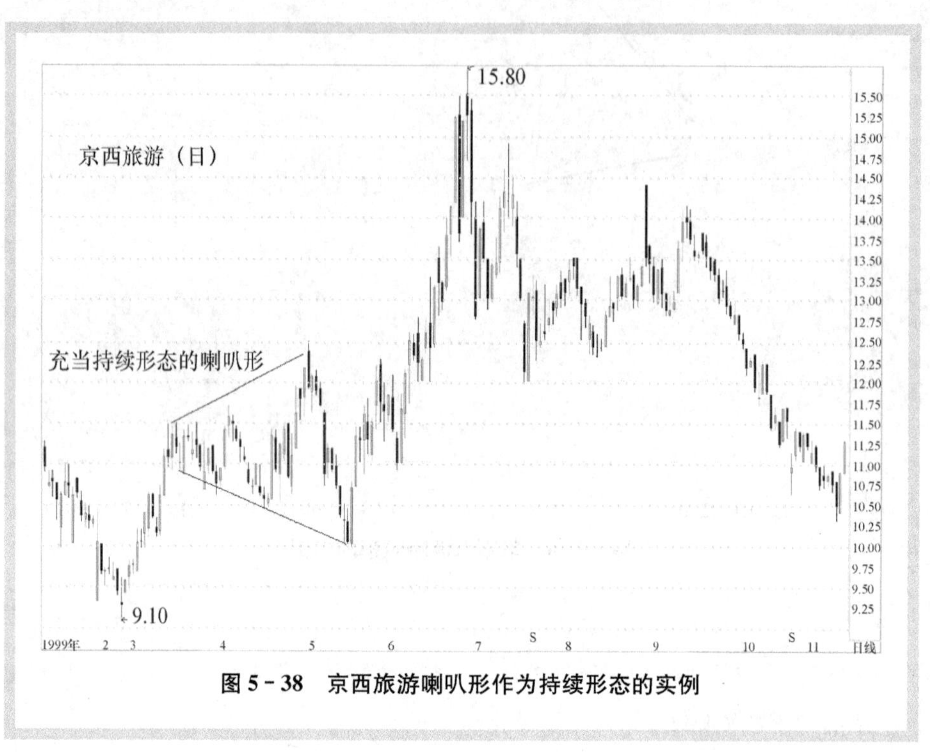

图 5-38　京西旅游喇叭形作为持续形态的实例

二、菱形

（一）菱形的基本形状、形成过程以及操作策略

菱形（diamond formation）的另一个名称叫钻石形，是另一种出现在顶部的看跌形态，图 5-39 是菱形的基本形状。

比起上面的喇叭形来说，菱形更有向下的趋势，它的前半部分类似于喇叭形，后半部分类似于对称三角形。所以，菱形有对称三角形保持原有趋势的特性：前半部分形成喇叭形之后，趋势应该是下跌，后半部分的对称三角形使这一下跌暂时推迟，但终究没能摆脱下跌的命运。由于对称三角形的存在，菱形还具有测算价格下跌深度的功能。

菱形的成交量随价格的变化而变化，开始是越来越大，没有规则，然后是越来越小，如同对称三角形的成交量一样。

菱形的测算功能是以菱形最宽处的距离为形态高度的，今后下跌的深度从突破点算起，至少下跌一个形态高度，这与大多数的测算方式是相同的。

类似于喇叭形，菱形也有可能作为持续形态出现。此时，同样是因为上升的幅度还不太大。在这个时候，我们可以把菱形当成喇叭形或一种特殊的楔形。

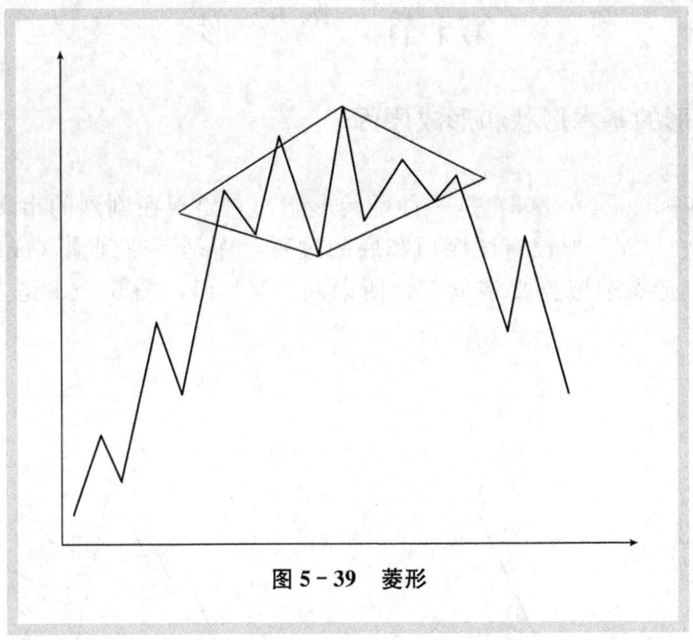

图 5-39 菱形

（二）菱形的实例

【例 5-29】 图 5-40 是广州控股（600098）1999 年 1 月至 12 月的日线图。从图中可见，1999 年 5 月后形成了一个大的喇叭形，之后缓慢波动，在 9 月完成了菱形所需要的对称三角形，而后是将近 4 个月的下降。

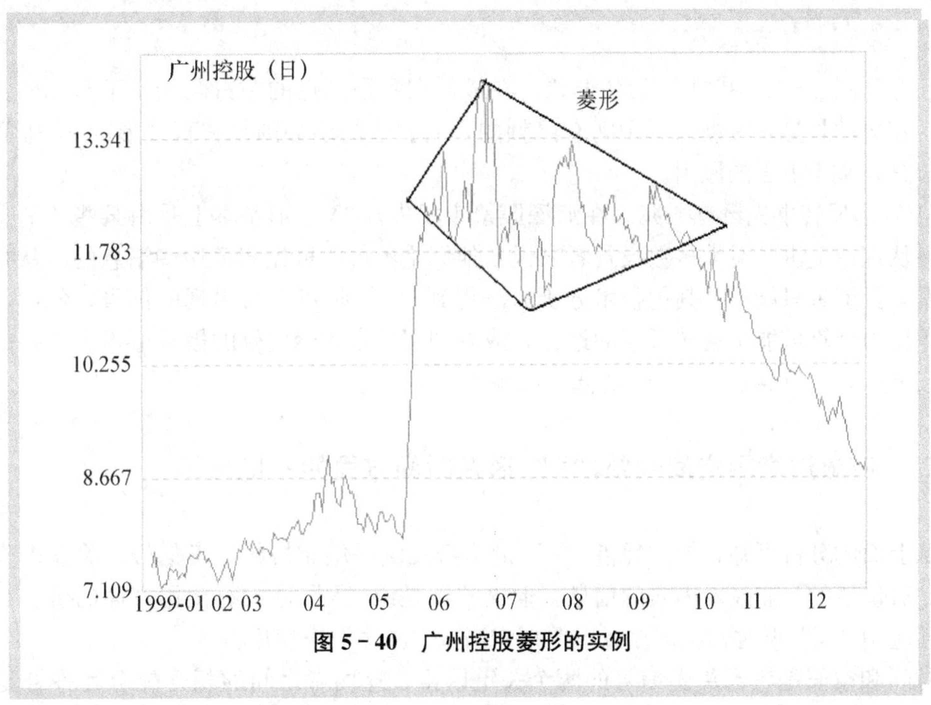

图 5-40 广州控股菱形的实例

第十节 “V” 形

一、“V”形的基本形状和形成原因

“V”形（V-shape reversal）是一种反转形态，它出现在剧烈的市场动荡之中，底和顶只出现一次。“V”形没有试探顶和底的过程，而是迅速到顶（或底），然后迅速地反转。由于其形态酷似英文字母 V，所以叫“V”形，图 5－41 是“V”形的基本形状。

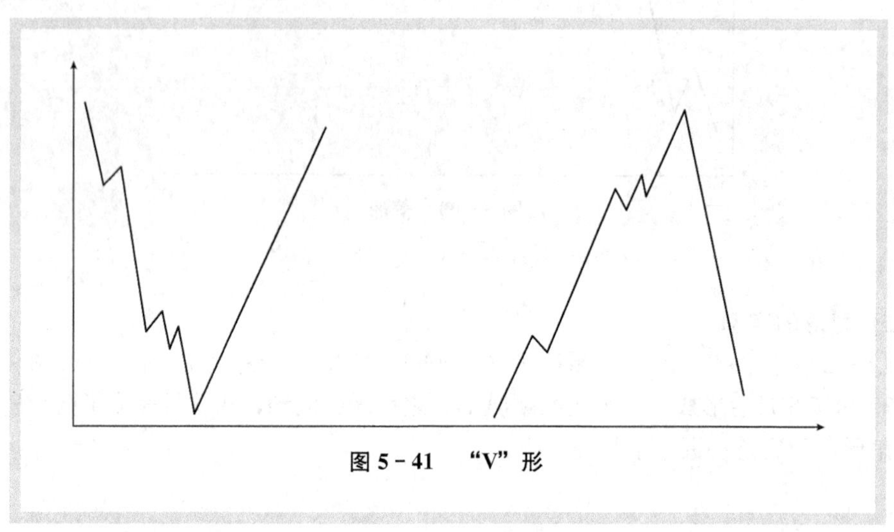

图 5－41 “V”形

注意到图 5－41 中“V”形的形状，在最低点和最高点的左右两端是不对称的。一般来说，左边的趋势是缓慢的，中间有停顿的，而右边的趋势则是“直线形的”，中间没有停顿。这是基于下面的原因。

“V”形反转事先没有征兆。在沪深股票市场中，“V”形基本上是由某些“消息”引起的。从理论上讲，对大多数投资者来说，他们是不可能事先知道这些消息的。从技术的角度看，投资者只能根据其他技术分析方法得到“V”形可能会出现的信号。例如，可以用支撑压力计算可能出现转折点的地方，或者利用技术指标提供的极端值指出价格的极端高点或低点，借以寻找“V”形的低点或高点。

二、应该注意用空间弥补“V”形在时间方面的不足

从上面的分析可知，单纯凭借“V”形本身无法提供交易的买卖信号，除非事先知道一些“有价值的”非技术因素的信息，但这并不是说“V”形没有使用方面的价值。在我们实际应用“V”形时，应该注意不要把它当成“主力”来使用。

时间和空间是考虑买卖信号的两个关键因素，这两者之间的相互配合和弥补是判断买卖交易信号的重要考虑。就“V”形而言，这一点表现得尤其重要。从形状本身看，

“V”形只出现了一次探顶（或底）的过程。因此，与其他形态相比，形成“V”形的时间要短一些，这是其不足之处。为了弥补时间方面的不足，在空间（价格）方面的限制和要求就需要加强。具体地说，要求价格下降得更多或上升得更多，才能利用“V”形进行操作。此时，最低点和最高点是否是黄金分割线的位置、技术指标是否是极端值和背离、左边的趋势是否呈现波浪理论中的第5浪，等等，都可以作为辅助手段。

三、“V”形的实例

【例5-30】 图5-42是中牧股份（600195）1999年2月至9月的日线图。从图中可见，在5月形成了一个“V”形底反转。

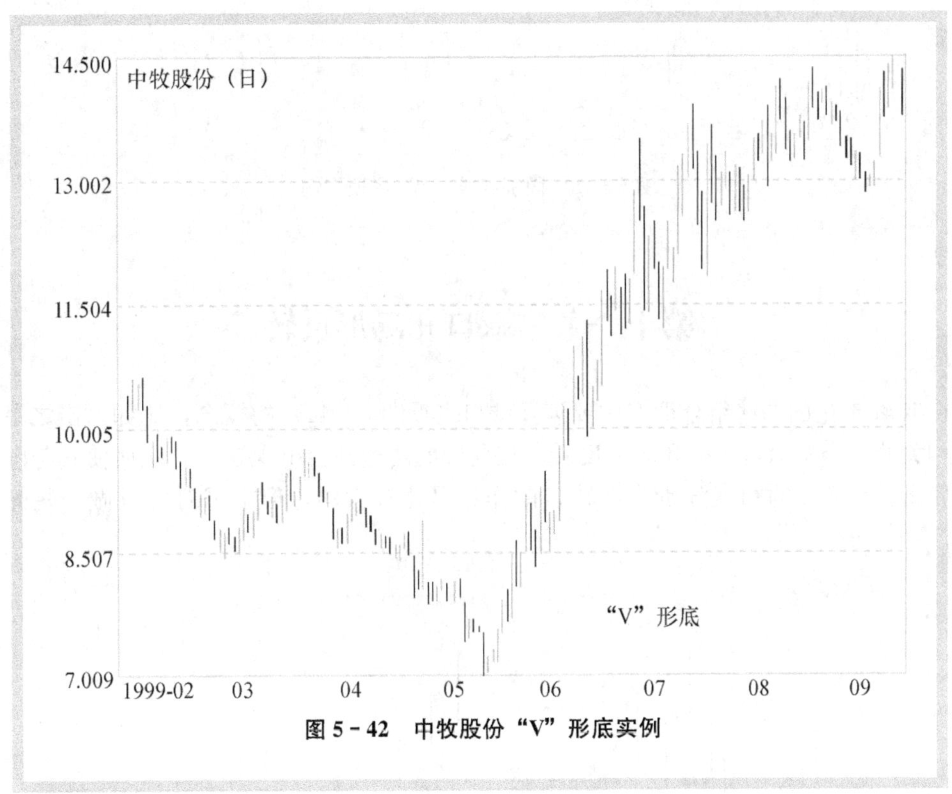

图5-42 中牧股份“V”形底实例

【例5-31】 图5-43是同济科技（600846）1996年12月至1997年7月的日线图。从图中可见，在1997年5月形成了一个“V”形顶部形态。需要提醒的是，这里的“V”形顶的最高点（4.72元）大约是图中左端最低点（2.42元）的2倍。从黄金分割的角度看，在“V”形顶卖出是有信号的。在这个例子中，该“V”形顶只有在形成后才能知道，不可能事先发出任何卖出的信号。

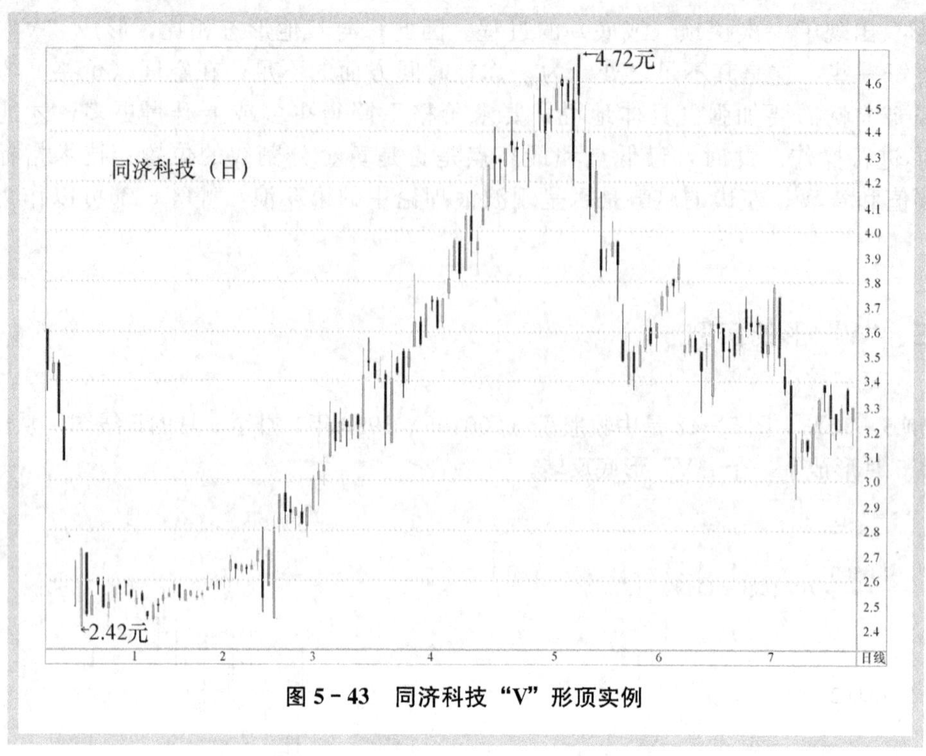

图 5-43　同济科技“V”形顶实例

第十一节　缺口和岛形反转

在 K 线理论的一些组合形态中要涉及缺口（见图 5-44）的概念，比如射击之星。与缺口相关的一个概念是跳空和岛形反转。在岛形的两边都会出现缺口，从而使其与图形的整体脱离。在实际的图表分析中，缺口的作用是比较大的，但本书对此只做一些简单的介绍。

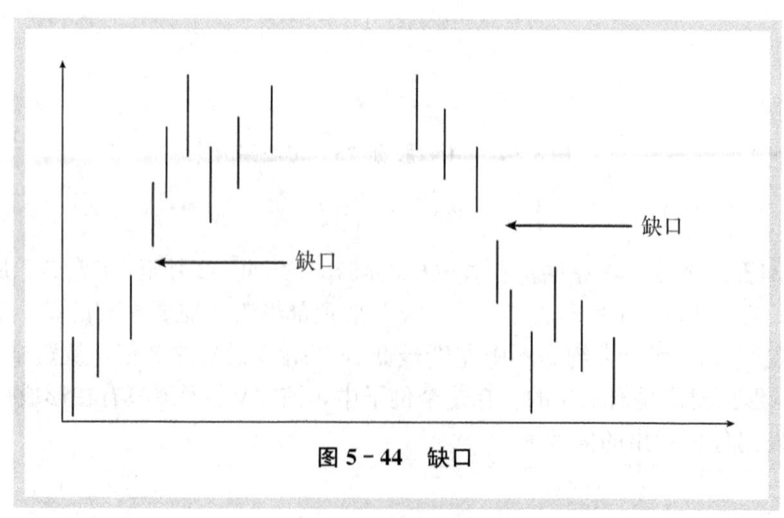

图 5-44　缺口

一、狭义的缺口定义、广义的缺口定义和缺口的回补

缺口的英文是 gap，本意是表示两个物体之间存在空隙，在这里表示两个交易日的价格交易区域之间存在空隙。缺口本来只有一个定义，就是下面所指的狭义定义。不过在实际中，尤其是在使用了 K 线理论后，如果严格按照狭义的缺口定义，将限制缺口的使用范围。因此，在本书中，作者提出了缺口的另一个定义——广义的缺口定义。

（一）缺口的狭义定义

这是传统的缺口定义。缺口的出现表明存在一段没有交易的价格区域，也就是价格交易的“真空地带”。具体地说，如果某个交易日证券交易的最低价格高于前一个交易日的最高价格，就形成向上的缺口；如果某个交易日证券交易的最高价格低于前一个交易日的最低价格，就形成向下的缺口。

在高低线（high-low）中，因为它记录的是每天交易从最高价格到最低价格的范围，所以很容易从高低图上看到是否有缺口存在。从 K 线图上看，如果两个连续交易日的 K 线上影线和下影线之间不重合，就会出现缺口。在市场分析的术语中，把这个现象称为跳空，跳空分为向上跳空和向下跳空两个方向。

（二）缺口的广义定义

如果将狭义缺口定义中的“上影线和下影线之间不重合”用“K 线实体之间不重合”代替，就得到了缺口的广义定义。只有在使用了 K 线后，才可能有广义缺口的概念。

在多数情况下，K 线图形中如果出现向上跳空，则后一根 K 线的下影线将会非常短。如果出现向下的跳空，则后一根 K 线的上影线将会非常短。因此，广义和狭义的缺口定义在实际中的差别不大。在 K 线理论中，如果将缺口“放宽”成广义的定义，将会扩大 K 线理论的使用范围，而且对实际的研判效果影响不大。

今后如果不加说明，所说的缺口都是指狭义的缺口。

很显然，周线中的缺口数量肯定比日线中的缺口数量少。实际中，如果使用月线数据，则图形中几乎没有缺口出现，除非正好碰到价格在月末“跳空”。

（三）缺口的回补

假设某一天的价格形成了缺口，而后期的价格波动回转，并重新经过该缺口所留下的价格区域，这就称为缺口被回补。回补有可能使得缺口完全被“关闭”，也可能部分被“关闭”。

从实际的价格波动图形中可以看到，有些缺口会在短时间内很快被回补，而有些缺口会在很长时间之后被回补，有些甚至永远不被回补，所以关于缺口被回补的问题是不好回答的。

二、缺口的种类

从是否有分析意义的角度进行划分，缺口可以分为两个大类——有分析意义的缺口和无分析意义的缺口。

无分析意义的缺口是指对进行市场分析的指导作用不大的缺口，这样的缺口包括跳空

幅度小、出现频率大的缺口，此外还有除权缺口。前者的跳空程度过小，在图表中的表现不引人注意，而除权缺口根本就不是缺口。由“除权除息”所造成的缺口——除权缺口——是指“图表上的缺口”，不是这里所定义的缺口。如果将除权前后的价格按照“除权方案”进行调整——复权，就不会有缺口了。

有分析意义的缺口是对进行市场分析有指导意义的缺口。按照经典的缺口划分方法，这样的缺口一共分为四类，即普通缺口或区域缺口、突破缺口、持续缺口或度量缺口、竭尽缺口。

“有分析作用”具体体现在对价格升降幅度的度量、估计价格波动的支撑压力区域、对是否反转进行判断等方面。

三、普通缺口或区域缺口

这类缺口是由于它容易出现在一个交易区域或价格持续形态之内而得名。持续形态的特点之一是成交量逐渐减少，投资者的交易行为容易选择在形态的顶部或底部的位置进行，中间区域“无人问津”。

普通缺口（common gap）通常会在短时间内被回补。例外的情况是，在持续形态接近突破时，价格最后一次在该持续形态的“地盘”里波动，此时的缺口具有突破缺口的特征。它可在长时间内不被回补，也没有理由认为该缺口应该被回补。

普通缺口没有度量的意义，它的作用在于帮助识别一个正在形成的持续形态。例如，价格上升到 20 元，然后回落到 17 元，随后又到 20 元，并且在第二次到 20 元的时候出现了缺口。投资者可以认为，一个波动范围在 17～20 元的持续整理过程正在形成。

四、突破缺口

突破缺口（breakout gap）在价格突破持续整理的巩固形态后出现。在水平持续形态的边界突破口处，几乎都会产生突破缺口。此外，价格脱离反转形态或持续形态时也会产生突破缺口。

突破缺口对是否反转有预测的功能，它强调了“突破”的事实。首先，当价格脱离某个持续形态并伴随明显缺口时，预示一次真正的突破已经出现。其次，有缺口的买方（或卖方）上升（或下降）力量比没有缺口的上升（下降）力量要大，尽管在两种情况下都是买方（卖方）占优势。

突破缺口是否回补？这个问题比较容易回答。在大多数情况下，突破缺口是不被回补的。例外的情况是，如果在远离缺口的价格波动过程中，成交量是逐步减少的，那么约有一半的机会会回补缺口。

这个叙述的“副产品”就是，如果在远离缺口的一边成交量放大，而在离开缺口时又伴随有比较大的成交量，那么近期回补缺口的机会很小，价格的局部回落过程将在缺口处停止。此时，缺口起支撑压力的作用。

五、持续缺口或度量缺口

度量缺口（measurement gap）出现的机会比较小，但是它对于技术预测的价值比较大。度量缺口的产生与持续形态无关，它产生于猛烈的直线式上升或下降之中。

当一个剧烈的价格波动从聚集区开始时，为了后面更长时间的加速运动，价格的上升速度很小，就如同大江大河在源头聚集小溪流一样。以上升为例，当价格上升的趋势带来的盈利越来越大时，卖方将会增加，并使得价格移动的速度减慢。之后，当价格移动的速度减少到最低时，成交量将再次放大并形成猛烈的回转，该回转的过程有可能形成缺口，此时的缺口就是度量缺口。当缺口发生在较高位置时，容易形成比较宽的缺口，这时价格伴随成交量的配合就会加速变动。

因为这种缺口发生在上升过程的中途，并且价格在中途的回落说明有一些投资者在卖出股票而逃命，所以度量缺口又被称为持续缺口或逃跑缺口。

度量缺口可以为价格的波动界限提供大致的预测位置，这也是此种缺口被称为度量缺口的原因。预测度量的含义是，价格移动在未来距离度量缺口的垂直距离将等于此次运动的起点到度量缺口的垂直距离。旗形中旗杆的度量功能与此很相像。

我们有两种距离的概念，相对距离和绝对距离。前者是价格的百分比距离，后者是价格的绝对距离。在多数情况下，两者的区别不大，但在实际使用中，一般用百分比距离较好。从图表的观点看，就是使用对数刻度。

应该指出，在价格波动的过程中，有可能出现多个度量缺口。这是因为，度量缺口是价格波动的“第二次飞跃”，而实际的价格波动可能有第三次、第四次飞跃。此时，有关度量缺口技术预测的功能应该在这些度量缺口的“中点”中寻找，用“中心”作为价格技术预测的基准。

六、竭尽缺口

突破缺口标志运动的开始，度量缺口表示运动在中途附近，竭尽缺口（exhausted gap）则表明原来运动的结束。竭尽缺口与迅速而猛烈的大规模上升或下降有密切关系。以上升为例，若在趋势发展的过程中，没有像度量缺口那样遇到逐渐增加的阻力，而是动力不减地加速上升，直到某一天，碰到一堵由卖方建筑成的“铜墙铁壁”，在有大成交量的情况下，原来的上升运动在短暂的“爆炸声”中突然结束。在类似上面所描述的运动过程中，通常在倒数的几个交易日会出现一个比较宽的缺口，这样的缺口就是竭尽缺口。

竭尽缺口的特征之一是直线型的上升或下降，另一个判断竭尽缺口的标准是成交量。如果缺口形成后的成交量异常大，而缺口之前的成交量没有与价格的上升相配合，那么该缺口为竭尽缺口的可能性就很大。此外，如果缺口的位置已经达到某个技术方法指出的预测位置，或者是某个重要的支撑压力位置，也使得该缺口成为竭尽缺口的概率加大。

多数情况下，在竭尽缺口后是向另一个方向运动的开始，也就是趋势的反转。但是，竭尽缺口并不一定是反转的开始。竭尽缺口表示的确定意义是原来运动的停止，而不是反方向运动的开始。在竭尽缺口之后，有可能出现长时间的持续形态。

七、岛形反转

岛形反转（islands reversal）是一个紧密的交易区域。以岛形顶部为例，从图 5－45 可见，它的左边被一个竭尽缺口“隔离”了原先的上升趋势；同时，在它的右边，一个突破缺口确认了下降趋势。岛形所持续的时间可长可短，一个交易日也可以，几个星期也可以，但是此间的成交量总是比较大的。

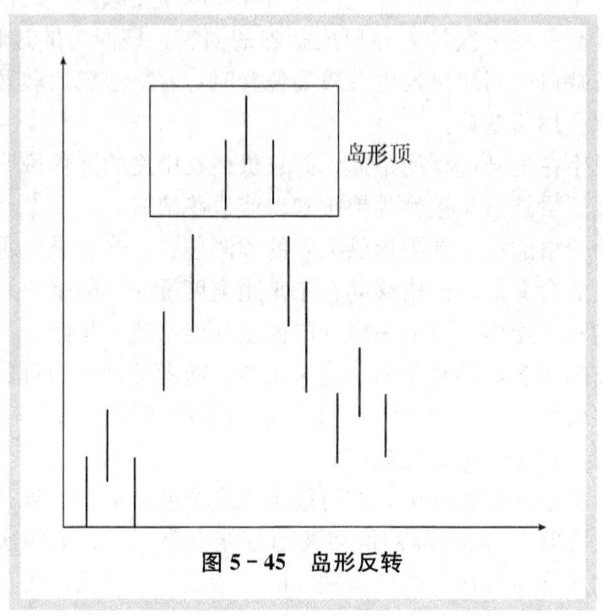

图 5－45　岛形反转

岛形反转自身不能构成本章所介绍的反转形态，而只能作为反转形态的一部分。例如，作为双重顶中某个顶或头肩顶中的头。

只有在个别情况下，岛形反转右边的突破缺口有可能在几天内被一次短暂的反弹或回落所回补，但通常是不被回补的。岛形反转将使价格完全回复到竭尽缺口之前小幅度运动的出发点。

图 5－46 是缺口和岛形反转的完整示意图。

八、有关缺口的补充说明

这里对缺口的两种特殊情况进行补充说明：

（1）在涨跌停板情况下的缺口。我国目前实行的是 10％涨跌停板制度，由于 10％的数字比较小，容易使价格出现连续几天开盘后直接达到涨跌停板的现象。从缺口的角度看，图中将连续出现多个缺口。因此，针对这样的情况，投资者在进行缺口判断时，要将这些连续缺口的数量“省略”一些，也就是少数几个。

（2）综合指数的缺口。综合指数的缺口显然应该比个股的缺口“规模”小，无论是缺口的宽度还是缺口出现的频率都是如此。例如，度量缺口要求价格的波动是剧烈的和猛烈

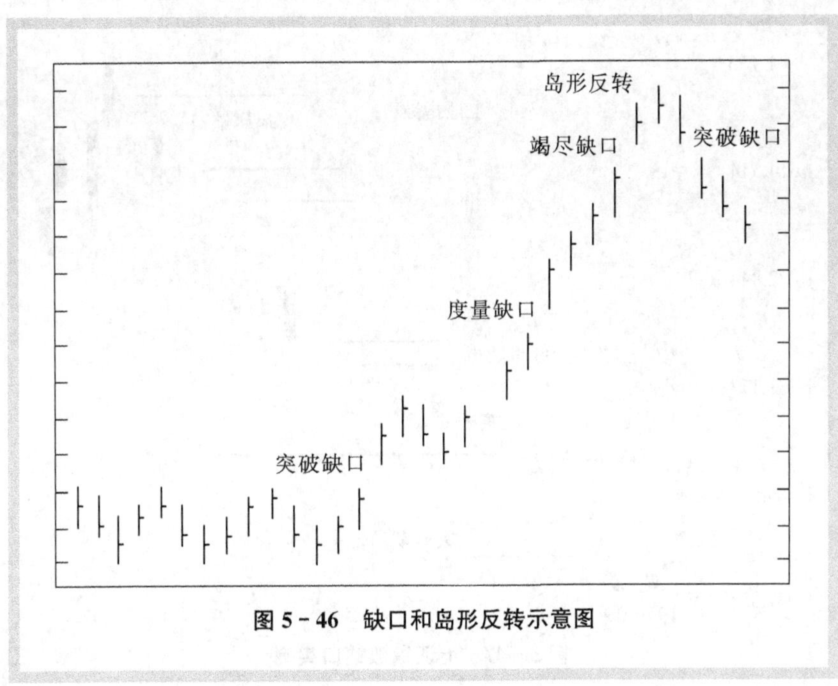

图 5-46 缺口和岛形反转示意图

的，而综合指数达到这个要求的机会明显没有个股大，因为影响综合指数的是全体挂牌交易的证券，而不仅仅是部分证券。从实际的市场波动中我们也会体会到，综合指数上升或下降 5%的机会是很低的，而个股达到这个幅度几乎是每天都会发生的事情。

九、缺口和岛形反转的实例

【例 5-32】 图 5-47 是上证指数 1999 年 5 月至 7 月的日 K 线图，这是“5·19”行情的过程。在不到两个月的时间内，上证指数出现了很多的缺口。5 月底，上证指数连续出现两个缺口，都可视为突破缺口，因为它们都是对前面长期整理的突破。上证指数在 1 300 点至 1 400 点又出现了几个缺口，从现在的观点看，可以认为是度量缺口。上证指数在 1 600 点之上也出现了几个缺口。实际中，此时分析人员很难判断哪个是真正的竭尽缺口。不过，有一点是明确的，越往上的缺口越像是竭尽缺口。事实上，上证指数在 1999 年 6 月 29 日跳空越过 1 700 点之后，局部的 K 线呈上吊线和熊市鲸吞型的反转组合形态。随后，上证指数开始了比较大的回落，最低点达到 1 350 点。

【例 5-33】 图 5-48 是华北制药（600812）1995 年 5 月的日 K 线图，这段行情是 1995 年 5 月的“5·18”行情。在“关闭国债期货”的利多消息影响下，3 天之内上证指数从 600 点上升到 920 点，其上升的快速性是历史少见的，该纪录至今尚未被打破。但是，紧随其后的是快速下降，5 月 22 日的 K 线孤零零地被“挂在天上”，形成典型的单日岛形反转形状。

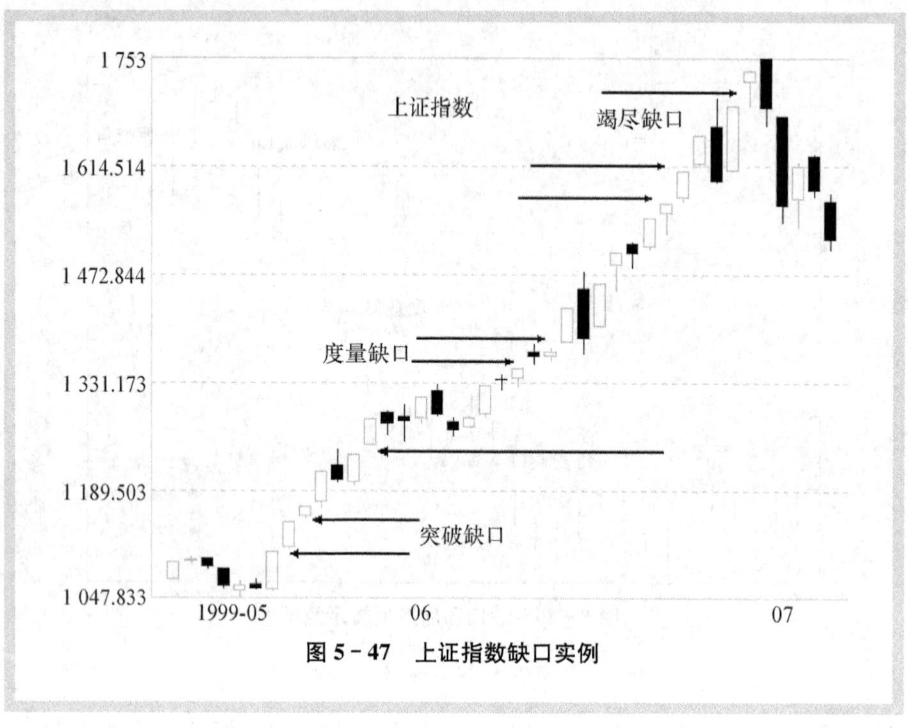

图 5-47　上证指数缺口实例

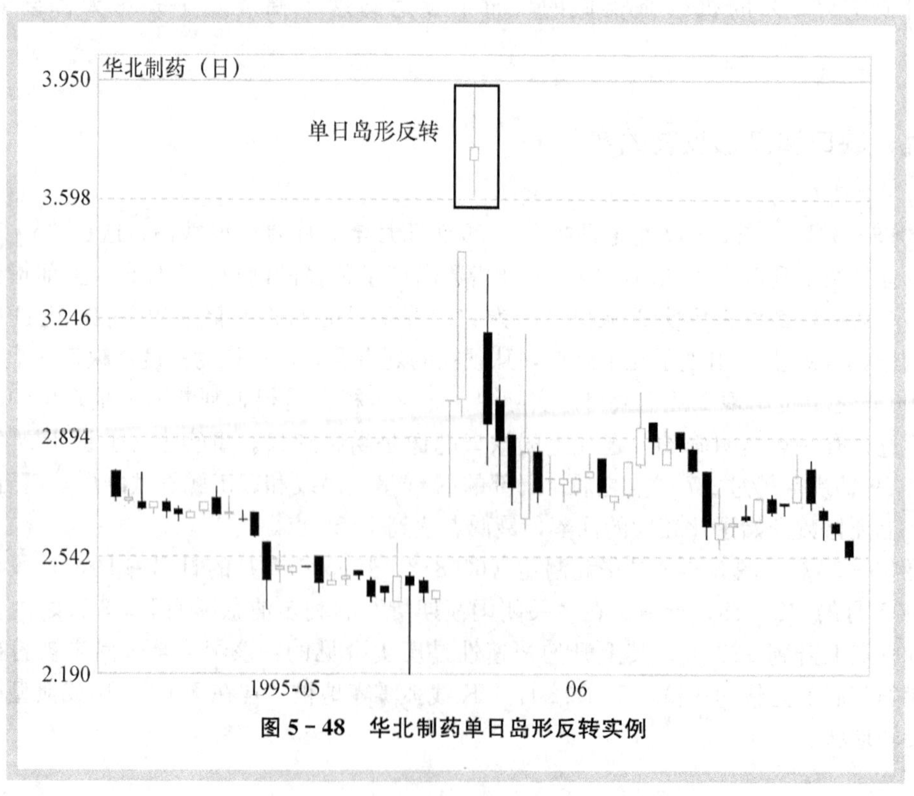

图 5-48　华北制药单日岛形反转实例

【例 5-34】 图 5-49 是华北制药（600812）2000 年 5 月至 8 月的日 K 线图。该股的价格从 2000 年初的 5 元上升到 7.2 元附近，而后跃到 8 元，留下一个缺口。随后，该股在 8 元之上横向整理，并在局部形成头肩顶形态后，从 8 元以上下降，同时留下了缺口，而后的横向整理形成了一个“大岛形”。此外，“大岛形”本身是头肩顶形态。尽管在 2000 年 8 月的下降幅度还不大，但从岛形的观点看，华北制药今后是不乐观的，这是依据头肩形和岛形共同判断的结果。此外，从支撑压力中的黄金分割线来判断，从图中的 5 元上升到 8.5 元，其上升的幅度已经达到并超过了 1.618 倍的关键位置（5.10 元×1.618＝8.25 元）。此时，持有该股票的投资者应该有卖出的意识。

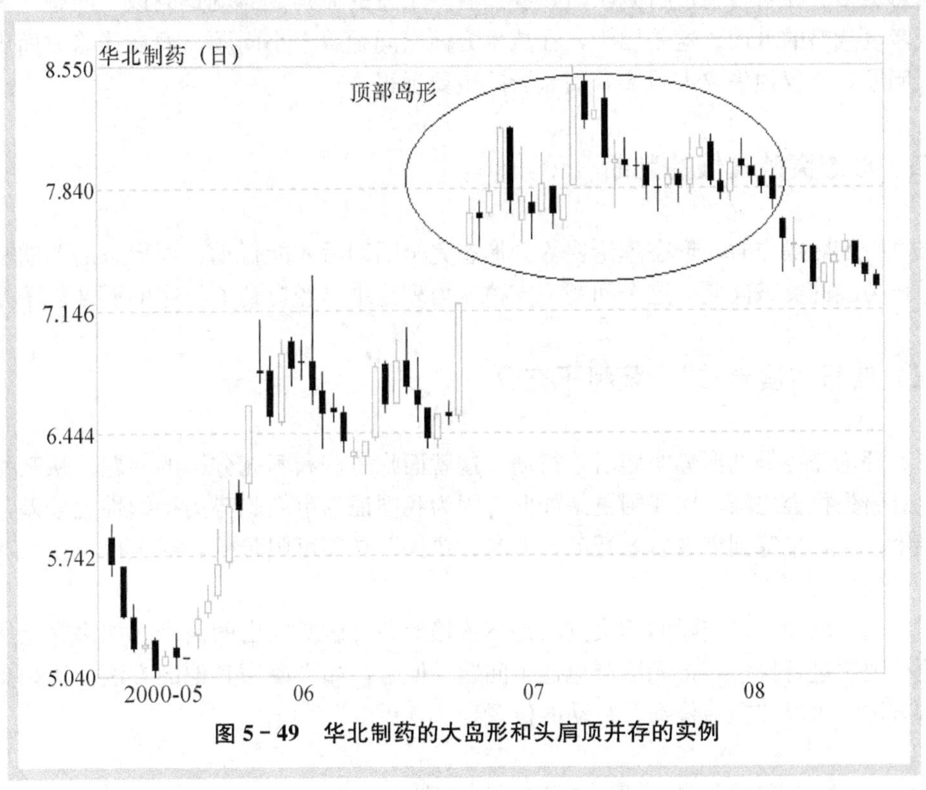

图 5-49　华北制药的大岛形和头肩顶并存的实例

第十二节　应用形态理论应注意的问题

形态理论是技术分析理论中较早得到应用的方法，其使用和内容相对比较成熟和完整。过去的分析人员为我们提供了很多刻画价格运动轨迹的有用形态。尽管如此，我们在投资实践中应用形态理论时，必须要解决下面的问题。我们只有充分认识到这些问题后，才可以说对形态理论有了一个比较完整的理解。根据作者的观察，从图形的角度认识和识别这些形态并不需要太多的时间和精力，但真正能够使用形态理论应该说需要一个漫长的过程，这不是读一两本书就能解决的问题。下面是作者认为在具体的投资实践中关于形态理论应该注意的问题。

一、对同一个形态识别的多样性

在实际的判断过程中，如果站在不同的角度，面对不同时间区间的价格形态图形，对同一位置的某个形态可能就会有不同的解释。例如，某一个头肩形有可能被认为是某个局部的顶部或底部的反转形态。但是，如果从更大的范围来看，它还有可能是一个更大的波动过程中的中途持续形态，比如是个三角形或楔形。在实际的投资行为中，对这样的形态我们究竟应该怎样判断？这个问题其实是对波动趋势“层次和级别”的判断问题。

当然，我们还是应该使用尽可能“宽”的时间区间，因为时间区间“宽”的形态所包含的信息更多。在对行情进行判断时，我们有一个总的原则，那就是应该“照顾”大的方面，或者说战略的方面。这是因为，在战术方面出问题属于小问题，而在战略方面出问题就是大问题，不仅损失要大得多，而且影响也要远得多。

二、形态突破真假的判断

在进行实际操作时，形态理论要等到形态完全明朗后才能行动，而形态的明朗必然涉及支撑压力线的突破问题。这个问题在支撑压力理论中已经提到了，这里不再重复。

三、信号“慢半拍”，获利不充分

形态理论需要等到形势明朗后才行动，这就面临“获利不充分”的问题。从某种意义上讲，有错失机会之嫌，在我国更是如此，因为我国证券市场趋势的持续性比较差，时间短，幅度小。如果等到突破后才行动，有时“错误”是不可限量的，甚至可以说，利用形态分析已经失去意义。

对于这个问题，最实际的解决方法是不依赖形态突破所发出的信号。如果完全按照形态理论的说法进行操作，将无法避免这个问题。但是，如果使用其他的方法，比如支撑压力线的方法，可以“提前得到”行动的位置。

四、形态规模的大小会影响预测的结果

形态规模是指价格波动所留下的轨迹在时间和空间上的覆盖区域。形态规模大，表明在形态完成的过程中，价格上下波动所覆盖的区域大。在技术图形上表现为价格的上升幅度（或下降幅度）大，从开始到结束所经过的时间跨度长。相反，小规模的形态所覆盖的价格区域小，时间长度也短。对于形态规模，我们可以用平面几何学中的“相似”概念来解释。规模大的形态是规模小的形态的“放大”，当然，对规模大小的判断将涉及主观因素，这里只是笼统地用大小来说明。

从实际应用的角度讲，规模大的形态和规模小的形态都对行情判断有作用，我们在这里不能用简单的一句话来说清两者的区别。根据作者自己的体会，规模越大的形态所做出的结论越具有战略的性质，规模越小的形态所做出的结论越具有战术的性质。从形态的度

量功能看，规模大的形态高度就大，对今后预测的深度必然就大。

我们强烈建议在实际中尽量使用规模大的形态，在本书实例中所列举的形态基本上属于规模大的形态。形态规模越大，其结果越具有稳定性和持续性，如果不出现非常意外的事件，这样的特性就不容易发生变化。

五、形态理论作为辅助手段与其他方法结合使用

从前面的一些例子可以看出，以前文介绍的支撑压力方法来看，部分顶部和底部其实已经处在较高（或较低）的应该考虑卖出（或买进）的位置。此时，如果后面出现了本章所介绍的形态，就更有利于投资者以一个比较有把握的心态采取买进（或卖出）的行动，这就是支撑压力理论与形态理论的结合。从更大的范围看，形态理论还可与后面介绍的方法相结合，比如技术指标的背离等。

此外，从实际的应用效果看，由于形态理论需要等到形态完成后才采取行动，往往不能获得较好的位置。因此，将其作为辅助判断手段（战术手段）可能效果更好，最好不要将其作为主要的判断手段（战略手段）。

六、形态对波浪理论的作用

下一章将介绍波浪理论。在使用波浪理论时，一个经常遇到的难题是，某个过程是单独成为一个浪，还是与前后的浪共同合成为一个浪。对此，形态理论可以提供一些帮助。比如，如果出现了明显的持续形态，则形态的两端应该分属不同的浪。对这一问题在这里不再继续深入说明，有兴趣的读者可以阅读本书第六章第十节。那里有简单说明。

在结束本章之前，需要提醒读者的是，与所有的分析方法一样，本章介绍的价格形态识别方法可作为实际投资行为的参考方法，其结论只是某一方面的建议，投资者不能把它们当成万能的工具而完全依赖它们。如果那样，当情况极其不利时，有可能出现令投资者非常不快的结果。

本章小结

本章全面介绍了各种现有的技术形态，包括持续形态、反转形态和缺口，对各种技术形态的基本“模样”进行了说明，对各种技术形态的形成过程和原因做了初步解释，尽管这些解释有一些“牵强”。最后，本章应用形态理论对实践做了指导，并对其难点进行了说明。

本章要点

1. 价格波动的平衡和打破的过程。
2. 反转形态的种类和识别。

3. 反转形态的应用。
4. 持续形态的种类和识别。
5. 形态理论在应用上的难点。
6. 缺口和岛形的判断和应用。

本章关键词

反转形态　持续形态　头肩形　三角形　形态高度　测算功能

本章思考题

一、名词解释

两种基本的形态类型　双重底和双重顶　头肩形
三角形形态的测算功能　四种缺口类型　岛形反转

二、简答题

1. 怎样处理圆弧底？怎样处理几种三角形的出现？
2. 矩形、旗形和楔形的区别是什么？
3. 三种三角形各有何特点？各有什么功能？
4. 在何种情况下，投资者应倾向于将三角形当成反转形态？
5. 形态规模的大小对今后的预测有什么影响？
6. 旗形和斜三峰的前面都有“旗杆”，为什么这两种形态在对今后的预测上有差异？
7. 如何理解“V”形的时间和空间的平衡？
8. 喇叭形在何种情况下更容易成为持续形态？
9. 判断某个形态属于反转形态对其前面的趋势有何要求？
10. 如何理解同一种形态有可能同时属于反转形态和持续形态？

三、自我练习题

考察形态与支撑压力的关系。分析本书的实际案例，看看出现形态的地方是否是支撑压力的位置。重点查看是否是两种黄金分割线的位置。

第六章 波浪理论简介

波浪理论是所有技术分析方法中最为神奇的理论。用波浪理论得到的一些结论和预测，在开始时总是被认为很荒唐，但过后却不可思议地被事实所证实。从技术的角度讲，波浪理论不容易掌握，目前能够熟练应用波浪理论的人还不多。但是，由于波浪理论的神奇性，它的流行范围很广，每个交易者都希望自己是掌握这把神奇钥匙的人。如果谈论技术分析而不涉及波浪理论，那么这样的技术分析就是有“缺陷”的。

本章将从最基本的数学公式推导开始，逐步介绍目前已经被认可的波浪理论的结果，希望对有志于波浪理论研究和应用的投资者有所帮助。对于波浪理论更全面、更详细的内容，可以参看专门介绍波浪理论的书籍。例如，由小罗伯特·鲁盖洛特·普雷克特（Robert Rougelot Prechter，Jr.）和艾尔弗雷德·约翰·弗罗斯特（Alfred John Frost）所著的《艾略特波浪理论：市场行为的关键》（*Elliott Wave Principle：Key to Market Behavior*），该书有中文译本。

第一节 波浪理论的起源和发展以及基本思想

一、波浪理论的起源和发展

波浪理论的全称应该是艾略特波浪理论（Elliott wave theory），是以美国人拉尔夫·纳尔逊·艾略特（Ralph Nelson Elliott）的名字命名的一种技术分析理论。

波浪理论的形成经历了一个较为复杂的过程，最初是由艾略特首先发现并应用于证券市场，他的全部想法汇集在所写的《自然法则——宇宙的秘密》（*Nature's Law—The*

Secret of the Universe）一书中。但是，他的这些研究成果没有形成完整的体系，在艾略特在世时没有得到社会的广泛承认。

继艾略特之后，在推广发展波浪理论方面有突出贡献的是柯林斯（J. Collins）和博尔顿（A. Hamilton Bolton）。当然，还有很多研究人员为波浪理论的建立做出了突出贡献，他们正是在总结艾略特等人研究结果的基础上，逐步完善和发展了波浪理论。

在 20 世纪 80 年代前后，小罗伯特・鲁盖洛特・普雷克特和艾尔弗雷德・约翰・弗罗斯特对波浪理论有了更深刻的研究，他们还在美国设立了波浪理论国际公司。

二、波浪理论的基本思想

艾略特最初发展波浪理论是受到价格上涨下跌现象不断重复的启发，力图找出其上升和下降的规律。众所周知，社会经济的大环境有一个经济周期的问题，证券价格的上涨和下跌也应该遵循这一周期发展的规律。不过，价格波动周期同经济发展的循环周期是不一样的，要复杂得多。

艾略特最初的波浪理论是以周期为基础的，他把周期分成时间长短不同的各种周期，并指出：在一个大周期之中可能存在小的周期，而小的周期又可以再细分成更小的周期。每个周期无论时间长与短，都以一种相同的模式进行。这个模式就是今后要介绍的 8 浪结构过程，即每个周期都是由上升（或下降）的五个过程和下降（或上升）的三个过程组成。这八个过程完结以后，我们才能说这个周期已经结束，将进入另一个周期，而新的周期依然遵循上述模式。以上是艾略特波浪理论最核心的内容，也是艾略特作为波浪理论奠基人所做出的最为突出的贡献。

三、与波浪理论有密切关系的内容

除了经济周期以外，与波浪理论密切相关的理论还有道氏理论（Dow theory）和斐波那契数列。本书的前面曾经涉及道氏理论，道氏理论的主要思想之一是，任何一种价格的移动都可以由三种形式的移动所描述，这三种移动构成了所有形式的价格移动：主要移动决定的是大趋势，次级移动决定的是大趋势中的小趋势，日常移动则是小趋势中更小的趋势。

艾略特波浪理论中的大部分理论与道氏理论相吻合。不过，艾略特不仅找到了这些移动，还找到了这些移动发生的时间和位置。这是波浪理论比道氏理论更为优越的地方。道氏理论必须等到新的趋势确立以后才能发出行动的信号，而波浪理论可以明确地知道目前是处在上升（或下降）的尽头，还是处在上升（或下降）的中途，因而可以更明确地指导操作。

艾略特波浪理论中所用到的数字均来自斐波那契数列，这个数列是数学上很著名的数列，将在下一节介绍。该数列有很多特别的性质，而且这个数列的使用相当广泛。艾略特使用这个数列的数字可能也是想到了这个数列的特殊性和不可思议性。这个数列的确很神奇，我们将首先介绍斐波那契数列，而后介绍波浪理论的主要内容。

第二节　斐波那契数列和黄金分割数字

一、斐波那契数列

斐波那契数列是以 13 世纪意大利数学家斐波那契（Leonardo Fibonacci）的名字命名的数列。从数学上讲，斐波那契数列是一个由递推关系确定的数列，用数学公式可表示如下：

$$A_{n+2}=A_{n+1}+A_n \qquad n=1,2,3,4,5,6,\cdots$$
$$A_1=A_2=1$$

从公式中可以看出，数列中某一位置的数字等于此前两个数字相加。如果我们知道了处于较前位置的数字，那么用上述公式就可以求出任何位置的数字。斐波那契数列排在前面的十几个数字是：

1，1，2，3，5，8，13，21，34，55，89，144，…

在波浪理论中，主要是用以上这些数字。

二、斐波那契数列的通项公式

如果想要知道第 100 个位置上的数字是多少，从理论上说，用上面的方法依次求出就可以了。但是，这样做所花的时间太多，我们可以用简单的方法计算出任何位置上的数列值。

从数学上严格推导斐波那契数列的通项公式是一件较为复杂的工作（针对从事非数学研究的人员而言），我们在这里省略推导的过程，直接给出结果。

斐波那契数列的通项公式为：

$$A_n=\frac{1}{\sqrt{5}}\left[\left(\frac{1+\sqrt{5}}{2}\right)^n-\left(\frac{1-\sqrt{5}}{2}\right)^n\right] \qquad n=1,2,3,4,5,6,\cdots$$

容易验证，这个式子是正确的。例如，$n=4$ 时，我们知道 A_4-5，用上述公式计算的结果也是 5。这个公式很有意思，因为它用无理数表示了一个自然数数列。

三、用斐波那契数列产生黄金数字

下面介绍黄金分割数的来历，我们曾在介绍黄金分割线的时候用到了这些数字。有了上面 A_n 的通项公式后，我们就可以很容易地得到那几个数字。

（一）最著名的 0.618 和 0.382

0.618 可通过下面的方法得到。用斐波那契数列中的每一个数除以它后面的数就得到

一个比值，如

1/1，1/2，2/3，3/5，5/8，8/13，…

这些比值最终会接近一个常数，我们在此要用到数学中求极限的一些知识。求极限的过程为：

$$\frac{A_n}{A_{n+1}}\xrightarrow{n\to\infty}\frac{\sqrt{5}-1}{2}\approx 0.618$$

等式的右边是这些比值的极限值。也就是说，越往后面，数列中的每一个数差不多都是后一个数乘 0.618，这是黄金分割数最初的形成。黄金分割数的精确值不是 0.618，它仅仅是近似值。

与 0.618 相配合的黄金数字还有 0.382。由数列中的某一个数除以其后第二个数，就得到：

$$\frac{A_n}{A_{n+2}}\xrightarrow{n\to\infty}\frac{3-\sqrt{5}}{2}\approx 0.382$$

（二）1.618 和 2.618

用数列后面的数字除以前面的数字，可得：

$$\frac{A_{n+1}}{A_n}\xrightarrow{n\to\infty}\frac{\sqrt{5}+1}{2}\approx 1.618$$

这是另一个黄金分割数 1.618 的来历。

用数列后面的数字除以前面第二个数字，可得到 2.618，即

$$\frac{A_{n+2}}{A_n}\xrightarrow{n\to\infty}\frac{\sqrt{5}+3}{2}\approx 2.618$$

在实际中用到的黄金分割数还有 0.236，0.382，0.618，2.618，4.236，6.854，11.090……都是以上面的数字为基础得到的。

四、斐波那契数列和黄金数字的用途

在对价格上升或下降的周期和发生转折的时间进行预测时，斐波那契数列具有很高的实用性，一般习惯上将这些数字称为神奇数字。证券价格波动过程的天数进行到该数列的某个数值时，价格发生重大变化的可能性较大。例如，连续上升了 3 天、5 天和 8 天等时间都是价格极可能出现回落的时间。当然，我们并不是说，到了这一天必然会发生点什么大事；只是说，在这一天发生变化的可能性比在别的时候要大一些。在观察价格变动时，我们应该在这样的天数细心地进行观察，不能大意。

黄金数字主要是用于寻找回落或反弹的支撑压力线，这一点已经在前文进行了介绍。在波浪理论中，黄金数字的主要用途是计算一个调整浪的调整高度和深度，具体的操作请参阅相关内容的书籍。

第三节 波浪理论的基本原理

一、波浪理论考虑的三个因素

波浪理论主要考虑三个方面的因素：①价格形态；②高低点比率；③价格变动的时间。其中，价格形态最重要。

（一）价格形态

价格形态是指价格变动过程所形成的“轨迹”，在波浪理论中是指波浪的形状和构造，主要的内容是8浪结构。这是波浪理论赖以生存的基础，或许当初艾略特就是从价格走势的形态中得到启发才提出了波浪理论。

（二）高低点比率

高低点比率是指价格走势图中各个高点和低点所处的相对位置。在波浪理论中，高低点比率一般是指各个浪长短之间的相对比率。通过计算，可以弄清楚各个波浪长度之间的相互关系，借以确定价格的回落点和将来价格上升有可能达到的位置。

（三）价格变动的时间

价格变动的时间是指价格完成某个形态所经历的时间长短。在波浪理论中，一般是指完成某个浪所需要经过的时间长短。知道了时间后，我们就可以预先知道何时将出现何种趋势。波浪理论中各个波浪之间在时间上是相互联系的，用时间也可以验证某个波浪形态是否已经形成。

以上三个方面可以简单地归为形态、比例和时间，这三个方面是波浪理论首先应该考虑的。有些波浪理论的初学者只注重形态和比例，却忽略了时间，这当然是不正确的，因为时间因素在进行市场预测时是不可忽略的。

二、波浪理论的基本形态结构

（一）波浪理论基本的8浪结构图

艾略特认为，证券价格应该按照一定的周期周而复始地发展，证券价格的上下波动是按照某种规律进行的。艾略特发现，每一个周期（无论是上升还是下降）可以分成8个小过程；这8个小过程一结束，一次大的行动就结束了，随后将是另一次大的行动。下面，我们以上升为例说明这8个小过程。图6-1是上升状态下的8浪结构图。

（二）主浪和调整浪

在图6-1中，0到1是第1浪，1到2是第2浪，2到3是第3浪，3到4是第4浪，4到5是第5浪。在这5浪中，第1浪、第3浪和第5浪称为上升主浪，而第2浪和第4浪是对第1浪和第3浪的调整浪。上述5浪完成后，紧接着会出现一个A—B—C三浪结构的向下调整，即从5到A的A浪，从A到B的B浪和从B到C的C浪。

（三）8浪结构与价格波动趋势的规模无关

考虑波浪理论必须弄清一个完整周期的规模，因为趋势是有层次的，每个层次的取法不同，可能会导致我们在使用波浪理论时发生混乱。但是应该记住，无论我们研究的趋势

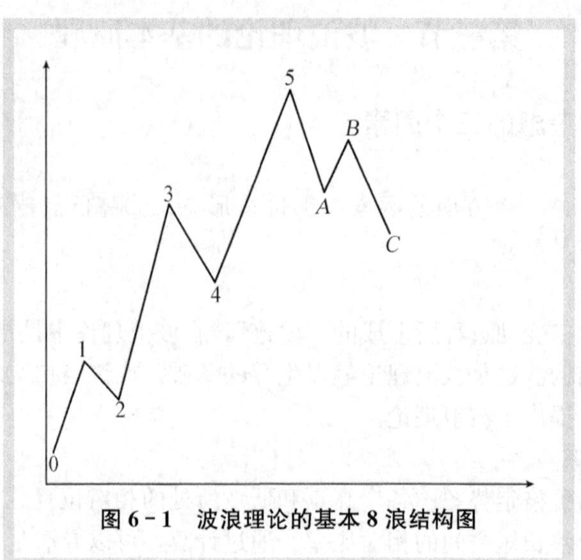

图 6-1 波浪理论的基本 8 浪结构图

是何种规模，是原始主要趋势还是日常小趋势，8 浪的基本形态结构是不会变化的。

在图 6-1 中，我们可认为从 0 到 5 是一个大的上升趋势，从 5 到 C 则是一个大的下降趋势。如果我们认为这是两浪的话，那么 C 之后一定还会有上升的过程，只不过时间可能很长。图中的 2 浪只不过是一个大 8 浪中的前 2 浪，是更大 8 浪结构的一部分。

三、波浪的层次——浪的合并和浪的细分

（一）大浪套小浪——浪中有浪

波浪理论考虑价格形态的时间和空间跨度是随意且不受限制的，大到可以覆盖从有股票以来的全部时间跨度，小到只涉及数小时、数分钟的价格走势。

正是由于上述时间跨度的不同，在数 8 浪时，必然会涉及将一个大浪分成很多小浪和将很多小浪合并成一个大浪的问题。这就是每一个浪所处层次的问题。

处于层次较低的几个浪可以合并成一个层次较高的大浪，而处于层次较高的一个浪又可细分成几个层次较低的小浪。当然，层次的高低、大浪小浪的地位是相对的。对于那些比它层次高的浪来说，它是小浪；对于那些比它层次低的浪来说，它又是大浪。

以上升为例，图 6-2 是这种细分和合并的图形表示。

从图 6-2 中可以看出，规模最大的浪是处于第一层次的两个大浪。从 L_1 到 H 是第一大浪 W_1，从 H 到 L_2 是第二大浪 W_2，W_2 是对第一大浪 W_1 的调整浪。第一大浪和第二大浪又分别被细分成 5 个浪和 3 个浪，共 8 个浪。

第一大浪 W_1 可以分成（1）、（2）、（3）、（4）、（5）共 5 个浪，而第二大浪 W_2 可以分成（A）、（B）、（C）共 3 个浪。这 8 个浪是处于第二层次的大浪。

第二层次的大浪又可以细分成第三层次的小浪，这就是图中的 1、2、3、4、5 以及 A、B、C。如果具体数一下，这样的小浪共有 34 个。

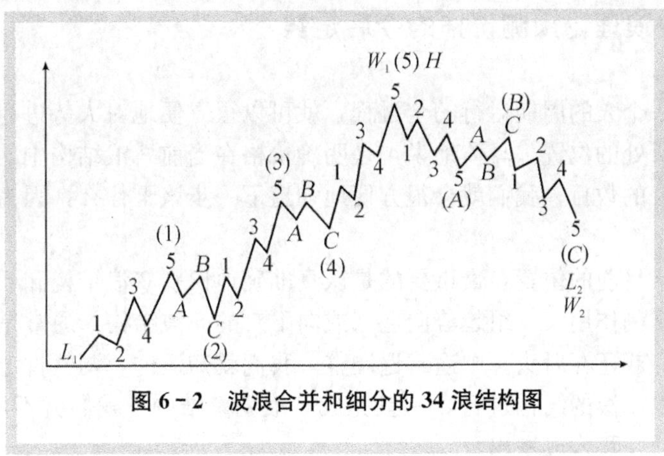

图 6-2　波浪合并和细分的 34 浪结构图

（二）合并和细分的原则

将波浪细分时会遇到下述问题，我们是将一个较大的浪分成 5 个较小的浪，还是分成 3 个较小的浪？该问题要看这个大浪是处在上升还是下降阶段，同时还要看比它高一层次的波浪是上升还是下降，以上两个因素将决定这个大浪将被细分成 3 浪还是 5 浪。

（1）本大浪是上升，上一层的大浪是上升，则分成 5 浪。

（2）本大浪是上升，上一层的大浪是下降，则分成 3 浪。

（3）本大浪是下降，上一层的大浪是上升，则分成 3 浪。

（4）本大浪是下降，上一层的大浪是下降，则分成 5 浪。

换句话说，如果这一浪的上升和下降方向与它上一层次浪的上升和下降方向相同，则分成 5 浪；如果不相同，则分成 3 浪。例如，图 6-2 中（2）浪本身是下降，而（2）浪的上一层浪 W_1 是上升，所以（2）浪分成 3 浪。（A）浪本身是下降，（A）浪的上一层浪 W_2 也是下降，所以（A）浪分成 5 浪。按照这一原则，我们可以将任何一个浪进行细分。同样，不管是什么样的证券市场，按照这样的原则不断地合并下去，最终整个过程就会被合并成 1 个浪或 2 个浪。

四、斐波那契数列与波浪的数目

斐波那契数列在波浪理论中计算浪的数目时，有不可忽视的作用。

从图 6-2 中可见，W_1 浪由 5 浪组成，同时又是由更小的 21 浪组成，而 W_2 浪由 3 浪组成，同时又由 13 个更小的浪组成。W_1 浪和 W_2 浪这 2 个浪由 8 个较大的浪组成，同时又由 34 个更小的浪组成。如果增加最高层次的浪，如增加 W_3、W_4 和 W_5，我们就可以看到比 34 大的斐波那契数列中的数字，如 55、89 等。

这里的数字 2，3，5，8，13，21，34……都是斐波那契数列的数字。它们的出现不是偶然的，这是艾略特波浪理论的数字基础，正是在这一基础上，才有波浪理论的不断发展。

五、应用波浪理论预测价格的今后走势

我们知道了一个大的周期运行的全过程，就可以很方便地对大势进行预测。首先，需要明确价格当前所处的位置。具体地说，是明确价格在当前 8 浪结构中的位置。按波浪理论所指明的各种浪的数目，我们就会很方便地知道下一步该干什么，因为我们知道未来将有什么样的波浪。

要弄清楚价格目前的位置，最重要的是认真准确地识别 3 浪结构和 5 浪结构，这两种结构具有不同的预测作用。一组趋势向上（或向下）的 5 浪结构，通常是更高层次波浪中的一个浪，可能好戏还在后头。中途若遇调整，我们就知道这一调整肯定不会以 5 浪的结构进行，而只会以 3 浪的结构进行。一旦完成 3 浪调整结构，我们就不应再继续等下去，而是立即采取行动，买入或抛出。

如果发现了一个 5 浪结构，而且目前处在这个 5 浪结构的末尾，我们就会清楚地知道，一个 3 浪结构的调整浪随后将至，我们就应该立即采取行动。如果这一个 5 浪结构同时又是更上一层次波浪的末尾（例如第 5 浪），那么我们就知道一个更深、更大规模的 3 浪结构将会出现，而在这时采取行动是非常必要的。

上升 5 浪、下降 3 浪的原理也可以用到熊市中，这时的结构就变成下降 5 浪、上升 3 浪，如图 6-2 中的（A）浪和（B）浪。不过，全世界股票市场的指数和价格都是不断上升的，从基期的 100 点逐步上升到上千点、上万点。这样，把股票市场处于牛市看成市场的主流而把熊市看成市场的调整，就会成为一种习惯。正是由于这个原因，在介绍波浪理论时，我们都以牛市为例。认识上升 5 浪、下降 3 浪是了解波浪理论的最基本步骤，但要避免出现“遗漏”的错误，不要仅仅认为只有上升 5 浪和下降 3 浪，却忘记了还有下降 5 浪和上升 3 浪。

六、波浪理论基本内容小结

波浪理论的主要内容如下：

（1）一个完整的上升或下降周期由 8 浪组成，其中有 5 浪是主浪，有 3 浪是调整浪。

（2）基本 8 浪结构与波浪的规模无关。

（3）多个波浪可以合并成一个更高层次的大浪；一个波浪也可以细分成时间更短、层次更低的若干小浪。

（4）波浪的细分和合并是按一定的规则进行的。

（5）完整周期的波浪数目是斐波那契数列中的数字。

（6）波浪分为两种——主浪和调整浪。对于任何一浪来说，要么是主浪，要么是调整浪。

（7）根据当前价格在 8 浪结构中的位置，可以指导具体的投资行为。

第四节　主浪及其变化

波浪理论中的波浪是由主浪和调整浪组成的，主浪是重要的组成部分，这两种浪在波

浪理论的研究中都起着重要的作用。本节着重对主浪的各种情况予以介绍。

一、主浪的定义

主浪的准确定义可以叙述为：如果一个波浪的趋势方向和比它高一层次的波浪的趋势方向相同，那么这个波浪就称为主浪。

由于与高层次的波浪方向相同，主浪从直观上起了一个推动趋势发展的作用，因而主浪又称为推动浪（impulse waves）。

主浪的地位是相对的，它可以处在一个更大的主浪之中，也可能处在一个更大的调整浪之中。主浪有一个特点，不管是在上升过程还是在下降过程，对主浪的细分必然是分成5个小浪。

在图6-2中，(1)浪、(3)浪、(5)浪、(A)浪、(C)浪都与它们上一层次的浪 W_1 或 W_2 的趋势方向相同，所以它们都是主浪。因为(2)浪、(4)浪与 W_1，(B)浪与 W_2 的方向相反，所以它们不是主浪，而是调整浪。

二、主浪的特性

主浪是第1浪、第3浪、第5浪和 A、C 浪，由于所处的位置不同，主浪的特性也会有所区别。下面，我们以上升为例进行叙述。

（一）第1浪

第1浪是整个上升趋势的开始，所以它一般处于市场的底部位置。在底部的形成中，第1浪的上扬往往被认为是不起眼的有限反弹，一般会遭到空方的打压。所以，第1浪持续的时间一般很短，上升的高度也不大。当然，如果底部形态已经完全形成，这时第1浪向上的高度可能会高一些。

（二）第3浪

第1浪和第2浪已经完成了筑底的过程，而且由于此时的底部已经比第1浪出现时坚实得多，因此第3浪将是上冲最为强烈的一浪，其持续时间最长，上升高度最高。第3浪中将发出各种各样的信号，而且第3浪的出现表示传统意义上的突破已经被确认。在第3浪中，由于所有顺势而为的忠实执行者得到了向上趋势已经形成的“通知”，所以都纷纷挤进当前这一牛市。成交量的迅猛放大以及价格不可思议地攀升，在第3浪中是很常见的。同样，上述成交量的放大和价格的上升也是我们判断一个浪是否是第3浪的标准之一。如果某一浪的成交量和价格没有显著增加，那么这一浪有可能不是第3浪。

在图形上，第3浪表现为价格位置发生了“本质性”改变，因此大多数证券的价格在经过了第3浪的上升之后，就“再也回不去了”，其价格将保持在比原来启动价格高得多的位置。

（三）第5浪

经历了前4个浪的上升和回落之后，第5浪往往要比第3浪温和得多。在第3浪表现出的强势和疯狂，在第5浪会得到充分的控制。在第5浪完成的末期，各种技术指标差不多都会发出背离的信号，预示着顶部的形成和向下趋势的开始。第 5 浪所持续的时间可能很长，也可能较短，没有一定之规。

（四）*A* 浪

A 浪与第 1 浪有类似的特性，它很容易被误认为是暂时的回落。但是，由于前面第 5 浪的末期出现的技术指标背离，持股的获利者会将手中的证券大量抛出。也就是说，*A* 浪下落的深度有可能是很大的，而且大的成交量也可能同时出现，从而成为价跌量增的局面。

（五）*C* 浪

C 浪的出现，是调整浪进入尾声的开始，这时极容易出现各种行动的信号，而下跌杀伤力的强弱将体现在 *c* 浪的具体表现中。

我们对于主浪的介绍主要是针对第 1 浪、第 3 浪和第 5 浪，对于 *A* 浪和 *C* 浪一般没有给予过多的注意。

三、主浪的延伸

（一）主浪延伸产生 9 浪结构

三个主浪中的任何一个有时可能不是单纯的一个向上过程，而是可以细分成 5 个小浪，这个现象叫主浪的延伸（extension）或延长。换句话说，第 1 浪、第 3 浪、第 5 浪中的某一个有可能以 5 个小浪的形式出现在整个波浪形态中。第 1 浪、第 3 浪、第 5 浪中最容易出现延伸的是第 3 浪，这是由第 3 浪的特殊性造成的。第 1 浪持续的时间短，不容易出现延伸现象。第 5 浪的延伸比第 1 浪多，但比第 3 浪少，处在两者中间的地位。

图 6－3 是几种延伸的图形，左边是牛市的延伸，右边是熊市的延伸。第一排是第 1 浪延伸，第二排是第 3 浪延伸，第三排是第 5 浪延伸，第四排是无界限延伸，呈现的是 9 浪结构。

一个牛市上升趋势的 5 浪结构会因为其中一个主浪的延伸而变成 9 浪结构，9 浪结构中的 5 个主浪都占据相差无几的长度。9 浪结构与 5 浪结构具有相同的意义，它只不过是 5 浪结构的变形，这个变形是由于主浪的延伸而出现的。

（二）主浪延伸中的规律

关于延伸有一条非常重要的规律：三个主浪中只能有一个主浪产生延伸。如果某一个主浪产生了延伸，则另外两个主浪一定不会产生延伸现象，而且这两个未出现延伸的主浪在时间长短和波动幅度上大致应该相同。这条特性是我们对延伸进行判断的依据之一。

如果是第 1 浪或第 3 浪出现延伸，则整个波浪的形态不会出现大的变动。但是，如果第 5 浪出现延伸，则情况会有所变化，相对来说复杂一些。

（三）第 5 浪延伸的特殊性

如果是第 1 浪、第 3 浪出现 5 浪的延伸，那么在 5 浪的后面不会紧跟一个调整的 3 浪结构。如果延伸发生在第 5 浪，则必然会紧跟一个调整的 3 浪结构，因为上升 5 浪的全过程已经结束，紧跟一个调整 3 浪是必然的。

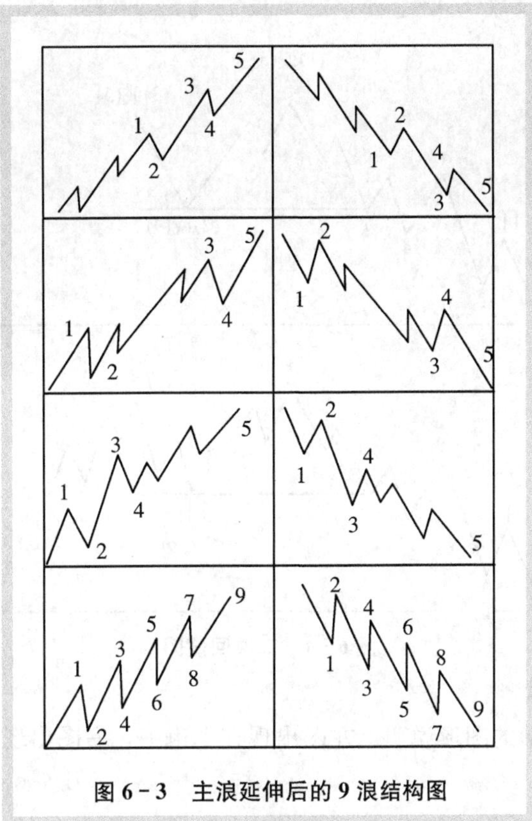

图 6-3 主浪延伸后的 9 浪结构图

这个紧跟的 3 浪结构是价格的第一次回落（retracement），回落的位置大约是延伸浪的起点，也就是延伸 5 浪中标着 2 的那个低点。

这个紧跟的 3 浪结构的地位在不同情况下是不同的：

（1）如果原来的上升 5 浪（在延伸情况下是 9 浪）是比它更高一层次的第 1 浪或第 3 浪，那么这个紧跟着的 3 浪结构就是高一层次波浪的第（2）浪或第（4）浪。不论是哪种情况，下一步将进行第二次回落，价格将从低点调头向上，以便运行第（3）浪或第（5）浪，从而恢复原来的上升趋势（见图 6-4 上图）。

（2）如果上升 5 浪是高一层次波浪的第 5 浪，那么这个 3 浪结构就是高一层次的（A）浪，之后将是价格的第二次回落。不过，这一次价格将运行（B）浪，从而预示原来上升趋势的结束以及新的下降趋势开始（见图 6-4 下图）。

以上是第 5 浪出现延伸时的两次回落现象，而图 6-4 是对这一现象的图形表示。第一次回落从 5 到（A）和从 5 到（2）或（4），回落深度是延伸浪的起点。第二次回落是从（A）到（B）和从（2）或（4）开始的第（3）浪或第（5）浪。

四、主浪的斜三角形

除了可以分成 5 浪组合而成为延伸这种变化之外，主浪的另一种变化是变成更为复杂的斜三角形（diagonal triangle）。

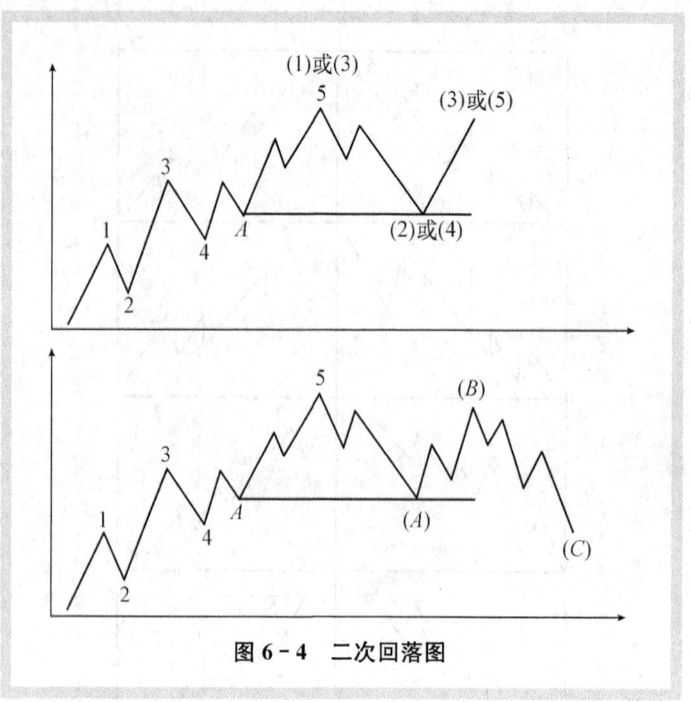

图 6-4　二次回落图

图 6-5 是斜三角形的图形说明，左图出现在牛市中，右图出现在熊市中。

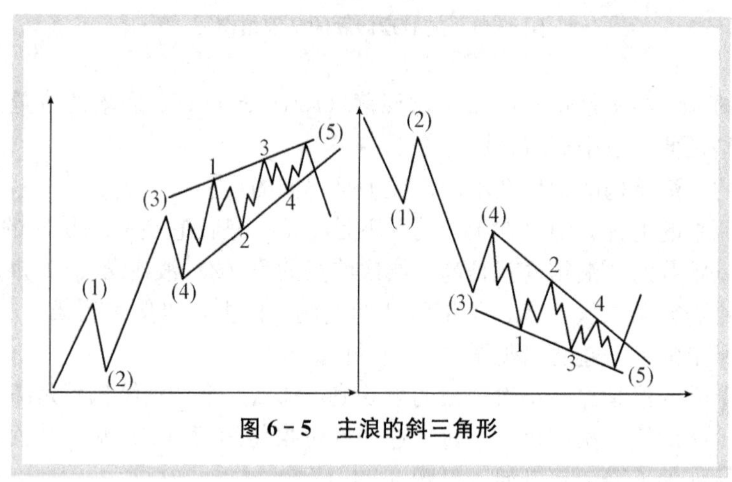

图 6-5　主浪的斜三角形

这种斜三角形一般都发生在第 5 浪的身上。从图 6-5 可以看出，这里所谓的斜三角形在形态理论中被称为上升楔形或下降楔形。由形态理论可知，楔形属持续整理形态，上升楔形看跌，下降楔形看涨。所以，第 5 浪出现斜三角形时，将有一个大的回落。

从波浪理论的角度看，完成了 5 浪结构后，将有一个 3 浪结构的调整浪，这也预示着一次回落的开始。在这个问题上，波浪理论与前面介绍的形态理论达成了共识。

斜三角形的结构同样是由 5 个浪组成，与延伸不同的是，这 5 个浪的每一个浪又分成 3 个小浪。每个浪都细分成 3 个浪，这与波浪理论最基本的上升 5 浪、下降 3 浪的 8 浪结论不同，读者应该注意这一点。

五、主浪的失败形态

出现主浪的失败形态（failure swing），说明价格沿一个趋势的运动已经精疲力竭，接近尾声了。这时，价格图形的主要特征是第 5 浪没有向上（或向下）突破第 3 浪的高点（或低点），从而形成 M 头（或 W 底），因此价格的反转将是必然的事情。

图 6-6 是这种形态的图形说明。由于第 5 浪没有完成它应该完成的上升（或下降）趋势，所以这种形态也是主浪的变化，因为 3 个主浪一般是后一浪比前一浪更高或更低。

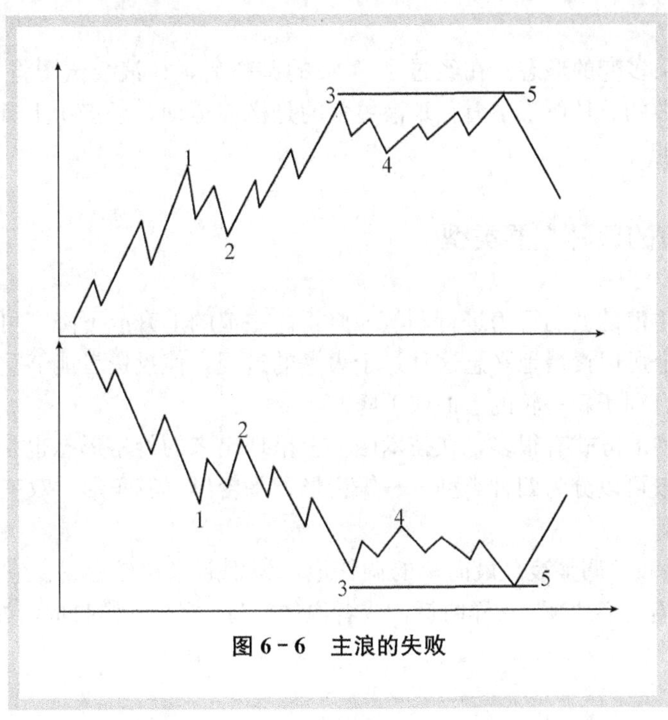

图 6-6　主浪的失败

第五节　调整浪及其变化

调整浪（corrective wave）的运行方向与其上一层次的波浪方向不同，是主浪的补充，一个浪不是主浪就是调整浪。5 浪结构中的第 2 浪和第 4 浪，3 浪结构中的 B 浪都是调整浪。

一、调整浪的特性

调整浪的界限不是很清楚，识别起来也有些困难，但有一点是共同的，那就是调整浪一定以 3 浪或 3 浪变形的形式出现，绝不会以 5 浪的形式出现。

不同位置的调整浪，其特性往往有所不同。

(一) 第2浪

第2浪是第1浪的回落，并完成筑底的全部过程。一般情况下，第2浪要将第1浪上涨的部分“吃”回去。但是，第2浪不会创出新低，而是在底部形成我们熟悉的W底或头肩底形态，从而为第3浪的大幅度上涨创造条件。

(二) 第4浪

第4浪的形态是最复杂多变的。在经过了第3浪的猛烈上升后，第4浪会出现各种各样的调整形态。第4浪对今后5浪结构完成后出现的熊市有很强的支撑作用，也就是说，第4浪的最低点是未来3浪调整结构的重要支撑位置。

(三) *B*浪

*B*浪也是复杂多变的形态。在经过了*A*浪的调整后，*B*浪会试图将*A*浪的回落拉回去，但通常是失败的。从图形上看，*B*浪更多的是横向运动，经多次上升不成功后，为后面的*C*浪积累力量。

二、调整浪的四种主要类型

调整浪是对主浪的波动行为进行调整和修正。主浪的上升或下降有可能过于激烈，调整浪在某种程度上可以慢慢地平息这种过于火爆的过程，使投资者能够重新聚集力量，进行适当的休整，有利于新一轮的上冲或下降。

平息过分激烈的方式有很多，在技术图形上呈现出来的价格形态也是多种多样的。简单地划分，调整浪可以分为四种类型——锯齿形、平台形、三角形、双三形和三三形。

(一) 锯齿形

锯齿形（zigzag）调整浪是最简单的调整浪，识别起来比较容易。它的3浪结构的走势图形就像一个英文字“N”一样曲折，或者说像字母“Z”一样曲折，如图6-7所示。

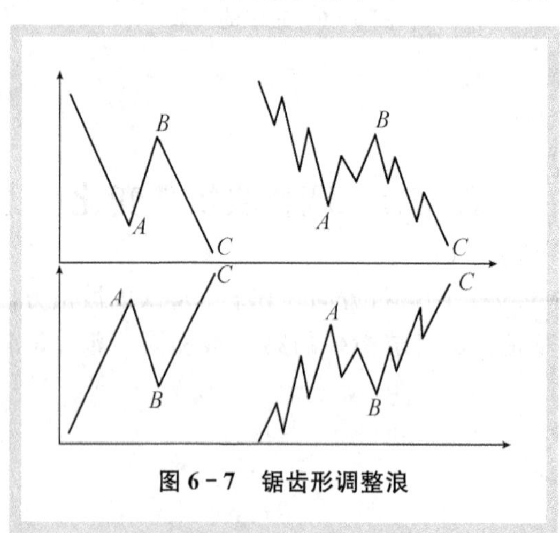

图6-7 锯齿形调整浪

由于大浪可以细分成小浪，所以*A*浪、*C*浪可以分成5浪，*B*浪可以分成3浪。这样，锯齿形调整浪有时是以5—3—5的波浪序列出现的，这是13浪的结构。

无论是3浪结构的调整还是13浪结构，中间一浪*B*浪的高点（或低点）远未触及*A*

浪的起点，而 C 浪的低点（或高点）却远低于（或高于）A 浪的低点（高点）。正是因为如此，才构成曲折向下酷似字母“N”的锯齿形。

（二）平台形

平台形（flat）调整浪的价格趋势是横向的波动，没有明显向上或向下的趋势。平台形调整浪在形态结构上与锯形很相似，两者的区别主要在两个地方：

（1）平台形调整浪的三浪结构可以被细分，但细分的结果是 3—3—5 的波浪序列，而锯齿形是 5—3—5 的波浪序列。也就是说，A 浪被细分成 3 浪而不是 5 浪，在第 5 浪出现延伸后的第二次回落时就会遇到这个形态。

（2）A 浪、B 浪、C 浪这 3 个浪的顶点相对高度，不像锯齿形规定得那么死板，它们可以有各种相对位置。正是因为 A 浪、B 浪、C 浪这 3 个浪顶点和低点的相对位置不同，才导致平台形调整浪的不同类型。

平台形调整浪主要分为两种形态——常规的平台形和它的变形体，而变形体有两个，所以平台形一共可以分为三种形态。

第一种是常规的平台形，它的特点是 A 浪、B 浪、C 浪这 3 个浪的高点和低点都相同或近似相同。这样，从图形上看就是不倾斜的一个平台形状（见图 6-8）。

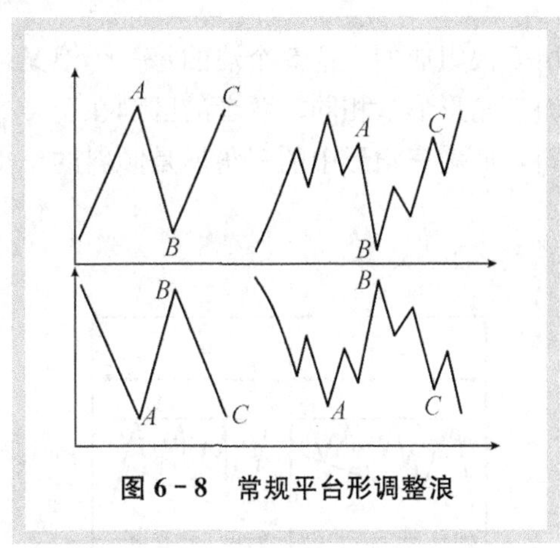

图 6-8　常规平台形调整浪

这种平台形类似形态理论中的矩形，它在很大程度上应该属于对现有趋势的巩固，而不是对现有趋势的调整，所以出现这种平台形之后的走势往往是保持原来的趋势方向。换句话说，牛市中的平台是上升，熊市中的平台是下降。

第二种平台形是 A 浪的高点和低点被 B 浪和 C 浪超越。从图形上看，图形成为一种波动幅度变大的形状，这种形状也称为扩散平台形（见图 6-9）。

第三种平台形是 A 浪的高点或低点被 B 浪达到，但是 C 浪未超越 A 浪的高点或低点，如图 6-10 所示。从图形上看，其价格的波动幅度正在变小，这种形状也称为收缩平台形。从形态理论的观点看，属于对称三角形形态。

从本质上讲，不管是哪种类型的平台形调整浪，都是对现有趋势的巩固和加强，只是程度上有些不同。从形状上讲，它们大多是形态学中的持续整理形态。所以，从这两方面讲，平台形之后的走势应该是保持原有的趋势。

(三) 三角形

三角形 (triangle) 多出现在 5 浪结构中的第 4 浪，有时也可能出现在 3 浪结构中的 B 浪，但以出现在第 4 浪的情况居多。

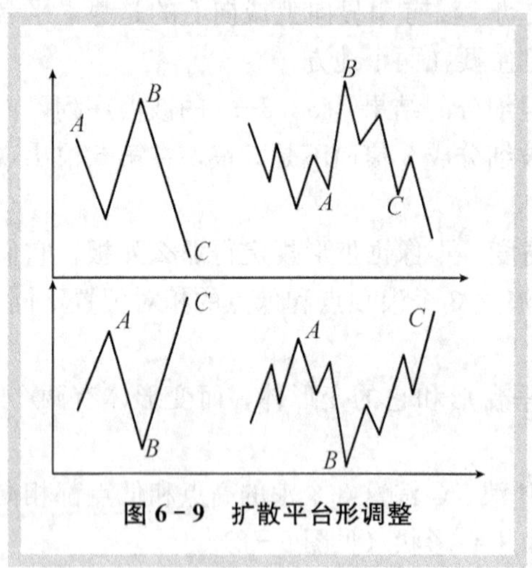

图 6-9 扩散平台形调整

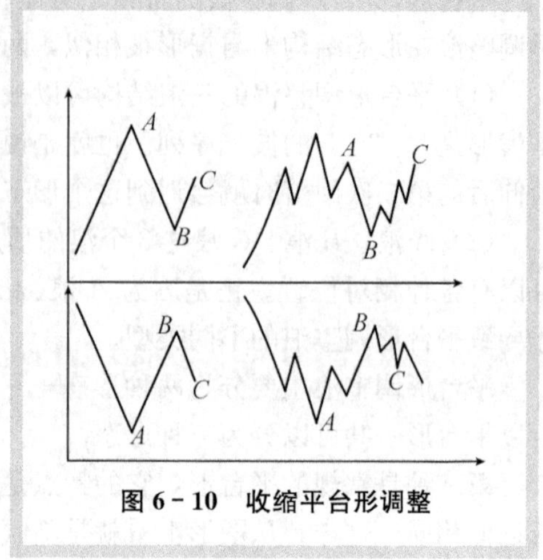

图 6-10 收缩平台形调整

三角形的形状本身是由 5 浪组成的，这 5 个浪的每一个浪又可以细分成 3 个小浪，这个形状同主浪第 5 浪中的斜三角形形状相同。两者的区别在于，这里的三角形态是以横向发展为主，没有明显的倾斜，而斜三角形中的三角形是倾斜的，也就是楔形的样子（见图 6-11）。

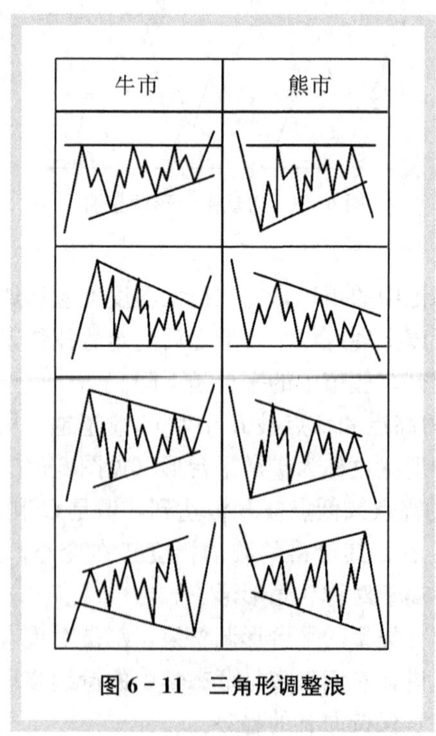

图 6-11 三角形调整浪

第 4 浪的三角形通常是横向的巩固形态，包括上升三角形、下降三角形、对称三角形和喇叭形（扩大三角形），这些都是形态学中的内容。这些三角形对今后价格走势的预测结果在波浪理论中也用得上，并且还颇为吻合。

以牛市为例，如果在上升趋势中看到了三角形（第 4 浪），那么牛市可能看涨也可能看跌。

看跌的原因是市场目前已经过了第 3 浪的大涨，尽管还有第 5 浪的上升，但这个上升可能是有限的。此外，第 5 浪还可能是失败的形态，在第 3 浪完成后，价格就已经到顶了。

三角形完成后，最后的第 5 浪将以较快的速度完成。另外，对于第 5 浪的上升或下降的高度，除了可以使用比率分析中的结论之外，还可以沿用形态学中三角形形态的测量功能。

(四) 双三形和三三形

这是较为常见的调整浪的复杂形态，其基本形状如图 6－12 所示。

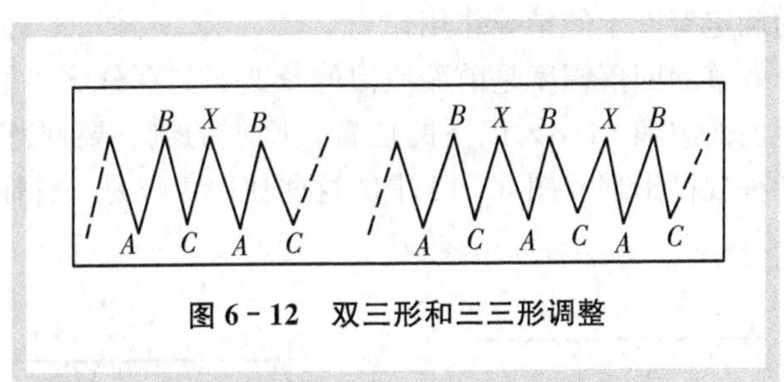

图 6－12　双三形和三三形调整

双三形是两组三浪结构合并在一起，形成 7 浪。

三三形是三组三浪结构合并在一起，形成 11 浪。

双三形和三三形都酷似形态理论中的矩形，形态理论中关于矩形的结论都可以用到这里。

对于双三形和三三形中的浪，又可以细分成 5 浪结构和 3 浪结构。这样一来，一个双三形和三三形又成了复合的结构，里面可能含有锯齿形也可能有平台形。这种情况比较复杂，有兴趣的读者可以阅读一些有关波浪理论的专门著作。

第六节　波浪理论中的比率分析和时间分析

波浪理论考虑的是三方面的因素，即价格形态、比率和时间。前面重点介绍了价格形态方面的内容，下面将介绍波浪理论中比率分析和时间分析的内容。

一、比率分析

比率分析是波浪理论中一个浪与另一个浪在价格波动幅度上的比例关系。计算支撑压力的黄金分割法在证券市场中使用得很广泛，谁都可以预见，在任何一个完整上升过程的回落中，确定回落调整幅度是前面上涨幅度的某个黄金分割数字的比率。这种情况计算很简单，但使用很复杂。然而，与黄金分割关系相适应的市场基本趋势总是存在的，它有助于对每一浪产生正确的认识。

波浪理论一些比例分析结果的实际效果可以说是令人瞠目结舌，某些波浪理论使用者对比例分析简直是着了魔。他们相信，每一浪的幅度都可以按斐波那契数列中的某个比率与相邻波浪的长度计算得到。

比率分析已经揭示了一个在波浪中经常出现的反映精确价格关系的数字，主要有两类比率关系：回落或反弹关系和倍数（multiple）关系。

二、回落或反弹

以下叙述都是以回落为例。与回落相关的内容在有关支撑压力的黄金分割线中已经有所介绍，这里是从波浪理论的角度来看待这个问题。我们在计算回落幅度时要考虑浪的位置，这对于高低点的确定有一定的指导作用。

通常说来，一个调整的回落幅度是前面波浪的斐波那契百分比，如图 6－13 所示。一般的调整经常回落至前面波浪 61.8%以下的位置，剧烈的调整要回落到前面主浪 38.2%的位置，回落会以各种规模出现。图 6－13 中的这些比率仅仅是一种倾向。

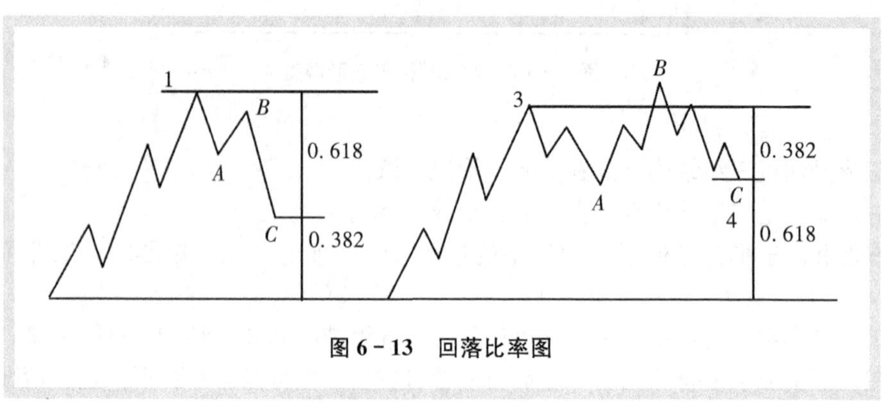

图 6－13　回落比率图

如果稍微加以留意，我们就可以发现，这种做法与百分比线中两个点的黄金分割线的做法是一致的。

三、主浪长度的倍数关系

（一）第 1 浪与第 5 浪长度的倍数关系

如果第 3 浪是延伸浪，那么第 1 浪和第 5 浪就趋向于等长或成 0. 618 的倍数关系，如图 6－14 所示。实际上，无论是等长（1 倍）、1. 618 倍、2. 618 倍、0. 618 倍、0. 382 倍，所有 3 个主浪都与斐波那契数列有关，这些主浪的长度关系通常呈百分比关系。当然，在低层次的波浪中，算术刻度和百分比刻度实际上也能得出同样的结果。此时，每个主浪的点数揭示了同样的倍数。

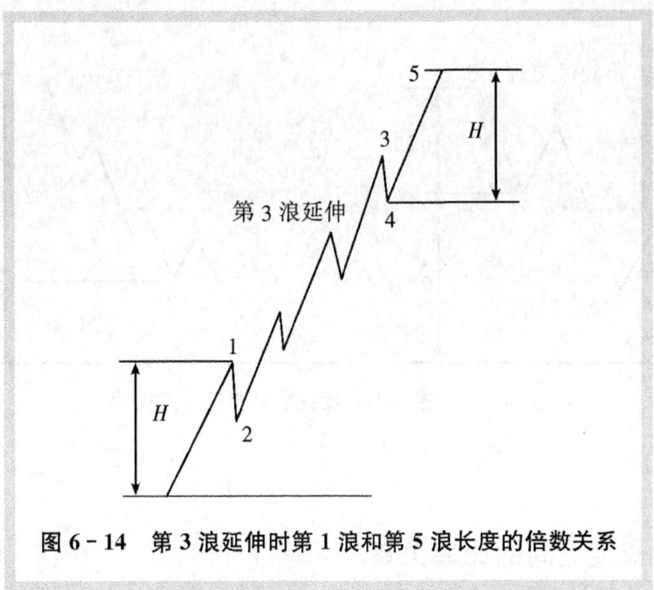

图 6-14　第 3 浪延伸时第 1 浪和第 5 浪长度的倍数关系

（二）第 5 浪长度与第 1 浪至第 3 浪长度的倍数关系

第 5 浪的长度与第 1 浪至第 3 浪的长度成斐波那契比率关系，如图 6-15 所示。它表示了第 5 浪延伸情况下的比率关系。

当第 5 浪不延伸时，这样的倍数关系要做修改，将延伸情况下的 1.618 用 0.382 或 0.618 取代。

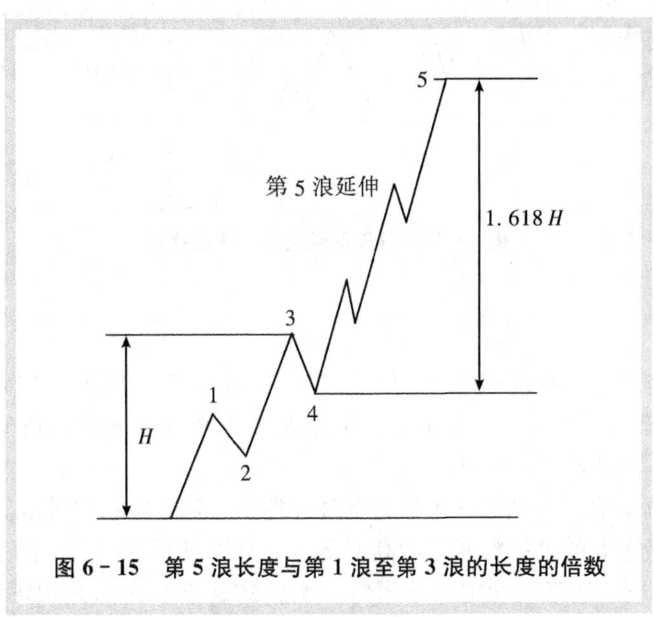

图 6-15　第 5 浪长度与第 1 浪至第 3 浪的长度的倍数

（三）第 5 浪长度在整体长度中的比例

如果第 5 浪不延伸，则第 5 浪的长度是整个 5 浪结构波动幅度的 0.382 倍。如果第 5 浪延伸，则第 5 浪的长度是整个 5 浪结构波动幅度的 0.618 倍（见图 6-16）。

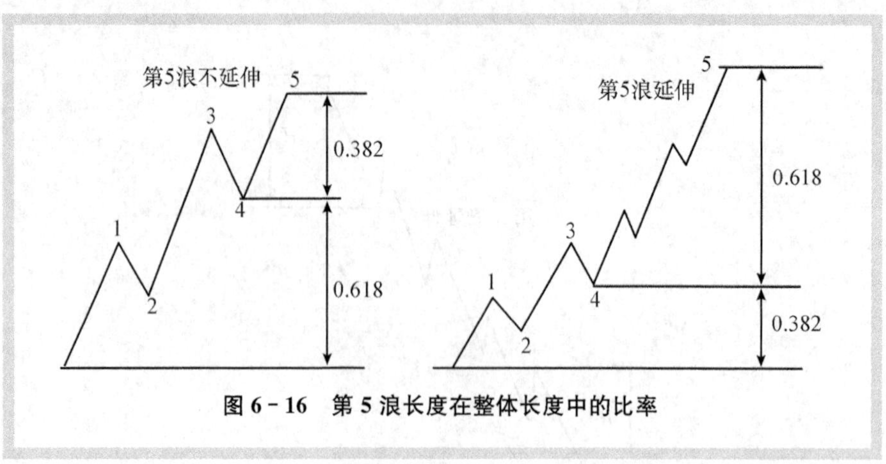

图 6-16　第 5 浪长度在整体长度中的比率

四、调整浪长度之间的比率关系

（1）锯齿形调整浪。*C* 浪的长度与 *A* 浪长度之间有三种可能的倍数关系：等长（1 倍）、1.618 倍和 0.618 倍，如图 6-17 所示。

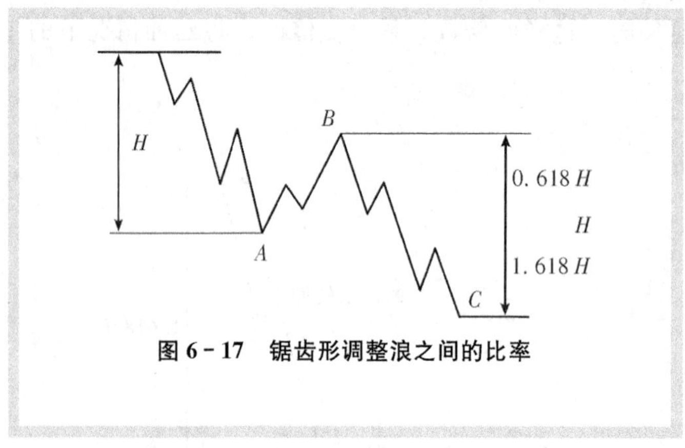

图 6-17　锯齿形调整浪之间的比率

（2）平台形调整浪。在最规则的常规平台形中，*A* 浪和 *C* 浪的长度当然相等（图 6-18 中 2 个 *H*）。在扩散形平台中，*C* 浪的长度通常是 *A* 浪的 1.618 倍，在少数情况下会出现 2.618 倍的情况，如图 6-18 中的 1.618*H*。

（3）三角形调整浪。在进行三角形调整时，各浪之间的关系也涉及黄金数字。简单说来，如果三角形最宽处的第一次调整的高度是 *H*，那么其后相反方向的第二次调整的高度应该是 0.618*H*。应该注意，确定三角形每次调整的起点和终点是很困难的。正因如此，三角形各调整浪之间长度比率的实用性受到很大的“伤害”。

（4）第 4 浪与第 2 浪的价格波动范围相等，或成黄金数字的关系。

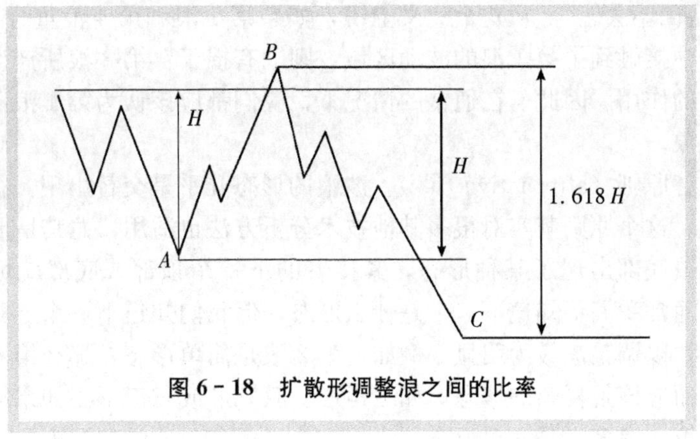

图 6-18 扩散形调整浪之间的比率

五、波浪理论的时间分析

这个问题实际上涉及循环周期理论。在波浪理论中，对时间因素的考虑体现在每个浪所运行的时间长短上。例如，完成某个浪所要经过的交易日或交易周。就目前而言，初步的结果是：完成某个浪所要经过的时间，一般是斐波那契数列中的某个数字。对 1994 年以前的上证指数进行具体研究可以发现，局部低点和高点之间的时间以 21 周、13 周居多。后面有实际案例进行说明。

第七节 波浪理论中不变的规则和小结

波浪理论的原始结果相当简单，就是 8 浪结构。但是，这 8 浪的具体表现形式可以多种多样，这就给应用波浪理论带来了很多麻烦。本节将给出几个波浪理论中铁定不变的规则，这些规则对于识别波浪有所帮助，这些内容需要牢记。

一、波浪理论中的四个规则

规则一 第 3 浪一定不是最短。5 浪结构中的第 3 浪，其长度通常是最长的，而且肯定不是第 1 浪、第 3 浪、第 5 浪中最短的。在数浪时容易犯的错误就是按顺序 1，2，3，… 地数下去，而不考虑某部分是否合适成为第 3 浪。这个原则就为我们提供了一种方法，当我们发现所认为的第 3 浪是最短的时候，就应该明白自己数错了。

规则二 第 1 浪、第 4 浪不重合。5 浪结构中的第 4 浪除非是在斜三角形内，否则，第 4 浪的底部应该比第 1 浪的顶部高，或者第 4 浪的顶部应该比第 1 浪的底部低；前者是针对上升的情况，后者是针对下降情况。如前所述，这一条能帮助我们识别第 4 浪，避免犯很多明显的错误。

我们在介绍第 3 浪特性时曾经指出，第 3 浪是价格发生根本性改变的一次价格波动。也就是说，在发生了第 3 浪后，价格已经上升到了一个新的高度，远远离开了原来的启动价格区域，“再也回不去了”。从这个意义上讲，如果第 1 浪和第 4 浪重合了，也就是第 4 浪在下降的过程中接触到了第 1 浪的波动区域，则“有损于”第 3 浪所产生的“从根本上改变价格位置”的作用。因此，在通常的情况下，我们都应该认为第 1 浪和第 4 浪不会发生“重合”的现象。

规则三 交替原则（alternative rule）。波浪的形态几乎是交替出现，很少有相同的形态连续重复出现。这个原则其实对很多其他技术分析方法也适用，尤其是形态理论。

上一个顶部或底部出现了某种形态，紧接着的下一个顶部或底部就可能是另一种形态。换句话说，通常我们不知道下一个是什么形态，但我们知道下一个不是什么形态。具体到波浪理论上，以调整浪最为明显。例如，第 2 浪是简单形态，那么第 4 浪是简单形态的可能性不大，而应该是复杂的形态，如三角形、双三形或三三形。如果第 2 浪已经是复杂形态了，那么第 4 浪多半是简单形态。

关于交替原则，我们还要记住博尔顿（H. Bolton）说过的一句话，以免误用。他是这么说的：交替原则并非必然出现，但在大量的实例中显示出这个规则的存在性。

规则四 高层次第 4 浪高（低）于第 3 浪中的低层次第 4 浪。对出现在第 4 浪之前并与其同层次的第 3 浪来说，如果它还可以细分成 5 浪结构，就会出现一个低层次的第 4 浪，这就是在前一段波浪中分衍出来的低一层次的第 4 浪。在大第 4 浪的回落中，其低点常常在这个较低层次的小第 4 浪的范围内完成。换句话说，高一层次的第 4 浪低点应该比第 3 浪中低一层次的第 4 浪的低点高；对于熊市的叙述正好相反，是低于而不是高于。

这个规则为我们提供了解决行情回落时支撑位在何处的问题。人们都想知道暂时的顶点和低点，这个原则能大致给出这个答案。当然，使用这个规则的大前提是正确的数浪。

在上述四个规则中，前两个是比较肯定的，后两个是不太肯定的，也就是发生意外的可能性大些。

二、波浪理论基本内容的小结

我们将波浪理论的基本内容列举如下，以便读者阅读时查阅：

（1）完整的周期是由 8 浪构成，主浪 5 浪，调整浪 3 浪。

（2）任何一浪都可以分成更小的浪，小浪也可以合并成更大的浪。

（3）调整浪始终以 3 浪结构或其变形结构的形式出现。

（4）最简单的调整浪是锯齿形和平台形。

（5）三角形多发生在第 4 浪。

（6）主浪可以延伸，也可以失败。

（7）只能有一个主浪延伸，另外两个主浪的时间和幅度相当。

（8）斐波那契数列在波浪理论中很重要。

（9）交替原则。

（10）第 4 浪与第 1 浪不重合。

(11) 第 3 浪非最短原则。

(12) 主浪的长度之间有黄金数字的倍数关系。

(13) 调整浪的长度之间有黄金数字的倍数关系。

(14) 波浪理论由形态、比例和时间三个支柱所支撑。

第八节　波浪理论的不足

前文介绍了波浪理论的主要内容。从表面上看，波浪理论会给我们带来重大的利益，但从波浪理论自身的构造上看，我们发现它有众多的不足。如果使用者过分机械、过分教条地应用波浪理论，肯定会招致相当的失败。本节将指出波浪理论的几个不足，以免读者在应用时出大错。

一、学习掌握的难度大

波浪理论最大的不足是应用上的困难，也就是学习和掌握上的困难。从理论上讲，波浪理论是 8 浪结构完成一个完整的过程。单纯的 8 浪结构当然是很简单的，但主浪和调整浪的变形会产生复杂多变的形态。对波浪所处层次的划分又会产生大浪套小浪、浪中有浪的多层次现象，这些都会导致波浪理论的使用者在数浪时发生偏差。波浪层次的确定和每个浪起始位置的确认是应用波浪理论的两大难点。

二、结论的多样性和易变性

波浪理论的第二个不足是面对同一具体的价格形态图形，不同的分析人员会产生不同的数法，而且都有道理，谁也不能说服谁。我们知道，不同的数浪法所产生的结果有可能相差很大。例如，一个下跌的浪可以被当成第 2 浪，也可能被当成 A 浪：如果是第 2 浪，那么紧接着的第 3 浪将是很诱人的；如果是 A 浪，那么随后 C 浪的下跌可能是很深的。

产生多样性主要是两方面的因素：第一，价格曲线的形态通常很少按 8 浪简单结构进行。对于不是这种规范结构的形态，不同的人有不同的理解，主观性很强。对有些小波动，有些人可能不计入浪，有些人可能计入浪；由于有延伸浪，5 浪可能成为 9 浪。波浪什么条件下可以延伸，什么条件下不可以延伸，没有明确的标准，投资者使用起来随心所欲、不统一。第二，波浪理论中的大浪、小浪均可以无限制地上升，也可以无限制地下降，因为我们总可以认为目前的位置不是最后的浪。

此外，即使“数清楚”了当前的浪，还有本浪的层次等问题，随时间的推移，刚刚得到的结论可能很快就会变化，因而对具体投资活动的帮助不大。例如，如果发现了一个上升的 5 浪结构，而且第 5 浪已经“有形”了，似乎原来的过程接近尾声，但从大的范围看，有可能目前仅是上升过程中的一次小“调整”，更大的上升还在后面。

三、忽视成交量

波浪理论只考虑了价格形态上的因素，却忽视了成交量方面的影响，这给人为制造形状提供了机会。正如在形态理论中的假突破一样，借助波浪理论也可能造出一些形态让人上当。当然，这个不足是很多技术分析方法都存在的。

四、更适用于事后验证

我们在应用波浪理论时会发现，当事情过了以后，回过头观测已经走过的图形，用波浪理论的方法可以很完美地将 8 浪结构划分出来，但在形态形成的途中，对其进行划分是一件很困难的事情。

特别地，波浪理论从根本上说是一种主观的分析工具，这种主观给我们在应用时增加了困难。作者的观点是，在对波浪理论的了解不够深入之前，最好仅把它当成一种参考工具，而以其他技术分析方法为主。

第九节　三个波浪理论的应用实例

尽管应用波浪理论有诸多“麻烦”，读者也不能认为波浪理论是一种不可以掌握的技术工具。波浪理论已经存在了一个世纪，既然没有被淘汰，说明它具有一些优点。读者通过不懈地学习钻研和实际应用，最后应能比较正确地数浪，从而通过波浪理论获得收益。

下面是作者本人在实际中应用波浪理论的三个实例，1999 年 1 月和 2006 年 12 月曾发表在每年一度的《中国人民大学金融与证券研究所证券分析报告》中。

一、波浪理论应用实例 1——对 2000 年上证指数 2 100 点的预测

摘录其中的一段如下：

春节后将有一次比较大的上升行情，综合指数至少要接近 1998 年的高点，有几个理由支持这样的结论：

(1) 略。

(2) 从上证和深圳综合指数的月线图上可以发现，自 1994 年 8 月算起，到现在经过了两次大幅度的上升和两次长时间的横向整理。两次上升可以理解为第 1 浪和第 3 浪，当前（1999 年 1 月）还处在第二次调整的过程中，即第 4 浪之中。

第一次横向整理经过了大约 16 个月的时间，在调整中途，低点出现过三次，第二次调整的时间已经过去了 19 个月（可能还会增加到 21 个月）。从时间对比上，我们可以认为调整的时间已经够了；从波浪理论的观点看，可以指望出现第 5 浪，即使第 5 浪是失败的情况，指数也应该出现与 1998 年高点接近的高点。

(3) 略。

（4）略。

以上是预测报告中涉及波浪理论的内容。图 6－19 是上证指数 1994 年 7 月至 2000 年 7 月的实际月 K 线图，图中已经标出了 5 个浪的位置。有些不足的是，如果按照上影线和下影线看，第 1 浪和第 4 浪有微小的“接触”；但是，如果按照收盘指数看，第 1 浪和第 4 浪就没有接触。此外，这里的第 2 浪和第 4 浪都是复杂的整理形态。不过，第 4 浪整理的时间比第 1 浪长一些。实际的情况是，1999 年 5 月发动了“5·19”行情。从时间上看，实际结果与上述预测报告所预期的时间相差了 1 个月。从价格的位置上看，实际的起点与预测报告中起点的指数水平相同。实际中的“5·19”行情不是第 5 浪失败的情况，指数出现了历史新高。

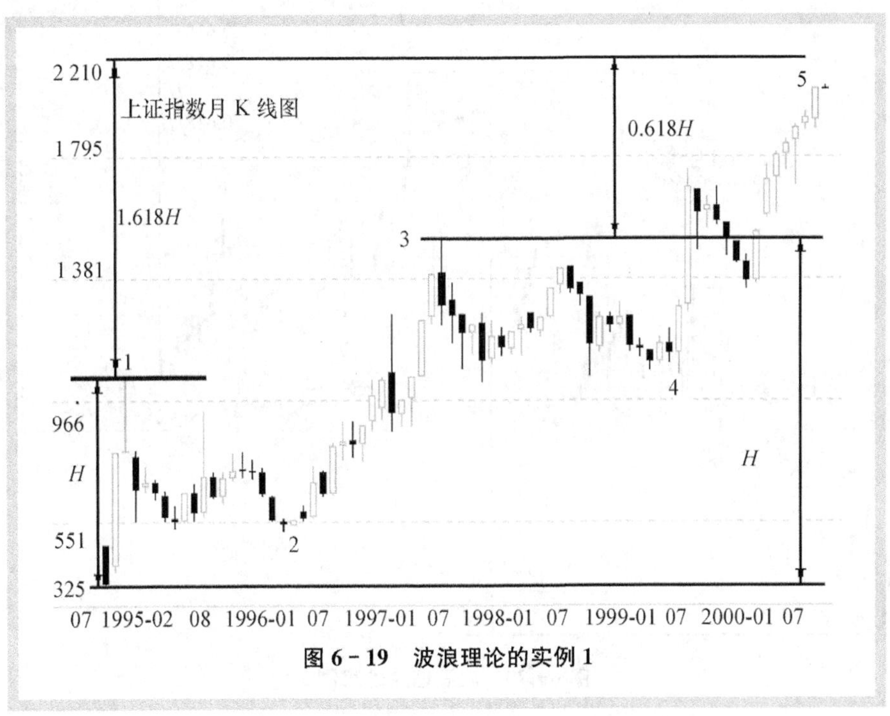

图 6－19 波浪理论的实例 1

图中（2000 年 8 月）正在进行的是第 5 浪。应该说，第 5 浪还没有结束，我们可以用上面介绍的波浪理论中的比率分析方法，计算出第 5 浪未来可能遇到阻力的位置。图中标出了两种比率分析的方法：第一种比率分析方法是用第 1 浪预测第 5 浪的高度。第二种比率分析方法是用第 1 浪和第 3 浪的总体高度预测第 5 浪的高度。两者具体的计算结果为：

$$2\,084=1\,000+(1\,000-330)\times1.618$$

$$2\,223=1\,500+(1\,500-330)\times0.618$$

这两个数字相差 100 多点。使用两种不同的方法，计算得到的结果在同一个位置，我们有理由认为，上证指数在此之后将有很大的可能在 2 100～2 200 点的区域内遇到阻力而下降。

二、波浪理论应用实例 2——对上证指数 2007 年 4 100 点和 6 000 点的预测

技术分析有充分的理由和技术说明 2007 年能够出现新的历史最高点，并有技术手段对这些高点进行预测。下面，我们用波浪理论对上证指数可能达到的高点进行简单的说明。

图 6-20 是上证指数从 1994 年开始到 2006 年的月线图。其中，最右端的虚线表示未来的想象部分。根据作者的判断（当然这只是一家之言），在图中标出了每个浪的位置。这样，2007 年正在进行的应该是第（3）浪。

图 6-20 波浪理论的实例 2

根据图 6-15 的比率关系，可以计算出第 5 浪的高度。由于现在还没有出现第 5 浪，我们可以把这个比率关系变通地应用到第 3 浪上。按照图 6-15 的比率关系，之后的上升位置应该是前期上升幅度（图 6-20 中的 H）的某个黄金数字的倍数。

根据实际情况，图中的 H 大约等于 1 900 点（即 2 235－335）。这样，利用黄金数字，我们可以得到下面 4 个（或其他更多的）数字：

$2.618\times H=4\ 974$

$1.618\times H=3\ 074$

$1.000\times H=1\ 900$

$0.618\times H=1\ 174$

进而得到此后可能的上升高点的大约位置：

5 974=1 000+4 974

4 074=1 000+3 074

2 900=1 000+1 900

2 174=1 000+1 174

考虑到相对和绝对的关系，从 5 000 点上升 1 000 个点和从 3 000 点上升 1 000 个点是不同的，对 2 900、4 074 和 5 974 应该向上调整，这样就得到 3 000、4 100 和 6 000。

从实际情况看，2007 年三次关键的高点位置都可以用上面的数字进行解释。当然，我们应该指出，对 6 000 点的预测，只有在 2007 年 8 月突破 5 000 点之后才能得到比较明确的结果，不可能在 2007 年年初就得到关于 6 000 点的预测。

三、应用实例 3——上证指数从 6 100 点下降到 1 600 点的时间分析预测

尽管没有很明确的结果，时间分析依然是波浪理论的组成部分。下面的案例将说明斐波那契数列在时间预测方面的作用。

图 6－21 是上证指数的周线图。图中竖线的时间位置就是斐波那契数列的数字。从图中看出，上证指数从 6 100 点下降到 1 600 点的时间，恰好是 55 周。

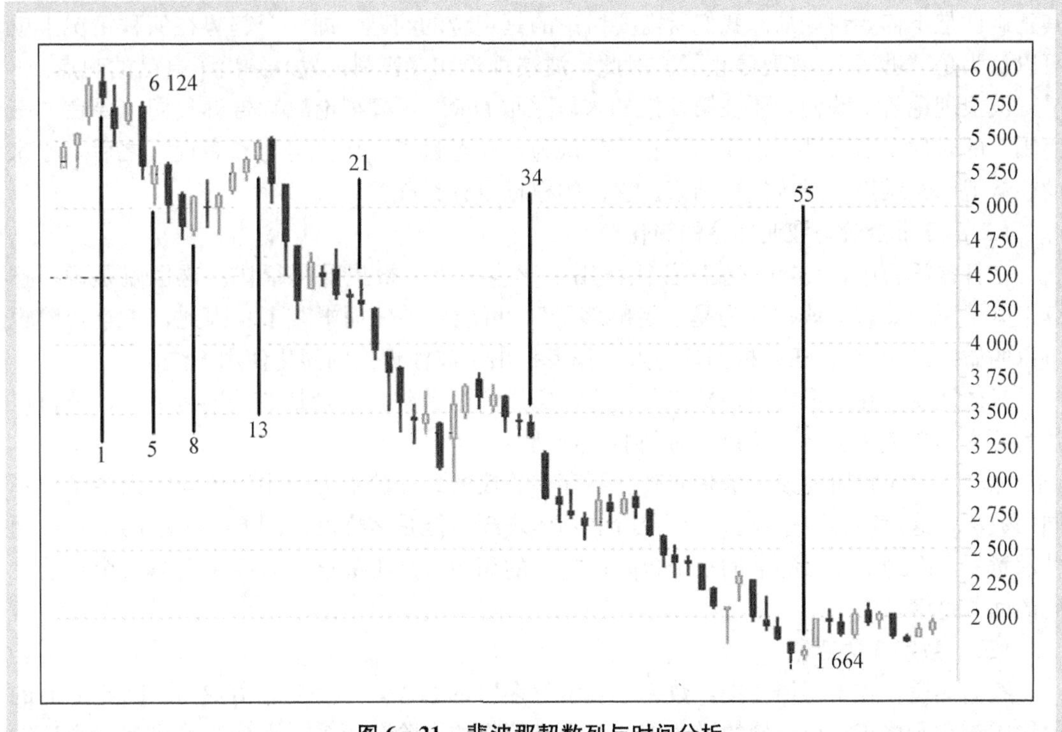

图 6－21　斐波那契数列与时间分析

需要指出，这个现象不是个案，在斐波那契数列的时间位置出现关键点的机会是很多的。这就是波浪理论的神奇所在。

第十节 波浪理论的简化——三个台阶

前面已经指出，很多投资者在使用波浪理论时，会遇到诸多的麻烦和不便，使自己有茫然的感觉。在这一节中，作者根据自己的体会，总结一些帮助理解波浪理论的内容。其主要涉及两个方面：第一是波浪理论的简化；第二是持续形态与数浪。

一、波浪理论的简化

（一）波浪理论与《曹刿论战》

在中学的语文课本中有一篇古文叫做《曹刿论战》，其核心的内容是三句话，即“一鼓作气，再而衰，三而竭”。作者认为，这三句话把波浪理论最基本的思想体现了出来，比较好地诠释了波浪理论。从这个意义上讲，波浪理论的思想很早就存在于中国的哲学之中。

具体地说，在波浪理论 8 浪结构中的 3 个主浪就相当于这里的“一”“再”“三”。所谓的“三而竭”，就是到了第 5 浪了。

作为一般的规律，一个趋势不可能永远维持，肯定有停止的时候。这是定性的说法，其正确性是不需要讨论的。我们所需要讨论的是定量的问题，即一个趋势在何种情况下就可以认为是“够了”，将要停止了。对此，波浪理论和《曹刿论战》给出了自己的观点。

波浪理论告诉我们，要在第 5 浪的末段采取行动。《曹刿论战》告诉我们，要在“三而竭”的时候采取行动。很显然，它们都认为，在经过了三次“努力和表现”之后，原来的趋势就已经结束，或者接近结束。它们的根据是什么呢？

（二）三个台阶与波浪理论的简化

在日常语言中，“连升三级”往往被用来形容一个人被提升得很快。这也就是说，连续上升了三次，就应该被认为是“足够多了”，可能要“三而竭”了。因此，三个台阶也可以叫做“三级跳”。正是根据这一点，作者提出了波浪理论的简化使用方法。

具体地说，在图形中如果价格曲线连续经过三个台阶，不管是上升还是下降，就可以认为原来的趋势可能将要结束，时刻准备行动。

显然，三个台阶应该是清晰明确、不存在争议的。在波浪理论中，不同的人会给出不同的数法，这就叫存在争议。三个台阶的具体表现可能是多样的。图 6－22 给出了其中两种示意图。左边的是最标准的三个台阶；右边的稍微有点不标准，原因是在第二个台阶之后的回落过多。

（三）数字 3 的变通

我们知道，在中国语言中，数字 3 表示“多”的意思，不一定恰好是 3。因此上面的说法应该有所修正。更正确的说法是，上升或下降的台阶数越多，原来的趋势就越应该结束，后面出现较大反向波动的机会就越大。

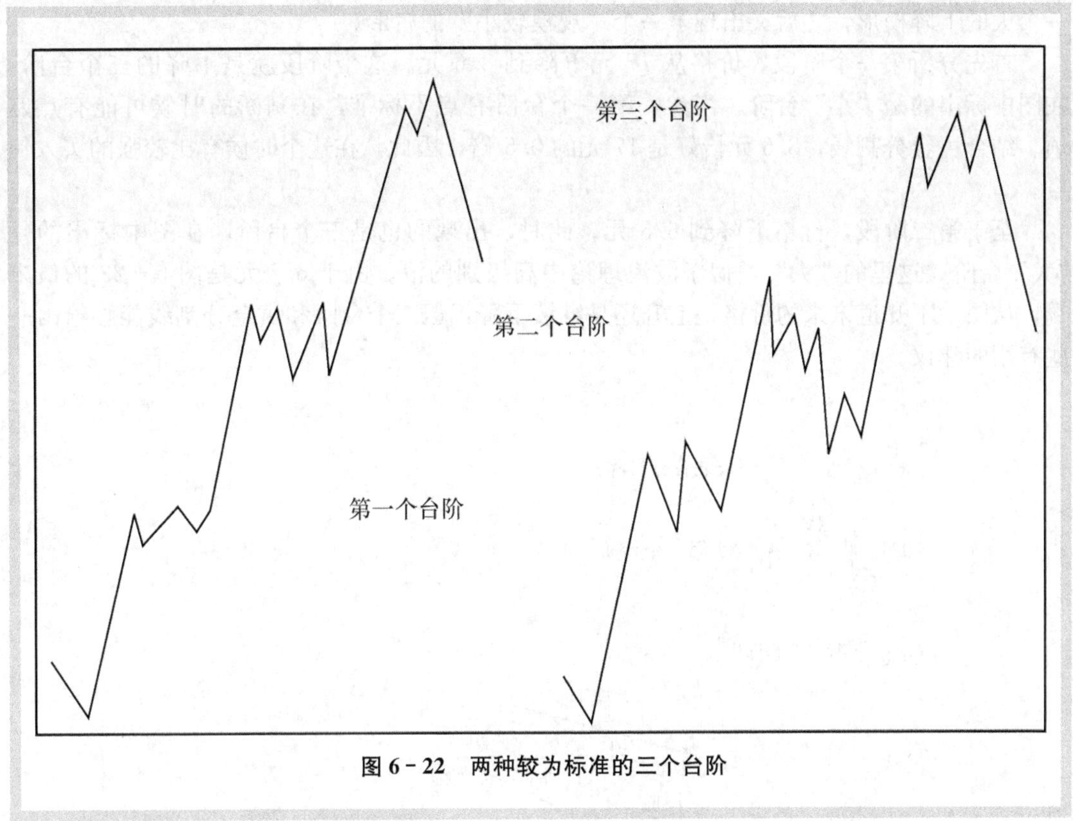

图 6-22　两种较为标准的三个台阶

当然，“越来越”属于定性的说法，而在实际投资中需要定量的说法。作者给出一个参考数字，那就是 5。

二、持续形态与数浪

在具体使用波浪理论时，有个问题是绕不开的，必须面对，那就是数浪。从一点到另一点是否算是一浪，这是令人头疼的问题。作者在这里提供一个参考方法，对数浪有一点小的帮助。

持续形态的两边应该分别属于两个不同的浪，或者持续形态的两边应该分别属于两个不同的台阶。

这里的持续形态就是第五章所介绍的，包括矩形、三角形，等等。下面将用案例进行说明。

三、简化使用波浪理论的实际案例

图 6-23 就是前一章的图 5-33，是宁波联合（600051）1998 年 6 月至 1999 年 5 月的日线图。从中可以看到，价格从 17 元下降到 8.6 元后，在 1998 年 8 月至 11 月，形成了

一个大的下降楔形，之后又出现了一个“规模较小”的旗形。

首先分析第一个阶段，价格从 17 元下降到 8.6 元。这个阶段就是下降的三个台阶。在图中标出的是“小”台阶。当然，第一个台阶有点不标准，在判断的时候可能有点麻烦。结合黄金分割线，8.6 元恰好是 17 元的 0.5 倍。因此，在这个时候有比较强的买入信号。

至于第二阶段，价格下降到 6.5 元。此时，出现的也是三个台阶，在图中标出的是“大”台阶。这里的“大”类似于波浪理论中高级别的浪。由于 6.5 元是图 6－23 的最末端，从图中不知道未来的价格是上升还是继续下降，但三个台阶和黄金分割线能够给出一些有用的建议。

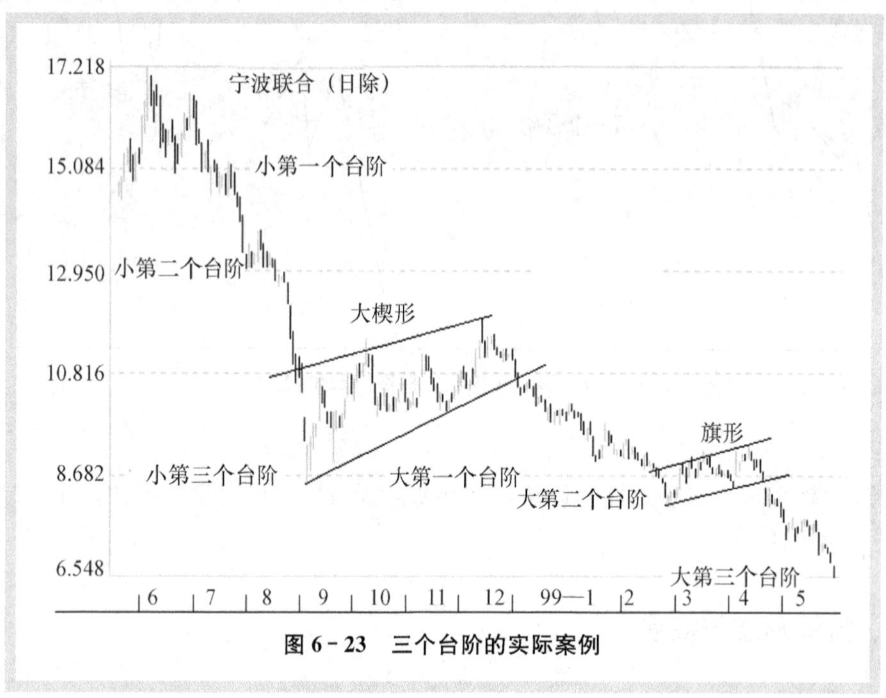

图 6－23　三个台阶的实际案例

首先，从 17 元下降到 6.5 元，中途出现了两个持续形态，因此，当前正在进行的极有可能是第 5 浪，换成另一个说法，正在进行的极有可能是第三个台阶。当然，第二个台阶的低点和第一个台阶的低点距离很近，属于不太标准的三个台阶。

再考虑黄金分割线，6.5 元恰好是 17 元的 0.382 倍。因此可以认为，未来可能不需要等待价格下降更多的台阶。

至于何时采取行动，在实际判断时，由于还不知道第三个台阶目前是否结束，因此需要一些辅助方法判断第三个台阶是否结束。比如说，价格出现横盘、技术指标在低位出现转折向上、K 线组合出现买入信号等。

价格事后的实际波动情况验证了上面的预测。读者应该继续跟踪下去，看看具体在哪一天哪个价格，技术分析给出了买入信号。

需要特别指出的是，如果按照严格的波浪理论，当前的 6.5 元肯定不是第 5 浪。原因有两个：第一，第 3 浪有点短，不够长；第二，第 4 浪与第 1 浪重合得很严重。

通过这个案例，作者想说明一个观点，那就是，在实际应用时，波浪理论的一些条条框框允许适当打破一些。作者提出的用三个台阶简化波浪理论正是基于这种考虑。

本章小结

本章介绍了波浪理论的相关内容。首先，介绍了黄金数字产生的严格数学过程；然后是波浪理论的起源和发展过程，说明了其核心的8浪结构以及对于波浪的合并和细分问题的判断识别。其次，对主浪和调整浪的有关概念和各种变形进行了比较详细的说明。最后，对波浪理论中重要的比率分析和时间分析做了一定程度的介绍，并有三个实际的应用例子。关于波浪理论的简化使用提出了一些想法。

本章要点

1. 黄金数字的产生。
2. 波浪理论的8浪结构图。
3. 波浪的合并和细分。
4. 主浪的特征和变形。
5. 调整浪的特征和种类。
6. 波浪长度之间的比率关系。
7. 波浪持续的时间长度。

本章关键词

黄金数字　　艾略特　　8浪结构　　主浪　　调整浪　　波浪理论

本章思考题

一、名词解释

艾略特波浪理论　　主浪　　调整浪　　比率分析　　交替原则

二、简答题

1. 如何理解波浪理论中价格走势的基本形态结构？每个浪体现的是从兴旺到衰落的哪个阶段？

2. 波浪的合并和细分遵循什么原则？

3. 斐波那契数列在波浪理论的时间分析中起何种作用？并找出实际的成功案例。

4. 第3浪有哪些特点？对第1浪和第4浪有什么要求？

5. 第5浪有哪些“变异”的形式？

6. 调整浪分为哪些类型？与形态理论有何联系？

7. 比率分析是如何用前面浪的高度（长度）预测第5浪的高度（长度）的？

8. 黄金数字是如何产生出来的？

三、自我练习题

考察浪的数量与形态（尤其是持续形态）的关系。

第七章

技术指标（1）

技术指标法（technical indicator）是技术分析中极为重要的分支。技术指标的流行是在计算机被广泛使用之后，因为计算技术指标需要涉及“巨大”的计算量。在计算机不普及的时候，用“手”计算技术指标是不可想象的。大约在20世纪70年代之后，技术指标逐步流行。全世界各种各样的技术指标至少有1 000种，它们都有自己的拥护者，并在实际应用中取得了一定的效果。本章所介绍的技术指标是目前在中国市场比较流行的。

由于有了计算机的帮助，在实际的投资决策中，投资者没有必要也不可能用“手工”计算技术指标的具体值。因此，本书除了对技术指标的计算过程和设计的原理有一定的说明外，主要篇幅均放在对指标使用方法的介绍上。

第一节　技术指标概述

技术指标已深入到了每一个投资者的心里，进行证券投资操作的人都有一套自己惯用的技术指标体系。经过长期的检验，技术指标会给投资者的投资行为带来极大的帮助。

一、技术指标的定义

技术指标是广大投资者业已非常熟悉的名词，但是，技术指标目前还没有一个明确的定义。作者根据自己的理解，提供了以下的定义，供读者参考。

技术指标法的定义为：用事先确定好的方式对原始数据进行计算处理，得到的数值就是技术指标值。

上面是简单的说法，如果用复杂的语言来讲，可以表述为：按照事先规定好的固定方法对证券市场的原始数据进行处理，处理后的结果是某个具体的“数字”，这个数字就是“技术指标值”。将得到的技术指标值制成图表，并根据所制成的图表对市场进行行情研究，这种方法就是技术指标法。

这里有两个问题需要说明：一是原始数据；二是处理原始数据的方式。

原始数据是指开盘价、最高价、最低价、收盘价、成交量和成交金额，简称 4 价 2 量。绝大多数的技术指标仅涉及这六个数据。

在实际市场中，除了上面的六个数据之外，还可能有其他的数据，如叫卖价（ask）、叫买价（bid）、成交笔数等。一些财务指标和股本结构等其他类型的数据有时也能在计算技术指标时发挥作用。但是，本书所指的原始数据就是这六个数据，其余的数据都不是原始数据。

应该说明，在其他一些市场，由于交易制度和金融工具不同，原始数据所包含的内容会有所变化。例如，期货市场中有 open interest。在期权交易中有关于 call 和 put 的特定数据。因为本书主要以中国的股票市场为主，所以原始数据就是指上面的六个。

对原始数据进行处理是指将这些数据的部分或全部进行变形、整理和加工，使之成为我们希望得到的“模样”。不同的处理方法就会产生不同的技术指标，从这个意义上讲，有多少种技术指标就会产生多少种处理原始数据的方法；反之，有多少种处理原始数据的方法就会产生多少种技术指标。

其实，从数学的观点看，技术指标是一个多元函数。不同时间的六个原始数据就是自变量，因变量就是技术指标值，函数就是处理自变量的方式。具体来说，技术分析中使用的计算方法更多地采用“递推”的方式。

产生了技术指标后，最终都会在图表上得到体现。处理原始数据的过程，不仅是把一些数字变成另一些数字，而且可能是放弃一些数字或加入一些数字。

二、产生技术指标的方法

从大的方面看，有两类产生技术指标的方法——数学模型法和叙述法。

（1）数学模型法。有明确的计算技术指标的数学公式，只要给出了原始数据，按照公式和简单的说明，就可以比较方便地计算出技术指标值，一般是用计算机来完成计算的过程。这一类技术指标是极为广泛的一类，著名的随机指标 KD、相对强弱指标 RSI、乖离率 BIAS 和方向指标 DMI 等都属于这一类。

（2）叙述法。没有明确的计算技术指标的数学公式，只有处理数据的文字方面的叙述。对原始数据只说明应该怎样进行变形，遇到这种情况应该怎样办，遇到那种情况应该怎样办，也就是“用嘴说清楚”。这一类指标相对较少，还没有得到公认。例如，钱龙软件中的等量 K 线、压缩图、新价线等，应该属于这一类技术指标。

有些投资者只承认用数学模型法产生的技术指标，而不承认用叙述法产生的技术指标，这只是个人的观点而已。对技术指标的介绍的确应该从数学模型的方面考虑，本书只介绍数学模型的这一类；对于另一类技术指标，有兴趣的读者可参考有关书籍。

三、应用技术指标的六个方面

应用技术指标应该从以下六个方面进行考虑：①技术指标的背离；②技术指标的交叉；③技术指标的极端值；④技术指标的形态；⑤技术指标的趋势；⑥技术指标的转折。每种技术指标的使用至少要考虑到这六个方面中的一种。

1. 技术指标的背离

技术指标的背离（divergence）是指技术指标曲线的波动方向与价格曲线的趋势方向不一致。实际中的背离有两种表现形式，第一种是“顶背离”（negative divergence），第二种是“底背离”（positive divergence）。技术指标与价格背离表明价格的波动没有得到技术指标的支持。技术指标的波动有超前价格波动的“功能”。在价格还没有转折之前，技术指标可提前指明未来的趋势。技术指标的背离是使用技术指标最为重要的一点，对具有摆动性的技术指标来说，背离是不可缺少的。后文将在具体技术指标中做详细的解释说明（见图 7-1）。

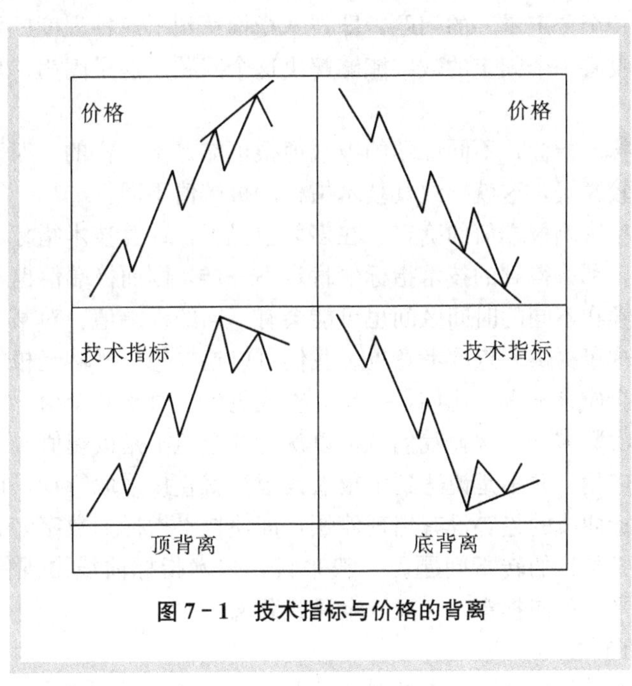

图 7-1　技术指标与价格的背离

2. 技术指标的交叉

技术指标的交叉（cross）是指技术指标图形中的两条曲线发生了相交现象。实际中，有两种类型的指标交叉：第一种是属于同一个技术指标不同参数的两条曲线之间的交叉，常说的黄金交叉和死亡交叉就属于这一类。第二种交叉是技术指标曲线与固定的水平直线之间的交叉。水平直线通常是指横坐标轴，横坐标轴是技术指标正负取值的分界线，技术指标与横坐标轴的交叉表示技术指标由正值变成负值或由负值变成正值。技术指标的交叉表明多方和空方的力量对比发生了改变，至少说明原来的力量对比受到了“挑战”。图 7-2 是交叉的简单表示。

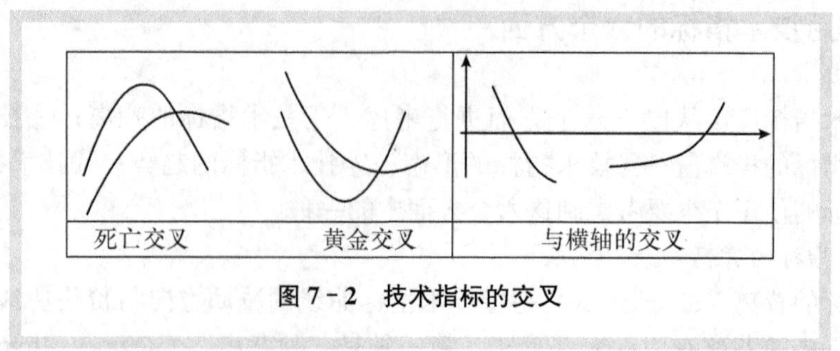

图 7-2　技术指标的交叉

3. 技术指标的极端值

技术指标的极端值是指技术指标的取值极大或极小。技术术语上将这样的情况称为技术指标进入“超买区和超卖区”(overbought or oversold)。大多数技术指标的“初衷”是用一个数字描述市场某个方面的特征，如果技术指标值的数字太大或太小，就说明市场的某个方面已经达到了极端，应该引起注意。

在这里要涉及一个“定量”的问题，即技术指标达到了何种程度就可以被认为是极端值。很显然，肯定没有一个固定的数字能够解决这个问题。这是因为，有多种因素均可影响极端值的确定。

(1) 对同一个技术指标，不同证券的极端值很可能是不一样的。对于活跃的证券，其价格的波动较大、较频繁，这就导致其技术指标的极端值不同。

(2) 参数的选择影响极端值的确定。在多数情况下，计算技术指标需要涉及参数。如果选择不同的参数，那么得到的技术指标值肯定不一样，因而极端值也不一样。

此外，同一证券在不同的时间区间也可能会有不同的极端值。对某个技术指标值是否是极端值，作者在这里提供一点参考意见。我们可以这样想，既然是极端值，那么在实际中极端值出现的机会应该不多。比如，一年 2 次或更少。对于某个值，只要每年越过（或低于）这个数值的次数多于 3 次，我们就可以认为这个值不是极端值。

对于极端值的应用，并不是说达到了很大或很小就直接采取行动，而是需要经过一个过程。如果技术指标曲线的趋势没有出现停顿，即使技术指标的数字多么极端，也不能采取行动。这涉及技术指标的转折问题。一般来说，技术指标曲线出现停顿要经过“三步曲”——减弱或走平、反向拐弯、交叉（金叉或死叉）。

4. 技术指标的形态

技术指标的形态（formation）是指技术指标曲线的波动过程中出现了形态理论中所介绍的反转形态。在实际中，出现的形态主要是双重顶（底）和头肩形。头肩形的右侧往往伴随出现背离。在个别时候，我们还可以将技术指标曲线看成价格曲线，然后根据形态使用支撑压力线（见图 7-3）。

5. 技术指标的趋势

技术指标在图中也会出现一些像价格一样上下起伏的图形。有时，我们可以像画趋势线一样，连接技术指标的高点和低点，画出技术指标的“趋势”。技术指标的趋势线指明了技术指标的趋势，进而为价格的趋势提供了基础。从这个意义上讲，趋势与背离有一些相似的地方。在实际中，对技术指标背离的应用基本取代了对技术指标趋势的应用。

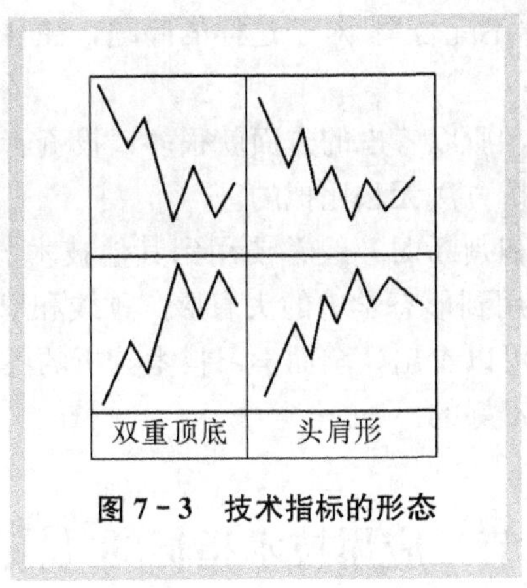

图 7-3　技术指标的形态

6. 技术指标的转折

技术指标的转折是指技术指标曲线在高位或低位“调头”。有时，这种调头表明前面过于“极端”的行动已经走到了尽头，或者暂时遇到了“麻烦”；有时，这种调头表明一个趋势将要结束，而另一个趋势将要开始。技术指标中转折的典型代表是方向指标 DMI。对此，我们将在后面的 DMI 中进行详细的说明。

在实际应用中使用最多的是前面四个方面，在本书后面介绍的实际例子中，将重点介绍前面四个方面的实际应用。

四、技术指标的本质

每一个技术指标都是从某个特定的方面对市场进行观察，通过一定的数学公式产生技术指标，这个指标反映了市场某一方面深层次的内涵，这些内涵仅仅通过原始数据是很难看出来的。

投资者在投资实践中会对市场有一些想法，有些基本的思想可能只停留在定性的程度，没有进行定量的分析。技术指标可以进行定量的分析，这样将使具体操作时的精确度得以大大提高。例如，我们可以认为：在价格不断下跌时，当下跌“足够”的时候，总会出现一个反弹。那么跌到什么程度才能被认为是“足够”呢？仅凭前面定性的知识是不能回答这个问题的。乖离率等技术指标所拥有的超买超卖功能在很大程度上能帮助我们解决这一问题，尽管不是百分之百地解决问题，但至少能在采取行动前给予我们数量方面的帮助。

五、技术指标法同其他技术分析方法的关系

大多数技术分析方法都重视价格，但对成交量重视不够。如果单从技术操作的角度看，没有成交量的信息，很多技术分析方法都能“正常运转”，照样进行分析研究，照样进行行情预测。只是在最后笼统地说，需要有成交量的配合。什么样的成交量属于“配

合”，什么样的成交量属于“不配合”？对于这样的问题，往往只有很简短的说明，投资者在实际使用时极不方便。

由于技术指标种类繁多，所以考虑的方面就很多，投资者能够想到的都能用技术指标体现，这一点是别的技术分析方法无法比拟的。

在进行技术指标的分析和判断时，经常要用到其他技术分析方法的基本结论。例如，在使用 RSI 等指标时，就要用到形态学中的头肩形、颈线和双重顶之类的结果以及支撑线和压力线等分析手法。由此可以看出，全面学习技术分析的各种方法很重要。只注重一种方法，对别的方法无知是很不好的。

第二节　应用技术指标的几点说明

技术指标在我国的应用可以说非常普遍，但作者发现，这也是广大使用者最容易误用的地方。本节中作者将根据自己的体会指出在应用技术指标时值得注意的问题。

一、多数技术指标只能作为战术手段不能作为战略手段

相当一批技术指标是从期货市场产生的（如威廉指标和 KD 指标）。在期货市场的特殊环境下，这些技术指标不可避免地带有“短”和“小”的“色彩”。

这里的“短”是指考虑的历史时间跨度短以及对未来预测的空间跨度短。“小”是指考虑的价格波动的范围小，对未来价格波动幅度的预测跨度小。

我们不能指望技术指标告诉我们有关“大的趋势”方面的信息。对未来价格波动的深度和广度，技术指标一般不能提出有帮助的建议。我们不能指望从技术指标那里得到价格将要下降或上升到何种价位的“指导意见”，也不能从技术指标那里得到牛市或熊市将要延续到什么时候的“预告”。

所谓战术手段是指对“小事”的判断。技术指标只能做一些“小事”，对于“大事”，需要利用其他的分析方法。有时，不仅要考虑技术方面的因素，还要考虑技术之外的因素。当你正确地确定了应该买入或卖出的“大事”后，技术指标会使你的正确决定在“更正确”的地点和时间具体实现。

要记住，技术指标只能在某个瞬间指出趋势的短暂方向，我们不能给技术指标增加更多的“负荷”，让它做不能够做的事情。

二、关于技术指标背离的补充说明

如果仅从图形上看，指标的背离是容易理解的，属于简单的一类。而在实际应用的时候，至少还应该注意下面几点（见图 7－4）：

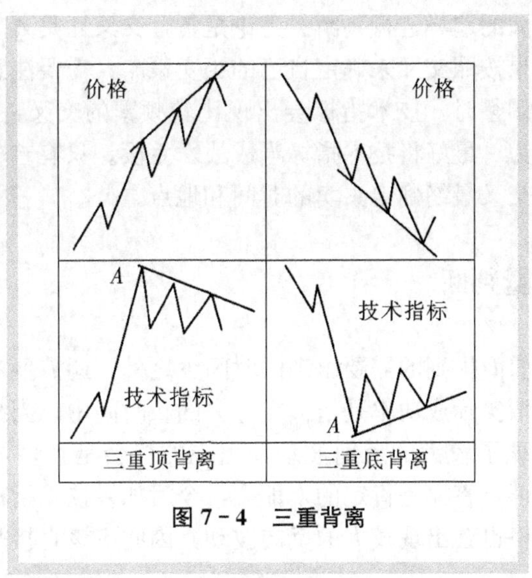

图 7-4　三重背离

（1）有时候可能需要三重背离。以底背离为例，从图 7-4 看，技术指标需要出现 3 次逐步上升的低点；与此同时，价格应该出现 3 次逐次下降的低点。对于“3 次”的要求，一方面可以使原来的下降趋势运行的时间更长，同时也使原来的价格下降趋势下降的幅度更大。我们知道，下降的时间和空间较大的时候，买入信号的安全性更高；或者说，买入信号的成功概率更高。

对于顶背离的情况，有几乎相同的要求。如果有了三重背离的要求，可以在一定程度上避免或减少过早买入或卖出所造成的损失。读者可以将这里的情况与形态理论中的斜三峰进行比较。

（2）背离的低点或高点应该属于极端值。这里的低点和高点就是图 7-4 中的 A 点。以底背离为例，识别底背离需要首先确认技术指标逐步上升的两个低点。应该注意，在两个低点中，左边较低的低点应该属于“极端值”。也就是说，应该比较小，而且应该要求是近期内的最低值。关于极端值的判断，前面的一节中已经做了说明。

对于顶背离的情况，有几乎相同的说明，此时要求技术指标达到超买区，而且是近期的最高点。

（3）两个背离低点之间的高点不能太高。技术指标在低位形成上升的（抬高的）低点的同时，在两个低点之间必然会出现一个局部的高点。需要说明的是，这个高点不能过高，否则，将不能认为是底背离。至于如何判断“过高”，作者的观点是，肯定不能越过多空双方力量对比的平衡点。绝大多数技术指标都有反映多空双方力量对比的平衡点。比如，对于 K 指标来说，平衡点是 50；对于 ROC 来说，平衡点是 0。

对于顶背离的情况，要求技术指标两个高点之间的低点不能过低。

三、关于黄金交叉和死亡交叉

在技术指标发生交叉时买入或卖出，是出于西方证券市场的特点考虑的。更多的时候，应用交叉技术是对大的趋势进行判断。无论是黄金交叉还是死亡交叉，都有“信号偏晚”的现象。此时，如果按照交叉来确定自己的买卖策略，需要注意这个问题。

此外，在价格出现调整时，技术指标会出现比较频繁的交叉，其信号的功能将减弱。出于这个原因，作者认为，最好将技术指标当成战术手段。只有首先明确了应该买卖，而后才能应用技术指标的交叉最终确定买卖的时间和地点。

四、极端值的定量判断

对于极端值，除了前面提到的需要出现的时间少之外，还需要考虑某个具体的数字在过去的实际成功率。所谓实际成功率是指，在过去的长时间中，当技术指标达到某个数字之后，价格是否真的出现了较大的反向波动，出现的机会是否多，反向波动的幅度是否大。如果通过实际的验证，答案是肯定的，那么，今后如果技术指标的数字达到这个数字并出现停顿，则认为价格也会出现较大的反向波动，因此应该直接采取行动。这个数字也就被认定是极端值。

当然，如果技术指标数字的极端程度还不够，直接采取行动还有顾虑，就需要用背离进行配合。

五、主观因素在技术指标使用中有很重要的作用

使用技术指标的投资者必然会受到一些个人主观因素的影响。具体地说，主观因素体现在三个方面：

（1）对相同“对象”的不同判断。归根到底，技术指标是工具，投资者可以利用这些工具对市场进行预测。面对同一时间的同一技术指标，各投资者可能会得到不同的结论，这是主观因素的直接体现。

（2）技术指标的参数选择。计算绝大多数的技术指标都需要设定参数，这就有参数的选择问题，也是主观因素的直接体现。很显然，选取的参数不同，技术指标的取值就不同，所选的参数直接影响技术指标的使用效果。

（3）技术指标的适用条件。每种关于技术指标的结论都有自己的适应范围和适用条件。有时，有些技术指标的效果很差，而另一些技术指标的效果比较好。人们在使用技术指标时，常犯的错误是机械地照搬结论，而不问这些结论成立的条件和可能发生的意外。首先是盲目地绝对相信技术指标，出了错误以后，又走向另一个极端，认为技术指标一点用也没有。这显然是错误的认识，只能说他们不会使用技术指标。

技术指标永远是有用的，出问题的是使用技术指标的人。

六、技术指标的盲点和失效

技术指标的盲点是指技术指标在大部分时间里是无能为力的。也就是说，在大部分时间里，技术指标都不能发出买入或卖出的信号。这是因为，在大部分时间里，技术指标是

处于“盲”的状态。只有在很少的时候，技术指标才能“看清”市场、发出信号。目前对于技术指标的使用，在这个方面有极大的偏差，相当一批对技术指标了解不深的投资者都是在这个问题上犯了错误。

上面提到了技术指标的盲点。每种指标不仅有自己的盲点，在条件不符合时还会失效。在中国证券市场中遇到的技术指标高位钝化就是技术指标失效的一个具体表现。对此，投资者在实际中应该不断地总结历史，并找到盲点和条件所在，这对使用技术指标时少犯错误是很有益处的。遇到某个技术指标失效，要把它放在一边，去考虑别的技术指标。一般来说，“东方不亮西方亮，黑了南方有北方”，在众多的技术指标中，总会有几个指标能对我们进行有益的指导和帮助。尽管有时这种指导和帮助的作用可能不大，但有总比没有强，至少在投资者的心里会有一些支持的作用，使他在具体操作时有一定的目的性。

“每天都期待技术指标为我们提供有用的信息”是对技术指标的误解，对投资者来说也是极其有害的。使用者如果没有清楚地认识到这一点，在今后使用技术指标的时候将会不断地“犯错误”，其结果将是悲剧性的。

七、技术指标之间的结合和调整

了解每一种技术指标的特性和构造原理是很有必要的，但是，我们不可能将众多的技术指标都考虑到，每个技术指标在预测大势方面也有能力大小和准确程度的区别，通常的使用手法是以 4～5 个技术指标为主，以其余的技术指标为辅，依此构建自己的指标体系。自己选择使用的技术指标体系因人而异，个人有个人的习惯，不能硬性规定。依据实战效果的好坏，投资者对所使用的指标体系中的技术指标应该不断地进行调整，调整的内容包括对技术指标的调整和对技术指标参数的调整。虽然这样做的工作量很大，但为了进行成功的交易，还是有必要这样做。

对技术指标的效果进行不断的考察是使用技术指标不可缺少的步骤。

第三节　MA 和 DMA、EXPMA 和 MACD、TRIX

这五个技术指标的共同点是对原始数据中的收盘价进行“平滑”（smooth）。平滑是个数学概念，属于时间序列中滤波的内容。平滑是常用的处理数据的方法，也是构造技术指标的常用方法。正是由于这五个指标的产生过程类似，反映的是价格同一方面的内容，所以这五个指标在操作手法上有很多相通的地方。

一、平滑公式

对数据进行平滑的目的是消除原始数据中的干扰因素，保留本质的内容。数学意义上的平滑种类比较多，在这里只针对证券的价格介绍其中的两大类。

（一）加权平均和多空指标 BBI

这是比较简单的数学概念，下面只简单地给出计算公式。

假设 P_1，P_2，…，P_n 是连续 n 个交易日的价格或某个指标的值，计算其加权平均可采用下面的公式：

$$P_w = W_1 \times P_1 + W_2 \times P_2 + \cdots + W_n \times P_n$$

其中，W_1，W_2，…，W_n 是每个价格的权重，是主观选择的。

加权平均（weighted average）方法认为，每个价格的作用是不一样的，其作用的大小体现在每个价格的权重 W_1，W_2，…，W_n 的数值上，数值大者作用大。但是，W_1，W_2，…，W_n 要满足下面两个条件：

(1) 非负性。W_1，W_2，…，W_n 都是非负的数，不能小于 0。

(2) $W_1 + W_2 + \cdots + W_n = 1$。

如果 $W_1 = W_2 = \cdots = W_n = 1/n$，那么就是我们非常熟悉的算术平均。在构造技术指标的时候，经常涉及的移动平均概念就是来自算术平均。

有一个技术指标名为多空指标 BBI，它的计算方法是求参数若干个 MA 的算术平均。对计算公式稍微做一点改变可知，BBI 其实就是加权平均，而且离当前越近的价格权重越大。

（二）指数平滑

指数平滑（exponentially weighted moving average，EWMA）其实是加权平均的一种延伸。与加权平均相比，有两个主要区别：第一，指数平滑考虑的时间区间是从当天到以前的每一天，不放弃任何一天。加权平均有时间参数，时间区间是有限的。第二，指数平滑的权重是递减的，由平滑因子（decay factor）具体体现递减的程度。其基本的计算公式如下：

$$\mathrm{EWMA}_{n+1} = (1-\alpha) \times \mathrm{EWMA}_n + \alpha \times P_{n+1}$$

其中，α 是平滑因子，$0 < \alpha < 1$。

二、移动平均线 MA

（一）MA 的计算方法和参数

MA 的英文直译为移动平均线（moving average）。MA 计算方法就是求连续若干交易日收盘价的算术平均。

连续交易日的数目就是 MA 的参数。例如，参数为 10 的移动平均线就是连续 10 个交易日收盘价的算术平均价格，记为 MA(10)。常说的 5 日线、30 日线实际就是参数为 5 和 30 的移动平均线。

应该说明的是，计算 MA 并非只能针对交易日，投资者可以自己选择时间区间的单位，英文名称是 period。例如，可以选择周、月、60 分钟、30 分钟等。

表 7-1 是计算 MA 的实际结果。这里的参数选择了 3 和 5，主要是出于篇幅的考虑，其他参数的计算可以同样处理。从表中看出，最开始的几天是没有 MA 值的，“缺损”的数目与参数的大小有关。

表 7-1　　MA 的计算

日期	收盘价	MA(3)	MA(5)
1	2.1	—	—
2	2.3	—	—
3	2.2	2.2	—
4	2.4	2.3	—
5	2.45	2.35	2.29

（二）MA 的特点

MA 最基本的作用是消除偶然因素的影响，留下反映其本质的数字。价格在波动过程中会不断地出现上下的起伏，显然，有些小级别的起伏肯定是不应该被考虑的。MA 在某种程度上可以将小级别的趋势“过滤”掉。此外，MA 还稍微有一点平均成本价格的含义。对于 MA，我们应该关注下面的五个特点。

（1）追踪趋势。MA 能够表示价格的趋势方向，并追随这个趋势，不轻易放弃。如果从价格的图表中能够找出上升或下降趋势线，那么 MA 的曲线将会与趋势线的方向一致。MA 消除了价格在升降过程中出现的小起伏，原始数据的价格图表不具备这个保持追踪趋势的特性，因此可以认为，MA 的趋势方向反映了价格波动的方向。

（2）滞后性。在价格原有趋势发生反转时，MA 的行动往往过于迟缓，调头转向的速度落后于价格的趋势，这是 MA 一个极大的弱点。等到 MA 发出趋势反转信号时，价格调头的幅度已经很大了，经常有“赶不上趟”的感觉。

（3）稳定性。从 MA 的计算方法就可知道，无论是向上变动还是向下变动，MA 在数值上要发生比较大的改变十分困难，必须是当天的价格有很大的变动。因为 MA 的变动不是一天的变动，而是几天的变动，某一天价格的大变动被几天分摊，变动的幅度就会变小而显不出来。这种稳定性有优点也有缺点，在应用时应多加注意，掌握好分寸。

（4）助涨助跌性。当价格突破了 MA 曲线的时候，无论是向上突破还是向下突破，价格有继续向突破方面再走一程的愿望，这就是 MA 的助涨助跌性。实际中继续再走一程的程度有多有少，使用的时候要注意。

（5）支撑压力性。从 MA 的上述四个特性中可知，MA 在价格走势中起支撑线和压力线的作用。对 MA 的突破，实际上是对支撑线或压力线的突破。从这个意义上我们很容易理解市场上经常说的“站在××日线之上”是什么意思了，这里其实是把 MA 当成了支撑线。相似地，“均线系统呈空头排列”指的是 MA 正在起压力线的作用，利用 MA 的支撑压力特性是使用 MA 的一个重要内容。

（三）参数选择对 MA 特性的影响

参数的作用将加强 MA 上述几方面的特性，参数选择得越大，上述的特性就越强。比如，突破 5 日线和突破 10 日线的助涨助跌性的力度就完全不一样，突破 10 日线比 5 日线更具有“说服力”，未来的波动力度也较大，改变起来比较困难。

根据参数取值的大小，可以将 MA 分为长期、中期和短期三类。当然，长、中、短是相对的，不是绝对的，参数的选择因人而异。

（四）MA 的使用法则

使用 MA 的原则是考虑两个方面：第一，考虑价格与 MA 之间的相对关系；第二，不同参数的 MA 同时使用，而不是仅使用其中的一个。

（1）格兰维尔法则（Granville rule）。MA 比较经典的使用法则是格兰维尔法则，但是格兰维尔法则的内容目前已经被沪深股票市场的广大投资者所了解，它的实用效果并不明显。简单地说，格兰维尔法是三种买入信号和三种卖出信号。

三种买入信号：第一，移动平均线从下降开始走平，价格从下向上穿移动平均线；第二，价格连续上升远离移动平均线，突然下跌，但在移动平均线附近再度上升；第三，价格跌破移动平均线，并连续暴跌，远离移动平均线。

三种卖出信号：第一，移动平均线从上升开始走平，价格从上向下穿移动平均线；第二，价格连续下降远离移动平均线，突然上升，但在移动平均线附近再度下降；第三，价格上穿移动平均线，并连续暴涨，远离移动平均线。

格兰维尔法则中的信号，体现了支撑和压力的思想以及乖离率的思想。“第一和第二”体现了 MA 作为支撑压力线的思想，“第三”所体现的是今后将介绍的乖离率思想。乖离率的基本构思就是按照这个思路进行的，只不过乖离率将这个想法进行了量化。

（2）两条 MA 曲线的联合使用。很明显，每天的价格实际上是参数为 1 的 MA。价格相对于移动平均线实际上可以类比为小参数的短期 MA 相对于大参数的长期 MA。从这个意义上说，如果仅仅面对两个不同参数的 MA，则我们可以将参数小的短期 MA 当成价格，将参数大的长期 MA 当成 MA。这样，上述格兰维尔法中价格相对于 MA 的所有叙述，都可以换成短期 MA 相对于长期 MA。也就是说，MA(5) 与 MA(10) 的关系，可以看成是价格与 MA(10) 的关系。

（3）黄金交叉和死亡交叉。MA 比较著名的使用方法是黄金交叉和死亡交叉，有关 MA 交叉的问题已经受到广泛重视。从名称就可以知道，黄金交叉应该买入，死亡交叉应该卖出。

所谓 MA 的交叉是指参数不同的两条 MA 曲线发生了交叉的现象。黄金交叉是指小参数的短周期 MA 曲线从下向上穿过大参数的长周期 MA 曲线，死亡交叉是指小参数的短周期 MA 曲线从上向下穿过大参数的长周期 MA 曲线。当然，交叉还有其他的限制条件。比如，长周期的 MA 过程是从有趋势开始走平，变成无趋势，而且对相交叉的位置也有一些要求。

从现在的观点看，MA 之间的交叉实际上就是向上或向下突破支撑或压力的问题。如前所述，可以将长周期的 MA 看成支撑压力线，而将短周期的 MA 看成价格，那么交叉其实就是对支撑压力线的突破。按照支撑压力理论的说法，突破的时候是采取行动的时机。

（五）MA 的盲点和不足

MA 的盲点主要体现在两方面：第一，信号频繁。当价格处于盘整阶段、趋势形成后的中途休整阶段、局部反弹和回落阶段，因为不同周期（参数）的 MA 取值比较接近，容易出现交叉等信号。在这些阶段，MA势必会发出很多信号，产生信号频繁的现象。信号多了就容易出现错误，这是使用MA特别要注意的。第二，支撑压力结论的不确定。MA只是作为支撑线和压力线，而没有确定的“功能”。当价格“站在”某MA之上时，当然是有利于上涨的，但并不是说一定会上涨，因为支撑线有被突破的时候。

（六）居中移动平均线CMA

在计算指标的范畴之内，一般不会涉及CMA（centered moving average），但在部分场合，需要使用居中移动平均线，如计算周期的时候。与普通移动平均MA相比，两者的差异是画图时的位置。MA是将计算出来的值画在最后一个位置上，而CMA是画在中间的位置上。

（七）MA的应用实例

【例7-1】 图7-5是凤凰光学（600071）2000年6月至8月的日线图，其中有三条MA线，它们的参数是10、30和120。图中的价格采用的是美国棒线。

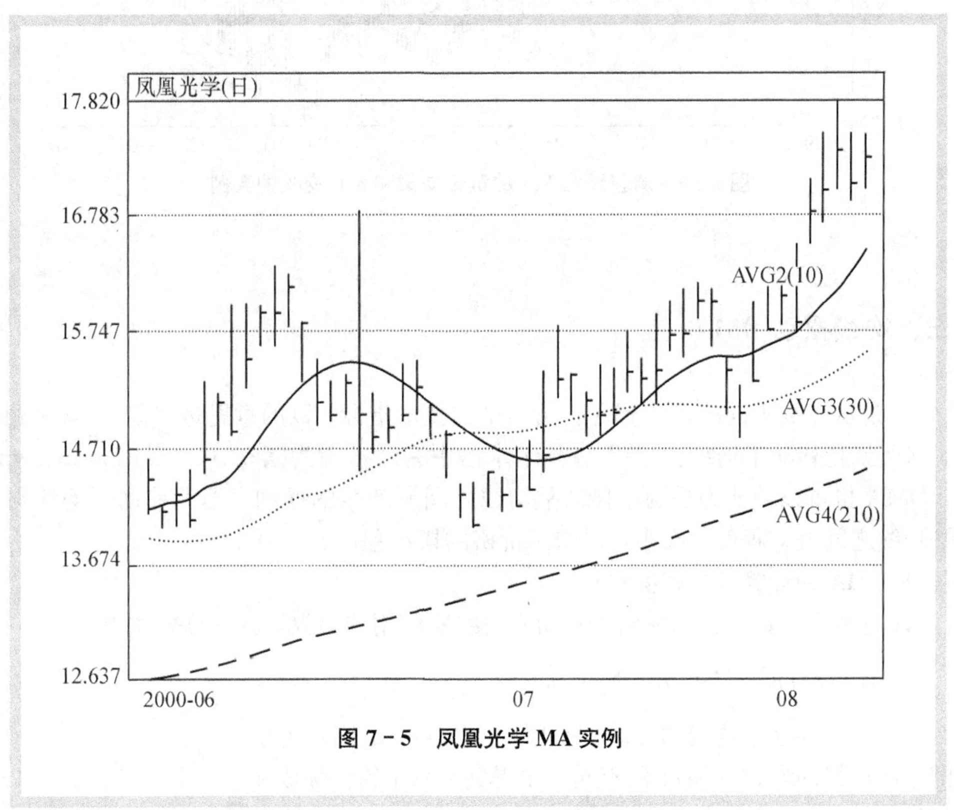

图7-5 凤凰光学MA实例

【例7-2】 图7-6是新疆天业（600075）1999年7月至2000年4月的日线图，其中两条MA的参数是10和30。在1999年7月出现了死亡交叉，2000年2月出现了黄金交叉。出现黄金交叉的位置，从形态上看有一点像头肩底的右肩。

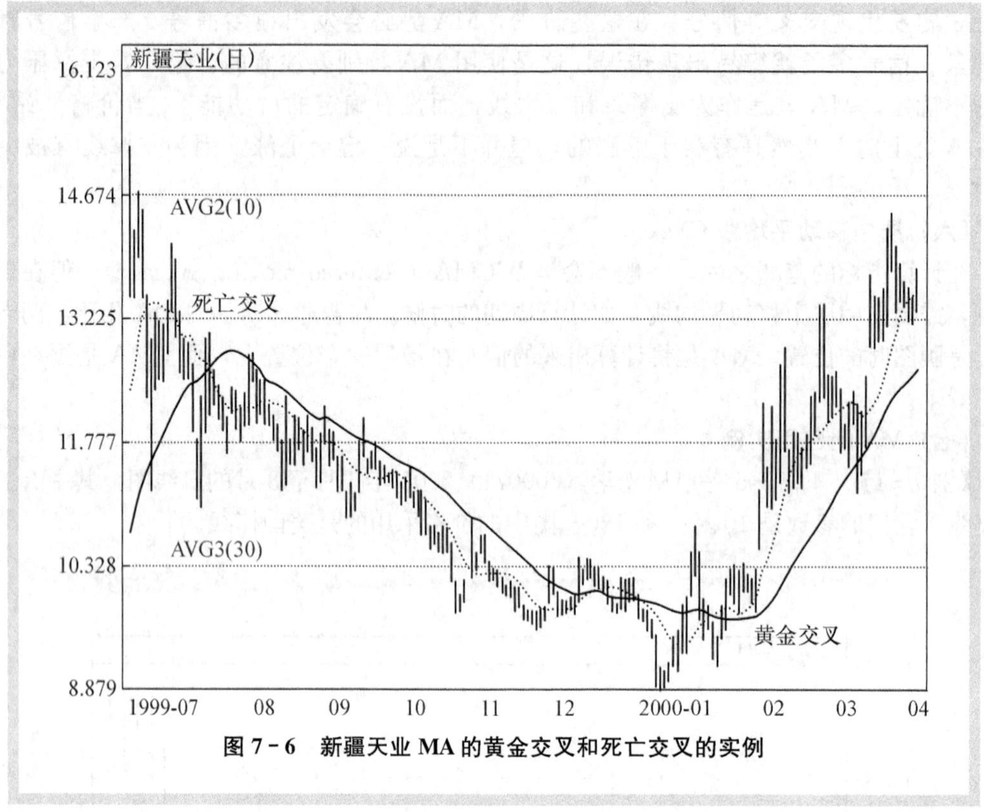

图 7-6 新疆天业 MA 的黄金交叉和死亡交叉的实例

三、均线摆动 DMA

DMA 是从参数不同的两条 MA 构造出来的技术指标。D 的意思是“差”，就是相减的意思。MA 就是移动平均线。“差”在技术术语中有时被称为摆动（oscillation or swing）。这样，DMA 也可以被认为是两条移动平均线之间所产生的摆动。短期移动平均线与长期移动平均线之间摆动程度的大小，反映了价格的摆动程度。

（一）DMA 的计算公式和参数

DMA 有两个参数，分别为两条移动平均线所使用的参数，其计算公式为：

$$DMA(n,m)=MA(n)-MA(m)$$

其中，n 和 m 是移动平均线的参数，而且 n 的取值一定比 m 小。

随着所选择的参数 n 和 m 的不同，将得到 DMA 的特殊成员。

如果 $n=3$，$m=6$，就是 3 减 6 日乖离，它是 DMA 的一个特殊成员，本身也是一个技术指标。如果 $n=6$，$m=12$，就是 6 减 12 日乖离，它也是 DMA 的一个特殊成员，本身也是一个技术指标。如果 $n=1$，m 随便取一个自然数，就得到后文将要介绍的技术指标——参数为 m 的 OSC。由此可见，OSC 是 DMA 的一种特殊情况。

表 7-2 是参数 $n=10$，$m=50$ 的实际计算结果。

表 7-2　　**DMA 计算结果表**

日期	收盘价	MA(10)	MA(50)	DMA(10，50)
1	略	3.20	4.20	−1.00
2	略	3.30	4.10	−0.80
3	略	3.50	4.05	−0.55
4	略	3.40	4.00	−0.60

（二）DMA 的使用方法

DMA 有两种使用方式，属于相对简单的一种技术指标：

（1）DMA 冲高卖出、探底买入，这是比较粗略的说法。具体地说，当 DMA 冲高并达到我们认为的极端值之后，在回落的第二天或第三天卖出；当 DMA 探底并达到极端值后，在其反弹的第二天或第三天买进。这样的使用方式属于技术指标的极端值范畴。因此，投资者将面临主观判断极端值的问题，即当 DMA 的值达到何种程度才能被当成极端值。

（2）DMA 的形态和 DMA 与价格的背离。当 DMA 曲线在实际的波动过程中与价格曲线形成了背离现象的时候，是行动的信号——底背离买入，顶背离卖出。DMA 在波动的过程中，如果自身的曲线出现双重顶（底）、头肩顶（底）的形态，也是行动的信号——出现“顶”应该卖出，出现“底”应该买入。不过，要注意“顶”或“底”出现的位置应该是比较高或比较低的。一般来说，顶和底的位置都应该是 DMA 取极端值的位置。

当然，DMA 的应用绝不是这么两句话就能说清楚的。随着 DMA 参数的取法不同，其操作方法也会有相应的改变。

DMA 在实际中的使用并不广泛，它经常是作为旁证而不是作为主角。

（三）DMA 的实例

【例 7-3】　图 7-7 是上证指数 1999 年 4 月至 2000 年 7 月的日线图，其中 DMA 的参数是 10 和 50。1999 年 7 月，DMA 达到了极端值，图中的 *A* 点附近应该是卖出点。在 2000 年初，DMA 与指数形成了底背离，图中的 *B* 点附近应该是买入点。值得注意的是，这里的背离有点三重背离的倾向。

四、指数平滑 EXPMA

EXPMA（exponentially weighted moving average）即指数平滑，其技术指标的计算方法与本节前面已经介绍过的指数平滑法完全相同。

（一）EXPMA 的计算和参数

从数学的角度讲，计算 EXPMA 的过程是个递推公式，其基本的计算公式如下：

$$\text{EXPMA}_{n+1}=(1-\alpha)\times\text{EXPMA}_n+\alpha\times P_{n+1}$$

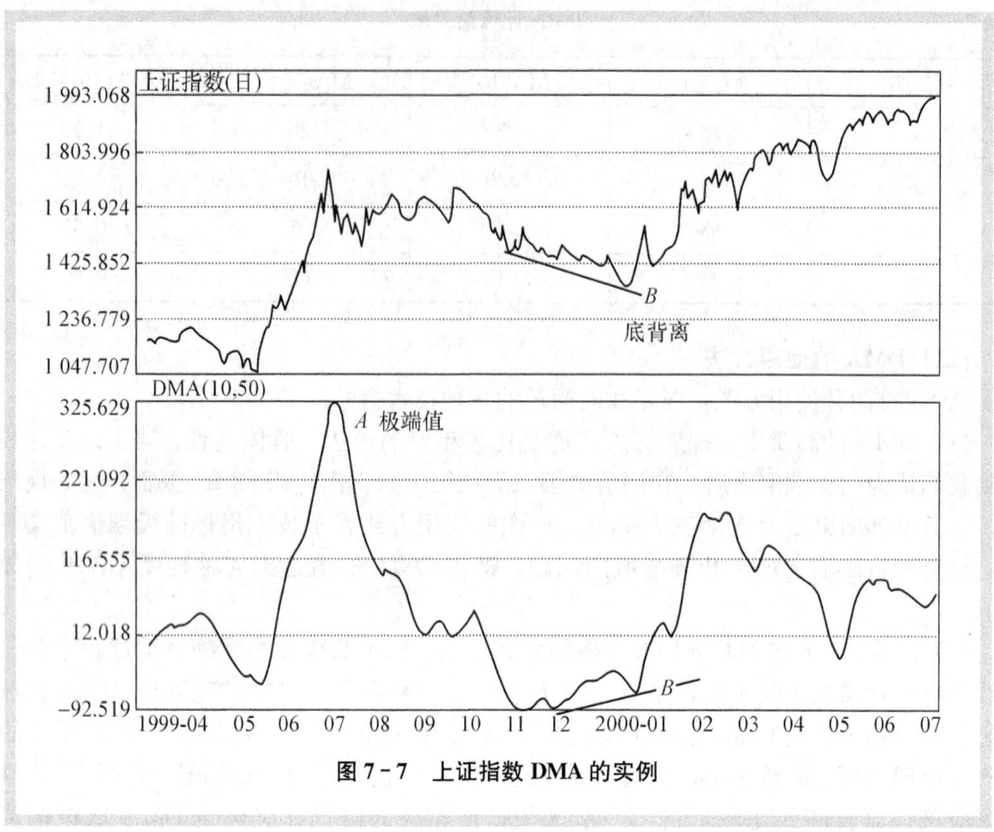

图 7-7 上证指数 DMA 的实例

其中，P 是收盘价；α 是平滑因子，也叫衰变因子，α 就是 EXPMA 的参数，实际计算时必须要求 $0<\alpha<1$，通常要求 $0<\alpha<0.5$。

从上式可以知道，在确定了参数 α 后，如果知道了上一个交易日的 EXPMA（$EXPMA_n$）和今日的收盘价（P_{n+1}），就可以计算今日的 EXPMA（$EXPMA_{n+1}$）。

收盘价从每日的行情中可以得到，上一个交易日的 EXPMA 又可以从更前一日的 EXPMA 和收盘价得到。只要记录了每日的 EXPMA，就能不断地递推下去。当然，在实际计算时会遇到初值的问题，也就是第一个 EXPMA 是多少的问题。其实，从数学的角度看，如果时间充分长，初值等于多少是不重要的。一般来说，EXPMA 的初值可以取成第一天的收盘价。

以 $\alpha=0.2$ 为例，EXPMA 的计算结果如表 7-3 所示。

表 7-3　EXPMA 的计算结果表

日期	收盘价	EXPMA
1	5.3	5.3
2	5.5	5.34
3	5.6	5.392
4	5.4	5.393 6

EXPMA 的本质是对价格曲线进行平均，所使用的方式是指数平滑的方式。如前所述，指数平滑考虑的时间区间是从证券上市的第一天到“今天”。EXPMA 认为，每天的价格都对“今天”起作用，只不过影响的程度逐渐下降，下降的“速度”由 EXPMA 的参数 α 体现，这就是 α 叫衰变因子（decay factor）的原因。α 越大，表示过去价格的影响力下降得越快，当前价格的作用大；α 越小，表示过去价格的影响力下降得越慢，当前价格的作用小。

有时，参数 α 大的 EXPMA 被称为短期的（或快速的）EXPMA，参数 α 小的 EXPMA 被称为长期的（或慢速的）EXPMA。应该说明的是，EXPMA 的参数不是指交易日的天数。

（二）EXPMA 使用法则

EXPMA 的使用与 MA 基本相同，主要作用是支撑压力和反映价格的趋势。若选择不同的参数，还有交叉的功能。

（三）EXPMA 的应用实例

【例 7-4】 图 7-8 是真空电子（600602）1999 年 1 月至 2000 年 3 月的日线图，其中两条 EXPMA 曲线的参数是 20 和 50，即 0.5 和 0.2。在 1999 年 3 月和 2000 年 1 月形成了两次黄金交叉，在 1999 年 9 月形成了一次死亡交叉。

图 7-8 真空电子 EXPMA 的实例

五、MACD

从 MACD（moving average convergence and divergence）的英文可以发现，它的中文翻译名——平滑异同移动平均——是不准确的，但现在已经约定俗成了。MACD 是在 EXPMA 的基础上经进一步计算而得到的，掌握了 EXPMA 的计算，就很容易计算出 MACD。

（一）MACD 的计算公式和参数

MACD 由正负差（DIF）、异同平均数（MACD）和柱状线（BAR）这三部分组成。DIF 是 MACD 的核心，MACD 是在 DIF 的基础上得到的，BAR 又是在 DIF 和 MACD 的基础上产生的。

（1）DIF 的计算公式和参数。DIF 是 difference 的前三个字母。DIF 是快速 EXPMA 与慢速 EXPMA 的差，DIF 正负差的名称就由此而来。快速 EXPMA 和慢速 EXPMA 的具体体现是 EXPMA 参数的大小。快速是短期的，慢速是长期的。由此可见，计算 DIF 需要用到两个参数，即计算快慢两个 EXPMA 的参数。

目前，计算 MACD 的流行方法是用 EXPMA，所用的两个参数是 12 和 26，即

$$\mathrm{EXPMA}_{n+1}(12)=\mathrm{EXPMA}_{n}(12)\times 11/(12+1)+P_{n+1}\times 2/(12+1)$$

$$\mathrm{EXPMA}_{n+1}(26)=\mathrm{EXPMA}_{n}(26)\times 25/(26+1)+P_{n+1}\times 2/(26+1)$$

其中，P_{n+1}是收盘价。参数为 12 的是快速的 EXPMA，参数为 26 的是慢速的 EXPMA。

以上两个公式都是指数平滑的计算公式，平滑参数分别是 2/13 和 2/27。如果选择其他参数，也可以照此法计算出在其他参数情况下的 EXPMA。计算中用到的第一个 EXPMA 值，一般以收盘价代替。

在计算了 EXPMA 之后，DIF 可从下述公式得到：

$$\mathrm{DIF}=\mathrm{EXPMA}(12)-\mathrm{EXPMA}(26)$$

单独一个 DIF 也能进行行情预测，但为了使信号更可靠，我们引入了另一个指标 MACD。

（2）MACD 的计算公式参数。MACD 是计算 DIF 的移动平均，也就是连续若干个交易日的 DIF 的移动平均。对 DIF 做移动平均就如同对收盘价做移动平均一样，其计算方法同 MA 一样。引进 MACD 的目的是消除 DIF 的一些偶然现象，使信号更加可靠。

由于要计算移动平均，因此就要涉及参数，这是 MACD 的另一个参数。计算 MACD 一共需要 3 个参数，前两个用于计算 DIF，后一个用于计算 MACD。其计算公式为：

$$\mathrm{MACD}(12,26,10)=(\mathrm{DIF}_{t+1}+\mathrm{DIF}_{t+2}+\cdots+\mathrm{DIF}_{t+10})/10$$

（3）BAR 的计算公式。下面是 BAR 的计算公式：

$$\mathrm{BAR}=2\times(\mathrm{DIF}-\mathrm{MACD})$$

从上式可以看出，BAR 是 DIF 与 MACD 的差距。在分析软件中，将 BAR 画成柱状线，分为绿色和红色两种。BAR 的大小反映了 DIF 与自己的移动平均 MACD 之间的差距，有一点类似于证券价格与自己的 MA 之间的差距。在后面的技术指标介绍中，这样的

差距被称为摆动（oscillate）。

以参数 12、26 和 2 为例，计算结果如表 7－4 所示。

表 7－4　MACD 的计算结果

日期	收盘价	EXPMA(12)	EXPMA(26)	DIF(12，26)	MACD(12，26，2)	BAR
1	100	100.000	100.000	0.000	—	—
2	110	101.538	100.740	0.798	0.399 0	0.798
3	105	102.071	101.056	1.015	0.906 5	0.217

（二）MACD 的应用法则

MACD 主要是从三个方面进行行情预测：

（1）DIF 和 MACD 的极端值和交叉属于技术指标的交叉和极端值的范畴，分为看涨和看跌两种情况。

①若 DIF 和 MACD 由负变正，与横坐标轴产生交叉，则市场属于多头市场。在较低的位置 DIF 向上突破 MACD 是买入信号，属于黄金交叉的范畴；在横轴附近，DIF 向下跌破 MACD 只能认为是回落，应获利了结。

②若 DIF 和 MACD 由正变负，与横坐标轴产生交叉，则市场属于空头市场。DIF 在较高的位置向下突破 MACD 是卖出信号，属于死亡交叉的范畴；在横轴附近，DIF 向上突破 MACD 只能认为是反弹，应获利了结。

③当 DIF 的取值达到很大时，应该考虑卖出；当 DIF 的取值达到很小时，应该考虑买进。当然，“很大”和“很小”必须涉及定量的问题，需要有主观的判断。在实际中，这一条不常用，原因是定量的问题不好解决。

显然，DIF 是正值，说明短期的 EXPMA 比长期的 EXPMA 高，这类似于 MA(5) 在 MA(10) 线之上，所以是多头市场。DIF 与 MACD 的关系就如同价格与 MA 的关系一样，DIF 上穿或下穿 MACD 都是 DIF 将要上升或将要下降的信号。而 DIF 的上升或下降，又是价格将要上升或下降的信号。

（2）DIF 和 MACD 与价格曲线的背离，属于技术指标的背离范畴。DIF 和 MACD 与价格形成背离是比较强烈的采取行动的信号，是卖出还是买入要视 DIF 的上升和下降情况而定。如果 DIF 或 MACD 与价格曲线在比较低的位置形成底背离，是买入的信号；如果 DIF 或 MACD 与价格曲线在比较高的位置形成顶背离，是卖出的信号。

（3）BAR 的使用。“民间”的使用方法是：当横轴下面的绿线缩短时买入，当横轴上面的红线缩短时卖出。这样操作的好处是比较“快”，容易在比较“好”的时机行动。

（三）MACD 的缺点

MACD 与前面的 DMA 类似，但是“流传”要广泛得多。MACD 除掉了 EXPMA 或 MA 所产生的频繁买入卖出信号，增加了发出信号的要求和限制，避免了一部分假信号的出现，用起来比 MA 更有把握。但是，同 MA 一样，在市场没有明显趋势而进入盘整时，MACD 的失误率极高。另外，对未来价格的上升和下降的深度和广度，MACD 不能提出有帮助的建议。

（四）MACD的应用实例

【例7-5】 图7-9是ST深物业（000011）1999年7月至2000年4月的日线图，其中，MACD的参数是12和26。在1999年7月的A点，DIF达到极端值，应该卖出。在2000年1月的B点，形成了价格与技术指标的底背离，应该买入。

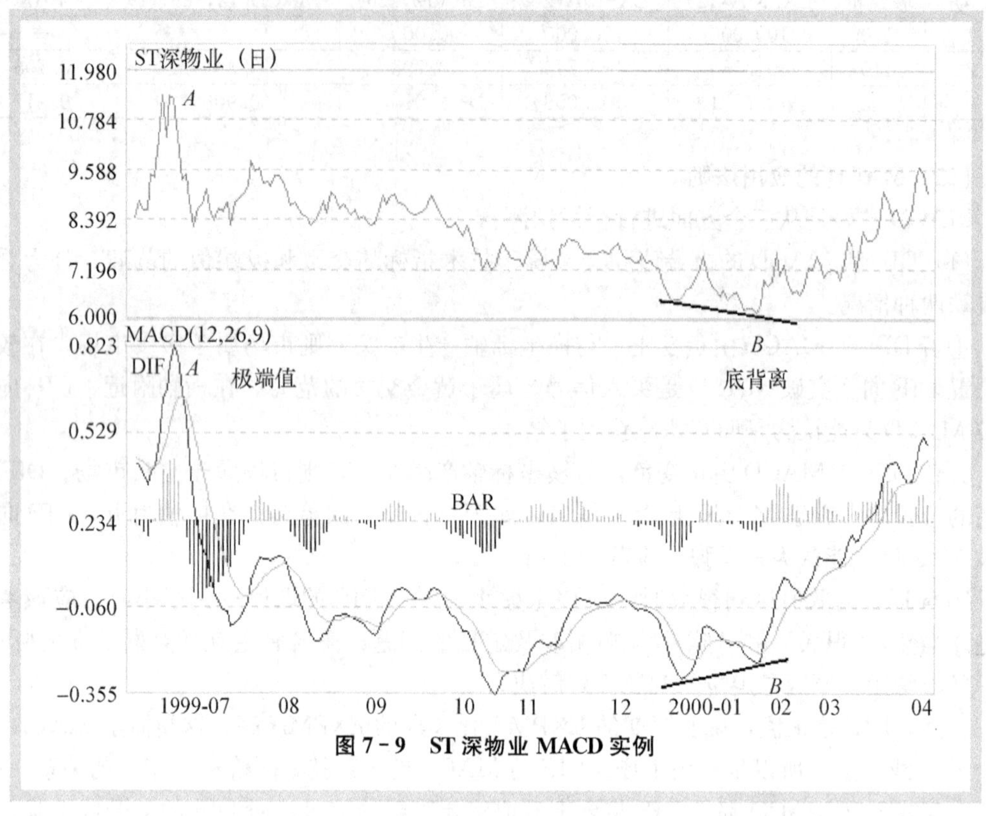

图7-9 ST深物业MACD实例

六、TRIX

TRIX（triple exponentially smoothed moving average）的中文名称为三重指数平滑移动平均。TRIX是在EXPMA的基础上经进一步计算而得到。掌握了EXPMA的计算，可以很容易计算出TRIX。

“重”是数学上的概念，表示某个“操作”进行了多次，“三重”就是进行了三次“操作”。在TRIX中，“操作”是指进行指数平滑。

（一）TRIX的计算公式和参数

计算TRIX共分为三个步骤：一重指数平滑（AX）→二重指数平滑（BX）→三重指数平滑（TRIX）。此外，还可以计算TRIX的移动平均TMX，但TRIX是最核心的。

（1）AX的计算公式和参数。AX其实就是对收盘价进行指数平滑后的EXPMA，这是第一次指数平滑，即一重指数平滑。计算AX需要用到一个参数，即对收盘价进行EXPMA计算的参数，这是TRIX的第一个参数。

设 AX 的参数为 α，则 AX 的计算公式为：

$$AX_{n+1}=(1-\alpha)\times AX_n+\alpha\times P_{n+1}$$

其中，P_{n+1} 是收盘价。很显然，上述计算过程是递推的过程，与 EXPMA 的计算过程一样。

以上计算 AX 的公式所选择的参数是 α。选择参数是主观的行为，但也要符合前面计算 EXPMA 时对参数所做的要求，计算中用到的第一个 AX 值，一般以收盘价 P 代替。

（2）BX 的计算公式和参数。BX 其实就是把上面计算出来的 AX 进行指数平滑，在计算的时候，把 AX 当成收盘价一样对待，同样进行指数平滑 EXPMA。相对于 AX 来说，BX 是第一次指数平滑，即一重指数平滑；但相对于收盘价 P 来说，BX 是第二次指数平滑，即二重指数平滑。计算 BX 也需要用到一个参数，即对 AX 进行 EXPMA 计算的参数，这是 TRIX 的第二个参数。

设 BX 的参数为 β，则 BX 的计算公式为：

$$BX_{n+1}=(1-\beta)\times BX_n+\beta\times AX_{n+1}$$

其中，AX_{n+1} 是上面计算出来的一重指数平滑。

很显然，上述计算过程是递推的过程，与 EXPMA 的计算过程一样。以上计算 BX 的公式所选择的参数是 β。参数的选择是主观的，但也要符合前面计算 EXPMA 时对参数所做的要求，计算中用到的第一个 BX 值，一般以 AX 代替。

需要指出的是，计算 BX 时，相当于将这里的 BX 看成上面的 AX，而把这里的 AX 看成上面的收盘价 P。

（3）TRIX 的计算公式和参数。TRIX 其实就是把上面计算出来的 BX 进行指数平滑。只是在计算的时候，把每天的 BX 值当成收盘价一样对待，同样进行指数平滑 EXPMA 的计算。相对于 BX 来说，TRIX 是第一次指数平滑，即一重指数平滑；但相对于收盘价 P 来说，TRIX 是第三次指数平滑，即三重指数平滑，这就是 TRIX 中文名称的来历。计算 TRIX 也需要用到一个参数，即对 BX 进行 EXPMA 计算的参数，这是 TRIX 的第三个参数。可见，计算 TRIX 一共需要三个参数。

设 TRIX 的参数为 γ，则 TRIX 的计算公式为：

$$TRIX_{n+1}=(1-\gamma)\times TRIX_n+\gamma\times BX_{n+1}$$

其中，BX_{n+1} 为上面计算出来的二重指数平滑。

很显然，上述计算过程是递推的过程，与 EXPMA 的计算过程一样，以上计算 TRIX 的公式所选择的参数是 γ。参数的选择是主观的，但也要符合前面计算 EXPMA 时对参数所做的要求，计算中用到的第一个 TRIX 值，一般以 BX 代替。

需要指出的是，计算 TRIX 时，相当于将这里的 TRIX 看成上面的 BX，而把这里的 BX 看成上面的 P。

（4）TRIX 的移动平均 TMX 的计算公式。TMX 就是连续若干个交易日的 TRIX 的移动平均。对 TRIX 做移动平均就如同对收盘价做移动平均一样，其计算方法同 MA 一样。引进 TMX 的目的是消除 TRIX 的一些偶然现象，使信号更加可靠。

由于要计算移动平均 TMX，因此就要涉及参数，这是 TRIX 的第四个参数。设参数为 10，其计算公式为：

$$TMX=(TRIX_{t+1}+TRIX_{t+2}+\cdots+TRIX_{t+10})/10$$

由于计算过程过于烦琐，这里不给出具体计算 TRIX 的结果，读者可以参照 EXPMA 的计算过程。

（二）TRIX 的应用法则

无论进行多少次“平滑”，其本质还是平滑。从根本上讲，TRIX 就是 EXPMA。所以，对 TRIX 的使用主要遵循 EXPMA 的方式，只不过在时间上要长一些。

使用 TRIX 主要从两个方面考虑：

(1) 使用 TRIX 要立足于长期的目标。我们在介绍平滑时曾经指出，平滑的目的是消除偶然的因素，而体现长期的趋势行为。TRIX 对价格进行了三次“平滑”，把价格的“锋芒”已经“磨”得差不多了。由此可知，TRIX 所体现的时间周期“长度”比前面介绍的 EXPMA 和 MA 要长得多。因此，TRIX 必然是个“长”的指标。

(2) TRIX 与 TMX 的交叉。这属于技术指标的交叉范畴，分为看涨和看跌两种情况。

①若 TRIX 上穿 TMX，则市场属于多头市场，是买入信号，属于黄金交叉的范畴。

②若 TRIX 下穿 TMX，则市场属于空头市场，是卖出信号，属于死亡交叉的范畴。

（三）TRIX 的应用实例

【例 7-6】 图 7-10 是赛格三星（000068）1999 年 2—7 月的日线图，其中出现了两次黄金交叉，之后是比较大的上升。

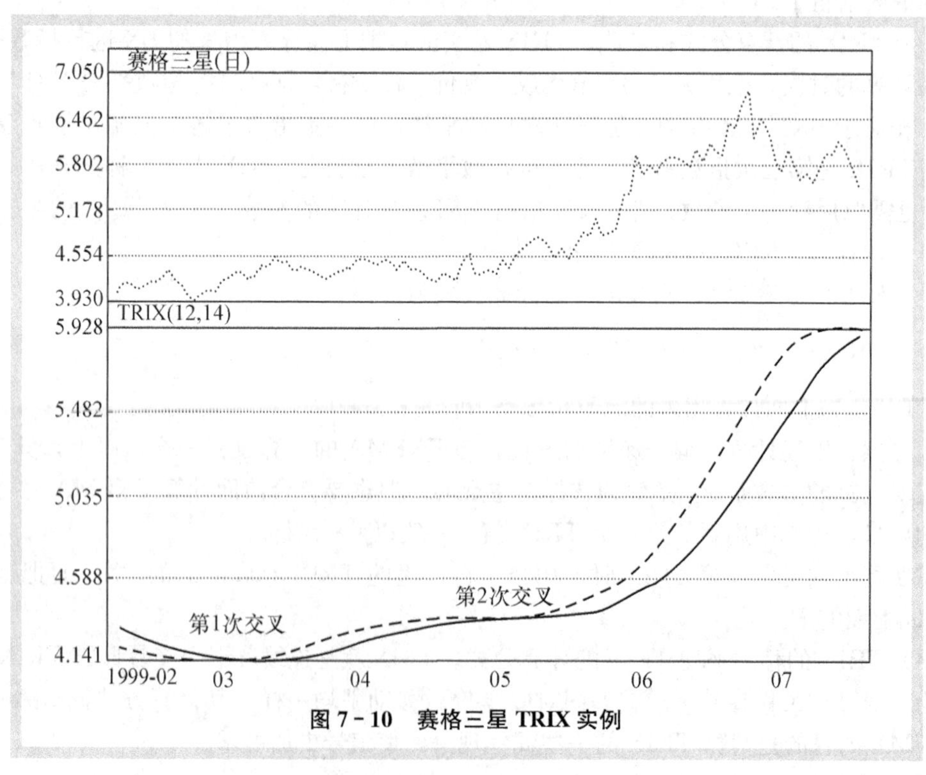

图 7-10 赛格三星 TRIX 实例

第四节 WMS 和 KD

这两个指标是股市中最为重要的指标之一，最早起源于期货市场，并受到广泛关注。WMS 和 KD 在引入证券市场后，也给广大股票投资者带来了巨大的收益。目前，这两个指标已经成为中国证券市场上广泛使用的指标。

与这两个指标密切相关的指标还有慢速 KD。

一、WMS 指标

WMS 指标是由拉里·威廉斯（Larry Williams）于 1973 年首创的，最初是用于期货市场。WMS 取值的大小表示市场当前的价格在过去一段时间内所处的相对高度，进而指出价格是否处于超买或超卖的状态。

（一）WMS 的计算公式和基本构造原理

WMS 的计算公式如下：

$$WMS(n)=(H_n-C)/(H_n-L_n)\times 100$$

其中，C 是当天的收盘价；H_n 和 L_n 是最近 n 日内（包括当天在内）出现的最高价和最低价。

表 7-5 是参数为 3 的计算结果。

表 7-5　　WMS 的计算结果

日期	收盘价	最高价	H_n	最低价	L_n	WMS（3）
1	1.30	1.35	—	1.25	—	—
2	1.20	1.28	—	1.18	—	—
3	1.23	1.25	1.35	1.20	1.18	70.6
4	1.25	1.27	1.28	1.13	1.13	20.0
5	1.37	1.37	1.37	1.22	1.13	0.00

由上式可知，WMS 有一个参数，即所选择交易日的天数 n。WMS 指标表示当天收盘价在过去一段日子的价格变动范围内所处的相对位置。H_n-L_n 表示过去 n 天内最高价和最低价之间的范围。如果 WMS 取值较大，则说明当天的价格处在较低的位置，要注意反弹；如果 WMS 的值较小，则说明当天的价格处在相对较高的位置，要注意回落；如果 WMS 取值居中，在 50 左右，则说明当天的价格处在过去范围的中心附近，向上向下的可能都有。

我们可以这样理解 WMS 指标：一个移动小球在上有天花板、下有地板的空间里上下跳动。小球向上撞到天花板就会调头向下，小球向下撞上地板就会反弹向上，使小球上下移动的外力是零。这样，小球将规则地上下移动，并一直保持下去。但是，由于多方和空方力量的不断变化，小球所受的外力不再是零。多方力量大了，小球向上移动；空方力量大了，小球向下移动。但是，小球在撞上天花板和地板后的调头始终是正确的，只不过不像没有外力时那么有规则，不是一撞就回头，可能要撞好几次才回头，这是因为有外力。

参数的选择直接影响天花板和地板的位置，这就是参数选择的问题。天花板和地板的位置还要随着时间的推移而不断发生变化。在 WMS 出现的初期，投资者认为市场出现一次周期循环大约是 4 周，那么取周期的前半部分或后半部分，就一定能包含这次循环的最高值或最低点。这样，WMS 选的参数只要是两周，则这两周之内的最大值或最小值至少会有一个成为天花板或地板。这对我们应用 WMS 进行行情研判很有帮助。

基于上述理由，WMS 选择的参数应该是循环周期的一半。中国证券市场目前的循环周期还没有明确的结果，在应用 WMS 时，应多选择几个参数试试。

（二）WMS 的应用法则

WMS 的操作法则是从两方面考虑：一是 WMS 取值的大小；二是 WMS 曲线撞顶（底）的次数和形态。

1. WMS 的取值大小

从公式可知，WMS 的取值介于 0～100，可以以 50 为中轴线将其分为上下两个区域：

（1）WMS 低于 10，即处于超买状态，行情即将见顶，应当考虑卖出。

（2）WMS 高于 90，即处于超卖状态，行情即将见底，应当考虑买入。

简单地说，WMS 是高吸低抛，这里 90 和 10 只是一个经验数字，不是绝对的。实际中，WMS 大于 90 或低于 10 的现象随处可见，不同的情况会产生不同的买进线和抛出线，投资者要根据具体情况，在实战中不断摸索。有一点应该说明，在中国证券市场，投资者普遍不使用 WMS 的这个用法，因为 WMS 的波动过于频繁。

2. WMS 曲线撞顶（底）的次数和形态

撞顶和撞底的次数是使用 WMS 最为“可靠”的原则，因为 WMS 的波动过于频繁，需要耐心地多等几次撞顶或撞底：

（1）WMS 连续几次撞到或接近撞到顶部 100（或底部 0），局部将形成双重或多重顶（底）、头肩顶或头肩底，此时是买入（或卖出）的信号。

（2）WMS 撞顶和撞底的次数至少为 2 次，至多为 4 次。也就是说，如果投资者发现 WMS 已经是第四次撞顶或撞底，那么就不应该犹豫了，应该采取行动。这里将遇到数“次数”的问题，这带有一定的主观性，因为并不是 WMS 必须等于 100 或 0 才算是撞顶或底，有时可以差一点。

（三）计算 WMS 的另一个公式

另一个计算 WMS 的公式为：

$$\mathrm{WMS}(n)=(C-L_n)/(H_n-L_n)\times 100$$

其中，C、H_n 和 L_n 的含义与前式相同。

从数学的观点看，以上两个计算公式可以说是“完全”一样的。我们注意到，前后两个 WMS 相加正好是 1 或 100，使用后一个 WMS 的买卖方式正好与前者相反：前者是高吸低抛，后者是高抛低吸。从某种意义上看，后者更符合人们的一般“逻辑”。

（四）WMS 实例

【例 7－7】 图 7－11 是山西焦化（600740）1999 年 9 月至 2000 年 5 月的日线图，其中 WMS 的参数是 9。在 1999 年 10 月的 A 点，WMS 5 次撞击顶部，应该买入。在 2000 年 1 月的 B 点，WMS 数次接近底部，应该卖出。

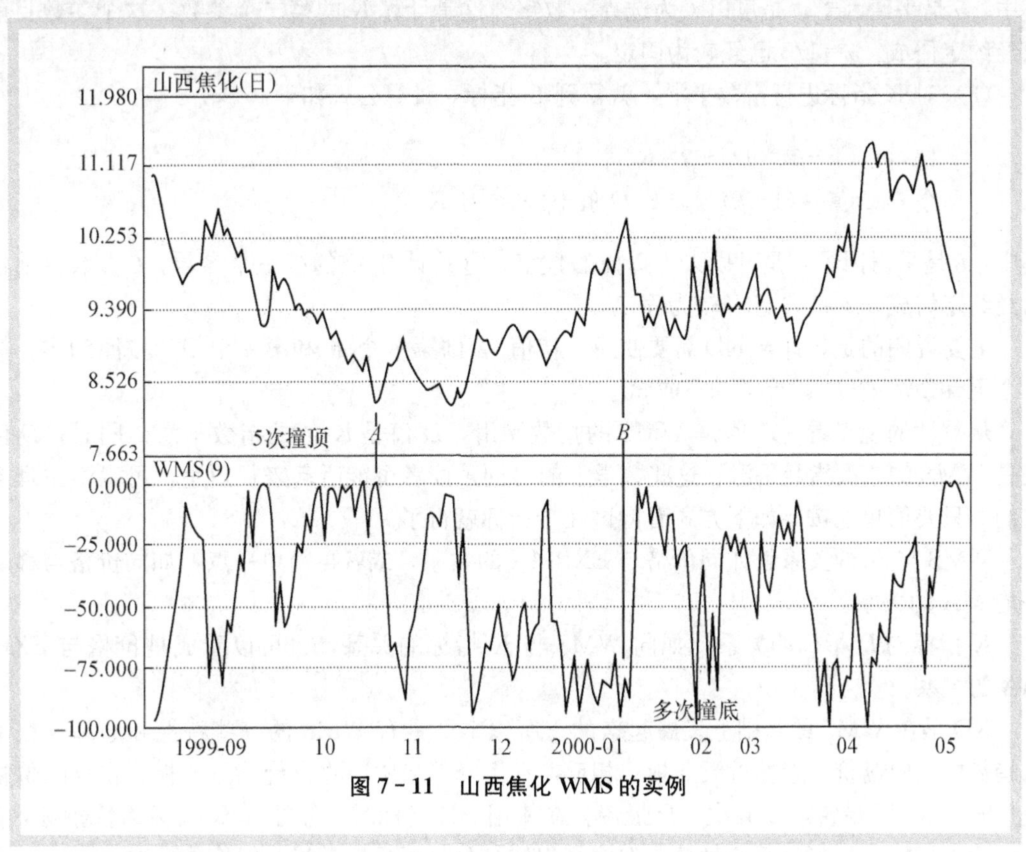

图 7－11　山西焦化 WMS 的实例

二、KD 指标

KD 指标的中文名称是随机指标（stochastic），是由乔治·莱恩（George Lane）首创，最早也是用于期货市场。

（一）KD 指标的计算过程和参数

计算 KD 至少有两种公式，下面介绍其中的一种，共分为三个步骤。

（1）计算未成熟随机值 RSV（row stochastic value），计算公式如下：

$$\mathrm{RSV}(n)=(C-L_n)/(H_n-L_n)\times 100$$

其中，C 是当天的收盘价；H_n 和 L_n 是最近 n 日内（包括当天）出现的最高价和最低价。

从上式可以看出，RSV 实际上就是 WMS 的另一个计算公式，可能是这两个指标产生的途径不同，因而各自取了不同的名称，这里的 n 是 KD 的第一个参数。

(2) 对 RSV 进行指数平滑，得到 K 指标，计算公式如下：

$$K_{n+1}=(1-\alpha)\times K_n+\alpha\times RSV_{n+1}$$
$$今日\ K\ 值=(1-\alpha)\times 昨日\ K\ 值+\alpha\times 今日\ RSV$$

其中，α 是平滑因子，是可以人为选择的数字，这是计算 K 的第二个参数。这个参数目前已经约定俗成，$\alpha=1/3$ 已经较为固定。

(3) 对 K 指标进行指数平滑，就得到 D 指标，计算公式如下：

$$D_{n+1}=(1-\beta)\times D_n+\beta\times K_{n+1}$$
$$今日\ D\ 值=(1-\beta)\times 昨日\ D\ 值+\beta\times 今日\ K\ 值$$

其中，β 是平滑因子，是可以人为选择的数字，这是计算 D 的第三个参数。β 参数目前也已经约定俗成，$\beta=1/3$ 已经较为固定。

需要说明的是，计算 KD 需要使用“初值”，即第一个 K 和第一个 D。按照约定，第一个 K 和第一个 D 都等于 0.5 或 50。

从数学的观点看，K 值是 WMS 的指数平滑，D 值是 K 值的指数平滑；同时，D 值又是 WMS 的二次指数平滑。这些数学上的名词，读者可能听起来很陌生，可以不去理会它们，只要简单地按照如下方式看待这几个指标就行了。

WMS 与 K 的关系就如同价格与 EXPMA 的关系，或者再简单一点，如同价格与移动平均 MA 的关系。

K 指标与 D 指标的关系就如同 WMS 与 K 指标的关系，也可以看成是价格与 EXPMA 的关系。

KD 是在 WMS 的基础上发展起来的，所以 KD 具有 WMS 的一些特性和原理。在上涨趋势中，收盘价一般接近天花板；相反，在下降趋势中，收盘价接近地板。在反映价格变化时，WMS 最快，K 其次，D 最慢。在使用 KD 指标时，往往称 K 指标为快指标，D 指标为慢指标。K 指标反应敏捷，但容易出错；D 指标反应稍慢，但稳重可靠。

在介绍 KD 时，往往还附带一个 J 指标，公式如下：

$$J=3D-2K \quad 或 \quad J=3K-2D$$

其实，$J=D+2(D-K)$，可见 J 是 D 加上一个修正值。J 的实质是反映 D 与 K 的差值。在实际中，J 的使用非常简单，就是高抛低吸，本书不做重点介绍。

KDJ 的实际计算结果如表 7-6 所示。

表 7-6　　KDJ 的实际计算结果

日期	RSV(9)	K(9，1/3)	D(9，1/3，1/3)	J
1	30	43.333	47.778	56.668
2	40	42.222	45.926	53.334
3	50	44.815	45.555	47.035

（二）KD 指标应用法则

KD 指标其实是两个技术指标和两条曲线，在应用时主要从四个方面进行考虑：①KD 的取值大小；②KD 指标的背离；③K 指标与 D 指标的交叉；④KD 曲线的形态。

1. KD 的取值大小

KD 的取值范围都是 0～100，按照数字大小将其划分为三个区域——超买区、超卖区和徘徊区。按现行的划分法，80 以上为超买区，20 以下为超卖区，其余为徘徊区。

根据这种划分，KD 超过 80 就应该考虑卖出了，低于 20 就应该考虑买入了。这种操作是很简单的，同时又是很容易出错的，完全按这种方法进行操作很容易招致损失。大多数对 KD 指标了解不深的投资者，以为 KD 指标的操作仅限于此，故而对 KD 指标的作用产生误解。应该说，上述对于 0～100 的划分只是一个应用 KD 的初步过程，仅仅是信号，真正要做出买卖的决定还必须从其他几个方面考虑。

以上所述属于技术指标极端值的范畴，要想使用的效果好，还必须根据具体的情况“改进”上述对 KD 区域的划分。显然，K 指标的极端值比 D 指标的极端值肯定要“极端”一些。

2. KD 指标曲线的形态

当 KD 指标在较高或较低的位置形成了头肩形和多重顶（底）时，是采取行动的信号。注意，这些形态一定要在较高位置或较低位置出现，位置越高或越低，结论越可靠、越正确。一般来说，顶或底的位置差不多应该是极端值的位置，操作时可按形态理论方面的原则进行。例如，颈线、突破等都可以用在 KD 指标上面。

在 KD 的曲线上可以画趋势线，以明确 KD 指标的波动趋势。在 KD 的曲线图中也可以引进支撑和压力的概念，某一条支撑线或压力线被突破，也是采取行动的信号。

3. KD 指标的交叉

K 与 D 的关系就如同价格与 MA 的关系，也有死亡交叉和黄金交叉的问题：K 从下向上与 D 交叉为黄金交叉，应该买入；K 从上向下与 D 交叉为死亡交叉，应该卖出。

对 KD 指标交叉的应用需要考虑的问题是很复杂的，附带有很多的条件。下面我们以 K 从下向上与 D 交叉为例对这个问题进行说明。

K 上穿 D 是黄金交叉，是买入信号，这是正确的。但是，看到黄金交叉是否就应该买入，还要看别的条件：

（1）黄金交叉的位置应该比较低，应该在超卖区的范围，越低越好。

（2）K 与 D 相交的次数。有时在低位，K 与 D 要来回交叉好几次，相交的次数越多越好。如果在某个位置 K 和 D 来回相交多次，在图形上就会看到弯曲的 K 和 D 围成一些小的眼状区域，它们被称为“眼”，“眼”多了也是行动的信号。

（3）交叉点相对于 KD 线的低点的位置，这就是常说的“右侧相交”原则。K 在 D 已经抬头向上时才同 D 相交比 D 还在下降时与之相交要可靠得多，换句话说，右侧相交比左侧相交好。

满足了上述条件，投资者在买入时就放心一些，少满足一条，买入的风险就多些，失败的可能性就大一些。但从另一方面看，如果要求每个条件都满足，尽管这样比较安全，但也会损失和错过很多机会。

对于 K 从上向下突破 D 的死亡交叉，与上述解释相反，这里就不重复了。

4. KD 指标的背离

背离是应用 KD 指标的“重头戏”，背离是指 KD 曲线的趋势与价格的走势不一致。当 KD 处在高位或低位时，如果出现与价格走向的背离，则是采取行动的信号。

当 KD 处在高位，并形成两个依次向下的“峰”，而此时价格还在上涨，并出现两个上升的“峰”，这就构成顶背离，是卖出的信号。与之相反，KD 处在低位，并形成一底比一底高的两个“谷”，而价格还在继续下跌，并出现两个依次下降的“谷”，这就构成底背离，是买入的信号。

5. 对 KD 指标应用的补充

除了上述 KD 的操作法之外，还有两条需要注意：

(1) 当 $K>D$ 时，不卖出；当 $K<D$ 时，不买入。除了出现一天之内上下波动幅度极大这种罕见的情况外，这样做几乎都是正确的。

(2) 当 KD 值达到了极高或极低时，比如 $K>93$ 或 $D>88$，可以不用考虑别的因素而单方面采取行动，这实际上属于技术指标极端值的范畴。我们再次强调，每只股票的极高值和极低值是不相同的，需要自己从中总结。

(三) 使用 KD 指标应该注意的问题

KD 指标考虑的不仅是收盘价，而且有近期的最高价和最低价，这就避免了仅考虑收盘价而忽视真正波动幅度的弱点。使用了平滑技术后，能使结论更加可靠。

KD 指标的不足之一是在出现一些情况时，KD 指标无能为力。该指标最大的盲区是当 KD 指标从低位经过一段时间第一次到达高位或从高位下到低位时，容易出现误判。这是我们在此向使用 KD 指标的投资者提出的最大忠告。

当 KD 从顶（或从底）中途不经过曲折地达到低位或高位时，KD 指标将形成第一个峰或第一个谷，这时极易出现误判。

若真的遇到了这种情况，建议不要理会 KD 指标，而是采用别的方法。

KD 指标的另一个不足是在顶部或底部的钝化。由于计算公式的限制，在顶部或底部，KD 指标对价格的反应极为迟钝，往往是价格上涨或下降了很多，而 KD 指标才动一点点，因而无法提供买入卖出的合理价位。这个弱点是没有办法的事情，我们应充分认识到 KD 指标的这个不足，以避免发生错误。

在行情火爆时，KD 指标指出的顶背离有时需要等待很长的时间，往往要等到出现第二次顶背离时才采取行动，而到 KD 指标依次形成从上向下的三个峰时才真正行动。本章的第一节曾指出，技术指标只能胜任战术决策的任务，KD 指标也不例外。

除此之外，在价格进入整理阶段时，KD 指标一般无法提供有用的信息。

最后，应该说明的是，上述所有关于 KD 指标的应用法则都是针对日线；对于不同周期的 KD 指标，在使用上要做相应的调整，在变动之后才能用。

(四) KD 指标应用实例

【例 7-8】 图 7-12 是哈慈股份（600752）1999 年 4 月至 2000 年 4 月的日线图，图中没有 J 指标，KD 指标的参数是 9、1/3 和 1/3。在 1999 年 5 月的 A 点，KD 出现底背离，K 指标的最小值达到 8，已经很低了，所以投资者在 A 点应该买入。在 1999 年 6 月

的 B 点，KD 指标形成双顶，K 指标的最高值达到 90，也算比较高了，所以投资者在 B 点应该卖出。在 2000 年 1 月的 C 点，KD 指标形成头肩底底部反转形态，同时与价格形成底背离。此时，K 指标的最低值为 4.2，属于极端值，所以投资者在 C 点应该买入。在上面三个点的位置行动，C 点的胜算把握最大。

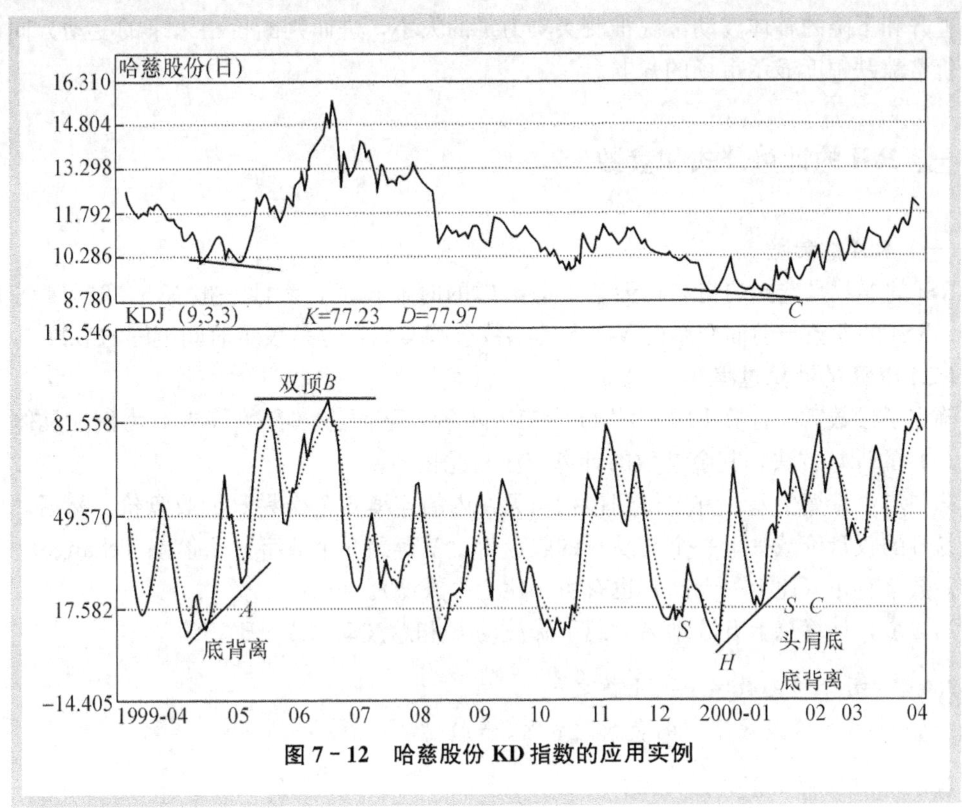

图 7－12　哈慈股份 KD 指数的应用实例

三、随机指标的补充说明

这里要说明两个内容——慢速 D 指标和另一个计算 KD 的公式。

（1）慢速 D 指标（slowed D）。慢速 D 是在 D 的基础上，对 D 再进行一次平滑而得到的。这次选择的平滑工具是移动平均，而不是指数平滑。

慢速 D 是 KD 中 D 值的移动平均。我们知道，经过平滑的指标比未经过平滑的指标变化慢，所以慢速 D 同 D 在本质上没有什么不同，其操作方法和注意事项都可以照搬 KD 指标中所叙述的内容。

（2）另一个计算 KD 的计算公式：

$$K=\mathrm{RSV}(n)=(C-L_n)/(H_n-L_n)\times 100$$

$$D=\sum(C-L_n)/\sum(H_n-L_n)$$

其中，$\sum$ 表示求和，求和的个数是 D 的参数；H_n 和 L_n 的含义与前面相同。

第五节　相对强弱指标 RSI

相对强弱指标（relative strength index，RSI）是同 KD 指标齐名的常用技术指标，RSI 的发明者是 J. 小韦尔斯・怀尔德（J. Welles Wilder，Jr）。RSI 是从固定长度时期内价格上升和下降的整体波动情况推测买卖力量的大小，进而判断价格未来的变动方向，并根据价格涨跌幅度显示市场的强弱。

一、RSI 的计算公式和参数

（一）RSI 的参数

RSI 的参数是选择的交易日天数，即考虑的时期长度，参数一般有 5、9、14 等几种选择。RSI 的参数与前面介绍的 WMS 的参数有些类似，也是表示时间范围的参数。

（二）RSI 的计算过程

确定了参数后，计算 RSI 一共分为三个步骤。下面将以参数等于 5 为例，具体介绍 RSI（5）的计算方法，其余参数的计算方法与此相同。

第一步，计算价差。首先得到包括当天在内的连续 6 个交易日的收盘价。然后，以每个交易日的收盘价减去上一个交易日的收盘价，就得到 5 个数字——价差（change），这 5 个价差数字有正（比上一天高）也有负（比上一天低）。

第二步，计算总上升波动 A、总下降波动 B 和总波动 $(A+B)$。

A＝5 个价差数字中的正数之和

B＝5 个价差数字中的负数之和×(－1)

请注意，A 和 B 都是正数。

第三步，计算 RSI。

$$\mathrm{RSI}(5)=A/(A+B)\times 100$$

计算结果如表 7－7 所示。请注意，有两种可能的结果。

从数学上看，A 表示五天之内价格向上的波动总量，B 代表五天之内向下波动的总量，$A+B$ 表示价格总的波动量。RSI 实际表示向上波动的总量在总的波动量中所占的百分比，如果占的比例大就是强市，否则就是弱市。

表 7－7　　RSI 的计算结果

日期	收盘价	价差	A	B	RSI（5）
1	2.3	—或 0	—	—	—
2	2.4	0.1	—	—	—
3	2.5	0.1	—	—	—
4	2.34	−0.16	—	—	—
5	2.28	−0.06	—或 0.2	—或 0.22	—或 47.619
6	2.29	0.01	0.21	0.22	48.837

在介绍 RSI 的过程中还要涉及相对强度 RS 的概念，它的计算公式为：

$$RS = A/B$$

通过很简单的数学推导就可得到 RSI 的计算公式：

$$RSI = 100 - 100/(1 + RS)$$

很显然，RSI 的计算只涉及收盘价，并且可以选择不同的参数，RSI 的取值介于 0 和 100 之间。

二、RSI 的应用法则

我们主要从以下五个方面介绍 RSI 的应用。

（一）不同参数的两条 RSI 曲线的联合使用

同 MA 一样，参数越大的 RSI 考虑的时间范围越大，结论越可靠，但反应速度越慢，这是无法避免的。参数小的 RSI 被称为短期 RSI，参数大的 RSI 被称为长期 RSI。因此，两条不同参数的 RSI 曲线的联合使用法则可以完全照搬 MA 中两条 MA 线的使用法则：

（1）短期 RSI＞长期 RSI，则市场属多头市场。

（2）短期 RSI＜长期 RSI，则市场属空头市场。

当然，以上两条只是参考，不能完全照此操作。

（二）从 RSI 取值的大小判断行情

将 0～100 分成四个区域，根据 RSI 的取值落入的区域进行操作，划分区域的方法如表 7－8 所示。

表 7－8

100～80	极强	卖出
80～50	强	买入
50～20	弱	卖出
20～0	极弱	买入

极强与强的分界线和极弱与弱的分界线是不明确的，换句话说，这两个区域之间没有一条明确的分界线，这条分界线实际上是一个区域。读者在别的技术分析书籍中经常可以看到 30、70 或者 15、85 等数字，这些数字实际上是对这条分界线的大致描述。应该说明的是，确定这条分界线的位置与以下三个因素有关：

（1）与 RSI 的参数有关。不同参数的区域划分不同。一般而言，参数越大，分界线离中心 50 就越近，离 100 和 0 越远。

（2）与所选择证券的活跃程度有关。由于不同证券的活跃程度不同，因而 RSI 所能达到的高度也不同。一般而言，越活跃的证券，其分界线的位置离 50 应该越远，越不活跃的股票，其分界线离 50 就越近。

（3）与使用的时间有关。在不同的时期，RSI 的波动有不同的表现，所选择的分界点也是有区别的。

随着 RSI 取值的从上到下，我们应该按下述顺序采取行动：卖出→买入→卖出→买入。市场是强市，应该买入，但是太强了，强得过分就该抛出。物极必反、量变引起质变就是对这个问题的最好说明。

（三）从 RSI 的曲线形态上判断行情

同 KD 指标一样，当 RSI 在较高或较低的位置形成头肩形和多重顶（底）时，这是采取行动的信号。切记，这些形态一定要出现在较高位置或较低位置，越低越应该买入，越低结论越可信，出错的可能性就越小。在形态理论中关于这类形态的操作原则，这里都适用。

与形态理论紧密联系的趋势线在此也有用武之地。RSI 在一波一波的上升和下降中，也会给我们提供画出趋势线的机会。这些起着支撑和压力作用的趋势线一旦被突破，就是我们采取行动的信号。

（四）从 RSI 与价格的背离判断行情

与 KD 指标一样，RSI 也可以利用背离进行操作，这属于技术指标背离的范畴。

RSI 处于高位并形成一峰比一峰低的两个峰，与此同时，价格所对应的是一峰比一峰高的两个峰，这就形成顶背离。价格在第二个峰的涨升是最后的衰竭动作（如果出现跳空缺口就是竭尽缺口），这是比较强烈的卖出信号。与这种情况相反的是底背离，RSI 在低位形成两个底部依次上升的“谷”，而此时的价格还在下降，并出现新的低点。从技术上讲，这是最后的一跌或者说是接近最后的一跌，是可以开始建仓的信号。

（五）极高的 RSI 值和极低的 RSI 值

这属于技术指标极端值的范畴，不过对于 RSI 来说，这一点尤为重要。当 RSI 在极高位和极低位时，可以不考虑别的因素而单方面采取行动。比如，上证指数的 RSI(9) 如果达到了 93 以上，必须要卖出；RSI(9) 如果低于 5，一定要买进。当然，这里的 93 和 5 是可以变化的，它既与 RSI 参数有关，也与选择的证券有关。

三、应用 RSI 的注意事项

RSI 最易出错误的情况是当 RSI 第一次进入应该采取行动的区域，如形成单峰或单谷的时候。这个问题也是在使用 KD 指标时经常碰到的。这时，只有等到第二峰或第二谷形成后才能比较明确地下结论。遇到这种情况时，投资者应该将 RSI 放在一边，然后一门心思地考虑别的技术分析方法。

那些在使用 RSI 时出问题的人，绝大多数是将上面介绍的各种 RSI 的使用法则机械地照搬到 RSI 的第一峰和第一谷上，这是对技术指标了解不全面而招致损失的典型错误。我们在此不得不重复早已说过多次的话，技术分析方法本身并没有错，出错的是那些对技术分析方法认识和理解不深的人。

RSI 的另一个不足是在顶部和底部的钝化，这一点与 KD 指标相同，但是两者相比，RSI 的钝化程度比 KD 指标更高。正是由于这个原因，RSI 在发出行动信号时，往往指不出采取行动的具体价位。

除此之外，我们还要说明，以上有关 RSI 的叙述都是针对日线，其他周期的 RSI 的应用在数字上要进行相应的调整，具体的数字界限和触顶的次数也要做相应的修改。

四、RSI 的应用实例

【例 7－9】 图 7－13 是宁波华通（600768）1999 年 6 月至 2000 年 2 月的日线图。为了使图形更清楚，图中只有一条 RSI 曲线，该曲线的参数是 5。在 1999 年 6 月的 A 点，RSI 形成双顶，最高的值达到 95.5，已经比较高了，因此 A 点应该卖出。在随后的 B 点，RSI 指标形成顶背离，因此 B 点应该卖出。在 1999 年 11 月的 C 点，RSI 指标与价格形成底背离，RSI 指标的最低值为 6.7，差不多是极端值了，因此 C 点应该买入。

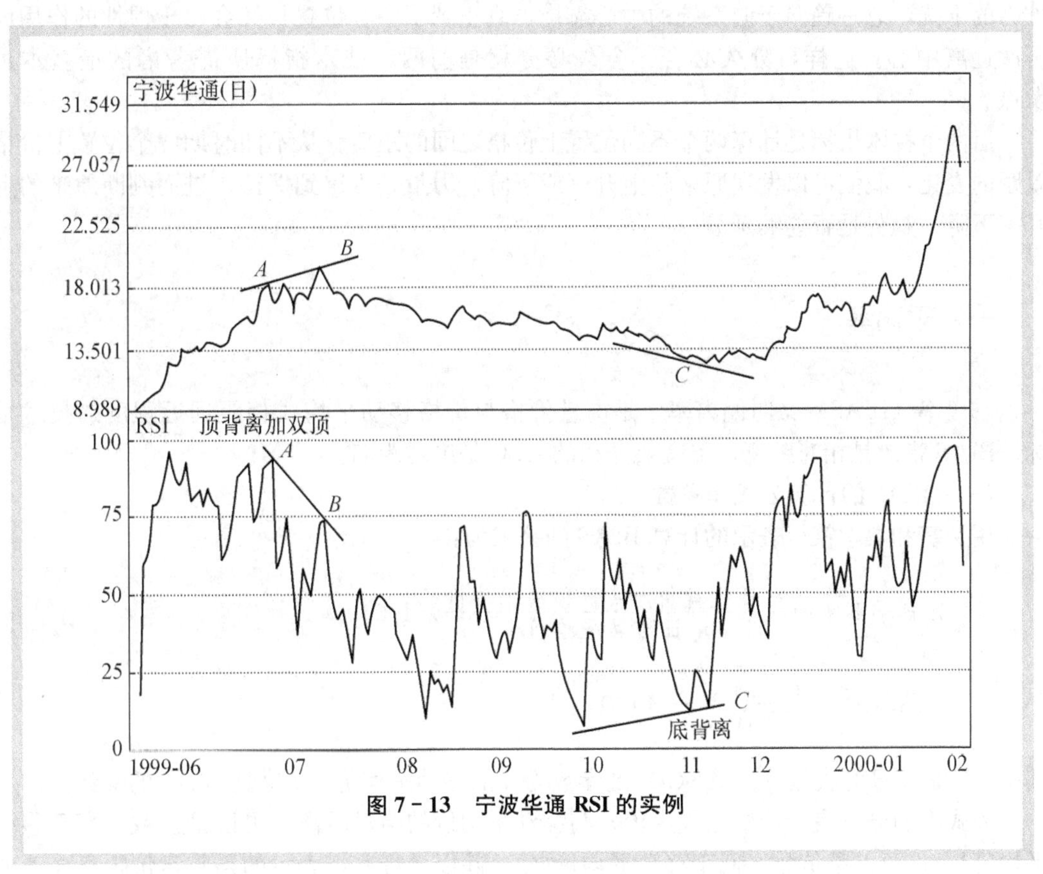

图 7－13 宁波华通 RSI 的实例

五、RSI 的平滑——MARSI

MARSI 的中文名称叫慢 RSI，MARSI 是对 RSI 进行移动平均的结果，移动平均选择的天数就是 MARSI 的参数。

使用RSI的人会发现，RSI的形状中有很多大大小小的锯齿形状，而KD指标没有这个现象。毫无疑问，锯齿影响我们对RSI总体形态的观察，为此，利用移动平均对RSI进行平滑就显得很有必要。MARSI就是在这种需要下产生的。

在实际使用中，MARSI没有得到广泛的重视，大多数分析软件中都没有这个技术指标，只有很少的投资者利用这个技术指标。

第六节　BIAS和OSC、ROC和MTM

这四个指标的共同特点都是计算在每个交易日中两种价格相距的远近程度，即两种价格之间的距离。我们所衡量的距离包括相对距离和绝对距离两种。

前两个技术指标计算的是价格与中心位置的距离。我们知道，一个平衡系统如果没有外力的干扰，总是趋向于向系统的中心靠拢，真正到了中心位置，又会由于惯性的作用而再次远离中心。这样，分久必合、合久必分就是前两个技术指标所需考虑的最基本出发点。

后两个技术指标是计算两个不同位置上价格之间的距离。从不同时期两个位置上价格差距的变化，我们可以发现原来的上升（或下降）力量是否得到保持，进而判断原来的上升（下降）趋势是否能够延续。

一、乖离率

乖离率（BIAS）又叫偏离率，是衡量价格与价格移动平均线相距远近程度的技术指标。BIAS指的是相对距离，下文要介绍的OSC是绝对距离。

（一）BIAS的计算公式和参数

用文字和数学符号表示的计算BIAS的公式为：

$$n\text{日乖离率}=\frac{\text{当日收盘价}-n\text{日移动平均价}}{n\text{日移动平均价}}\times 100$$

$$\mathrm{BIAS}(n)=\frac{C-\mathrm{MA}(n)}{\mathrm{MA}(n)}\times 100$$

其中，C是当日的收盘价；$\mathrm{MA}(n)$是参数为n的移动平均价，n也是BIAS的参数。

公式中的分子表示价格（收盘价）与移动平均价的绝对距离，可以是正数（高于移动平均价），也可以是负数（低于移动平均价格）。除以分母后，表示的是收盘价距离移动平均价的相对距离，或者叫百分比距离。当移动平均价为1元时相差0.1元，与移动平均价为10元时相差0.1元是不相同的，前者相差一个涨停板，后者的差距连来回的手续费都不够。所以，我们在一定场合要用相对距离，不应仅考虑绝对距离。

表7－9是BIAS的实际计算结果。

表 7-9 **BIAS 的计算结果**

日期	收盘价	MA(3)	BIAS(3)
1	5.45	—	—
2	5.5	—	—
3	5.4	5.45	−0.917
4	5.6	5.5	+1.818

BIAS 的公式中只含有 1 个参数，即 MA 的参数 n。这样，MA 的参数就是 BIAS 的参数 3，即乖离率与移动平均价 MA 的参数相同，两者的参数都是交易日的天数。参数的大小选择首先影响 MA，其次影响 BIAS。一般来说，参数选得越大，则允许价格远离 MA 的程度就越大。换句话说，当价格远离 MA 到了一定程度，我们就认为该回头了，而对远离程度的确定是随着参数的变大而变大的。例如，当参数为 5 时，我们可能认为 BIAS 到了 4，价格就应该回头了；而参数为 10 时，我们有可能认为必须等到 BIAS 超过 4，比如到了 7，才能认为价格应该回头。

BIAS 的原理是离得太远了就会回头，从物理学的观点看属于离心力和向心力的问题，而价格“天生”就有向心的趋向，这主要是投资者的心理因素造成的。另外，经济学中价格与需求的关系也是产生这种向心作用的原因。价格降低，需求就变大，供不应求，价格就会上升。反之，价格上升，需求就变小，供过于求，价格就会下降。多方和空方供求关系变动的最终结果是达到某个平衡，这个平衡位置就是价格的中心。BIAS 将 MA 当成了价格的中心。

（二）BIAS 的应用法则

BIAS 的应用法则主要是从以下几个方面考虑。

1. *从 BIAS 的取值大小方面考虑*

这一点是产生 BIAS 的最初想法。找到一个正数或负数，这个数叫 BIAS 的分界线。只要 BIAS 超过这个正数，我们就应该感到危险而考虑抛出；只要 BIAS 低于这个负数，我们就感到机会可能来了而考虑买入。这样看来，问题的关键在于如何找到这个正数或负数，它们是采取行动或保持沉默的分界线。

应该说明的是，这条分界线与三个因素有关：

(1) BIAS 选择的参数大小。选择的参数越大，确定采取行动的分界线就越大。

(2) 所选证券的波动性强弱。证券越活跃，选择的分界线也越大。

(3) 在不同的时期，分界线的高低是不一样的。

在有些介绍 BIAS 的书籍中，给出了这些分界线选择的参考数字。请注意，这些数字仅仅是参考，投资者应该根据具体情况对它们进行适当的调整。下面我们举例说明。

①BIAS(5)＞3.5，BIAS(10)＞5，BIAS(20)＞8 和 BIAS(60)＞10 是卖出的时机。

②BIAS(5)＜−3，BIAS(10)＜−4.5，BIAS(20)＜−7 和 BIAS(60)＜−10 是买入的时机。

从上面的数字可以看出，正数和负数的选择不是对称的。一般来说，正数的绝对值要比负数的绝对值大一些。例如，3.5＞3 和 5＞4.5 等。对 BIAS 来说，这种正方向分界线的绝对值偏大是进行分界线选择的一般规律。

如果遇到由于突发的利多或利空消息产生暴涨暴跌的情况，以上的那些参考数字肯定不管用，应该考虑别的应急措施。按一般的经验，当暴涨暴跌时，数字应按如下的方式进行调整：

第一，对于综合指数来说，BIAS(10)＞30 为抛出时机，BIAS(10)＜－15 为买入时机。

第二，对于个股来说，BIAS(10)＞40 为抛出时机，BIAS(10)＜－20 为买入时机。

2. 从 BIAS 的曲线形态和背离方面考虑

形态理论和支撑压力理论在 BIAS 上也能得到应用。不过要注意，形态和支撑压力线没有通常意义下那么“标准”，很多形态和支撑压力线的确认需要很“丰富的想象力”。

技术指标的背离在 BIAS 身上也有体现。当 BIAS 形成从上到下的两个或多个依次下降的峰，而此时价格还在继续上升，这属于顶背离，是抛出的信号；当 BIAS 形成从下到上的两个或多个依次上升的谷，而此时价格还在继续下跌，这属于底背离，是买入的信号。

3. 从两条 BIAS 曲线结合方面考虑

当短期 BIAS 在高位下穿长期 BIAS 时，是卖出信号；在低位，短期 BIAS 上穿长期 BIAS 时是买入信号。长期和短期在这里是针对参数而言，参数大的 BIAS 为长期 BIAS，参数小的 BIAS 为短期 BIAS。

（三）应用 BIAS 应注意的问题

（1）上面列举的关于 BIAS 分界线的具体数字仅仅是参考，只是指出了一个大致的思考问题的方式。从更严格的观点看，列举数字是不合适的，因为这样容易引起误导，正确的做法是在实践中根据具体情况确定分界线的位置。

（2）在 BIAS 迅速达到第一峰或第一谷时，是最容易出现操作错误的时候，读者应当特别小心。关于这一点，在运用其他技术指标时也会遇到。这种情况往往与一些突发事件有关系，或者与一些非技术的因素有关系。有经验的投资者应该能够根据具体的情况做出正确的判断，避免犯上述错误。

（3）BIAS 与 MA 结合使用的效果可能更好。当然，将 BIAS 与更多的技术指标相结合，也会极大地降低 BIAS 的错误，具体的结合方法如下：

①BIAS 从下向上穿过横轴的 0 线，或 BIAS 从上向下穿过横轴的 0 线可能都是采取行动的信号。换言之，BIAS 由正变负或由负变正都是行动的信号：上穿为买入信号，下穿为卖出信号。因为在此时，价格也在同方向穿过了 MA，有可能形成黄金交叉或死亡交叉。

②BIAS 是正值，并且价格在 MA 之上，如果价格回落到 MA 之下，而后又反弹到了 MA 之上，而且 BIAS 也呈现相同的走势，这是买进信号；对于下降的卖出信号，也可类似处理。

③BIAS 是正值，并从高位向 0 回落，如果接近 0 时，BIAS 反弹向上，这是买入的信号。相似地，BIAS 是负值，并从低位向 0 靠拢，如果接近 0 时，BIAS 掉头向下，这是卖出的信号。

结合 MA 中的格兰维尔法则，不难理解上面的三条使用法则。

（四）BIAS 的应用实例

【例 7-10】 图 7-14 是西藏金珠（600773）1998 年 11 月至 2000 年 3 月的日线图。为了使图形更清楚，图中只有一条 BIAS 曲线，参数是 10。在 1999 年 2 月的 *A* 点，BIAS 与价格形成底背离，最低值达到－10，在 *A* 点应该买入。在 1999 年 7 月的 *B* 点，BIAS 指标与价格形成顶背离，在 *B* 点应该卖出。在 2000 年 1 月的 *C* 点，BIAS 指标与价格形成底背离。在此期间，BIAS 指标的最低值为－9，在 *C* 点也应该买入。

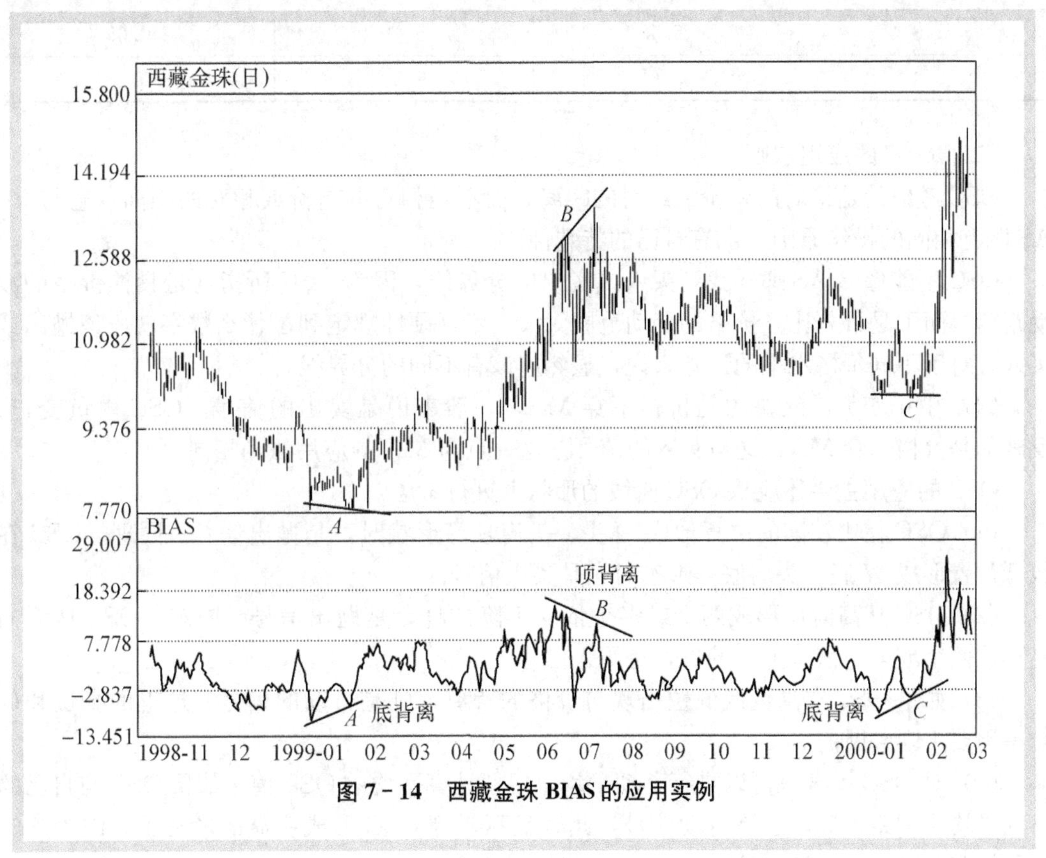

图 7-14 西藏金珠 BIAS 的应用实例

二、摆动量

上文介绍的 BIAS 指标反映的是偏离的相对距离，而摆动量 OSC（oscillator）反映的是价格偏离移动平均价的绝对距离。由此可见，OSC 的构造思想同 BIAS 是相同的。

（一）OSC 的计算公式和参数

OSC 的计算公式非常简单，就是计算 BIAS 公式中的分子部分：

$$\mathrm{OSC}(n)=C-\mathrm{MA}(n)$$

其中，C 是当天的收盘价；MA(n) 是参数为 n 的移动平均价；n 是移动平均价的参数，也是 OSC 的参数。

对 OSC 来说，其参数的确定和对实际的影响均与 BIAS 一样，这里不再赘述。

表 7-10 是 OSC 的实际计算结果。

表 7-10　　OSC 的计算结果

日期	收盘价	MA(3)	OSC(3)
1	5.45	—	—
2	5.5	—	—
3	5.4	5.45	−0.05
4	5.6	5.5	+0.10

（二）OSC 的应用法则

OSC 考虑的是绝对的差价或绝对的距离，而不是相对的差价或相对的距离，它与 BIAS 既有相同的操作原则，也有自己的特殊性。

OSC 不能像 BIAS 那样找到买入或卖出的分界线，因为 OSC 所指的是具体价格的波动距离，而不是百分比。价格的变动范围太大，不好硬性规定到了什么数字就应该抛出或买入。对于不同价格水平的证券来说，显然应该有不同的分界线。

OSC 由正变负，反映的是价格下穿 MA，一般来说是卖出的信号。OSC 由负变正，反映的是价格上穿 MA，这是买入的信号。这一点与 MA 的应用法则相同。

OSC 的应用主要还应从 OSC 曲线的形状上进行考虑：

（1）OSC 在比较高的位置形成 M 头、头肩顶等形状时，是抛出信号。同理，OSC 在较低位置形成 W 底、头肩底等形态时，是买入信号。

（2）OSC 从高向低形成两个或多个依次下降的峰，是抛出信号。同理，OSC 从低向高形成两个或多个依次上升的谷，是买入信号。

（3）如果 OSC 在高位或低位出现与价格的背离，则是行动的信号。这里的高位和低位是需要主观判断的。

（4）对 OSC 本身也可以进行移动平均，以便计算平均的 OSC 值。如果 OSC 与自己的移动平均值相距太远，这是行动信号，此时就不要等 OSC 形成明显的形态了。因为此时的价格和 OSC 都会很迅速地回头，这有些类似于 BIAS。

从上文可以看出，对 OSC 的使用需要注意 OSC 处在高位和低位的时候。OSC 处在 0 附近的指导意义相对较少，因为这时反映的无非是价格在平均价的上面还是下面的问题，没有其他实质性的内容。

（三）OSC 应用实例

【例 7-11】　图 7-15 是吉林森工（600189）1999 年 5—11 月的日线图。

为了使图形更清楚，图中只有一条 OSC 曲线，参数是 10。在 1999 年 7 月的 A 点附近，OSC 的值比较大，而且与价格形成了顶背离，所以在 A 点应该卖出。在 1999 年 11 月的 B 点附近，OSC 指标与价格形成底背离，所以在 B 点也应该买入。

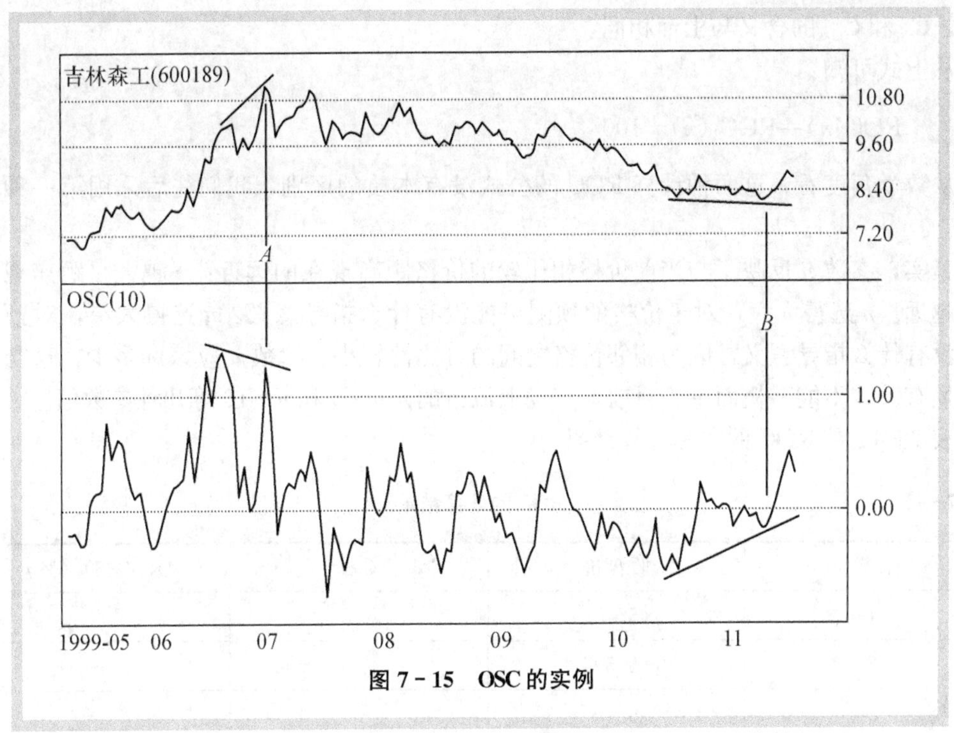

图 7－15　OSC 的实例

三、变动率

下面将要介绍的两个技术指标也是从价格的变动幅度来预测行情。与前两个技术指标不同，这里的技术指标所指的价格变动不是与移动平均价进行比较，而是与前几日的价格进行比较。这两个指标的基本原理是判断价格突破支撑线或压力线是否成功的有力工具。

（一）ROC 的计算公式和参数

变动率（rate of change，ROC）是计算当天的价格与此前某一个交易日价格变动速度的大小，并以此反映证券价格变动的快慢程度。ROC 又叫做变动速度指标或变化速率指标，从英文原文直译应该是变化率。

计算 ROC 的公式中只含有一个参数，即与多少天之前的价格进行比较，这个天数就是 ROC 的参数。ROC 的具体计算公式如下：

$$\mathrm{ROC}(n)=\frac{(C_0-C_{-n})}{C_{-n}}\times 100$$

其中，C_0 为现在（当天）的收盘价；C_{-n}表示 n 天之前的收盘价，如 C_{-3}表示 3 天之前的收盘价；n 是 ROC 的参数。

ROC 还可以另一种“面目”出现：

$$\mathrm{ROC}_2(n)=\frac{C_0}{C_{-n}}\times 100$$

其中，C_0 和 C_{-n}的含义与上面相同。

从上式可知：

$$\mathrm{ROC}(n)=\mathrm{ROC}_2(n)-100$$

从数学角度看，这两种计算 ROC 的公式没有本质的区别，我们往后采用第一种计算公式。

其实，参数 n 反映了与当前价格相比较的价格距离现在的远近：n 越大，距离现在的时间越远。n 选得太大，对于价格的预测可能没有什么指导意义。n 选得太小，对预测可能也没有什么指导意义，因为相邻价格之间的可比性较小。参数 n 应该选多少，这与个人的习惯有关，不能一概而论。目前，市场上流行的是$n=5$ 和 $n=10$ 等几种参数值。

表 7－11 是 ROC 的实际计算结果。

表 7－11　　　　ROC 的计算结果

日期	收盘价	C_{-3}	ROC(3)（%）
1	5.45	—	—
2	5.50	—	—
3	5.40	—	—
4	5.60	5.45	2.752
5	5.65	5.50	2.727
6	5.56	5.40	2.962

如果 ROC 的参数是 $n=1$，则 ROC 就成为每日的涨跌幅度（PCNT%）。可见，PCNT%是 ROC 的一种特殊情况。

涨跌幅度反映的是每一交易日与上一个交易日变动的相对量。投资者平时比较关注涨跌排名顺序，这实际上是对技术指标 ROC 进行排名。投资者在观察市场的时候，不应该只注意价格变动的绝对量，而忽视变动的相对量。不要只说今天上涨了（或下跌了）多少元钱，而不说今天上涨（或下降）的比率。“只关心价格变动的绝对量”的认知方式是很片面的，容易把分析行为引向错误的方向。例如，20 元一股的股票下跌了 1 元，看起来很多，容易引起重视，而 2 元一股的股票下跌了 1 角，就没有人注意了。其实，这两种下跌的程度是相同的。有时，甚至可以说后者对整个大势的影响比前者多。

（二）ROC 的特性

ROC 具有以下的特性：

（1）ROC 表示价格上升或下降的速率。如果是上升趋势，ROC 为正值，并且 ROC 步步上扬，则意味着上升趋势正在加速；若 ROC 开始走平，意味着现在价格的涨幅与数天前的价格涨幅相近，尽管还处于上升趋势，但速度已经放慢；若 ROC 开始回落，虽然价格还在上升，但上升的力量已经衰落；若 ROC 开始延伸到 0 之下，则近期的下降趋势已开始露头；如果 ROC 进一步向下，则下降动力正在加强。

在价格上升的过程中，ROC 显示的是一定时间间隔的两个“端点”价格的相对差价或相对距离。如果 ROC 为上升，则价格上升的幅度一般是有所加快，上升的动力应该得到了加强。如果 ROC 走平，则当前价格的涨幅或跌幅与原先相比基本相同，仅仅是维持了原来的上升力量。如果 ROC 开始下降，则说明价格的上升幅度已经变小。尽管价格仍在上升，但上升的力量可能已经不足。ROC 就是这样显示当前价格趋势的加速和减速的。

若价格处在下降趋势，并且 ROC 为负值的情况下，有相对的分析结果，可以类似地加以叙述。

（2）ROC 的变化超前于价格的变化。因为 ROC 的构造特点，ROC 的变化总是领先于价格的变化，比价格提前几天上升或下降。即使价格仍在上升，只要上升的“力度”没有达到前面的程度，ROC 可能就已经走平，而当价格走平时，ROC 可能已经下降并接近 0 了。这一点是背离的另一种思想。

（3）ROC 的变化有一定的范围。ROC 可正可负、可大可小，但是对某个具体的证券而言，ROC 的变化基本上还是有一个范围的。换句话说，我们可以找到一个正数和一个负数，使得 ROC 曲线绝大部分落在这两个数构成的范围内，即比某个正数小，比某个负数大。这样一来，就好像给 ROC 加上了上下边界一样。这两条边界对我们今后预测价格的上升高度和下降深度有一定的帮助，我们可以利用这两条边界所指出的价格波动“极限”，通过反向运算的方法计算出未来的上升高度和下降深度。

（三）ROC 的应用法则

根据 ROC 的特性，我们可以按以下的法则应用 ROC。为了更好地应用 ROC，我们将引入另一个技术指标——ROCAVG（ROC 的移动平均），这个技术指标是 ROC 的移动平均值。ROC 的使用通常从下面三个方面考虑：

（1）从 ROC 的取值方面。ROC 自上而下跌破 0，是卖出信号；反之，ROC 自下而上穿过 0，是买进信号。或者说，ROC 由正变负卖出，ROC 由负变正买入。这是由 ROC 描述价格变动速率的特性而决定的。

（2）从 ROC 与 ROCAVG 的相对取值方面。后者是前者的移动平均，这两个指标的关系就如同价格与 MA 的关系一样。正因如此，ROC 上穿 ROCAVG 并且 ROC 为正值时，是买入信号。同理，ROC 下穿 ROCAVG 并且 ROC 为负值时，是卖出信号。

（3）从 ROC 与价格的背离方向。ROC 有领先于价格的特性，所以可以考虑使用技术指标的背离。如果从高向低，ROC 曲线出现两个依次下降的峰，而此时价格却出现新的高峰，这就构成顶背离的现象。我们知道，这是卖出的信号。同理，ROC 从低向高形成依次上升的两个谷，而此时的价格却出现了新的低谷，这就形成底背离，是买入的信号。

（四）ROC 应用实例

【例 7-12】 图 7-16 是英豪科教（600672）1999 年 6 月至 2000 年 3 月的日线图。为了使图形更清楚，图中只有一条 ROC 曲线，参数是 10。在 1999 年 6 月的 *A* 点，ROC 达到极端值，之后与价格形成顶背离，在 *A* 点应该卖出。从 1999 年 8 月至 2000 年 1 月，在 *B* 点和 *C* 点，ROC 指标与价格形成底背离。图中的底背离所经过的时间很长，在 *B* 点是第一次底背离，在 C 点是第二次底背离。从使用 ROC 的角度看，在 B 点就应该开始买入了，在 C 点应该继续加大买入的力度。

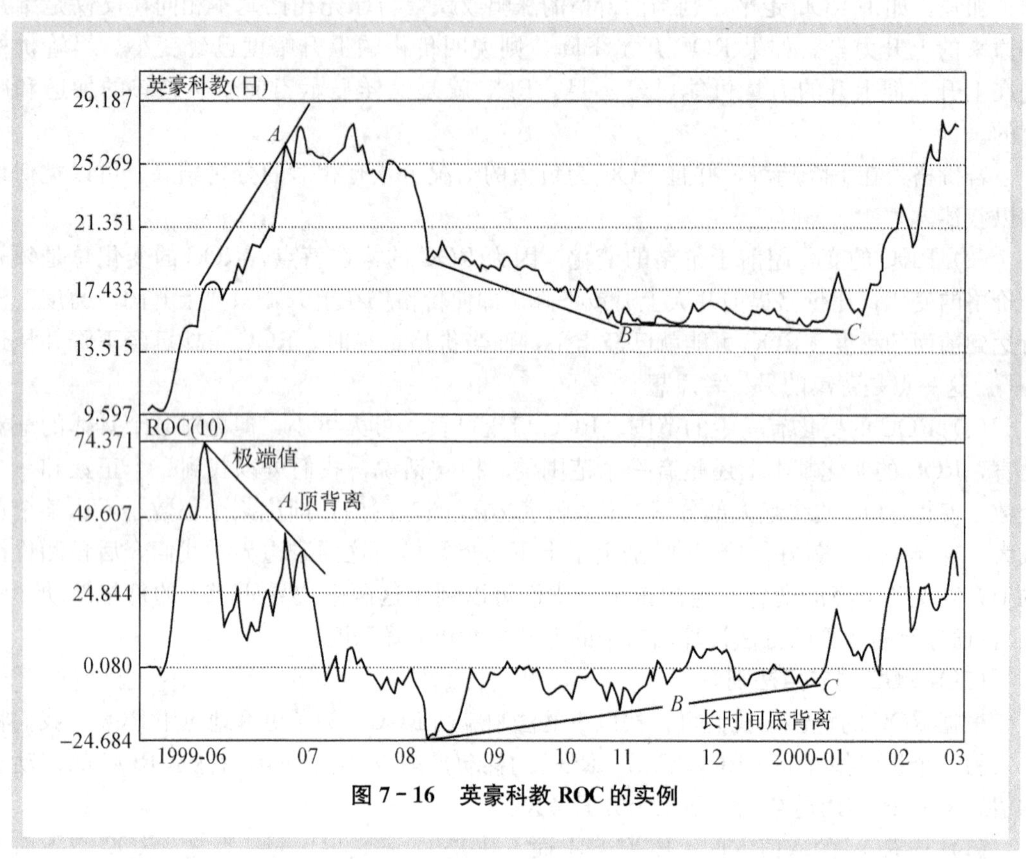

图 7-16　英豪科教 ROC 的实例

四、动量指标 MTM

MTM（momentum index）即动量指标，它的另一个名称是动力指标，这个技术指标考虑的是事物发展的过程。一般来说，事物的发展应该遵循下述过程：首先是缓慢地发展，到了一定时候，将出现急速地朝一个方向发展，之后是发展速度逐渐减慢并停止发展，最后是向相反方向发展。这个规律就是 MTM 的出发点。

（一）MTM 的计算公式和参数

与 ROC 一样，MTM 是计算当前的价格与此前某一天价格的变动大小，并依此来反映价格的上涨和下降速度。与 ROC 不同的是，ROC 用的是相对变动率，而 MTM 用的是绝对变动。

与 ROC 一样，MTM 的参数只有一个，并且这两个计算公式中参数所表示的含义也一样。MTM 的计算公式为：

$$MTM(n)=C_0-C_{-n}$$

其中，C_0 表示当日的收盘价；C_{-n}表示 n 天前的收盘价。

表 7 - 12 是 MTM 的实际计算结果。

表 7 - 12　　MTM 的计算结果

日期	收盘价	C_{-3}	MTM(3)
1	5.45	—	—
2	5.50	—	—
3	5.40	—	—
4	5.60	5.45	0.15
5	5.65	5.50	0.15
6	5.56	5.40	0.16

（二）MTM 的特性及应用法则

MTM 的特性与 ROC 可以说是一模一样，这里就不重复了。至于应用法则，MTM 也是从三个方面进行操作：

（1）MTM 自上而下穿破 0 线或自下而上穿破 0 线，这是采取行动的信号。或者说，由正变负卖出，由负变正买入。

（2）MTM 从 0 以上下穿 MTM 自己的移动平均线，或从 0 以下上穿自己的移动平均线，这是采取行动的信号。

（3）MTM 在高位或低位与价格形成背离，这是采取行动的信号。

更为详细的叙述，请参阅 ROC 的相应内容。

在结束这一节之前，还有一点需要说明：ROC 在预测行情方面有显著的功效，但容易产生一些无谓的波动，出现频繁的买卖信号，而这些信号中有一部分是不正确的。为了避免这些问题，建议运用平滑的原理，构造 ROC 和 MTM 的 MA，将其与 ROC 和 MTM 结合使用，根据 ROC 及 MTM 与其 MA 的相对穿越情况来研判行情。

（三）MTM 应用实例

【例 7 - 13】　图 7 - 17 是二纺机（600604）1998 年 10 月至 2000 年 8 月的日线图。为了使图形更清楚，图中只有一条 MTM 曲线，参数是 10。从图中可见，MTM 的取值主要在＋1 与－1 之间，超过这个范围，就可以认为 MTM 比较大或比较小了。在 1999 年 3 月的 A 点，MTM 从较小的位置上升，与价格形成底背离，所以在 A 点应该买入。1999 年 7 月的 B 点，MTM 的数值越过＋1，产生小幅度回落。1999 年 12 月的 C 点，MTM 的取值接近－1，价格产生了最低点。在 2000 年 4 月的 D 点，MTM 达到了非常大的＋2。根据极端值的买卖信号，在 D 点一定是要卖出的。在随后 2000 年 6 月的 E 点，MTM 降到了－1 以下，并逐渐上升，与价格形成底背离，在 E 点发出了买入信号。

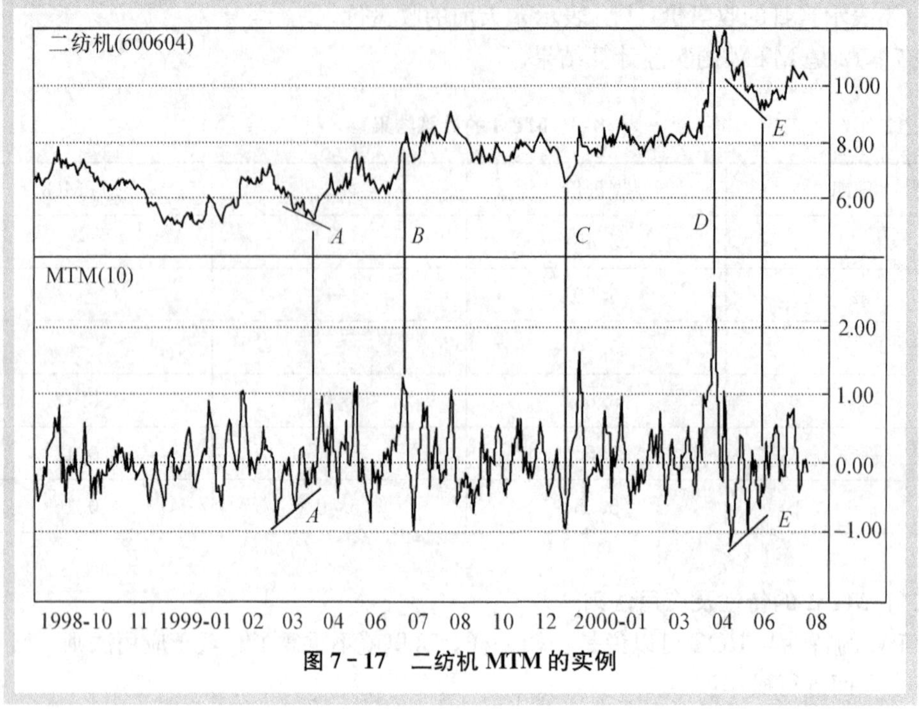

图 7-17 二纺机 MTM 的实例

第七节 ADL、ADR 和 OBOS

大多数技术指标都是既可以应用到个别证券，又可以应用到大盘，也就是综合指数。本节介绍的三个技术指标只能用于大盘，而不能应用于个股，这是由它们计算公式的特殊性所决定的。

一般来说，一个证券市场中上市交易的证券很多，在每一个交易日之后，这些证券的上升和下降情况各不相同。为了反映总体的升降趋势，产生了综合价格指数，如道琼斯 30 种工业平均指数（DJIA）、标准普尔指数（S&P 500）、上证综合指数等。每种价格指数都是用一定的计算方法计算出来的，力图公正、全面地反映整个市场的上升和下降的情况。

但是，从实际的情况看，不管怎么努力，不管用什么计算方法，都不可能面面俱到。综合指数总有不尽如人意的时候，在反映市场的实际情况时偶尔会有偏差。因此，我们有必要构造出多个反映市场总体情况的指标。

从某个角度讲，本节介绍的三个技术指标能够弥补综合指数的不足，可以提前向投资者发出行动的信号。

一、ADL

ADL（advance/decline line）称为腾落指数，其实就是上升下降曲线的意思，ADL 是用于分析趋势的。以股票市场为例，ADL 利用简单的加减法，计算出每天上市公司上涨数量和下降数量的累积结果，并与综合指数相对比，然后对大势的未来进行预测。

（一）ADL 的计算过程

计算 ADL 分为三个步骤：

第一步，假设已经知道了上一个交易日 ADL 的数值。

第二步，计算当天上涨公司和下降公司的总数量。

第三步，计算当天的 ADL 值。

如果在当天所有上市交易的股票中，上涨的共有 NA 家，下降的共有 ND 家，不涨不跌的为 M 家，这里上涨下降的判断标准是以当日收盘价与上一日收盘价相比较。这样，当日的 ADL 值为：

$$当日的\ ADL=前一交易日的\ ADL+NA-ND$$

$$ADL_{n+1}=ADL_n+NA-ND$$

因此，有

$$ADL=\sum NA-\sum ND$$

其中，$\sum NA$ 表示从开始交易的第一天算起，每一个交易日中上涨股票家数的总和；$\sum ND$ 表示下降股票家数的总和，两者之差就是 ADL。

表 7-13 是 ADL 的实际计算结果。假设总共有 500 家上市公司，ADL 的初值为 1 000。

表 7-13　ADL 的计算结果

日期	*NA*	*ND*	*M*	ADL
1	320	150	30	1 170
2	290	200	10	1 260
3	250	210	40	1 300
4	230	250	20	1 280
5	190	300	10	1 170
6	150	320	30	1 000

（二）ADL 的应用法则和注意事项

（1）计算 ADL 并不需要从有交易的第一天算起。从中途的任何一天都可以开始计算 ADL，只需要随便设定一个初值就可以了。这是因为 ADL 的应用重在 ADL 曲线的相对走势，并不看重 ADL 取值的具体大小，这一点与 OBV 是一样的。

（2）ADL 只能对大盘指数的未来走势提供参考意见，不能对选择具体股票提出有益的帮助，这一点在前面已经提到过。

（3）ADL 不能单独使用，必须要同综合价格指数曲线联合使用才能显出作用。其作用主要有以下几个方面：

①ADL 与价格指数同步上升（下降），并且创了新高（低），则说明大势的上升（下降）趋势在短期内反转的可能性不大。

②ADL 连续上涨（下跌）了很长时间（一般是 3 天），而价格指数却向相反方向下跌（上升）了很长时间，则是买进（卖出）信号，至少有反弹存在，这属于技术指标背离的范畴。

③在价格指数进入高位（或低位）时，ADL 没有同步上升（或下降）行动，而是开始走平或下降（或上升），这是趋势进入尾声的信号，也属于背离的范畴。

④ADL 保持上升（或下降）趋势，价格指数在中途发生转折，但很快又恢复原有的趋势，并创新高（或低），这是买进（或卖出）信号，是后市多方（或空方）力量强盛的标志。

(4) ADL 曲线在相对高（或低）的位置形成反转形态，比如双顶（底）、头肩形等，是指数反转的前兆。

(5) 据作者对中国股票市场的经验观察，ADL 买入信号的效果更好。读者在使用 ADL 时应该注意这一点，并加以验证。

(三) ADL 应用于上证综合指数时的特殊性

【例 7-14】 图 7-18 是上证指数 1995 年 2 月至 2000 年 7 月的日线图。在此期间，上证指数从 330 点上升到了 2 050 点，而图中的 ADL 曲线长期呈现下降的趋势。如果按照 ADL 所提供的卖出信号，可能会错过很多的机会。这也说明，ADL 不适用于提供卖出信号。ADL 在这 6 年的时间里总共只有 5 次比较大的反弹，而且反弹的高度都不大，分别是图中所标出的 *A*、*B*、*C*、*D*、*E* 点。事实上，ADL 的这五次反弹都是行情大幅度上升的

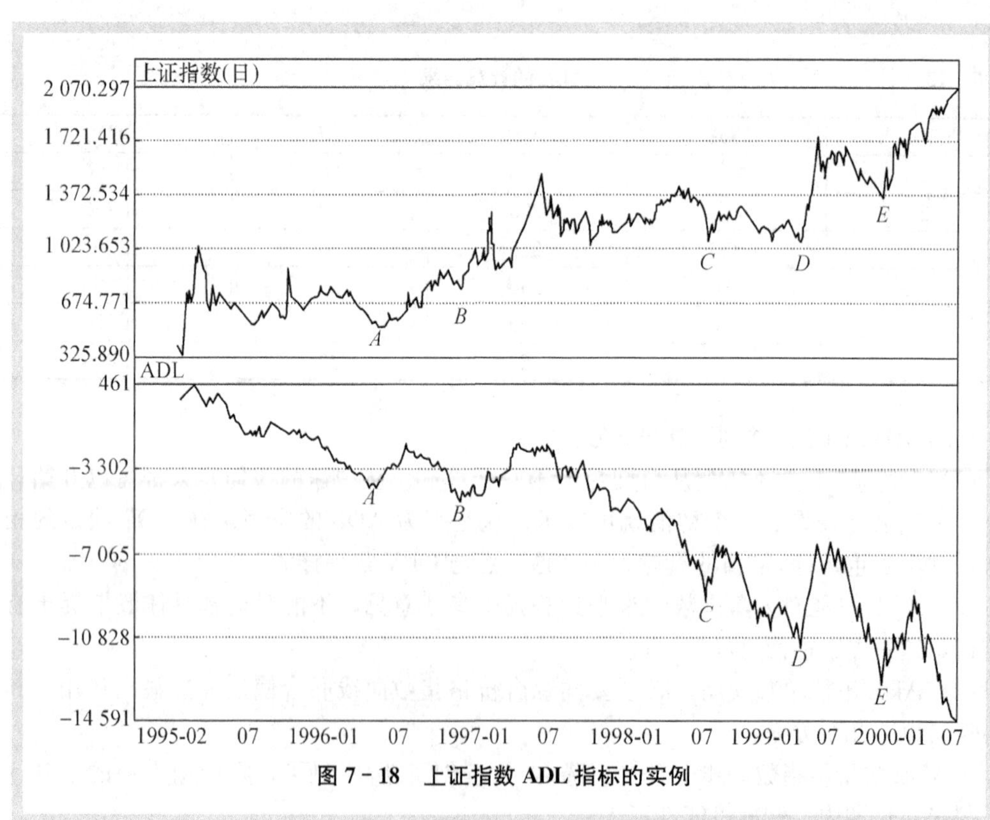

图 7-18 上证指数 ADL 指标的实例

时候，而在指数上升到一个新的高度后，ADL 却降到了一个更低的位置，这也许就是中国股票市场的特点。这个例子说明，理论上的内容一定要与实际相结合之后，我们才能放心地使用。

二、ADR

ADR 称为涨跌比，其实就是上升下降比。由于与 ADL（advance decline ratio）有一定的联系，ADR 又称为回归式腾落指数。ADR 是由上涨家数和下降家数的比值，推断股票市场多方和空方力量的对比，进而判断出股票市场的实际情况。

（一）ADR 的计算公式和参数

ADR 的基本原理是观察股票上涨家数之和与下降家数之和的比率，借以看出股票市场中所处的上升或下降的大环境。ADR 的计算公式如下：

$$\text{ADR}(n)=\frac{PA}{PD}$$

其中，$PA=\sum NA$，PA 表示在最近 n 日之内股票上涨家数之和；$PD=\sum ND$，PD 表示在最近 n 日之内股票下降家数之和；n 表示选择的时间区间的长短。

选择 n 天的股票上涨家数和下降家数的总和，而不是一天的上涨家数和下降家数，目的是避免某一天的特殊表现而误导投资者的判断。参数 n 究竟选多大，没有一定之规，完全由主观判断。不过，参数选择得是否合适是很重要的，选得过大或过小都会影响 ADR 的作用。目前，比较流行的参数值为 10，即以 10 日作为 ADR 的选择日数。ADR 还可以选择别的参数，如 5.25 等。

ADR 的曲线是在 1 附近来回波动，其波动幅度以 ADR 的取值为准，影响 ADR 取值的是公式中分子和分母的取值。参数选择得越小，ADR 上下波动的空间就越大，曲线的起伏就越剧烈；参数选得越大，ADR 上下波动的幅度就越小，曲线上下起伏越平稳，这一点同大多数技术指标是一致的。

表 7-14 是 ADR 的实际计算结果，假设总共有 500 家上市公司。

表 7-14　　ADR 的计算结果

日期	NA	ND	PA	PD	ADR（5）
1	320	150	—	—	—
2	290	200	—	—	—
3	250	210	—	—	—
4	230	250	—	—	—
5	190	300	1 280	1 110	1.153 1
6	150	320	1 110	1 280	0.867 1

（二）ADR 的应用法则和注意事项

（1）从 ADR 的取值大小看大势。ADR 的取值范围在 0 以上。从理论上讲，ADR 的取值可以达到很大，但在实际情况中，ADR＞3 都很困难。一般来说，根据 ADR 的取值大小可以把市场分成几个区域：

①ADR 的常态状态。当 ADR 取值在 0.5～1.5 的时候，ADR 处在常态状况。此时，多方和空方中任何一方也不占大的优势，这个区域是 ADR 取值较多的区间。

在极端特殊的情况下，主要是在外部消息引起股票市场暴涨暴跌的情况下，ADR 常态状况的上下限可以扩大一些，上限可以达到 1.9，下限可以达到 0.4。

②ADR 的极端值。ADR 的取值超过了常态状况的上下限，就是极端值，或处在非常态状态。一般来说，ADR 进入非常态状况就是采取行动的信号，因为这表示上涨或下跌的势头过分强了，有些不合理，指数将要掉头。ADR 处在常态状况，说明多方和空方对现状的认可，这个时候买进或卖出股票都没有太大的把握。

（2）从 ADR 与价格指数的配合看大势。该配合主要是从以下两个方面入手。

①ADR 上升（下降），而价格指数同步上升（或下降），则价格指数将继续上升（下降），短期反转的可能性不大。

②ADR 上升（下降），而价格指数向反方向移动，是短期内会有反弹（回落）的信号，这属于背离的范畴。

（3）从 ADR 曲线的形态上看大势。ADR 的曲线从低向高超过 0.5，并在 0.5 附近来回移动，就是空头进入末期的信号。ADR 从高向低下降到 0.75 之下，是短期反弹的信号，可以一搏。

在多头市场开始时，在上升的第一段和第二段，可能 ADR 的取值会极快地增加，应用时应注意常态状况的上下限调整。

ADR 先下降到常态状况的下限，但不久就上升并接近常态状况的上限，则说明多头已具有足够的力量将价格指数向上升一个台阶。

（4）ADR 常态状况的上下限取值是有可能变化的，这与选择的参数有关，不同参数导致的上下限也不同。一般来说，参数越大，上下限离 1 越近；参数越小，上下限离 1 越远。ADR 是以 1 作为多方和空方力量均衡的分界线。

（5）由于 ADR 选择的是多方和空方力量相除来表示力量对比，所以 ADR＝1 是双方力量相等并处于均衡的表示。应该说明的是，与 1 的远近不能以惯用的方式衡量。例如，0.5 与 1 的距离并不等于 1.5 与 1 的距离，这一点在 AR 指标中也类似。它们应该是如下的对应关系：

0.50～2.00　　0.66～1.50　　0.33～3.00

0.40～2.50　　0.53～1.90　　0.75～1.33

以上 6 对数字与 1 的距离是相等的，在对 ADR 某些数字进行调整时应注意等距的问题。

（6）ADR 不能分析个股，分析个股需要用别的技术指标。

（三）ADR 的应用实例

【例 7-15】 图 7-19 是上证指数 1999 年 1 月至 2000 年 1 月的日线图。在 1999 年 5 月的 *A* 点之前，ADR 曲线从很低的位置逐渐上升，并与上证指数在 *A* 点形成底背离，此时正好是1999年“5·19”行情开始的地方。两个月后，在7月的 B 点之前，ADR曲线从很高的位置逐渐下降，并与上证指数在 B 点形成顶背离。此后，上证指数开始了6个月的下降趋势。

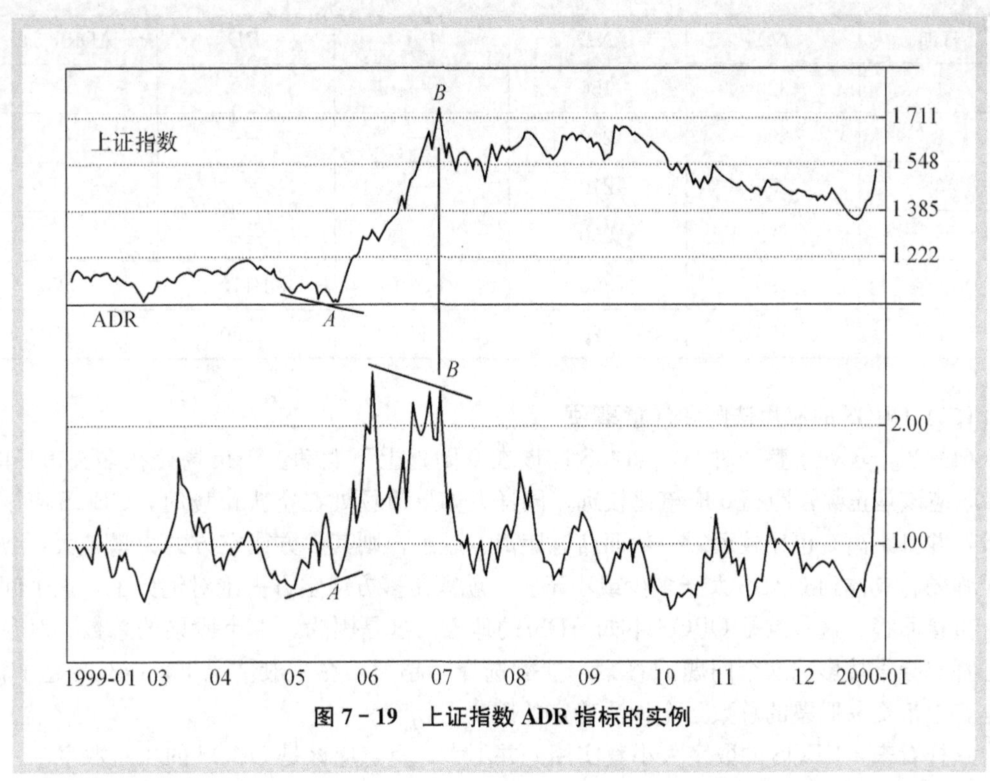

图7-19 上证指数ADR指标的实例

三、OBOS

OBOS（over bought over sold）称为超买超卖指标，也是运用上涨和下跌股票数量的差距，对综合指数进行分析的技术指标。与ADR相比，其含义更直观，计算更简便。

（一）OBOS的计算公式和参数

OBOS与ADR类似，是用一段时间内上涨和下跌股票的数量总和之间的差距来反映当前股票市场中多方和空方力量的对比和强弱。ADR选择的是两者相除，而OBOS选择的方法是两者相减。OBOS的计算公式如下：

$$\text{OBOS}(n)=PA-PD$$

其中，$PA=\sum NA$，$PD=\sum ND$，其含义与ADR计算公式中的含义相同，都表示最近 n 日之内每日上涨股票家数的总和以及最近 n 日内每日下跌股票家数的总和；时间区间 n 是OBOS的参数，一般选 $n=10$ 作为参数值。

选择相除或相减是从两个方面刻画多方和空方力量的差距，类似于ROC与MTM，只是方法不同，本质并未改变。从直观上看，OBOS的多空平衡应该是0，OBOS大于0

或小于 0 就表示多方或空方占优势，而 ADR 是以 1 为平衡位置。

表 7 - 15 是 OBOS 的实际计算结果，假设总共有 500 家上市公司。

表 7 - 15　　OBOS 的计算结果

日期	*NA*	*ND*	*PA*	*PD*	ADR（5）
1	320	150	—	—	—
2	290	200	—	—	—
3	250	210	—	—	—
4	230	250	—	—	—
5	190	300	1 280	1 110	＋170
6	150	320	1 110	1 280	－170

（二）OBOS 的应用法则和注意事项

（1）当市场处于整理时期，OBOS 应该在 0 附近上下摆动。当市场处在多头市场时，OBOS 应该是正数，距离 0 应该比较远。同样，如果市场处在空头市场时，OBOS 应该是负数，并且距离 0 也比较远。一般而言，距离 0 越远，则其多方或空方的力量越大，势头就越强劲。具体到 OBOS 大于多少或小于多少就算是多方或空方占绝对优势了，这个问题不好直接回答，这一点是 OBOS 不如 ADR 的地方。这是因为，上市股票的总数、对参数的选择都会直接影响这个问题的答案。参数选择得越大，在一般情况下，OBOS 越平稳。但是，上市交易股票的总数是个无法确定的因素。

这样看来，OBOS 的数字大小其实用处并不大，重点应该是 OBOS 的相对数字。

（2）同技术指标的一般规则一样，强过了头或弱过了头就会走向反面，所以，当 OBOS 过分大或过分小时都是采取行动的信号。这里又出现了前面所提到的问题，就是具体的界限不好确定，也就是 OBOS 在大于多少就要卖出，小于多少就要买入，具体的数字应该在实际中总结，而且会不断地变动。

（3）当 OBOS 的走势与价格指数背离时，也是采取行动的信号，此时大势可能反转，这属于技术指标背离的范畴。

（4）形态理论和支撑压力理论中的结论也可用于 OBOS 曲线。最为明显的就是，如果 OBOS 在高位（或低位）形成 M 头（或 W 底），就是卖出（或买入）的信号。连接高点或低点的直线也能当成价格的趋势线来理解，可以帮助分析人员看清 OBOS 的趋势，进一步验证是否与价格指数的走势发生背离。

（5）当 OBOS 曲线第一次进入信号区域的时候，应该特别注意出现错误，这是所有技术方法都要注意的问题。

（6）OBOS 比 ADR 的计算简单，意义更直观易懂，所以使用 OBOS 的时候较多，使用 ADR 的时候少些。我们建议，以 OBOS 为主，以 ADR 为辅，但放弃 ADR 是不对的。

（7）OBOS 只是针对大势的技术指标，对个股的选择没有任何指导意义。本节介绍的三个技术指标都是这样。

（三）OBOS 的应用实例

【例 7－16】 图 7－20 是上证 A 股指数 1999 年 1 月至 2000 年 1 月的日线图。在 1999 年 5 月的 *A* 点之前，OBOS 曲线从很低的位置逐渐上升，并与上证指数在 *A* 点形成底背离，此时正好是 1999 年“5·19”行情的开始处。两个月后，在 7 月的 *B* 点之前，OBOS 曲线已经处在很高的位置，并与上证 A 股指数在 *B* 点形成顶背离，其本身也是双顶的形态。此后，上证 A 股指数开始了 6 个月的下降过程。

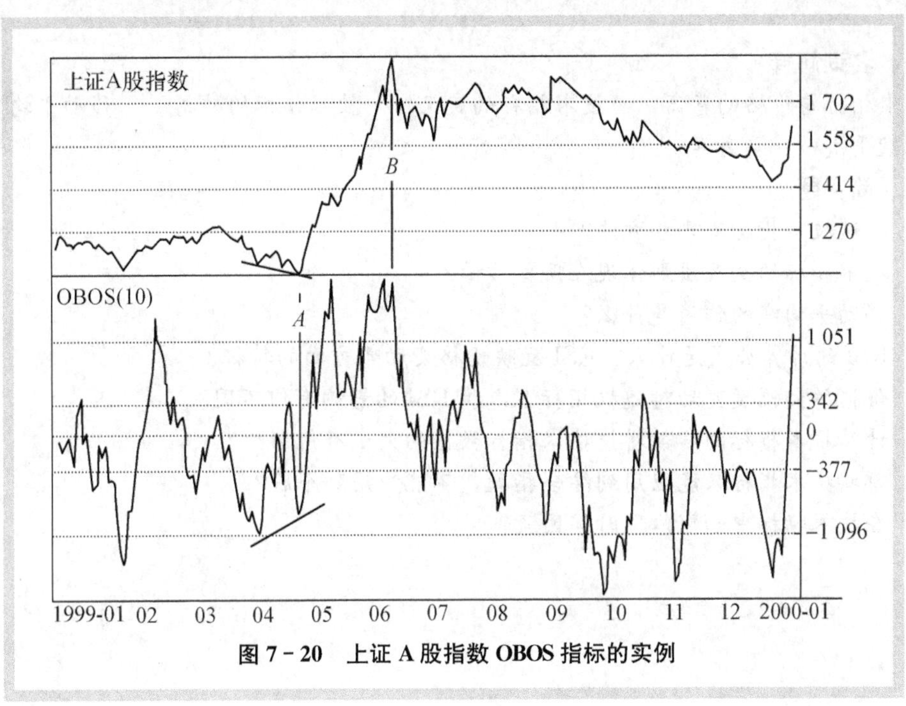

图 7－20 上证 A 股指数 OBOS 指标的实例

本章小结

本章首先介绍了技术指标的基本概况，包括定义、计算方法、使用方式等。然后介绍了我国常用的技术指标，详细说明了每种技术指标的计算过程和构造原理，并对这些技术指标的侧重点进行了说明。此外，本章对于个别技术指标在使用时可能遇到的特殊情况也有所涉及，每种技术指标都配备了相应的实际例子进行说明。

本章要点

1. 技术指标的计算。
2. 技术指标的背离和交叉。
3. 技术指标的极端值。
4. 价格的平均。
5. 摆动指标。

本章关键词

技术指标　背离　黄金交叉和死亡交叉　极端值　动量指标　超买和超卖

本章思考题

一、名词解释

技术指标与价格的背离　技术指标的交叉　技术指标的转折　移动平均线
指数平滑　乖离率

二、简答题

1. 构造技术指标有哪些方法?
2. 技术指标的交叉法则体现在哪些方面?
3. 移动平均线的作用是什么?
4. RSI 的计算公式是什么? RSI 反映价格变动哪方面的特征?
5. 价格的大幅度变动对随机指标 KD 和 RSI 的影响有何不同?
6. 计算技术指标的参数对该技术指标数值的大小有何影响?
7. 哪些技术指标只能应用到综合指数，不能应用到个股?
8. 在技术指标中如何体现时间因素?

第八章 技术指标（2）

前一章介绍的是比较常用的技术指标。当然，对于是否属于"常用"，不同的投资者有不同的看法。在本章中，作者将介绍一些相对不常用的技术指标，其中一些技术指标的计算很复杂，如SAR和DMI。如果没有计算机的帮助，可以说没有使用的可能。这是因为，其计算所需花费的时间是多数投资者不能承受的。

第一节　AR、BR和CR

在证券市场中，每一个交易日都要进行多方和空方的较量。即使在一个明显大涨的行情中，也存在空方打压的过程，只不过打压的力量太小，使得投资者察觉不到或者根本不去察觉。如何正确地描述每个交易日中多方和空方的力量对比，已经成为正确分析当前形势、合理预测未来股价变动方向的一个比较重要的课题。

正确、合理、全面地反映每一天的多空力量对比或者是某一段时间内多方力量和空方力量的对比，是一件非常困难的事情，分析人员所能做的所有努力仅仅是尽可能地用一些方法度量多方和空方的力量对比。

本节将要介绍的三个技术指标——AR、BR和CR是描述多方和空方力量对比的方法之一，它们从不同的角度对多方和空方的力量进行测定，效果各有千秋。

一、AR、BR和CR的基本构造原理

市场开盘后就要进行交易，就有买进和卖出，多方和空方的战斗就开始了。多方和空

方任何一方的优势都不是永恒的，是不断地交替“领先”。在各个时间段，多方和空方都可能占优势。如果某一天多方的力量强，那么价格就将被抬到较高的价位；如果空方的力量强，那么价格就将被压到较低的价位。AR、BR 和 CR 正是从这个角度进行考虑的。

正如每一个事物都有开始，多方和空方的争斗也是从某一个基点水平或者均衡价格开始，该均衡价格是多方和空方都认可、都可以接受的暂时的价格位置。如果价格在这个基点水平的上方，说明多方处于优势，所反映的是多方的力量；反之，如果价格处于这个基点水平的下方，则说明空方处于优势，所反映的是空方的力量。

如此看来，正确恰当地找到这个基点水平或均衡价格就显得非常重要，基点水平反映多方和空方处在均衡状态的水平。双方在随后的进一步争斗中，若有一方打破了这一均衡，就会使价格向上或向下偏离这一基点水平：偏离得越大，说明力量越大；偏离得越小，说明力量越小。

AR、BR 和 CR 这三个技术指标从各自不同的角度选择了基点水平，也就是多方和空方处于均衡价格的水平。它们各有道理，不能说哪个好，哪个不好。应该记住，最初构造 AR、BR 和 CR 的原理是相同的，都是用距离基点水平或均衡价格的远近描述多空的实力，远的就强、近的就弱，所不同的只是基点水平或者均衡价格的选择不同罢了。这种选择的不同不会导致很严重的偏离和误判，AR、BR 和 CR 的结合使用可以弥补各自的不足，并加强其他技术指标的判断能力。

二、AR 指标

AR 指标又称人气指标或买卖气势指标，是反映市场当前情况下多方和空方争斗结果的指标之一。市场人气旺，则多方占优，买入活跃，价格上涨；反之，人气低落，交易稀少，人心思逃，则价格就会下降。

（一）AR 指标选择的市场均衡价格是每一个交易日的开盘价

选择开盘价作为均衡价位是有一定道理的，尽管这样选择含有不合理的成分。经过一夜的思考和分析之后，每一个证券投资者都在心目中选择了一个自己认可的价位，并于第二天的开盘之前以这样的价格进行买卖。由于目前上海和深圳证券交易所实行的是集合竞价产生开盘价，因而以这样的开盘价作为当日多方和空方正式开始战斗的均衡起点具有实际意义。开盘之后，高开高走、高开低走、低开低走和平开高走或低走，这些具体的市场表现都反映了这一天多方和空方力量的对比。

（二）AR 指标的计算公式和参数

AR 指标选择了以开盘价作为多方和空方接受的均衡价位，简化了多方和空方在争斗中的演变过程，用最高价到开盘价的距离描述多方向上的力量，以开盘价到最低价的距离描述空方向下的力量。这样，多方和空方在当日的强弱程度就被简单地描述出来了。

多方和空方每天的强弱用数学公式可表示为：

多方强度 BS＝最高价－开盘价

空方强度 SS＝开盘价－最低价

其中，最高价表示当日的最高价；最低价表示当日最低价。

仅仅使用一天的多方和空方的强度可能具有偶然性和片面性，在对多空力量对比进行研究时，包括的时间长度应该长一些，以避免片面地被某一天的偶然因素所误导。选择多少天的多空强度进行比较是人为主观选择的问题，所选择的区间长度或者天数是 AR 指标的参数。

例如，参数为 26 的 AR 指标，其计算公式为：

$$AR(26)=\frac{P_1}{P_2}\times 100\%$$

其中，$P_1=\sum$（最高价－开盘价）表示 26 天的多方强度的总和；$P_2=\sum$（开盘价－最低价）表示 26 天的空方强度的总和。

从上式可以看出，AR 表示 26 天以来多方和空方总强度的比值——AR 越大，表示多方的强度大，AR 越小，表示空方的强度大。多方和空方谁强谁弱的分界线是 100，100 以上是多方占优，100 以下是空方占优。正好是 100，说明多方和空方正好相等，谁也不占优势。AR 指标的这种表示法与 RSI 中的相对强度 RS 有异曲同工的地方。表 8－1 是 AR 指标的模拟计算结果。

表 8－1　AR 指标的模拟计算结果

日期	开盘价	最高价	最低价	BS	SS	P_1	P_2	AR(5)
1	5.45	5.5	5.40	0.05	0.05	—	—	—
2	5.50	5.55	5.48	0.05	0.02	—	—	—
3	5.40	5.53	5.38	0.13	0.02	—	—	—
4	5.60	5.60	5.33	0.00	0.27	—	—	—
5	5.35	5.70	5.35	0.35	0.00	0.58	0.36	161.1
6	5.56	5.6	5.55	0.04	0.01	0.57	0.32	178.1

（三）AR 指标的应用法则和应用时应注意的问题

对 AR 的应用主要考虑以下三个方面，其中第一个方面是 AR 指标的重点：

（1）从 AR 的取值大小看大势所处的状态。如前所述，AR 指标是以 100 为分界线区分多方和空方强度的。由此可知，当 AR 指标的取值在 100 附近徘徊时，就说明大势处于多空基本平衡的局面，双方都不占大的优势，都没有足够的力量将对方击垮。

一般来说，当 AR 取值在 80～120 时，为盘整状态，也就是没有明显趋势的状态。通常说来，从形态理论的角度看，目前的市场处在持续整理的形态，下一步是密切注意价格向哪个方向突破的问题。这时，形态理论的内容就可以发挥作用了。上面所说的 80～120 只是一个经验数字，投资者在应用 AR 指标时，应该根据不同的参数选择和不同的证券对这个数字进行修正。对前人总结的一些数字进行修正，是应用技术指标一项极为重要的任务，也是具有实际意义的任务。

从数学角度看，80～100 和 100～120 的距离在目前的情况下是不一样的，两边等距离的数字应该是 88.33～120 或 80～125。其中的理由涉及数学上有关对称的内容，这里不多谈，只是提醒一下。目前两边等距离同以往所说的等距有不同的地方，投资者在应用时，尤其是对原有分界数字进行修正时，应该注意到这一点。

在多方市场里，AR 的取值几乎都在 100 以上，并且随着多方强度的不断增加，AR 的取值会不断地上升。同其他指标一样，物极必反，当 AR 上升到一定的程度时，投资者就应该考虑获利了结的问题了，这属于技术指标的极端值范畴。

根据经验，当 AR 的取值大于 150 时，投资者就应该有“可能要回头”的意识了。150 这个数不是万能的，投资者应该根据所选择的参数和具体证券，对 150 进行修正，150 仅仅是起抛砖引玉的作用，不要把它当成“神仙”。

在空方市场里，AR 取值在大多数情况下是在 100 以下，并且随着空方力量的增大，AR 的取值会不断下降。AR 过低，人气低迷，人气需要充实，但低过头后，投资者就应该考虑买入，这是符合一般规律的。根据经验，当 AR 取值低于 60 时，投资者就应该想到要介入市场的问题。同样，60 这个数也是需要根据具体情况调整的，不能一概而论。

从 AR 取值大小反过来也能看出当前证券市场所处的大环境，是多方占优还是空方占优以及人气如何。AR 取值的上升和下降反映的是人气的旺盛与低迷。

(2) 从 AR 与价格的背离方面看趋势。同大多数技术指标一样，AR 指标也有领先价格达到峰顶和谷底的功能，这就为投资者使用背离原则提供了方便。一般来说，AR 到达峰顶并回头时，如果价格还在上涨，这就是进行获利了结的信号。如果这时 AR 的取值已经到了应该考虑抛出的极端值的时候，则更是如此。同理，AR 达到低谷并回头向上时，如果价格还在继续下跌，就是介入市场的时机。在实际的买卖行为中，AR 指标的背离是不容易识别的。

(3) AR 指标与 BR 指标的结合使用，这个内容将在介绍 BR 指标时介绍。

(四) 应用 AR 指标应该注意的事项

AR 指标的重点是利用极端值，使用极端值就必须面对主观确定“临界线”的问题。对 AR 指标来说，最应该注意的是下面所提到的、几乎对每个技术指标都适用的准则。

当技术指标“迅猛”地第一次达到应该采取行动的区域时，如果立即采取行动，所冒的风险是很大的，技术指标在这个时候极易出现错误。只有等到技术指标第二次或第三次进入采取行动的区域时，才能大大地增加投资成功的机会。

这个准则的延伸就是应用形态理论中的内容对其进行研判。这样，形态理论和支撑压力理论就能在 AR 指标的应用中发挥作用了。

(五) AR 应用实例

【例 8-1】 图 8-1 是诚成文化 (600681) 1999 年 9 月至 2000 年 5 月的日线图。图中只有一条 AR 曲线，参数是 26。在 1999 年 12 月的 A 点，AR 达到 39，属于极小值。之后，AR 逐渐上升，并与价格形成底背离，在 A 点考虑买入是理所应该的。在 2000 年 2 月的 B 点，AR 指标达到了 300，属于极大值的情况，所以在价格到达 B 点之后，投资者在投资策略上要从买入逐渐转向卖出。从实际的情况看，在 A 点和 B 点的价格波动的确出现了预期的结果。

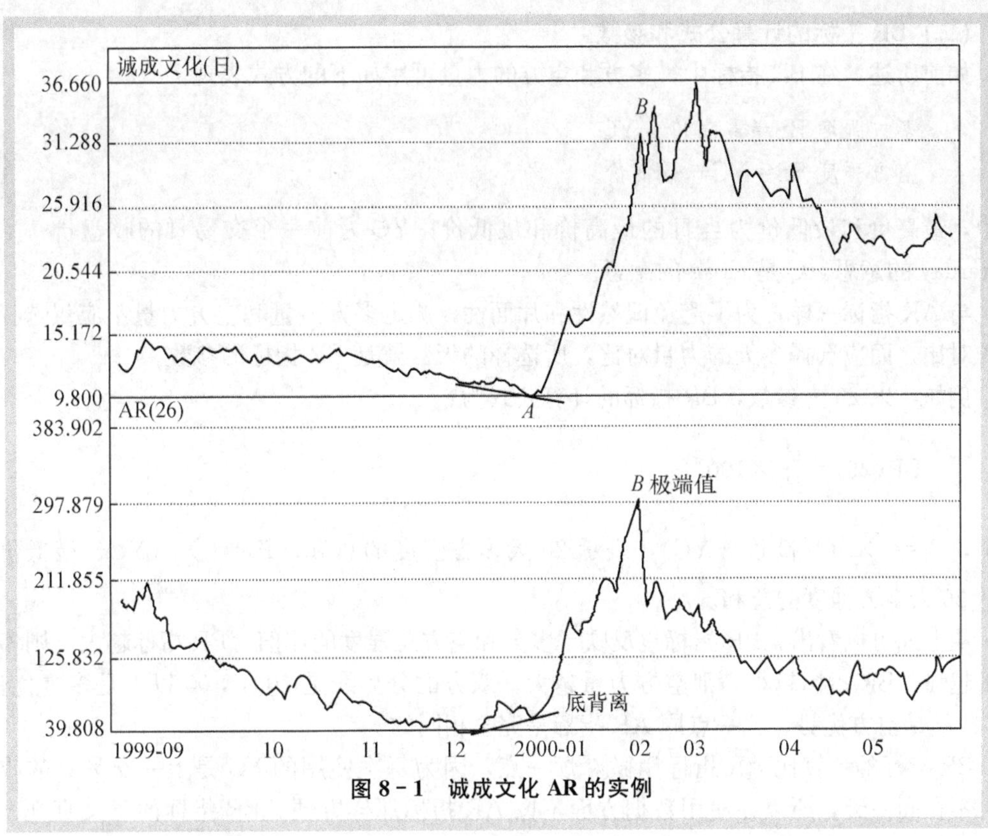

图 8-1 诚成文化 AR 的实例

三、BR 指标

BR 指标又称买卖意愿指标，与 AR 指标一样，它也是反映当前情况下多方和空方力量的指标之一，其基本的构造思想同 AR 指标是相同的。

（一）BR 指标与 AR 指标的区别

BR 指标与 AR 指标的区别只有一点，它们选择的市场多方和空方的均衡点不同。AR 指标选择当日的开盘价为均衡价位，而 BR 指标选择的是前一个交易日的收盘价。AR 指标仅仅涉及当天多方和空方的争斗结果，眼光只盯着当天一个交易日的争斗结果，这样有时会失真。

选择前日收盘价作为均衡价格，不仅反映了当天多方和空方的战斗结果，更为重要的是，它还能反映前一个交易日收盘之后，多方和空方由于隔了一个夜晚所产生的力量积蓄，这种力量积蓄有时会引起向上或向下的跳空缺口。从这个意义上讲，BR 指标比 AR 指标更能全面地反映市场中的暴涨暴跌，因为 AR 指标损失了开盘后跳空的信息。BR 指标可以单独使用，也可以与 AR 指标结合使用。

前日收盘价和今日开盘价是一头一尾，如果没有特殊的情况，一般这两者应该相差不多。如果一段时间内均未出现大的向上或向下的跳空缺口，则 AR 指标和 BR 指标的数字应该是相差不多的。

（二）BR 指标的计算公式和参数

如前所述，在 BR 指标中，多方和空方的力量可用如下的方式表现：

多方强度 BS=最高价－YC

空方强度 SS=YC－最低价

其中，最高价和最低价为当日的最高价和最低价；YC 为前一个交易日的收盘价，Y 是 yesterday 的意思，C 是 close 的意思。

与 AR 指标一样，为了避免偶然性和片面性，测定多方力量和空方力量不应仅选择一天的对比，而应选择多天的力量对比，所选择的天数就是 BR 指标的参数。

例如，以 26 为参数，BR 指标的计算公式为：

$$BR(26)=\frac{P_1}{P_2}\times 100\%$$

其中，$P_1=\sum$（最高价－YC），表示 26 天多方强度的总和；$P_2=\sum$（YC－最低价），表示 26 天空方强度的总和。

从上式可以看出，BR 指标也反映了多方和空方总强度的比值。BR 指标越大，则多方力量越强，BR 指标越小，则空方力量越大。双方的分界线是 100，100 以上是多方优势，100 以下是空方优势，这一点同 AR 指标是完全相同的。

BR 指标的计算比 AR 指标稍微麻烦一点，因为每次使用的 YC 是上一交易日的收盘价，不在同一天，所以在使用数据方面不像 AR 指标那样方便。BR 指标的意义直观、反应敏感，与 AR 指标相比有一定的优越性，也是分析人员分析价格走向的技术指标之一。

表 8－2 是 BR 指标的模拟计算结果。

表 8－2　　BR 指标的模拟计算结果

日期	收盘价	YC	最高价	最低价	BS	SS	P_1	P_2	BR（5）
1	5.50	—	5.5	5.40	—	—	—	—	—
2	5.40	5.50	5.55	5.48	0.05	0.02	—	—	—
3	5.50	5.40	5.53	5.38	0.13	0.02	—	—	—
4	5.35	5.50	5.60	5.33	0.10	0.17	—	—	—
5	5.55	5.35	5.70	5.35	0.35	0.00	—	—	—
6	××	5.55	5.6	5.55	0.05	0.00	0.68	0.21	323.8

（三）BR 指标的使用法则和应用时应注意的问题

对 BR 指标的应用主要从以下几个方面进行考虑。从大体上说，BR 指标和 AR 指标的操作方法是相同的，两者的差别就是具体的数字界限不同：

（1）从 BR 指标的取值大小来看所处状态。由 BR 指标的定义公式就可看出，BR 指标的取值如果在 100 附近，则多方和空方的力量相当，谁也不占明显的优势。BR 取值越大，多方优势越大，BR 取值越小，空方优势越大。

具体地说，当 BR 在 70～150 时，我们认为市场处在整理阶段，多方和空方任一方的力量至多是稍占优势，都没有足以击垮对方的力量。

70～150 是经验上的界限，对具体的情况要进行调整。我们要考虑的主要因素是参数选择的不同和证券选择的不同，这两种因素是决定 BR 指标界限的主要因素。另外，当 BR 指标处在盘整局面时，从形态理论的角度看，价格的走势也呈现出持续整理的形态，我们应该根据形态理论中的知识对此时的情况加以判断。

与 AR 指标一样，以 100 为中心的两边对称与我们熟悉的等距离是有所区别的。例如，70～143，150～66.6 才是对称的。我们在对界限进行修正时，应注意这一点。

在多头市场里，BR 的取值一定很高，并且随着多头强度的增加，BR 的取值还会上升。与事物发展的规律一样，强过头了就要向反面发展。一般来说，当 BR＞300 时，投资者应注意价格的回头向下。当然，300 这个数字也是经验之谈，投资者应该根据情况对其进行修正。

与多头情况相反，在空头市场里，BR 的取值一定很低，并且随着空方力量的增加，BR 还会进一步下降。我们知道，当 BR 的取值低到一定程度时就可以考虑买入问题了。一般说来，BR＜40 时，应注意价格的向上反弹。同样，40 这个数字也需要根据不同情况进行不断的调整，不能一概而论。

（2）从 BR 指标与价格的背离方面看趋势。BR 指标有领先价格达到峰顶和谷底的功能，这就是应用背离原则的基础。

BR 达到峰顶并回头向下时，如果价格还在上涨，这就形成了顶背离，是比较强的获利了结信号。BR 达到谷底并回头向上，这是底背离，是比较强的买入信号，应该考虑介入市场。另外，如果 BR 形成两个依次下降的峰，而所对应的价格是两个依次上升的山峰，这是顶背离，也应该考虑获利了结。同理，BR 形成两个依次上升的谷，而价格是两个依次下降的谷，这是底背离，是介入市场的信号。

（3）AR 指标和 BR 指标的联合使用。一般来说，BR 指标的取值比 AR 指标大，上下波动的范围更大。从图形上看，如果在“中心”位置的上方，BR 指标总在 AR 指标的上方；如果在“中心”位置的下方，BR 指标总在 AR 指标的下方。

如果 AR 指标、BR 指标都急剧上升，并达到分界线的值，则说明价格离顶峰已经不远了，应考虑获利了结。

如果 AR 指标被 BR 指标从上往下穿破，并且处在低位，则是逢低买进的信号。

如果 BR 指标急剧上升，而 AR 指标未配合上升，而是盘整或小回落，则是逢高出货的信号。

（4）应用 BR 指标应注意的问题。BR 指标同 AR 指标取值上的最大区别在于，BR 指标在极特殊的情况下可能产生负值，而 AR 指标永远不会产生负值，这个现象是由于 BR 指标的计算公式所产生的。

BR 指标计算公式中的最高价－YC 和 YC－最低价，这两项都可能产生负值。如果当日的最高价比前一天的收盘价 YC 还低，或者前一天的收盘价 YC 比当日的最低价还低，就会产生负值。这种负值有可能导致 BR 指标取负值。

产生负值从根本上并不能对我们应用 BR 指标产生影响，但是负值在使用时确有不方便的感觉。我们对出现负值的处理方法主要有两个：

（1）将取负值的 BR 指标一律认为是零值，也就是将负值用零代替。

（2）改变 BR 指标的计算公式，使其不产生负值。

对于前者没有什么可以补充的，已经说得很明白了。对于后一个方法，我们介绍两种方法供读者参考。

方法一：每一日多方和空方的强度，即最高价－YC 和 YC－最低价都以非负计数。若出现负值，则以零计。比如，最高价－YC<0，则以 0 代替原来的最高价－YC。这样，BR 指标就绝不会出现负值了。

方法二：这种方法是在方法一基础上的进一步改进。在以 0 代替取负值的空方强度的同时，另一方的强度也要进行相应的改变（方法一是只改一方，另一方原封不动）。例如，设 YC－最低价<0，则说明今天产生了向上的跳空缺口：

空方强度 SS＝0

多方强度 BS＝最高价－YC＋β×(最低价－YC)

其中，β 为计算参数，是人为确定的，β 的大小反映对跳空的重视程度，一般的 β 值以小于 3 为宜。

同理，最高价－YC<0，说明当日产生了向上的跳空缺口：

空方强度＝YC－最低价＋β×(YC－最高价)

多方强度＝0

尽管这里提供了多种方法，但最好以方法一来处理 BR 取负值的情况。

（四）BR 应用实例

【例 8－2】 图 8－2 是诚成文化（600681）1999 年 9 月至 2000 年 5 月的日线图。图

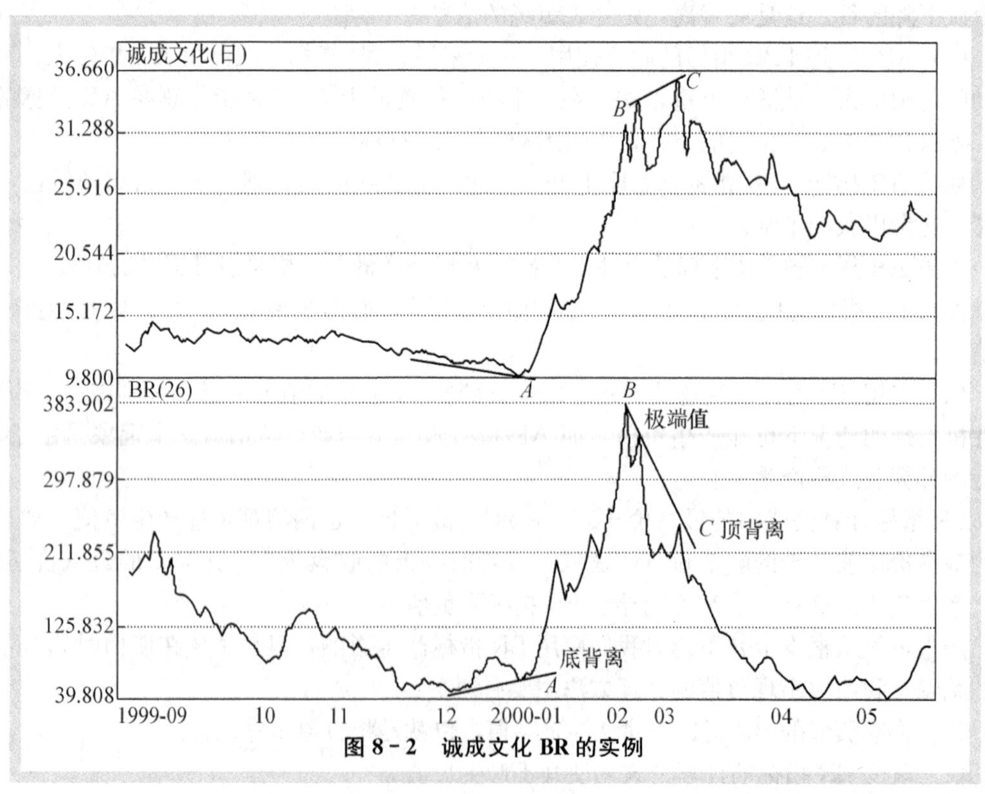

图 8－2 诚成文化 BR 的实例

中只有一条 BR 曲线，参数是 26。在 1999 年 12 月的 A 点之前，BR 达到 40，属于极小值，之后逐渐上升并在 A 点与价格形成底背离，在 A 点可以考虑买入。在 2000 年 2 月的 B 点，BR 指标接近 400，属于极端值的情况，所以在价格到达 B 点后，在投资策略的大方向上要从买入的思维转向卖出的思维，这一点在 AR 指标中也有同样的结论。在随后的 C 点，BR 指标与价格形成了顶背离，明确发出了卖出信号。在 C 点之后价格的快速下降过程中，投资者应该能够做出卖出的决策。这个例子说明，AR 指标和 BR 指标应该结合使用，以便得到有价值的结果。在 C 点之后，BR 指标在 2000 年 5 月形成了低位的双底，这是应该转变卖出观念的信号。

四、CR 指标

CR 指标又叫中间意愿指标，是与 AR 指标和 BR 指标极为类似的指标。可以说，AR 指标、BR 指标和 CR 指标是三胞胎，三者极为相似。它们的计算公式相似、构造原理相同、应用法则也相似，区别只在于取值的大小有些不同，应用时掌握的界限不同。

（一）CR 指标的均衡价格

CR 指标所取的多方和空方的均衡点是上一个交易日的中间价，既不是 AR 指标中的今日开盘价，也不是 BR 指标中的前日收盘价。AR 指标和 BR 指标选择的多方和空方均衡价格当然各有自己的道理，但是它们的不足也是显而易见的。以 BR 指标选择的前日收盘价为例，有时仅仅以收盘价度量前一个交易日的多空均衡价格是错误的。有时，全天的走势都比较稳定，价格在一个固定的范围内波动，但由于外部因素或偶然发生的事件，可能使价格在接近收市时做出大幅度上升或大幅度下降的走势。这样，以收盘价作为均衡价格就有一些歪曲当日的价格走势的实际情况。

为了避免 AR 指标和 BR 指标的不足，在选择多方和空方均衡点时，CR 指标采用了中间价。其实，为了同样的目的，还可以采用中间价以外的其他价格，如平均价。应该说明，在大多数情况下，收盘价和中间价相差不大，产生出来的 CR 指标也和 BR 指标很接近。

（二）CR 指标的计算公式及参数

在 CR 指标的计算公式中，每日多方和空方的力量是用下式度量的：

$$\text{多方强度 BS} = \text{最高价} - \text{YM}$$

$$\text{空方强度 SS} = \text{YM} - \text{最低价}$$

其中，最高价和最低价是今日的最高价和最低价；YM 是前一个交易日的中间价，中间价又叫中价，前文尚未介绍过，这里稍做说明。

中间价其实也可以理解为一个技术指标，它由开盘价、最高价、最低价和收盘价这四个价格通过加权平均得到，加权平均中每个价格的权重可以人为选定。目前流行的中间价计算方法为以下四种：

（1）$M=\dfrac{2\times\text{收盘价}+\text{最高价}+\text{最低价}}{4}$；

（2）$M=\dfrac{\text{收盘价}+\text{最高价}+\text{最低价}+\text{开盘价}}{4}$；

(3) $M=\frac{收盘价+最高价+最低价}{3}$；

(4) $M=\frac{最高价+最低价}{2}$。

从上述 4 种中间价的计算公式可以看出，它们对市场中 4 个基本价格的重视程度是不一样的。显然，人们对收盘价的重视程度肯定超过另外 3 个基本价格。

引入中间价的原因主要是为了避免以收盘价作为对全日交易情况的刻画可能产生的偏差。

在计算 CR 指标时，为了避免由于某一天的意外情况产生偶然性和片面性，所考虑的不是一天，而是很多天的多方和空方力量的对比，选择的天数就是 CR 指标的参数。参数是可以人为选择的，目前流行的是 26。以 26 为参数，CR 指标的计算公式为：

$$CR(26)=\frac{P_1}{P_2}\times 100\%$$

其中，$P_1=\sum$（最高价－YM）；$P_2=\sum$（YM－最低价），分别表示了 26 天以来多空双方力量的总和；CR 指标正是这两种力量总和的比值。

CR 指标越大，多方力量越强；CR 指标越小，空方力量越强。反过来看，如果是多头市场，价格会一路上升，那么 P_1 就会不断增加，相应的 P_2 也会减少或者增加得慢，其结果就是 P_1/P_2（也就是 CR 指标）会不断增加。与此类似，如果是空头市场，价格必然下降，P_2 会不断增加，P_1 会减少或增加得慢，导致 P_1/P_2（或 CR 指标）不断减少。

表 8－3 是 CR 指标的模拟计算结果，中间价的计算用的是上面的公式（3）。

表 8－3　　CR 的模拟计算结果

日期	收盘价	YM	最高价	最低价	BS	SS	P_1	P_2	CR(5)
1	5.50	—	5.60	5.40	—	—	—	—	—
2	5.50	5.50	5.55	5.48	0.05	0.02	—	—	—
3	5.41	5.51	5.53	5.38	0.02	0.13	—	—	—
4	5.48	5.44	5.60	5.33	0.16	0.11	—	—	—
5	5.51	5.47	5.70	5.35	0.23	0.12	—	—	—
6	××	5.52	5.6	5.55	0.08	*	0.54	0.38	142.1

说明：*实际为－0.03，是负值，计算时用 0 代替。

（三）AR 指标、BR 指标和 CR 指标之间的关系

将 AR 指标和 BR 指标相比较，可以看出 CR 指标更接近 BR 指标，两者都是以前一个交易日的价格作为新一天多方和空方争斗的起点，也就是均衡价格。两者的区别只在均衡价格的具体选择上有些不同。从数字和图形上我们很容易看出，CR 指标的图形更接近 BR 指标，与 AR 指标相差很远。

（四）CR 指标的应用法则和应注意的问题

CR 指标的构造原理和方法与 AR 指标和 BR 指标是相同的，CR 指标的上升和下降反映的也是多方和空方力量的消长。反过来，多方和空方力量对比的变化，也会在 CR 指标

取值的大小上得到反映。

总的来说，CR 指标的应用法则同 AR 指标和 BR 指标是相似的，有关 AR 指标和 BR 指标应用法则的叙述都适用于 CR 指标，只要略做一些修改就可以了。

（1）从 CR 指标的取值方面。CR 指标的取值与 BR 指标有些不同。

当 CR 指标的取值低于 90 时，买入一般较为安全。不过，90 也是个参考值。当然，CR 指标越低，买入越安全。当 CR 指标取值比较大时，应考虑卖出，这时应该参考 AR 指标和 BR 指标的表现。

（2）从 CR 指标的形态方面及背离方面。形态和背离这两个方面其实是相通的，与其他指标一样，只要指标与价格在底部和顶部形成背离，都是采取行动的信号。

（3）应用 CR 指标应注意的问题。我们要注意两个方面：第一，CR 指标比 BR 指标更容易出现负值；第二，当 CR 指标第一次发出信号时，往往犯错误的机会比较大，这一点应当引起注意。

对于第一个问题，由于 BR 指标也遇到过同样的问题，我们可以采用相同的对待方法，最简单的方法就是将取负值的 CR 指标一律当成零。

对于第二个问题，这是全部技术指标几乎都会碰到的问题。只有等到 CR 指标第二次发出行动信号时，才能极大地降低风险。

（五）CR 指标应用实例

【例 8－3】 图 8－3 是诚成文化（600681）1999 年 9 月至 2000 年 5 月的日线图，图

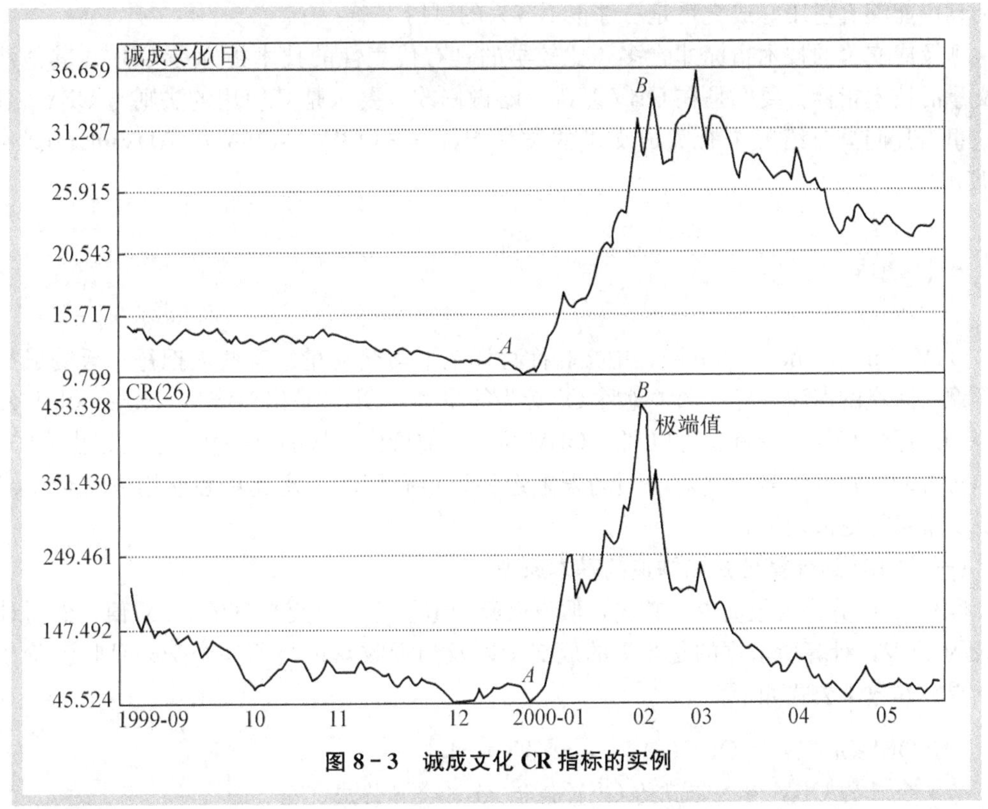

图 8－3 诚成文化 CR 指标的实例

中只有一条CR曲线，参数是26。在1999年12月的A点，CR指标达到极小值，并形成双底的形态，在A点可以考虑买入。在2000年2月的B点，CR指标达到450，属于极端值的情况，所以在价格到达B点后，在投资策略上要从买入转向卖出。

五、AR指标、BR指标和CR指标与K线理论在理念上的矛盾

最后，我们向读者指明AR指标、BR指标和CR指标在设计和理论解释上与K线理论的矛盾。

从已经介绍的K线理论可知，一般来说，上影线越长，越不利于上升；下影线越长，越不利于下降。而在本节这三个指标的设计中，不是这样认为的。例如，上影线越长，在指标中所体现的是买方的力量，有利于上升力量P_1，而不利于下降力量P_2。因此，下影线越长，说明空方力量越强，上影线越长，说明多方力量越强。这种设计的基本出发点同K线理论中的结果产生了矛盾，这是我们在应用AR指标、BR指标和CR指标时应该注意的。好在K线理论中并不是所有的上影线都是有利于下降的，如倒锤线和上吊线。

第二节　OBV、WVAD、ADVOL、Chaikin和EMV

本节介绍的技术指标与成交量有关。成交量的重要性是人人都理解的，但在实际的投资活动中能够真正用好成交量是一件很不容易的事情。

涉及成交量的技术指标非常多，比较早的具有代表性的技术指标是OBV。其他涉及成交量的技术指标，要么是在OBV基础上略做修改，要么是其使用的法则与OBV相同。在这里，我们只介绍五个有关成交量的技术指标——OBV、WVAD、ADVOL、Chaikin和EMV。

一、OBV

OBV（on balance volume），中文名称直译是平衡交易量。有些人把每一天的成交量看得像大海里的潮汐一样，形象地称OBV为能量潮。OBV是格兰维尔（Granville）发明并得到广泛流行的。投资者可以利用OBV验证当前价格走势的可靠性，还可以由OBV得到趋势可能反转的信号，这对于预测未来走势是很有用的。比起单独使用成交量，OBV比成交量看得更清楚。

（一）OBV的计算公式和构造的基本原理

OBV的计算公式很简单：首先，假设已经知道了前一个交易日的OBV值，然后计算当天的OBV，计算所依据的是当天的成交量以及当天收盘价与前一个交易日收盘价比较的结果。其数学公式如下：

$$\mathrm{OBV}(n+1)=\mathrm{OBV}(n)+\mathrm{sgn}\times V(n+1)$$

今日的OBV值＝昨日的OBV值＋sgn×今日的成交量

其中，V 表示的是成交量 volume；sgn 为 sign 的缩写，在数学上表示符号，sgn 可能是+1，也可能是−1。

在这里，sgn 的取值由下式决定：

sgn＝+1　　如果今收盘价≥前收盘价
sgn＝−1　　如果今收盘价＜前收盘价

成交量是成交证券的手数，不是成交金额。我们要明确这两个概念的区别，虽然它们都表示了"量"方面的因素。

需要说明的是，计算 OBV 不需要参数。

表 8-4 是 OBV 的模拟计算结果，OBV 的初值取为 10 000。

表 8-4　　OBV 的模拟计算结果

日期	收盘价	sgn	V	OBV
1	5.50	—		10 000
2	5.52	+1	5 500	15 500
3	5.41	−1	4 000	11 500
4	5.48	+1	3 500	15 000
5	5.51	+1	1 000	16 000
6	5.40	−1	3 000	13 000

OBV 类似于自然界中的潮涨潮落。事物在向前发展的过程中总是有曲折的，不会一帆风顺，正如海浪在向前推进时，中途还有潮落的现象。如果每次向前的浪潮总比向后的浪潮大，则整个趋势还是向前的。

若将证券市场的价格波动比喻成一个潮水的涨落过程，那么多方力量大，则向上的潮水就大，中途回落的潮水就小。衡量潮水大小的标准是成交量：成交量大，潮水的力量就大；成交量小，潮水的力量就小。

每一天的成交量都可以理解成潮水，但这股潮水是向上还是向下，是保持原来的方向，还是中途回落？这个问题就由当天收盘价与前一个交易日收盘价的比较来决定：

（1）如果今收盘价≥前收盘价，则这一潮水属于多方的潮水。

（2）如果今收盘价＜前收盘价，则这一潮水属于空方的潮水。

"潮涨潮落"反映多方和空方力量对比的变化和最终将向何处去，这就是 OBV 的基本原理，也是 OBV 又叫能量潮的原因。

OBV 的实际波动曲线会出现众多的"N"字形，逐渐向上的"N"字形说明上升的力量，逐渐向下的"N"字形说明下降的力量。

（二）OBV 的应用法则和注意事项

OBV 的应用有很多特殊的地方，在多数情况下，其信号不容易被理解和判断。

（1）单从 OBV 的取值大小出发，不能得到任何结论，这是根据 OBV 的计算特点而得出的结论。正因如此，OBV 不能单独使用，必须与价格曲线相结合才能发挥其作用。

（2）OBV 只注重曲线的相对走势。计算 OBV 有一个选择初值的问题，也就是第一个 OBV 值如何求的问题。这个问题并不重要，因为我们关心的只是最近一段时间里 OBV 曲线的相对走势，而OBV的取值对分析是没有用处的。这一点在前面已有说明，广大使用OBV的投资者应该注意OBV的这个特征。

(3) OBV对确认价格的趋势有重要作用。OBV曲线的上升和下降对投资者进一步确认当前价格的趋势有很重要的作用，体现在下面两点：

①价格上升（或下降），而OBV也相应地上升（或下降），则我们可以更相信当前的上升（或下降）趋势。

②价格上升（或下降），而OBV并未相应地上升（或下降），则对目前的上升（或下降）趋势的认可程度就要大打折扣。这是背离现象，因为OBV已经提前告诉我们趋势后劲不足，有反转的可能。

(4) OBV曲线的"N"字形。OBV在波动过程中将形成连续的"N"字形。如果每出现一次"N"字形就当成一次上升（或下降）记录下来，那么这种记录的次数不能太多，经验估计为5次以上。如果达到9次，就一定要考虑反向的可能。

在对OBV曲线的"N"字形进行记录的时候，会遇到大"N"字形和小"N"字形的问题，这将影响到记录的数目，这一点有些类似于波浪理论中的数浪。小"N"字形的波动如果突破"N"字形的界限就是投资者要关注的时候。

（三）OBV指标应用实例

【例8-4】 图8-4是国泰股份（600687）1999年1月至2000年8月的日线图。从1999年1月的A点到1999年5月的B点，OBV曲线呈现上升的趋势，而相应的价格是

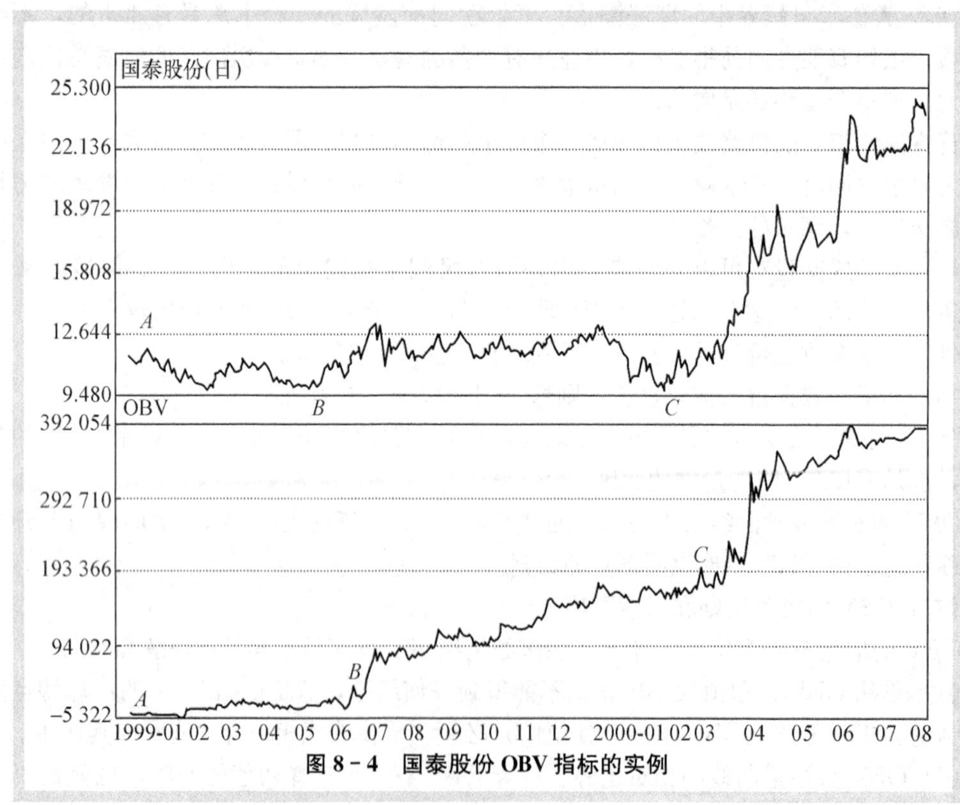

图8-4 国泰股份OBV指标的实例

略微有所下降。随后，从 B 点到 C 点，OBV 曲线也是上升的趋势，而价格没有相应的上升。如果认为 OBV 有提前于价格上升的特性，那么在 B 点和 C 点都是可以买入的。当然，从时间成本看，在 C 点买入更好。

（四）OBV 的变形体

OBV 是以当天收盘价与上一个交易日收盘价的比较来决定今天的成交量是属于多方的能量还是属于空方的能量。这种选择法固然很简单，但是未免有些片面。有时，这种选择肯定是不合适的。正因如此，实践中产生了 OBV 的很多变形体，这些变形体在一定程度上弥补了 OBV 的不足。我们在考虑 OBV 时，若能结合这些变形体，效果可能会更好。

（1）SOBV。SOBV 的基本计算公式同 OBV 一样，不同的地方在于，决定当天成交量是属于多方能量还是属于空方能量的依据不是收盘价，而是用当天 K 线的阴阳来判断。

①如果当天的 K 线是阳线，则今天的成交量属于多方的能量，相当于今收盘≥昨收盘。

②如果今天的 K 线是阴线，则今天的成交量属于空方的能量，相当于今收盘＜昨收盘。

（2）AOBV。若用每个交易日的平均价格代替 OBV 计算公式中的收盘价，就是 AOBV 的计算方法，“A”在这里表示的是平均价格的意思。平均价格的正确定义应该是：

每天的平均价格＝每天的成交金额/每天的成交股数

对股票来说，每天的平均价格就是在当天成交的所有股票中，平均每一股的成交价格，用平均价表示能量的归属可能更有实际意义。

不过，计算平均价在计算上多了一个步骤，相对麻烦一些。又由于在很多时候，用收盘价和平均价不会引起太大的不同，所以 AOBV 一直未能流行。

（3）MOBV。以中间价代替 OBV 中的收盘价，就得到 MOBV 的计算公式。中间价的计算方法有很多种，在介绍 CR 指标的时候已经介绍一些中间价的计算方法，这里就不重复了。

以上三个指标 SOBV、AOBV 和 MOBV 都是 OBV 的变形体，它们的使用方法与 OBV 是一样的，在使用时，一般作为 OBV 的参考。

对于 OBV 的变形体还有一些比较复杂的方法，这里不详细介绍，只说明一下它们考虑问题的思想方法。

二、改进 OBV 的两条思路

OBV 有一个重大的不足，那就是若当天的收盘价只比前一天高一点或低一点，就要把当天全部的成交量加在多方或空方头上。这一点是很不合理的，因为价格高那么一点和低那么一点并不能说明多方或空方的优势。

解决这个问题的思路有两条：

（1）增加价格差距大的交易日被累加成交量的权重，这可以突出上升趋势和下降趋势。

(2) 将当天的成交量以一定比例累加到 OBV 中，而不是将全天的成交量全部累加到 OBV 中，该比例按照某种合理的方式规定。

这两条思路实质是相同的，就是改变累加到 OBV 中的成交量，不是累加全部，而是根据“贡献”的大小确定累加量的大小。

假设有两个交易日 A 和 B。如果交易日 A 的价格比前一天的价格高出 10%，成交量为 V，而交易日 B 的价格比前一天的价格仅仅高出 1%，成交量仍然为 V，那么在计算交易日 A 和交易日 B 的 OBV 时，累加的成交量不应都是 V，而应有所区别。比如，在交易日 A 所累加的成交量应该是交易日 B 所累加成交量的 10 倍。下面的技术指标 WVAD 和 ADVOL 都是在 OBV 基础上进行的改进。

三、WVAD

WVAD (William's variable accumulation distribution) 可译为威廉累积分配变量。其基本构造原理与 OBV 有相似的地方，也是将每天的成交量分成多方力量和空方力量，然后累积起来。

(一) WVAD 的计算公式和参数

WVAD 的计算过程分为三个步骤：第一步，确定每个交易日的成交量属于多方还是空方，也就是成交量是“正”还是“负”。第二步，确定每天被累积成交量的比例——VD。第三步，将某个时间区间内被累积的成交量累积起来得到 WVAD。

WVAD 的计算公式如下：

$$\text{VD}=\frac{(\text{收盘价}-\text{开盘价})}{(\text{最高价}-\text{最低价})}\times\text{成交量}$$

$$\text{WVAD}(n)=\sum \text{VD}$$

其中，$\sum$ VD 表示连续 n 个交易日的 VD 总和；n 是 WVAD 的参数，表示所考虑时间区间的长度。

表 8-5 是 WVAD 的模拟计算结果。

表 8-5 WVAD 的模拟计算结果

日期	开盘价	收盘价	最高价	最低价	成交量	VD	WVAD(5)
1	5.50	5.30	5.60	5.25	350	−200	—
2	5.30	5.40	5.45	5.20	250	+100	—
3	5.41	5.55	5.65	5.35	150	+70	—
4	5.48	5.60	5.80	5.58	330	+180	—
5	5.56	5.45	5.65	5.44	420	−220	−70
6	5.40	5.50	5.52	5.34	180	+100	+230

(二) WVAD 的构造原理

从 WVAD 的计算公式可以看出，确定每个交易日的成交量归属多方还是空方的依据是当天K线的阴阳，这一点类似于上面介绍的OBV的变形体SOBV。此外，WVAD并不像OBV那样把当天的全部成交量“划归”多方或空方，而是将全部成交量的一部分，也就是一个比例划归多方或空方，具体的比例体现在WAVD的计算公式中。我们可以用下面的图形说明成交量被划归的比例。

从图8-5可见，如果K线的实体越大（长），则被划归的成交量比例越大；如果K线的实体越小（短），则被划归的成交量比例越小。我们可以这样来理解成交量的划分——把开盘价当成每个交易日多方和空方的平衡点。如果K线实体很长，即收盘价距离开盘价越远，则说明多方或空方中，某一方的力量明显强于另一方。此时，将成交量划归强的一方的比例就应该比较大。如果K线实体较短，即收盘价距离开盘价较近，则说明多方或空方中，没有某一方的力量明显强于另一方。此时，将成交量划归稍微强的一方的比例就应该比较小。在极端的情况下，如果K线是“十”字形，则多方和空方的力量完全相等，当天的成交量“不划归”多方或空方的任何一方。

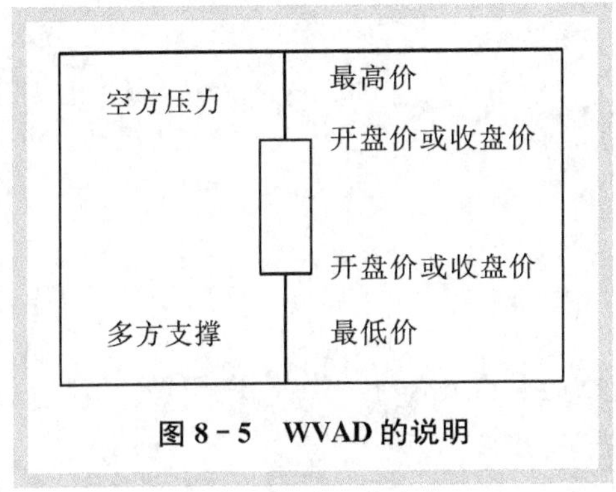

图8-5 WVAD的说明

从WVAD的计算公式中可以看出，决定某一天WAVD指标符号正负的因素是这一天K线的阴阳性。因此，如果在某段时间里阴线太多，那么WAVD的值就会下降，曲线将呈现下降的趋势；如果阳线太多，那么WAVD的值就会上升，曲线将呈现上升的趋势。所以说，WAVD指标结合了K线的阴阳性和成交量。

（三）WVAD的使用法则

WVAD的使用方法很简单，总结起来就是三句话：

第一，当WVAD的数值由负变正时买入。

第二，当WVAD的数值由正变负时卖出。

第三，WVAD更适用于建立多头头寸。

WVAD的数值由正变负，说明多方在与空方的“对峙”中由上风逐渐演变成下风，并在由正变负的“瞬间”被“击败”。此时，将手中的多头头寸脱手是迫在眉睫的事情。WVAD数值由负变正的情况正好相反，多方由下风逐渐演变成上风，建立自己的多头头寸是很有必要的。

需要指出的是，当WVAD的值已经很大时，价格也会相应上升，如果出现价格的回落，WVAD很难在短时间内由正数变成负数，这是WVAD更适用于买入、不适用于卖出的理由。所以，在用WVAD建立了多头头寸之后，不一定要等到WVAD变成负数才卖出，有时可以利用其他的分析方法进行头寸管理。例如，可以用 SAR 保护已经到手的利润。

（四）WVAD 的使用实例

【例 8－5】 图 8－6 是东新电碳（600691）1999 年 9 月至 2000 年 2 月的日线图。在 1999 年 9 月的 *A* 点和 1999 年 12 月的 *B* 点，WVAD 曲线两次由负号变成正号。如果按照 WVAD 的信号进行投资，在 *A* 点和 *B* 点都是可以买入的。当然，从时间成本看，在 *B* 点买入更好。

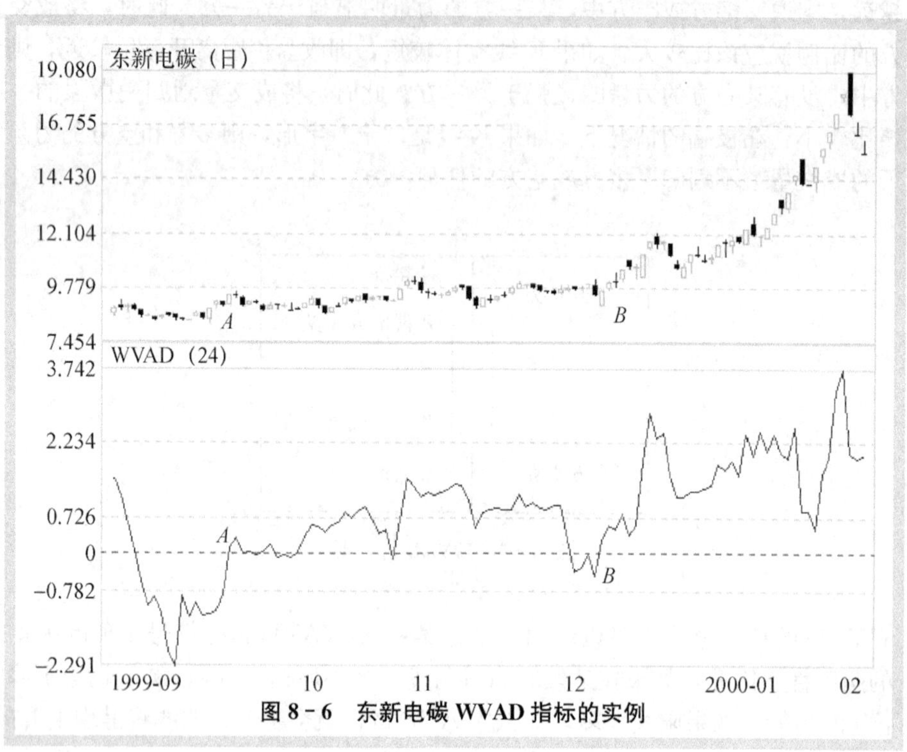

图 8－6 东新电碳 WVAD 指标的实例

四、ADVOL

ADVOL（advanced/decline volume）可译为上升下降成交量。其基本构造原理与 WVAD 极其相似，也是将每天的成交量分成多方力量和空方力量，然后累积起来。

（一）ADVOL 的计算公式和参数

ADVOL 的计算过程分为三个步骤：第一步，确定每个交易日的成交量属于多方还是空方，即成交量是“正”还是“负”。第二步，确定每天被累积的成交量比例——AD。第三步，将被累积的成交量累积起来得到 ADVOL。ADVOL 与 WVAD 的主要区别在于，被累加的成交量是从开始到现在，没有时间段，而 WVAD 是有时间段的，该时间段的长度是 WVAD 的参数。

ADVOL 的计算公式如下：

$$ADVOL(n+1)=ADVOL(n)+\frac{(收盘价-最低价)-(最高价-收盘价)}{(最高价-最低价)}\times 成交量$$

$$MAADVOL(r)=\frac{\sum ADVOL}{r}$$

其中，$\sum$ ADVOL 表示连续 r 个交易日的 ADVOL 的总和；MAADVOL(r) 是 ADVOL 的移动平均；r 是 MAADVOL 的参数，表示所考虑的时间区间的长度。

表 8-6 是 ADVOL 的模拟计算结果，ADVOL 的初始值为 0。

表 8-6　　ADVOL 的模拟计算结果

日期	最高价	最低价	收盘价	成交量	AD	ADVOL	MAADVOL(5)
1	5.60	5.25	5.30	350	－250	－250	—
2	5.45	5.20	5.40	250	＋150	－100	—
3	5.65	5.35	5.55	150	＋50	－50	—
4	5.80	5.58	5.60	330	－270	－320	—
5	5.65	5.44	5.45	420	－380	－700	－284
6	5.52	5.34	5.50	180	＋140	－560	－346

（二）ADVOL 的构造原理

从 ADVOL 的计算公式可以看出，确定每个交易日的成交量归属多方还是空方的依据是当天的收盘价在当天交易区域（trading range）的位置。交易区域是指从当天最高价到当天最低价之间的整个区域。ADVOL 的计算类似于 WVAD，也是将全部成交量的一部分划归多方或空方，具体的比例体现在 ADVOL 的计算公式中。我们可以用下面的图形说明成交量被划归的比例。

从图 8-7 中看出，收盘价之上被认为是空方的力量，收盘价之下被认为是多方的力量。如果收盘价处于“正中点”，距离最高价和最低价的距离相等，则被划归的成交量比例为 0，当天的成交量“不划归”多方和空方任何一方。如果双方的力量差距越大，则被划归的成交量比例越大。我们可以这样来理解成交量的划分：如果某一方的力量明显强于另一方，此时将成交量划归强的一方的比例就应该比较大。如果没有某一方的力量明显强于另一方，此时将成交量划归稍微强的一方的比例就应该比较小。

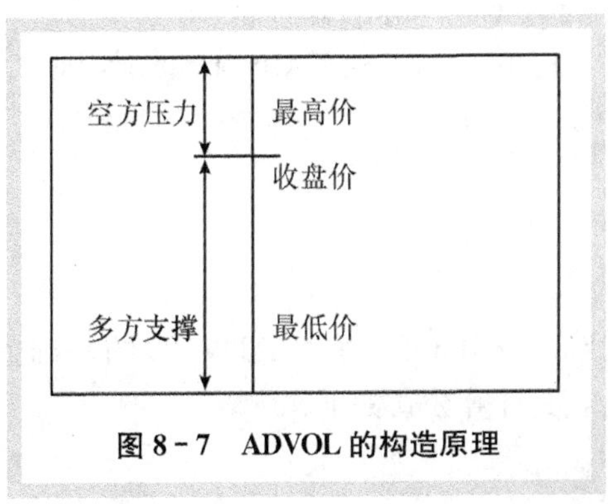

图 8-7　ADVOL 的构造原理

（三）ADVOL 的使用法则和注意事项

ADVOL 的使用方法很简单，我们可以参考 OBV 的使用法则，因为从本质上看，ADVOL 与 OBV 的构造原理相同，但有下面几点应注意：

（1）ADVOL 必须与价格曲线结合使用。

（2）只能使用 ADVOL 的相对值，不能使用绝对的取值，单独的 ADVOL 的数值没有任何实际意义。

（3）如果价格曲线上升，而 ADVOL 曲线没有与之同步上升，预示价格的上升快要结束。

（4）如果 ADVOL 的趋势不明显，可以用 MAADVOL 代替 ADVOL。

（四）ADVOL 的使用实例

【例 8-6】 图 8-8 是上海汽车（600104）1999 年 1 月至 2000 年 1 月的日线图，图中只有一条 ADVOL 曲线，没有它的移动平均线。从 1999 年 6 月的 *A* 点到 1999 年 7 月的 *B* 点，这段时间里的 ADVOL 曲线处于下降的趋势，而此时的价格曲线是上升的趋势，预示价格的本次上升属于“不保险”的状况。实际上，价格随后进行了比较大的下降。

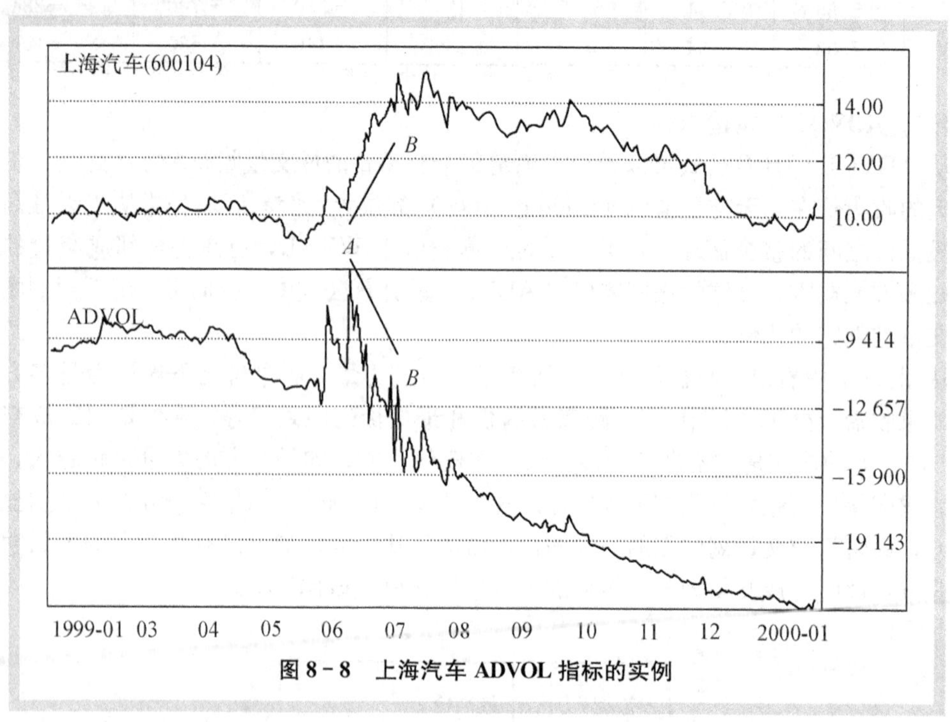

图 8-8 上海汽车 ADVOL 指标的实例

五、蔡金摆动指标

蔡金摆动指标（Chaikin oscillator）是在 ADVOL 的基础上，由马克·蔡金（Marc Chaikin）发明的技术指标，其计算公式如下：

$$蔡金摆动指标=A-B$$

其中，A＝ADVOL 的参数为 n 的指数平滑；B＝ADVOL 的参数为 m 的指数平滑，具体的计算参考 MACD 的计算过程。

从计算公式中可看出，蔡金摆动指标的计算过程类似于 MACD 中的 DIF。如果将蔡金摆动指标计算公式中的 ADVOL 换成价格，则蔡金摆动指标就与 DIF 相同。

蔡金摆动指标的图形与 MACD 相似，也有柱状线。其使用法则与 MACD 的操作方法类似，基本原理仍然是考虑背离、极端值的超买超卖以及曲线穿越横轴等几个方面，本书在此不再赘述。

六、EMV

EMV（ease of movement value）可译为简易移动值，其发明者是小理查德·W. 阿姆斯（Richard W. Arms，Jr.），是根据等量图（equivolume charting）原理制作而成。

等量图应该属于 K 线类的分析方法，本书并不介绍等量图的具体使用，等量图的画法与 K 线类似。两者最大的区别是，每个交易日 K 线实体的宽度不是“等宽”的，其宽度由当日的成交量大小确定——成交量大的，实体的宽度就大。

（一）EMV 的计算公式和参数

EMV 由两部分组成：一是 EMV；二是 EMV 的移动平均 EMVA，主体是 EMV。计算 EMV 需要用到当天和前一个交易日的最高价和最低价以及当天的成交量。其计算公式如下：

$$\mathrm{PR}=0.5\times(H+L)-0.5\times(\mathrm{YH}+\mathrm{YL})$$

$$\mathrm{PV}=\frac{\text{成交量}}{H-L}$$

$$\mathrm{EMV}=\frac{\mathrm{PR}}{\mathrm{PV}}$$

$$\mathrm{EMVA}(n)=\frac{\sum \mathrm{EMV}}{n}$$

其中，H 为当天的最高价；L 为当天的最低价；YH 为前一个交易日的最高价；YL 为前一个交易日的最低价；volume 是当天的成交量；$\sum$ EMV 是连续若干个交易日的 EMV 的和；n 是计算移动平均的参数。

表 8-7 是 EMV 的模拟计算结果，结果乘 1 000。

表 8-7　EMV 的模拟计算结果

日期	H	L	成交量	EMV	EMVA(3)
1	5.50	5.30		—	—
2	5.52	5.42	100	7	—
3	5.41	5.21	200	−16	—
4	5.48	5.18	150	4	−1.667
5	5.51	5.31	250	6.4	−1.867

（二）EMV 的取值与价格成交量的关系

从 EMV 的计算公式可知，EMV 的符号由 PR 决定。0.5×（$H+L$）表示当天交易区域的“中间点”，0.5×（YH+YL）表示前一个交易日交易区域的中间点。PR 表示两天之间交易区域的差，我们可以近似地认为，PR 是两天之间价格的升降。PV 表示在当天的交易区域中，平均在每个价格上所成交的交易量。

如果 PV（或成交量）下降且 PR（或价格）上升，则 EMV 将上升，也就是较少的成交量就可以使价格上升。与此相反，如果价格下降且伴随较小的成交量，则 EMV 的数值将降低（绝对值很大，但为负值）。另外，如果价格涨跌幅度不大（PR 小）或者成交量较大（PV 大）时，则 EMV 的数值会在 0 附近。

（三）EMV 的使用方法

从叙述的观点看，EMV 的使用方法非常简单，就是下面的两句话：

（1）当 EMV 由负数变成正数时，是买入的信号。

（2）当 EMV 由正数变成负数时，是卖出的信号。

这就表明，当 EMV 曲线与横轴相交的时候是买卖的信号，这种方式属于技术指标的交叉范畴。

价格在下降的过程中，由于多方不断萎缩、成交量逐渐减少，因而 EMV 的数值也会下降，从而远离 0 轴。直到价格下降到某个合理的支撑区域，供求关系将使得成交量再度放大，EMV 数值将向上攀升，当负值向上趋近于零时，有可能形成又一次买进信号。这是第一句话所叙述的情况。

对于第二句话，我们可以这样理解。买进信号发生在 EMV 的数值由负值转为正值的瞬间。之后，价格将上涨，但如果成交量并不放大，而是缓慢地增加，那么这种适量稳定的成交量将促使 EMV 的数值向上攀升。由于在价格的顶部区域通常是成交量密集的地方，因此在出现大成交量时，EMV 数值会做出提前的反应而下降，并且逐渐趋近于零。最终，EMV 将由正值变成负值。此时，行情已可以确定正式反转，并发出卖出的信号。

为了使得 EMV 的信号更可靠，需要引进 EMVA 指标。EMVA 比 EMV 的信号更可靠，但是比较“迟缓”，两者各有优势。EMVA 的使用方法还是两句话：

（1）当 EMVA 由负数变成正数时，是买入的信号。

（2）当 EMVA 由正数变成负数时，是卖出的信号。

按照 EMV 的方式进行买卖，将引导投资者避免在人气旺盛的时候入场，并且可以引导投资者在成交量已渐显乏力而狂热的公众还没有警觉的时候退场。

（四）EMV 取值的不对称性

从 EMV 曲线的实际表现中可以发现，EMV 的数值关于横轴是不对称的，明显是在横轴下方的时候多；只有在价格上升时，EMV 才可能是正数。但在实际情况中，当价格上升时，往往伴随着成交量的增加。因此，在 EMV 为正值时，数值也不容易放大，而在价格下降时，成交量往往比较小，因此 EMV 容易变小。

（五）EMV 的使用实例

【例 8-7】 图 8-9 是青旅控股（600138）1999 年 7 月至 2000 年 7 月的日线图。在 1999 年 12 月的 A 点之前，EMV 逐渐上升，在与价格形成底背离后，于 A 点由负变正，

表明在 A 点附近可以买入。2000 年 2 月的 B 点之前，EMV 曲线在比较高的位置与价格形成顶背离，在 B 点之后不久，EMV 由正号变成负号，表明在 B 点之后可以卖出。

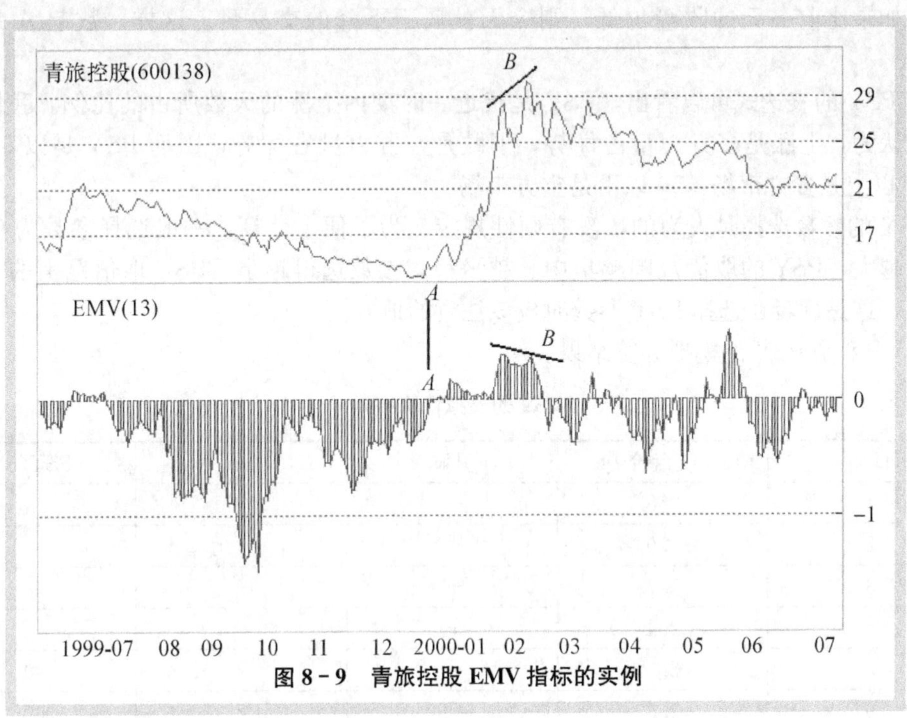

图 8－9 青旅控股 EMV 指标的实例

第三节 PSY 和 VR

每一次价格的上升和下降，都会引起人们的乐观与悲观，成交量和成交金额也随着这种乐观情绪和悲观情绪的变化而增大或缩小。PSY 和 VR 分别从人气和上升及下降的动能方面对乐观与悲观进行描述。

一、PSY

PSY（psychological line）可译为心理线。PSY 是从证券投资者买卖的心理方面对多空双方和力量对比进行探索。

（一）PSY 的计算公式及参数

PSY 的计算公式异常简单，即

$$\mathrm{PSY}(n)=\frac{A}{n}\times 100$$

其中，n 表示时间区间的长度，也就是天数。

n 是 PSY 的参数。公式中的 A 表示在这 n 天之中，价格上涨的交易日的数量。例如，

$n=10$，10 天之中如果 3 天上涨 7 天下跌，则 $A=3$，PSY(10)=30。这里对上涨和下跌的判断是以收盘价为标准。如果今天的收盘价大于前一天的收盘价，则今天就属于上涨的交易日；如果比前一天的收盘价低，则今天就属于下降的交易日。这样，数起 A 来就很方便。

从 PSY 的表达式可以看出，PSY 是指近一时期内上涨的天数所占的比例。我们可以简单地认为，上涨是多方力量占优势，下跌是空方力量占优势，因而 PSY 是以 50 为中心：50 以上是多方市场，50 以下是空方市场。

PSY 的参数选择是人为的，没有硬性规定。为了便于计算，一般选择参数为 10。参数选得越大，PSY 的取值范围越集中、越平稳，参数选得越小，PSY 取值范围的上下波动越大，这是读者在选择 PSY 参数时应该注意的地方。

表 8-8 是 PSY 的模拟计算结果。

表 8-8　　PSY 的模拟计算结果

日期	收盘价	升降	A	PSY(5)
1	2.8	—	—	—
2	2.9	+	—	—
3	2.7	—	—	—
4	2.4	—	—	—
5	2.6	+	2	40
6	2.8	+	3	60

（二）PSY 的应用法则

（1）在横盘整理的局面下，PSY 的取值应该在以 50 为中心的区域，上下限一般定为 25 和 75。PSY 的取值在 25 和 75，说明多方和空方的力量对比基本处于平衡状态。如果 PSY 的取值超出了这个平稳状态，就属于超买或超卖状态。此时，投资者就应该注意了，时刻准备采取行动。

（2）PSY 的取值如果高得过头了或低得过头了，就是行动的信号。一般来说，如果 PSY<10 或 PSY>90，就属于“过分”的行为，可以不考虑别的因素而单独采取买入或卖出行动，这种极端低或极端高的现象属于技术指标极端值的范畴。

（3）当 PSY 的取值第一次进入应该采取行动的区域时，往往容易出错，一般要等到第二次出现行动信号时才比较保险。这一条本来是对全部技术分析方法都应该说明的，但它对 PSY 来说尤为重要，几乎每次 PSY 行动都要求 PSY 进入高位或低位两次才能真正称为安全。当 PSY 第一次低于 25 或高于 75 时，如果马上采取买入或卖出行动，一般都会出错。

（4）PSY 的曲线如果在低位或高位出现 W 底或 M 头，这也是买入或卖出的行动信号。高位头肩顶和低位头肩底形态对 PSY 也适用，这属于技术指标形态的范畴。

（5）PSY 应该与价格曲线配合使用，这样更能从价格的变动中了解超买或超卖的情形。在与价格的配合过程中，我们有时会发现 PSY 与价格出现背离的现象，这也是行动的信号，属于技术指标背离的范畴。

（三）PSY 的应用实例

【例 8-8】 图 8-10 是重庆路桥（600106）1999 年 9 月至 2000 年 8 月的日线图。在 1999 年 10 月的 *A* 点，PSY 曲线达到 20，属于取值较小的情况，并在 *A* 点完成双底的形态，表明在 *A* 点可以买入。在 1999 年 12 月的 *B* 点，PSY 曲线达到 10，属于极端小的情况，如果按照 PSY 达到极端值的信号进行投资，在 *B* 点可以买入。在 2000 年 5 月的 *C* 点，PSY 曲线达到 90，属于极端大的情况，如果按照 PSY 达到极端值的信号进行投资，在 *C* 点可以卖出。

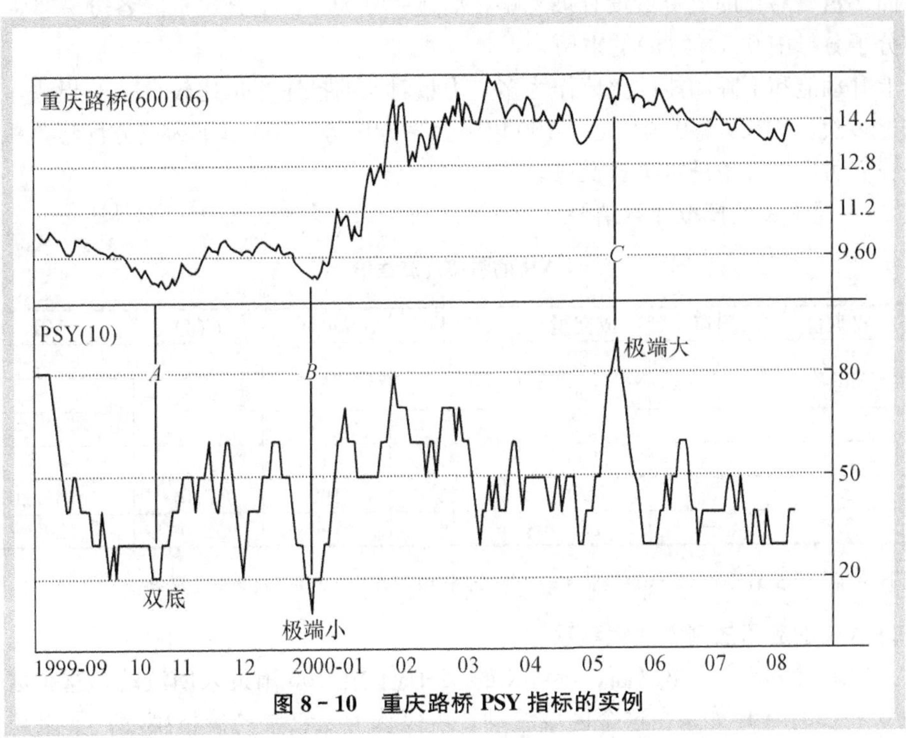

图 8-10 重庆路桥 PSY 指标的实例

二、VR

VR（volume ratio）称为容量比率，也可译为成交量比率。VR 是以价格在某时期上涨交易日的成交量总和与下降交易日的成交量总和的比值来度量多方和空方的力量，以及投资者的买卖气势，进而推测价格未来的走势方向。

（一）VR 的计算公式和参数

VR 指标是上涨交易日和下降交易日成交量总和的比值，与以往不同的是，VR 中还包括了既不上涨也不下降的交易日的成交量。

VR 的计算公式为：

$$\mathrm{VR}(n)=\frac{A(n)+0.5\times C(n)}{D(n)+0.5\times C(n)}\times 100$$

其中，n 表示所考虑的时间区间的长度，一般为天数，它也是 VR 指标的参数；$A(n)$表示在最近的 n 个交易日之中，属于上涨交易日的成交量总和；$D(n)$表示在最近的 n 个交易日之中，属于下降交易日成交量的总和；$C(n)$表示在最近的 n 个交易日之中，属于平盘的成交量总和。一般来说，平盘的日子很少，所以$C(n)$大多数情况的取值是 0。

交易日属于上涨交易日还是下降交易日，这是由收盘价确定的。关于这一点可以参考 PSY 的介绍，它们是一样的。

以上涨交易日的成交量表示多方的上升动能，以下降交易日的成交量表示空方的下降动能，而平盘交易日的成交量没有被忽略，而是一分为二，上升、下降各分一半，这就是公式中分子分母中 $0.5\times C(n)$的来历。

以上升动能和下降动能的比值作为多空力量对比的描述，是比较自然的想法，我们已经采用过多次。VR 以 100 为中心，100 以上为多方优势，100 以下为空方优势。根据这些判断，我们可以更好地进行买卖操作。

表 8－9 是 VR 的模拟计算结果。

表 8－9　　VR 的模拟计算结果

日期	收盘价	升降	成交量	$A(4)$	$D(4)$	$C(4)$	VR(4)
1	2.8	*	120	—	—	—	—
2	2.9	＋	150	—	—	—	—
3	2.7	—	90	—	—	—	—
4	2.4	—	100	*	*	*	*
5	2.4	0	200	150	190	200	86.207
6	2.6	＋	250	250	190	200	120.69

说明：*第一个交易日也可以认为是平盘日，如果这样做，第四个交易日就会有计算结果。

（二）VR 的应用法则和注意事项

（1）如果市场处在盘整局面，则 VR 的取值应该在 100 附近来回波动，这个区域一般认为是 70～150。VR 如果在这个区域波动，可以认为是正常的价格摆动；如果超出了这个区域，如 VR＜70 或 VR＞150，就可以认为是不正常的价格能量摆动，可能预示一个大的行动的开始。VR 过分大和过分小的含义是相反的，但都是行动的信号——VR 过分大是抛出信号，过分小是买入信号。

（2）VR 的取值如果到了极端，就可以不考虑别的因素而行动，如 VR＞400 或 VR＜20 可以卖出或买入。当然，这里的 400 或 20 不是一成不变的，要根据具体情况进行修正。

（3）成交量和 VR 同步上升，如果价格也上升，这就是常说的价量配合，经 VR 验证，更能确信价格上升趋势的来临。

（4）VR 指标在低位与价格曲线形成底背离，是买入信号；在高位与价格曲线形成顶背离，是卖出信号。这属于技术指标背离的范畴。

（5）VR 与 PSY 的结合使用将得到更好的效果。如果两个指标同时认定应该采取某种行动，则一般来说错误将大大减小。在实际应用时，一般是以 PSY 为主，以 VR 为辅。

（6）据前人的经验，VR 指标在低位时观察的结果比在高位时观察的结果具有更高的可信性。也就是说，股票市场处于空头市场时应用 VR 指标要比股票市场处于多头市场时应用 VR 指标的效果好，准确性高。读者可以自己验证一下这个结论，这只是前人经验，没有什么理论依据。

（三）VR 的应用实例

【例 8-9】 图 8-11 是武钢股份（600005）1999 年 9 月至 2000 年 8 月的日线图。在 1999 年 12 月的 *A* 点，VR 曲线达到 40，属于极端值的情况。如果按照 VR 达到极端值的信号进行投资，在 *A* 点是可以买入的。

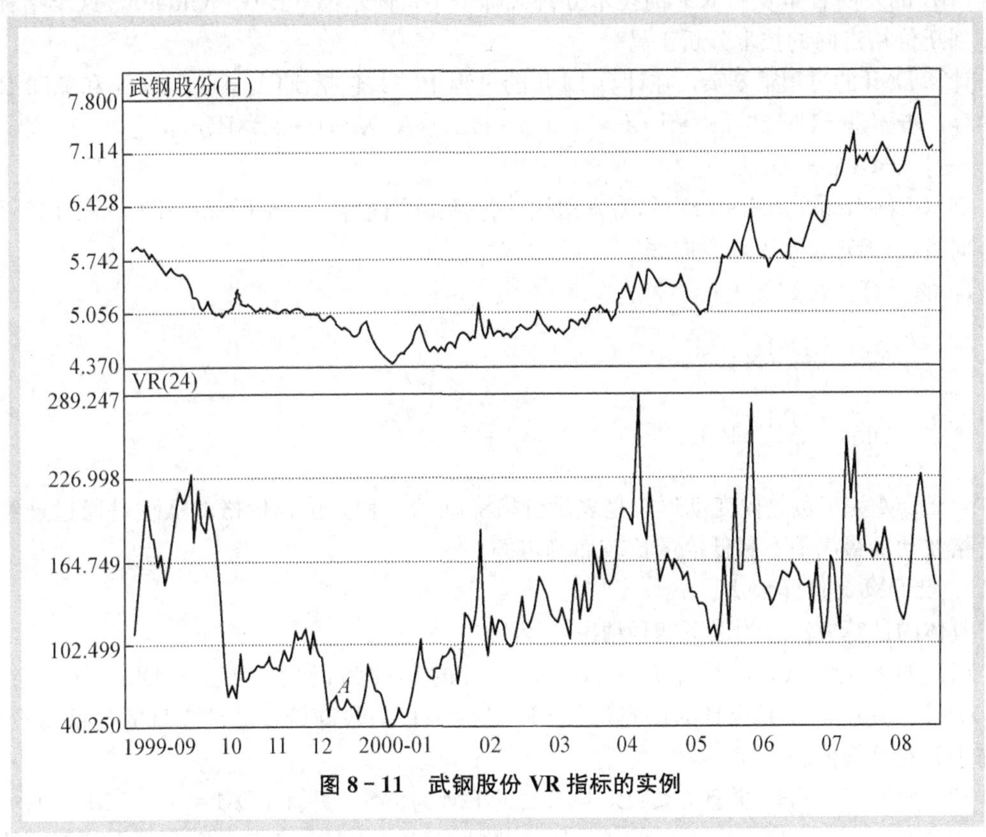

图 8-11 武钢股份 VR 指标的实例

第四节 DMI

几乎所有的技术分析方法都是通过某个方式刻画和分析证券市场中多空双方力量的对比，进而进行行情的预测。DMI 作为一种技术指标，也是力图从这个方面进行探索。DMI 探寻价格在上升及下降过程中的均衡位置，通过价格的变化而达到多方和空方暂时休战。之后，在新的供求关系的推动下，多方和空方再度交手，再次通过价格的变化达到多方和空方新的休战。在证券市场中，多方和空方的争斗永远是这么一个过程。形态理论中所介绍的持续整理形态就相当于多空双方处于暂时休战状态，反转突破形态相当于打破了双方的均衡位置，寻找新的均衡位置。

一、DMI 的计算公式和参数

DMI（directional movement index）可译为方向移动指数。目前，在中国证券市场中流行的叫法有趋势指标、趋向指标和动向指标等。DMI 叫什么名字并不重要，读者可自行选择。作者推荐另一种叫法——方向指标，因为 DMI 在实际中的主要功能是指出价格波动的方向。这样，DMI 的意义比较明确直观。

DMI 的发明者是发明 RSI 的技术分析大师 J. W. 怀尔德（J. W. Wilder）。这个指标是用于判断价格走向的技术分析工具。

计算 DMI 的过程很复杂，在计算 DMI 的过程中一共包括±DI、DX、ADX 和 ADXR 四项内容，步骤是±DM 和 TR→±DI→±DI(n)→DX→ADX(m)→ADXR(r)。

（一）＋DI 和－DI

DI（directional indicator）称为方向线，包括两个内容——＋DI 和－DI。＋DI 表示上升方向线，－DI 表示下降方向线。

DI 的计算公式如下：

$$+\mathrm{DI}=\frac{+\mathrm{DM}}{\mathrm{TR}}\times 100$$

$$-\mathrm{DI}=\frac{-\mathrm{DM}}{\mathrm{TR}}\times 100$$

其中，±DM 为正负趋向变动值，是表示价格涨跌的一种方法，价格的涨跌是通过连续两天价格波动的最高值和最低值的比较而确定的。

1. ±DM 的计算方法

具体的计算方法分为以下四种情况：

（1）如果 $H>\mathrm{YH}$，并且 $L>\mathrm{YL}$，则今日的 DM 为正数，并且 $+\mathrm{DM}=H-\mathrm{YH}$，$-\mathrm{DM}=0$。其中，$H$ 是今日的最高价；YH 是前一日的最高价；L 是今日的最低价；YL 是前一日的最低价。

（2）如果 $H<\mathrm{YH}$，并且 $L<\mathrm{YL}$，则今日的 DM 为负数，并且 $+\mathrm{DM}=0$，$-\mathrm{DM}=\mathrm{YL}-L$。

（3）如果 $H>\mathrm{YH}$，并且 $L<\mathrm{YL}$，则今日的 DM 是正是负还不一定，要由下面的情况确定。

如果 $H-\mathrm{YH}>\mathrm{YL}-L$，则今日的 DM 是正数，$+\mathrm{DM}=H-\mathrm{YH}$，$-\mathrm{DM}=0$。

如果 $H-\mathrm{YH}<\mathrm{YL}-L$，则今日的 DM 是负数，$-\mathrm{DM}=\mathrm{YL}-L$，$+\mathrm{DM}=0$。

（4）如果 $H<\mathrm{YH}$，并且 $L>\mathrm{YL}$，则今日的 $\mathrm{DM}=0$。

应该说明的是，每日的 DM 尽管在名称上有正负之分，但－DM 和＋DM 的具体取值都是正数，没有负数。

2. TR（true range）的计算方法

从 DM 的计算方法可知，DM 表示当日价格波动幅度大于昨日价格部分的最大值，表明了价格波动增加或减少的程度。TR 是当日价格波动幅度与昨日收盘价相比较的最大值，TR 的计算分以下三种情况：

（1）如果 $H>\mathrm{YC}>L$，则今日的 $\mathrm{TR}=H-L$。

（2）如果 YC>H，则今日的 TR=YC−L。

（3）如果 YC<L，则今日的 TR=H−YC。

其中，YC 是前一日的收盘价；H 和 L 的含义与上面相同。

3. ±DI(n) 的计算公式及参数

前面给出了±DM 和 TR 的计算公式，下面将要给出±DI(n) 的计算公式。

$$\pm \mathrm{DI}=\pm \frac{\mathrm{DM}}{\mathrm{TR}}\times 100$$

但是，上式有一定的片面性，在应用±DI 时不方便。为了避免偶然性，在计算±DI 时，我们选择的是连续若干个交易日的±DM 的总和以及 TR 的总和。然后将两者相除，得到±DI(n)，具体的公式如下：

$$+\mathrm{DI}(n)=\frac{\sum +\mathrm{DM}}{\sum \mathrm{TR}}\times 100$$

$$-\mathrm{DI}(n)=\frac{\sum -\mathrm{DM}}{\sum \mathrm{TR}}\times 100$$

其中，$\sum$ ±DM 表示连续 n 个交易日的±DM 之和；$\sum$ TR 表示连续 n 个交易日的 TR 之和。

这里的 n 是参数，表示所选择的时间区间的长度，也就是交易日的天数。一般而言，参数 $n=14$。当然，使用者可以自行决定 n 的选择。

从 DM 和 TR 的计算上可知，+DI(n)和−DI(n)的取值永远在 0 和 100 之间。+DI(n)和−DI(n)的实际含义就是上升方向的变动和下降方向的变动在全部变动中所占的比例。如果某方向所占的比例大，那么这个方向上的力量就大，如果占的比例小，那么这个方向上的力量就小。±DI(n)是多方力量和空方力量的绝对强度，这一点恰好是构造 DMI 的基本思想。

（二）DX

DX（directional movement index）称为动向值，也叫比例数值，是鉴于±DI(n)的一些不足而开发的新的技术指标。DX 以+DI(n)和−DI(n)两者之差与两者之和的比值作为对当前市场动向的综合评判。DX 的计算公式如下：

$$\mathrm{DX}=\frac{|+\mathrm{DI}-(-\mathrm{DI})|}{+\mathrm{DI}+(-\mathrm{DI})}\times 100$$

其中，分子左右两边的竖线表示绝对值，目的是保证 DX 取正数。由于+DI 和−DI 都是正数，我们可以很明确地知道，DX 的取值范围是 0～100。

从直观上讲，如果+DI=−DI，则说明向上和向下的力量相等，那么价格就没有趋势，波动也没有方向，而这时的 DX=0。从另一个极端看，如果±DI 中有一个是 0，比如说+DI 为 0，那么，向下的力量完全战胜向上的力量，而这时的 DX=100。由此可知，DX 越大，价格越具有趋势和波动的方向；而 DX 越小，价格就没有明确的趋势和波动方向。

从 DX 的表达式中也可以看出，DX 表示了多方和空方差异的相对水平。

（三）ADX

ADX（average directional movement index）是 DMI 指标的主角，称为平均方向指标。从名字就可以知道，ADX 是 DX 的移动平均。之所以选择 ADX 而不选择 DX，是为了避免某一天的偶然取值使其大幅度变动，进而引起我们对总体形势的错误判断。说到移动平均，就必然涉及参数，即时间区间的长度，也就是天数。我们一般以 10 作为计算 ADX 的参数。当然，投资者也可以选择自己习惯的参数，不必拘泥于书本。ADX 的计算公式如下：

$$\text{ADX}(m)=\sum\frac{\text{DX}}{m}$$

其中，m 是参数。

（四）ADXR

ADX 在高位的反转向下，是指明一个趋势结束的标志。但是，真正确定 ADX 已经调头向下了的时候，往往已经有些晚了，从而使投资者在应用 ADX 时出现麻烦。

ADXR（average directional movement index rating）在一定程度上可以弥补 ADX 的上述不足，它可以增强对 ADX 在高位反转的尽早确认。ADXR 的计算公式为：

$$\text{ADXR}(r)=\frac{\text{ADX}_1+\text{ADX}_r}{2}$$

其中，ADX_1 表示今天的 ADX 取值；ADX_r 表示 r 天之前的 ADX 值，如果 $r=5$，则 ADX_5 表示一星期前的 ADX 值；r 为 ADXR 的参数，是可以人为选择的，一般选 $r=5$。

ADXR 实际上是今日 ADX 与前面某一交易日 ADX 的平均值。ADXR 在高位与 ADX 同步下滑，可以增加对 ADX 已经调头的尽早确认。ADXR 是 ADX 的附属产品，在应用时，应以 ADX 为主，以 ADXR 为辅。有很多文献在介绍 DMI 时都不介绍 ADXR，往往介绍到 ADX 就结束了。

表 8-10 是部分 DMI 的模拟计算结果。

表 8-10　部分 DMI 的模拟计算结果

日期	H	L	收盘价	TR	＋DM	－DM
1	270.75	268.00	269.25	—	—	—
2	270.00	269.00	269.75	1.00	0.00	0.00
3	270.50	268.00	270.00	2.50	0.00	1.00
4	268.50	266.50	266.50	3.50	0.00	1.50
5	265.50	263.00	263.25	3.50	0.00	3.50
6	262.50	259.00	260.25	4.25	0.00	4.00
7	263.50	260.00	263.00	3.50	1.00	0.00

二、DMI 的应用法则及注意事项

（一）±DI 的应用法则

利用＋DI 和－DI 这两条曲线可以很容易地判断出行情的发展趋势，并可以此为依据确立自己的买入卖出价位。

从±DI的含义可知，±DI表示的是上升动力和下降动力绝对数字的大小。所以，当+DI上升、−DI下降时，就说明目前多方力量强大。如果+DI从低位向上，而−DI从高位向下，当+DI上穿−DI时，为多方最终占优的局面，是买入的信号。

与上述方向相反，当−DI上升、+DI下降，则说明目前市场是空方力量渐渐增强，而多方力量渐渐减弱。如果−DI从低位向上，而+DI从高位向下，当−DI上穿+DI时，为空方最终占优的标志，是卖出的信号。

（二）DX和ADX的应用法则

DX和ADX的应用法则基本是相同的，以下只叙述ADX的应用法则，不再单独列举DX的了。在多头市场中，价格会不断地上涨，从而导致+DI的上升和−DI的下降，ADX也会上升。而在空头市场中，价格不断地下降，+DI会下降，−DI会上升，最终ADX还是上升。这就是说，无论是在空头市场还是在多头市场，ADX的曲线总是呈现上升的趋势。这就说明，ADX只能帮助我们判断是否有趋势存在，即价格目前是否按照某一方向移动，而不能帮助我们弄清楚价格具体是向上移动还是向下移动。

（1）ADX曲线持续上升到高位，说明目前的价格波动有一个明确固定的方向，可能是向上也可能是下降。当然，具体ADX达到什么数字就算是高位，要根据参数的选择和股票的种类而定。

（2）ADX上升到很高并转折向下，说明原来的趋势可能遇到了麻烦，不能再像原来那样沿原先的方向畅快地运动了，甚至可能是这一轮趋势反转的开始。所以，一旦ADX从高位回头向下，是应该引起特别注意的现象。这属于技术指标的转折范畴。至于高位的具体数值，需要借鉴极端值的判断方法。

（3）价格不断出现新高或新低，同时ADX也不断出现新高。此时，说明价格这种创新高和创新低的行为还将保持一段时间，不会立即停下来，这就是ADX的助涨和助跌作用。ADX可以坚定我们的信心。

（4）ADX进入低位时。具体低到什么数字才算低，要根据具体的情况而定。此时，说明+DI和−DI已经接近，多方和空方的力量对比基本相当，谁也不占大的优势。在这个时候，价格进入盘整阶段，没有明确的运动方向。ADX一旦进入低位就失去了它的作用。ADX的价值体现在ADX处在高位时的表现，当ADX处在低位时，对我们今后的工作没有任何帮助。

（三）ADXR的应用

如前所述，ADXR的产生是为了弥补ADX的不足。ADX在高位调头时，可能不会被立即确认，因为ADX有可能做出暂时的停顿，然后继续向上。如果ADXR和ADX同步调头向下，则ADX的转折将被确认。

ADXR可以单独使用，它的应用法则与ADX一样，因为从某种意义上讲，ADX就是ADXR。

DMI包括几个技术指标，这些技术指标都可以单独运用于价格的预测。但是，DMI最好与其他技术指标结合使用，因为那样做的话，推测的结果会更准确。

与DMI结合使用得最多的技术指标是RSI。RSI和DMI都是描述多方和空方力量对比的技术指标。DMI 是从最高价和最低价的角度，RSI 是从收盘价的角度。在大多数情况下，DMI 与 RSI 的波动方向是一致的、同步的，一旦 DMI 和 RSI 所显示的多方和空方力量发生了矛盾，这时的行情可能将有大的动作。

三、DMI 应用实例

【例 8-10】 图 8-12 是中视股份（600088）1998 年 5 月至 2000 年 1 月的日线图，图中的 *C* 点是除权缺口。在 1998 年 8 月的 *A* 点之前，ADX 指标是上升的趋势，并在 *A* 点达到 58 的高点，然后掉头下降。与此同时，相应的价格是下降趋势。ADX 和 ADXR 在高位转折，说明价格的下降趋势已经接近尾声，应该可以考虑买入。在 1999 年 7 月的 *B* 点之前，ADX 和 ADXR 也是上升的趋势，并在 *B* 点达到更高的 67，之后转折向下。与此同时，相应的价格是上升趋势，根据 DMI 的原理，价格的上升趋势将要结束，*B* 点可以认为是应该卖出的点。

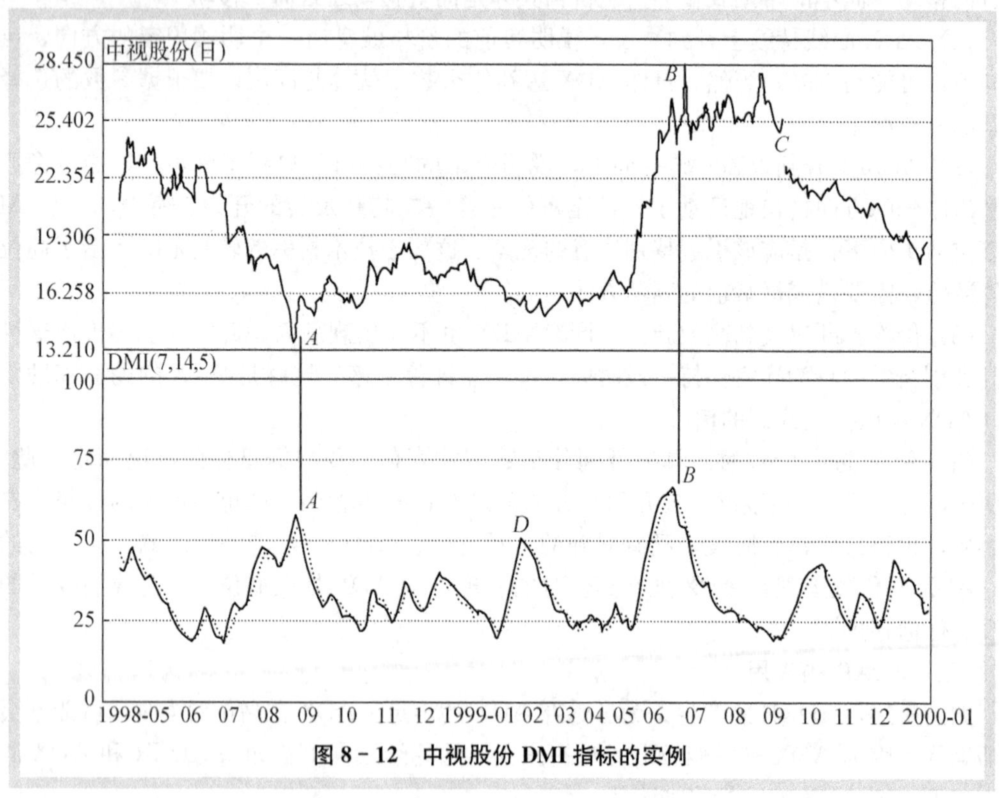

图 8-12　中视股份 DMI 指标的实例

第五节　SAR

SAR（stop and reverse）称为止损转向指标。由于组成该线的点是以弧形的方式移动，有人也将 SAR 称为抛物线指标（parabolic）。这个技术指标在行情大涨和大跌时，可以正确帮助投资者控制贪心，控制无休止地期望出现更高和更低的价格。使用 SAR 可以尽量减少损失，但无法在最佳的价位买入或卖出，这一点应该引起投资者的注意。

一、SAR 的构造原理

上面已经指出，SAR 也是为避免过分贪心而设置的一种技术指标，它的基本思想为，当市场价格波动达到了某种情况时，就必须买入或卖出了，不能再继续等待更低或更高的价位。

以市场上升为例。现在假设投资者手中有一只股票，并且是处于获利状态，目前这只股票还在上涨，因而投资者自然是不会抛出的。但是，事情总会有个结束，不能永远把这只股票握在手里，应该有个抛出的时候。如果投资者有很高超的技术手段和分析能力，或许可以分析出这只股票到了什么价位就会立即回头向下。不过，有这种能力的人是很少的，甚至可以说根本就没有，因为最高价格的位置不是技术分析等分析手段能够完全解决的，有很多人为的无法控制的因素影响到最高价的位置。

正是由于这个原因，当股价从某个价格回头向下时，持有股票的投资者就面临一个很难处理的问题，那就是手中的股票是抛出还是不抛出。如果抛出，抛出股票之后，又担心这次仅仅是暂时回落，今后还会继续上升。如果不抛出，又担心价格一直向下滑落，进而失去已经到手的利益。这两种担心都是因为不知道价格的最高位置在哪里造成的。

要完全避免这两种担心是不现实的，我们只能在价格回落时，在将要更大幅度下降之前及时将手中的股票抛出。具体的做法是制定一个临界价格，当股票价格回落并跌破这个临界价格时，毫不犹豫地、不加任何限制地、无条件地将手中股票抛出，这个临界价格就叫止损点。显然，止损点应该符合以下的两个要求：

（1）随着价格的上升，每一天的止损点也应该相应抬高，每天都应根据情况的不同，计算出一个新的止损点。

（2）止损点跌破之后，价格应该继续下跌，至少不会很快恢复到原来的高度。要保证这一点，就应该将止损点设得比较低，但这样一来，抛出的价格就会低。这是没有办法的事情，谁叫我们没有能力预见到价格能够到达的最高位置呢。

SAR 的实质就是多空立场的转变过程。当价格在止损点之上，投资者将手中的股票保留，此时他所持的态度是看多，是多方。但当价格跌破止损点之后，其行动是将手中股票抛出，此时他所持的态度是看空，是空方。由多方变成空方完全是由价格是破止损点还是不破止损点而定，止损点成为多空转变的分界线，这也是 SAR 被称为止损转向指标的原因。

以上是以价格上升为例对 SAR 的构造原理进行的说明。对于价格下降的情况，也同样有止损转向问题。

价格不断下降，持币的投资者就应该考虑买入股票的问题。在允许卖空的市场，这时还有个何时“回买”（cover）的问题，这就涉及对价格最低点位置的判断：买早了，价格继续下跌；价格稍有抬头就去买，可能赶上一个局部的头顶；不去买，价格又可能再也不下落了，错过机会。对于这两种担心，也可以设定一个止损点。当价格向上穿破这个止损点时，不加任何条件地买入，这是由空方变成多方的情况。

二、SAR 的计算公式和参数

SAR 的计算公式是非常复杂的，本书也只是给出了一部分说明。每一天的 SAR 值是不相同的，它要根据当天的价格变化程度不断地改变。一般来说，在上升时，SAR 是越来越高的；看跌时，SAR 会越来越低。SAR 的计算工作主要是针对每天不断变化的 SAR，也就是止损价位的计算。

（一）计算 SAR 的步骤

计算 SAR 要分两种情况：一种是在上升时，另一种是在下跌时。两种情况的计算方法差不多，以下一并介绍。计算 SAR 分为四个步骤：

第一步，确定这段时间是上升还是下降。首先定好价格的趋势，才知道应使用哪种止损。

第二步，确定第一天的 SAR 值 SAR(1)，方法如下：

SAR(1)＝近期的最低价格，在上升情况下

SAR(1)＝近期的最高价格，在下降情况下

第三步，计算第二天的 SAR 值 SAR(2)，方法如下：

$$SAR(2)=SAR(1)+AF\times[EP(1)-SAR(1)]$$

第四步，逐步计算后面的 SAR 值 SAR(n)，方法是以下递推公式：

$$SAR(n)=SAR(n-1)+AF\times[EP(n-1)-SAR(n-1)]$$

（二）计算 SAR 步骤的说明

利用以上四个步骤就可以不断地计算出每一天的 SAR 值，有几点应该说明：

1. 加速因子 AF

上式中的 AF 是一个数字，叫加速因子（accelerate factor）。AF 是在不断变化的，现在流行取法是在上升情况下，AF 第一次取 0.02。此后，分为以下几种情况：

(1) 如果某一天的最高价出现最近的新高，则 AF 将在原有数值的基础上增加 0.02。

(2) 如果某一天的最高价不是最近的新高，则 AF 值不变化。如果某一天没有新的 AF 值，就沿用前一天的 AF 值。

对于下降情况，AF 值是否应该增加，由是否有新的最低价格确定。无论是上升还是下降，当 AF 的值增加到 0.2 时，就不再增加了。在 AF 取值中所遇到的 0.02 和 0.2 都是 SAR 的参数。

2. 极点价 EP

上面计算公式中的 EP 叫极点价（extreme high or low price）。对于上升情况，极点价

就是最高价格；对于下降情况，极点价就是最低价格；当然，这里的最高价格和最低价格并不是指某一天的价格，而是近期的价格。确定近期的价格需要涉及参数，它规定了时间区间的长度，一般的时间区间长度取 4，这也是 SAR 的一个参数。

3. 价格的代替

在上升的情况下，按照上面的计算公式，若计算出的某日的 SAR 值比当天或前一天最低价格高，则当日的 SAR 值应该用当天或前一天股票的最低价格代替。与此相似，在下降的情况下，若计算出的某日的 SAR 值比当天或前一天的最高价格低，则当日的 SAR 应该以当天或前一天股票的最高价格代替。

4. 只涉及前面的价格

计算当天的 SAR 值，不涉及当天有关价格的信息，而只用到此前的价格信息。

（三）SAR 的取值与价格的关系

从以上 SAR 的计算方法可以知道下面的结果：

（1）在价格上升的情况下，SAR 的取值会相应上升；在价格下降的情况下，SAR 的取值会相应地下降。

（2）在价格上升的情况下，SAR 的取值永远比价格小。从图形上看，就是价格线（K 线或棒线）始终在 SAR 之上。在下降的情况下，SAR 的取值永远比价格大，从图形上看，就是价格线（K 线或棒线）始终在 SAR 之下。

三、SAR 的应用法则

从上面对 SAR 的介绍可以很清楚地了解 SAR 的使用法则，那就是止损转向的操作法。

当价格突破了 SAR 就是行动的信号：向下突破时卖出，向上突破时买入，这是所有技术指标中叙述起来最简单的指标之一。不过，在实际应用时，我们应该注意以下三点。

（1）不一定非要等到价格突破了 SAR 才采取行动，有时可以提前。

（2）应用 SAR 最关键的是明确当前的价格波动是否存在趋势，无论是上升还是下降。当市场有明确趋势时，SAR 的使用效果非常明显。但是，当价格波动没有趋势而处于盘整局面时，SAR 几乎是不能使用的。价格盘整时，SAR 必然发出过多的信号，造成频繁的买卖行动，而且每次几乎都是小亏损，最后得到积小亏为大亏的结果。

（3）在技术指标中，SAR 属于比较难掌握的类型，它的使用法则属于技术指标的交叉。

四、SAR 应用实例

【例 8-11】 图 8-13 是上海梅林（600073）2000 年 1 月至 2000 年 3 月的日线图。图中的竖线是高低线（high-low），表示当天的最高价和最低价；小圆圈表示的是 SAR 的值。如果按照 SAR 的方法进行具体买卖，那么在 2000 年 1 月的 *A* 点有一次卖出，价格大约是 15 元，但是很快又买了回来。之后，一直要等到 *B* 点，当价格从 33 元下降到 27 元的时候，SAR 才发出卖出的信号。再往后，在 *C* 点将会再一次买入。

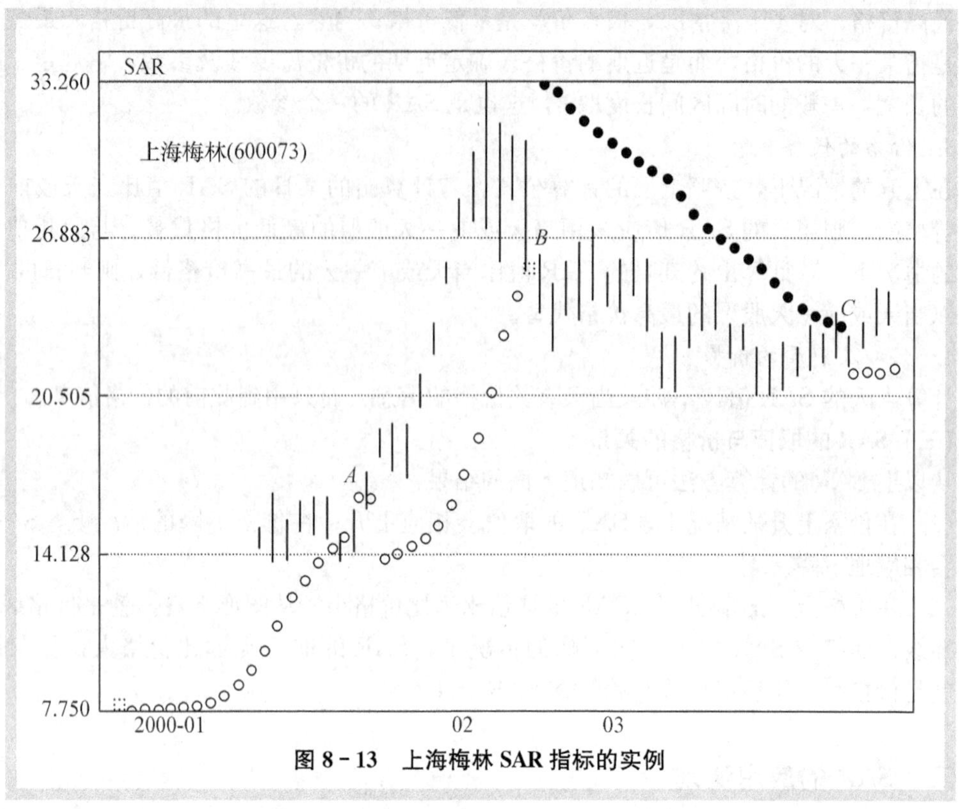

图 8-13 上海梅林 SAR 指标的实例

第六节 BOLL、百分比轨道线指标和CCI

这三个技术指标为价格的波动“圈定”了上限和下限，价格在多数情况下应该在“界限内”波动。这三个技术指标指出：如果技术指标值在“界限内”波动，说明价格的波动属于正常的、随机的波动；如果技术指标在“界限外”波动，说明价格的波动出现了应该引起注意的不正常的表现。

一、BOLL

BOLL（Bollinger bands）目前的中文译名不统一，布林线、保利加线等都是指这个技术指标。bands在这里是“区域带”的意思。本书根据BOLL计算公式的基本思想和数理统计中的概念，把BOLL叫做“置信区间指标”。“置信区间”是个数学上比较专业的概念，它所表示的含义是：在大多数情况下（通常是在概率为95%的情况下），随机样本的取值应该在这个置信区间之内。在此，我们不打算详细介绍置信区间，读者只需要明白，BOLL将给出一个价格波动的区域带。如果价格的波动越过了该区域带，就说明价格的波动可能出现“反常”，有引起投资者注意的必要。

（一）BOLL 的计算公式和参数

BOLL 的计算过程是数理统计中置信区间（confident interval）的计算过程，该计算过程相对比较复杂。我们需要用到两个参数：一是时间区间的长度 n；二是置信区间估计的“置信水平” α。在 BOLL 的计算公式中，α 不是直接出现，而是通过“查 T 分布表”得到 $t(\alpha)$。

以移动平均线 MA 为中心，BOLL 计算出两条曲线 BU 和 BD，BU 是 BOLL 的上限，BD 是 BOLL 的下限。BOLL 是以 MA 为中心、以 BU 为上边界、以 BD 为下边界的价格波动带，即

$$\mathrm{BU}=\mathrm{MA}(n)+t(\alpha)\times\sigma(n)$$

$$\mathrm{BD}=\mathrm{MA}(n)-t(\alpha)\times\sigma(n)$$

$$\sigma^2(n)=\frac{\sum[\mathrm{close}(i)-\mathrm{MA}(n)]^2}{n-1}$$

$$\mathrm{MA}(n)=\frac{\sum\mathrm{close}(i)}{n}$$

其中，$\mathrm{close}(i)$为收盘价；$\mathrm{MA}(n)$为移动平均价；$\sigma^2(n)$为样本方差；$\sigma(n)$为样本标准差（standard deviation）。

从数理统计的角度看，$t(\alpha)$的取值可由查表直接得到，与 α 有关。但是在这里，$t(\alpha)$一般取成固定的数，即 2 或 3。如果 $t(\alpha)=2$，其所对应的 α 近似为 0.05，也就是落入置信区间内的概率为 95%。

如果将 MA 画出来，那么在 BOLL 的图形中将出现五条曲线。其中，最中间的一条是 MA 曲线。离 MA 较近的上下两条曲线所对应的是“数值 2”，也就是窄通道。最上面和最下面的两条曲线所对应的是“数值 3”，也就是宽通道。如果只出现四条曲线，那么就没有最中间的 MA 曲线。

（二）BOLL 的构造原理和使用法则

BOLL 指出，在过去的 n 个交易日内，价格波动有大约 95%的机会在 BD 和 BU 所“圈定”的区间内波动，只有 5%的机会越过了这个区间。如果价格在 BOLL 带之内波动，则价格波动属于正常的状态。

如果价格的波动超出了 BOLL 带，说明发生了概率比较小的事件。平常不多见的事情如果出现了，我们有理由认为“外在条件”发生了变化，需要引起注意。此时，价格的波动属于不正常的状态。

BOLL 的宽度由标准差 $\sigma(n)$的大小决定。如果近期价格波动的幅度小，$\sigma(n)$就比较小，BOLL 的宽度就小。如果近期价格波动的幅度大，$\sigma(n)$就比较大，BOLL 的宽度就变大。

根据 BOLL 的构造原理，我们可以利用 BOLL 进行下述投资指导：

（1）价格向上越过 BU 并回落，是短线的卖出时机。这是因为价格有 95%的机会在 BU 之下。如果没有特别的原因，价格上升到了 BU 就应该卖出。

（2）价格向下越过 BD 并回升，是短线的买入时机。这是因为价格有 95%的机会在 BD 之上。如果没有特别的原因，价格下降达到 BD 就应该买入。

（3）BOLL 的宽度由狭窄变为宽阔，是大行情的先兆。BOLL 的宽度如果长时间狭

窄，说明价格波动长时间是在小的范围内进行。如果 BOLL 的宽度变大，说明价格的波动幅度正在加大。我们知道，价格不可能长时间维持小幅度的波动，这样不符合证券市场价格波动的特点。

在价格经过长时间的小波动后，如果 BOLL 的宽度变大，同时价格向上越过 BU，而且上升的幅度还不算大时，是短线的买入时机。同样，如果价格向下越过 BD，而且下降的幅度还不算大，是短线的卖出时机。这是因为，我们可以认为“外部环境”发生了变化。

从上面 BOLL 的使用方式可见，在 BOLL 所指出的内容中，主观判断的成分多、定性的内容比较多，与其他的技术指标相比，缺乏可操作性。在实际应用中，BOLL 似乎更适合作为参考的因素。例如，在价格形态出现了整理形态之后，从 BOLL 的宽度变化上，我们可以得到有关整理形态是否将要结束的建议。

（三）BOLL 的应用实例

【例 8－12】 图 8－14 是上海梅林（600073）1999 年 11 月至 2000 年 4 月的日线图，图中的竖线是美国线，四条曲线是 BOLL 的宽窄上下界线。在 1999 年 12 月的 *A* 点，BOLL 带的区域变小，也就是“收口”，“收口”后的价格出现了一轮上升的过程。在上升过程中，价格多次“轻微”触及 BOLL 带的最上沿。在 2000 年 1 月的 *B* 点，BOLL 的四条曲线也有收口的迹象，但收缩的程度不大，之后是新的一轮上升过程，价格同样“轻微”触及 BOLL 带的最上沿。直到 2000 年 2 月的 *C* 点，价格“越过”上沿，并且价格没有继续保持对上沿的“追踪”，表明原来的上升过程已经有所减弱。随后，价格回落，多次触及 BOLL 带的下沿，并在下沿的位置反弹。

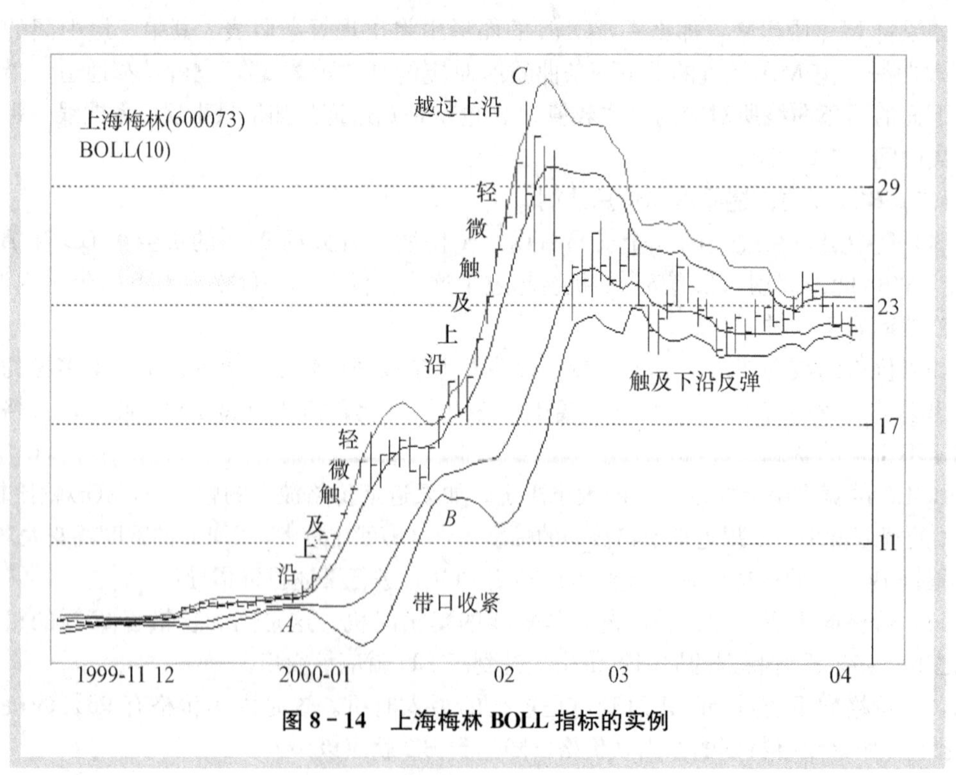

图 8－14　上海梅林 BOLL 指标的实例

二、百分比轨道线指标

百分比轨道线（percent envelope or trading bands）指标的基本思想与 BOLL 相同，也是选择价格波动的上下限，但百分比轨道线的选择方式比较“差”。其中心依然是移动平均线 MA(n)，上限和下限则是 MA(n) 的上升百分比和下降百分比。例如，如果计算得到 MA(n)=10(元)，而轨道的宽度设定为 10%，则百分比轨道线的上限是 MA(n)×(1+10%)=10×1.1=11(元)，百分比轨道线的下限是 MA(n)×(1−10%)=10×0.9=9(元)。从计算的方式上看，百分比轨道线指标应该是移动平均线指标的“延续”。

百分比轨道线也为价格“圈定”了一个“合理的”的价格区域：如果价格在此区域中波动，属于“正常”表现；如果价格的波动越过了这个区域，就属于“不正常”的表现。

百分比轨道线在轨道宽度的设计上有主观的因素，轨道的宽度是 10%还是 20%需要进行主观判断，而且还要不断地调整。这一点显然没有 BOLL 优越，因而投资者在使用百分比轨道线时有不方便的地方。

百分比轨道线的计算很简单，但是明显不如 BOLL 的构造合理，所以在实际中使用百分比轨道线的投资者已经很少了。

三、CCI

CCI（commodity channel index）译为商品通道指标，CCI 是由唐纳德·R. 兰伯特(Donald R. Lambert) 发明的动量指标。commodity 在英文中有商品期货的意思，尽管使用了 commodity 这个词，但 CCI 也可以应用于股票市场。

（一）CCI 的计算公式和步骤

从数学上看，CCI 的计算公式如下：

$$\mathrm{CCI}=\frac{M-\mathrm{MAM}}{0.015D}$$

其中，$M=(H+L+C)/3$；H 是最高价；L 是最低价；C 是收盘价。

由此可知，M 是价格的中间值。MAM=M 的参数为 n 的移动平均。D 是 M 与 MAM 的绝对值偏离的均值，其计算公式为：

$$D=\frac{1}{n}\sum_{i=1}^{n}\mid M_i-\mathrm{MAM}\mid$$

计算 CCI 只有 1 个参数，即计算移动平均和平均偏离均值的参数 n，计算 CCI 共分为五个步骤：

第一步，计算每个交易日的中间值 M，即 H、L 和 C 三个价格的平均。

第二步，计算每个交易日的中间值 M 的参数为 n 的移动平均 MAM。

第三步，计算每个交易日的中间值 M 与 MAM 的差，即 $M_i-\mathrm{MAM}$。

第四步，计算平均差 D 并乘上 0.015，得到 0.015D。

第五步，用上面的公式计算 CCI。

（二）CCI的原理和使用方法

CCI构造了一个类似于BOLL的技术指标，并用CCI的波动体现了价格波动是否属于“正常”。

按照设计CCI的假定，在大多数情况下，CCI的随机波动范围应该在＋100％和－100％之间的区域（channel）中。如果CCI的取值越过了±100％，则这样的波动被认为是非随机的波动，应该引起注意。此时，CCI将为交易者提供进行交易的机会，具体的交易规则如下：

（1）当CCI上升并高于＋100％时，应该持做多的观点，行动上是买入。然后，在CCI下降并低于＋100％时，应该短期卖出多头。

（2）当CCI下降并低于－100％时，应该持做空的观点，行动上是卖出。然后，在CCI上升并高于－100％时，做多轧空（cover），或买入。

使用CCI有一个选择参数的问题，我们要找到效果最好的参数n。实际上，对于涉及参数的技术指标都有这个问题。按照美国人的做法，参数的选择取决于每个参数“在历史上的实际表现”，也就是在过去某段时间里的盈利和亏损的记录。交易者可以选择自己认为好的参数。

（三）CCI的应用实例

【例8-13】 图8-15是佳纸股份（000699）2000年5月至2000年8月的日线图。如果按照CCI的方法进行买卖交易，在图中B的位置应该是看多而买入的位置，图中S的位置是应该卖出的位置。在6月之后，卖出的行动都是错误的，但随后的CCI会提供立即买入的信号，而不至于“踏空”。总体说来，应用CCI是可以盈利的。

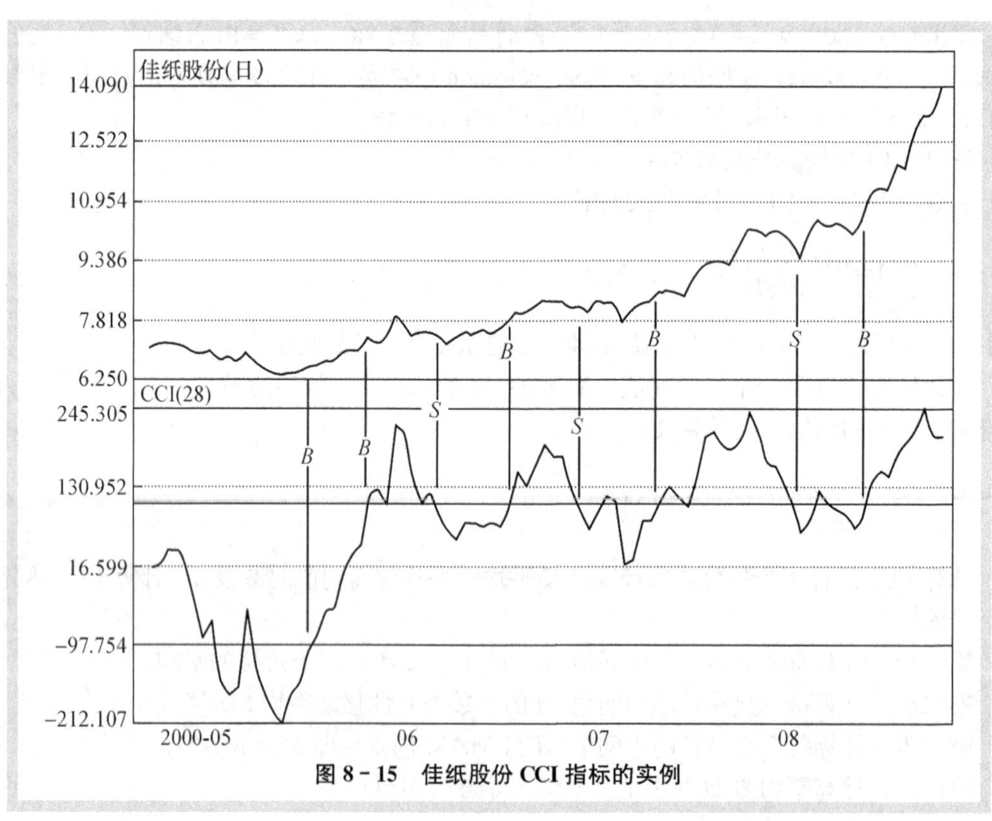

图8-15 佳纸股份CCI指标的实例

本章小结

本章在前一章的基础上介绍了一些不常用的技术指标，基本的做法与前一章的内容相同。其中，DMI、SAR、BOLL、CCI 等的计算过程相对复杂，读者可以从这些技术指标的构成中借鉴一些东西。

本章要点

1. 与成交量有关系的技术指标。
2. 方向指标 DMI 的计算和应用。
3. 抛物线转向指标 SAR 的计算和应用。
4. BOLL 的计算和应用。

本章关键词

成交量指标　　带状指标　　方向指标　　转向指标

本章思考题

一、名词解释

AR　　BR　　CR　　PSY　　BOLL

二、简答题

1. 技术指标的参数是否影响技术指标的效果？
2. 哪些技术指标与成交量有关系？
3. 列举可以使用背离手法的技术指标。
4. SAR 指标体现的哲理是什么？
5. DMI 表示市场价格哪些方面的状况？
6. 并不是所有的技术指标对买入和卖出的指导作用都是一样的，请举例说明。
7. CCI 所反映的是市场哪方面的特征？
8. 如何认识技术指标对实际买卖行动的指导作用？
9. 当技术指标发生误判的时候，应该做哪些工作进行改进？

三、自我练习题

关于应用 DMI 的问题，观察图 8-12。在两个高点 A 和 B 之间，还有一个比较高的 D 点，数字大约是 50。D 点的信号如何？

第九章 时间周期理论——cycle

四季轮回，周而复始，是自然界的客观现象。在证券市场、期货市场、外汇市场和利率市场，凡是涉及某个数字（包括价格、汇率和利率）上下波动的地方，这些数字在上升和下降过程中出现的高点和低点是否也存在着这种周而复始的现象呢？在技术分析中，周期所体现的是时间因素。

时间周期的重要性在于它的出现使得预测下一个转折点的出现成为可能。因为金融市场的集合是一个自然运动的系统，而且这个系统的运行表现出有节奏的振荡，这表明与时间有关系的波动存在于金融市场当中。因此，这也表明预测价格反转出现的时间是有可能的。

技术分析的对象是市场行为，而体现市场行为的指标是价格、成交量和时间。由此可见，时间因素对技术分析来说是很重要的。分析时间因素，也是预测价格升降的工具之一。在前面的章节中，对时间因素的讨论几乎没有。在实际的投资行为中，增加时间方面的考虑，对于提高买卖信号的成功率和投资行为的收益率是有很大好处的。如果缺少了对时间因素的考虑，则对投资方法来说将是一个很大的不足。

本章将介绍一些涉及时间因素的技术分析理论。当然，应该明确指出，这里所说的周期，与四季轮回等自然界中的周期现象相比，从精确性方面看有很大的差异。因此，我们应该注意，这里的“周期”不同于数学意义上的周期。实际上，即使是按照稍微严格的标准来衡量，我们这里所谈论的价格波动周期，都有可能根本不能被称为“周期”。

国外的投资分析人员经过实践，总结了国外证券期货市场的很多周期。从结果看，这些周期都是比较长的，离现在的时间也较长，对我国证券市场的指导意义不大。本教材只介绍比较常用的时间周期方法。从使用的角度看，周期在我国的应用还处在探索阶段，读者应该注意到这一点。

第一节 时间周期理论概述

一、周期理论对市场的看法和实际做法

如果按照数学意义上真正的“周期函数”定义来理解周期，现实世界中几乎没有满足条件的“周期”存在。因此，我们通常所说的周期不是数学意义上周期的含义，而是一个相对宽松的周期。

按照杜威（E. R. Dewey）的说法，时间周期理论表示事件重复出现的周期，大部分事件会倾向于按照差不多相同的时间间隔重复出现。即使按照这种对周期的描述，也属于“苛刻的”。因为现实中即使是“差不多相同的时间间隔重复出现”也是不容易的，或者说，即使出现了也难以进行判断和把握。

下面作者将使用另一种关于时间周期理论的说法，这种说法不要求“时间间隔差不多相同”的条件，只是强调价格波动的高点和低点在出现的时间方面存在某些规律。

从大量反映价格波动的技术图形中可以看到，无论是何种价格的活动，价格都不会向一个方向永远地移动下去。价格在波动的过程中，必然要产生局部的高点和低点，或者说，产生局部的峰和谷。这是客观现实，是经过大量观察得到的结果。

对于这些高点和低点，我们不像使用其他技术分析方法那样关心这些高点和低点的具体位置，而是关心这些高点和低点出现的时间。我们要问，这些关键的低点和高点在出现的时间上是否具有一定的规律性呢?

周期理论认为，价格在波动过程中所形成的局部高点和低点之间，在时间上就存在规律性，至少是部分存在规律性。

在实际的投资实践中，投资者可以利用价格波动在时间上的这些规律性，从周期的长短推测高点和低点可能出现的时间，从而确定买卖的行动。从时间的角度进行投资的决策。

二、技术分析中时间周期理论的依据

时间周期理论侧重于对时间的分析，而且注重长线投资，对市场行为的另外两个重要因素（价格和成交量）的关注显得不够。时间周期理论的出现也经过了一个逐渐发展的过程。

（一）农作物期货价格的周期与天气的周期

最初的时间周期理论应该起源于期货市场，主要是农作物期货市场。我们知道，农作物价格的高低与农作物的收成有关。一般来说，如果收成好、产量高，价格会下降；反之，如果收成不好、产量减产，价格会上升。除了农民的劳动之外，农作物的收成与天气和气候有关，而气候属于自然界现象，具有比较明显的周期性。

在投资者分析期货价格未来的波动方向并对其进行预测时，自然而然会想到对天气和气候的因素进行分析，进而根据各种天气和气候的周期现象来预测农作物期货价格波动的周期性。例如，某种天气有利于某种农作物 A 的收成，而这种天气是以 5 年为周期循环出现的。我们有理由认为，农作物 A 的期货价格将呈现出长度大约为 5 年的波动周期。

（二）宏观经济周期与证券价格波动的周期

众所周知，证券市场是经济发展的“晴雨表”。尽管这个“晴雨表”是否“称职”的问题，在我国市场中还需要进一步验证和考察，但是，基本上还是可以认为，证券市场价格的高低起伏比实际的经济发展要提前一段时间。至于提前的具体时间长度有多种说法，比较普遍的说法是提前半年（6 个月）。时间周期理论的出发点是根据价格的历史波动过程，发现价格波动有可能已经存在的周期性。既然证券市场中的价格起伏应该与经济发展的周期行为有一定的联系，那么我们就可以从经济周期的存在性推测证券市场周期的存在性。

按照相关的经济理论，经济发展的过程会呈现出周期现象。在这里，我们不关心出现周期现象的原因，只需要明确一点，就是在宏观经济的发展过程中的确存在周期现象。我们也可以从另一个角度来理解宏观经济周期：我们可以把它当成技术分析中时间周期理论的假设条件，而且这个假设条件是合理的，它客观地反映了现实。

既然宏观上有经济周期存在，那么我们就可以认为证券市场中存在周期性波动。这是因为，证券市场的价格上下起伏应该反映经济发展的“高低起伏”，所不同的是，高点和低点出现的时间有差异，证券价格的反应要提前一段时间。

从函数图形的角度看，如果横向的坐标轴表示时间，那么经济周期的图形与证券价格的图形相差一个时间单位，或者说，两者之间是“平移”关系。

（三）投资者心理情绪变化的周期

在证券市场中，投资者个人心理情绪波动变化将会呈现出周期性，情绪的变化直接影响到投资者参与证券交易的积极性和踊跃程度。一般来说，如果投资者参与交易的积极性高，价格将出现上升的过程；反之，如果积极性不高，价格将出现下降的过程。这样，证券交易参与者心理情绪的变动，将使得价格的波动过程呈现一定的规律，或者说，在时间上呈现周期性。

1. 影响投资者参与证券交易的情绪主要是两个——贪婪和恐惧

贪婪使人追高，而且在高位不愿意卖出；恐惧使人卖低，并且在低位不敢买入。投资者贪婪和恐惧的情绪，是由于证券市场中出现的某些“事件”引起的。比如，某个利多或利空的消息、某只股票出现了“鹤立鸡群”般的上升或下降。

利多消息和价格的上升将引导投资者出现更多的贪婪情绪：已经持有股票的投资者，心里会不断地盘算还能多挣多少钱。没有持有股票的投资者，将会密切关注，并计划在某个时候买入。反之，利空消息和价格的下降将导致投资者出现恐惧的情绪，从而使得投资者希望卖掉手中的头寸，或者不考虑介入。

2. 心理情绪的强弱直接影响价格波动的“力度”

随着时间的推移，恐惧和贪婪情绪的“强烈程度”将渐渐发生变化。一般来说，首先强度由弱逐渐变强，经过一段时间之后，就开始逐渐由强变弱。情绪的强弱将在价格波动中体现出来：情绪越强，价格波动幅度越大，价格“进展迅速”；情绪越弱，价格波动幅度越小，价格进展缓慢。

在证券市场中，心理情绪的强弱主要体现在具有同样情绪的参与交易的投资者的数量上。具有同样情绪的参与者的数量越多，说明这种情绪越强烈；反之，数量越少，情绪越弱。

3. 投资者心理活动过程导致交易过程

下面以某只股票的价格出现“突出上升”的事件为例，说明投资者心理情绪的变化过程对证券价格的影响。简单地说，心理活动的变化大约会经过下面这种过程：引起关注→小心地少量参与→放松警惕地大量参与→产生怀疑减少参与→转向做空。

（1）引起关注。这个过程发生在价格上升的初期。应该说，价格上升的原因是很难用“正常的”理由解释的，但是投资者并不这样想，他们总是倾向于认为，一定出现了引起价格上升的某种“事件或消息”，进而密切关注这只股票今后价格的发展过程，原来的恐惧情绪已经大大减弱。

（2）小心地少量参与。如果价格没有马上回落，而且投资者自己认为找到了前面价格之所以上升的“原因”，但对这个“原因”的把握不大，不知道价格还能够继续上涨多高，此时将导致投资者小心地少量买入。从价格波动的技术图形上看，就是价格逐步缓慢上升、成交量放大的过程。在这个过程中，投资者的情绪由原来的恐惧逐步变成了贪婪。

（3）放松警惕地大量参与。此时，价格没有回落，而是继续上升，因此吸引了更多的投资者，进而使得投资者的“胆子变大了”。从技术图形上看，这时的成交量迅速放大，价格也会出现比较大的上升。此时，投资者的贪婪情绪达到了最高的程度。

（4）产生怀疑减少参与。此时，价格已经上升了一定幅度和一段时间了，先期买入的多头已经有一定的获利，将有变成空头的可能。此外，“后续者”的人数也没有前一段时间多了。总之，这时的价格上升，无论是上升的幅度，还是与之配合的成交量都不如前一段时间。虽然这个现象比较容易被观察到，而且投资者的贪婪情绪会有一点减弱，但是仍然处在高涨期。正是由于贪婪的原因，相对数量的投资者还不会在这时卖出。

（5）转向做空。此时，“形势已经明朗”，投资者原先的贪婪情绪将逐步变成恐惧情绪。价格在高位坚持了几天后就开始回落，而且回落的幅度还比较大，投资者原来获得的“纸上利润”消失了。在这时，投资者往往因为“到手的鸭子飞了”而后悔和抱怨，进而产生恐惧的情绪。

在上述的第五个过程之后，将进入下一个“循环”。此时，随着下降的继续，恐惧情绪将减弱。

4. 个人情绪周期组成证券市场的总周期

应该说明的是，参与交易的投资者人数众多，每个人都具有不同的情绪变动周期，从恐惧到贪婪的变化可能出现在不同的时间和价格。这是因为每个人都有自己的特殊性，个人的性格、对市场的认识和观察点都可能是不同的，进而导致买卖行动上的不同。众多的交易参与者将通过自己的买卖行动把自己的情绪周期反映在证券市场中。所有参与者个人的情绪周期汇总后将组成总的市场周期，并出现在技术图形中。

(四) 投资者心理变化周期是最主要的

在技术分析的时间周期理论中，作者认为，投资者个人情绪的变化周期是影响价格的最主要因素。在市场中，对价格的升降起决定性影响的是“供求关系”，而供求关系是由人控制的。

天气的变化周期仅仅对少数的投资品种起作用。比如，自己产品的质量和数量与天气有关系的上市公司，或者与这样的公司有关联的上市公司。天气的好坏影响公司的业绩，当然也会影响公司股票价格的变动。但是，我们应该看到，在证券市场中，可以说大多数金融工具与天气的变化是无关的，对我们具体的投资行动的帮助不大。

至于宏观经济的周期，我们知道，宏观经济相对“稳定”，受外界因素影响的程度小。与此相比，证券市场容易受到各种因素的影响，这样的因素多而复杂，甚至一些“没有道理”的因素也会出人意料地起作用。此外，宏观经济周期过分“宏观”，一般是以年为单位。证券的价格变化快而迅速，不可能“复制”宏观经济周期的上下波动过程。在证券市场中，“快速致富”是大多数投资者具有的普遍的要求和愿望。因此，分析国民经济的宏观经济周期，可能对一些“非常长”的长线投资有一定的帮助作用，而对大多数的投资行动来说，基本可以认为没有什么帮助可言。

在证券市场中，决定价格升降的是参与交易的投资者，是人而不是其他。如果多数投资者决定要买入，即使是“垃圾”，其价格也会上升。投资者个人心理情绪的变化周期，决定证券市场中供给和需求的大小对比关系。因此，证券市场中如果真的存在时间周期方面的规律，作者认为应该更多地从个人的心理情绪方面找原因。

三、对时间周期有较大贡献的人物——甘恩和伯恩斯坦

在证券市场的时间周期分析方面，毫无疑问，美国人的贡献最大。其中，甘恩是早期的代表，伯恩斯坦是近期的代表。此外，波浪理论中明显也涉及时间周期的问题。比较起来，甘恩的技术属于经典的分析方法，其“科学根据”显得不足，而伯恩斯坦所使用的是较为现代的“科学”分析方法，显得“有根有据”。本教材对于甘恩的介绍会多一些。至于伯恩斯坦的周期理论，由于篇幅的原因，这里不涉及。伯恩斯坦有这方面的专著，有兴趣的读者可以参看他的著作。他的著作中使用了很多的实际案例和现代的数学分析方法。

如前所述，技术分析只关心结果，不注重原因。时间周期理论也不例外，在具体寻找周期的过程中，仅仅需要发现，不需要证明。在这里，我们讨论时间周期规律的原因仅仅是为了更好地记忆和认识时间周期理论。

第二节　时间周期分析的一般运用

时间周期的实际运用有多种方式，本节将介绍比较直观和合理的方式。在下一节介绍的甘恩理论中，将介绍比较没有道理的周期。需要指出的是，所谓“有道理”和“没有道

理”并没有严格的标准，只要自己能够运用并能获得某种程度的收益，就可以认为是合理的，这一点在技术分析中尤其明显。

一、技术分析理论中时间周期的类型

前面已经提到，对于时间周期的认识，应该注重价格波动的高点和低点出现的时间规律。根据对周期的不同认识，可以有多种根据时间因素预测高点和低点出现的方式。

（一）局部高点和低点按照“基本等长”的时间间隔出现

这种周期属于“严格”意义的，或者说是通常意义的时间周期。例如，“每经过两年就会有一次牛市”就属于这种周期类型。对于这种周期，根据间隔时间的长短不同，可以将周期分为长、中、短三种类型的周期。至于时间间隔的长短划分，那就是仁者见仁、智者见智，没有一定之规。下面只是其中一种划分的方法，读者有可能从别的文献中看到其他的划分方式：

（1）长周期。时间间隔在55个月以上。从国外的经验来看，这种长时间间隔的周期出现的频率和“准确性”较高。在周期分析中，属于被经常使用的周期。

（2）中周期。时间间隔为13～55个月。这是时间长度介于长周期和短周期之间的一种周期，是短周期和长周期之间的一个过渡，主要是为了对时间周期的“等级”和“层次”有一个说明。

（3）短周期。时间间隔在13个月以下。在实际的市场中，由于市场容易受到各种意想不到的因素的影响，短时间间隔周期的准确性要大打折扣，因而不容易发现短时间间隔的周期。

需要说明的是，上面采用的是“月”而不是“年”，至于为什么这样，没有明确的理由，可能是习惯。此外，其中的数字是波浪理论中出现过的黄金数字。

（二）局部的高点或者低点出现在某个固定时间

在这种情况下，证券价格的局部低点或者高点在某个特定的时间就会出现，“春节附近是低点”以及“黑色星期五”等就是典型的固定时间的方式。这种情况在实际的市场中时有发生，完全没有“等时间间隔”的概念。涉及这种周期的特定时间可能以各种面目出现，如节假日（春节）、星期五、年底、农历节气等。

（三）价格的一次大波动所持续时间的长度

这种周期仅仅针对价格的某一次较大幅度的波动而言。例如，“每个上升的过程大约会经过2～3个月”就是这种周期的典型方式。在波浪理论中，曾经涉及这种周期的问题。那时，所讨论的问题是每个波浪所持续的时间长短，而每个波浪可以理解为一次大的波动过程。

（1）在实际中，这种周期对投资行为最具有实际指导意义。在实际的投资活动中，投资者可能经常会遇到下述问题。由于出现了某个利好消息，市场快速地上升。此时，投资者迫切希望了解两个方面的问题：一是本次上升能够上升到多高；二是本次上升能够持续多长的时间。如果上升的时间达到一定程度，投资者就应该考虑采取卖出和减少投入的策略。同样，对于某个突如其来的下降过程，投资者也会遇到相似的问题，同样需要关心下降的深度和下降所持续的时间。如果经过了适当的时间之后，价格波动趋于稳定，投资者就可以考虑逐步介入的问题。由此可见，投资者对于时间周期的考虑是决定自己投资决策的一个重要因素。

（2）斐波那契序列在这种周期中的作用。在波浪理论中，我们对该数列神秘的一面已经有所介绍。可以说，我们不知道这个数列为什么有时候会有那么一种作用。幸好我们的技术分析不需要探讨原因，只需要知道结果。从目前的情况看，用黄金数字来推导一次大波动所持续的时间有一定的实际指导意义。

2，3，5，8，13，21，34，55，89，144，…就是斐波那契序列。具体地说，我们可以认为一次上升或下降所持续的时间恰好是上述数字中的某一个，如是5天、8天、13天等。当然，对于“等级”较高的波动，可以换成其他的时间单位，如21周、34周、3个月等。从实际情况看，一般不使用“年”作为时间单位。这是因为，如果时间长度过长，将失去对于实际投资行为的指导作用。我们在这里所谈论的是技术分析，技术分析对于“长线投资”的作用远远不如对于“短线投资”的作用。对于长周期相关问题的判断，最好根据其他的分析方法进行。

事实上，斐波那契序列有两种重要的影响：一是当一个重要的转折点经历了一个较长的斐波那契序列定义的时间段长度以后，价格的反转极有可能出现。因此，我们可以预期在前一个转折点之后的55天（或55周、55个月、55年）会出现价格反转。例如，在2007年上证指数6 100点之后的55周，出现最低的1 664点。二是在先前某些价格反转点之后经历了3个或更多的斐波那契序列定义的时间段后重合的时间点极有可能是价格反转点，唯一的限制条件是所有的时间周期都是同样的时间单位（如月、周或年）。

除了上述周期类型之外，在我国还出现过用螺旋历法进行周期分析的方法。据作者所知，使用这种方法需要经过比较“高级而复杂”的培训，不容易掌握。同时，螺旋历法所涉及的周期都是比较长的周期，多年才能遇到一次，对实际的指导意义不直接。

二、周期长度的简单估计和时间之窗

（一）对时间长度的估计是区间估计而不是点估计

时间周期理论的关键是找出那些“被假定存在”的周期的时间长度，也就是一个周期的时间间隔长度。应该说明的是，在实际应用中，不是要计算出这些周期确切的长度，因为这样做既没有必要也不可能办到。计算和估计这种时间间隔长度的现实可行方式是估计出这些周期的大约长度。例如，大约是5周。用数学语言描述就是，对时间长度的估计是区间估计，而不是点估计。

（二）不同类型的周期用不同的方法进行估计

估计周期长度的方法分为主观的和客观的。在技术分析理论中，大多数方法的“主观味道”很浓，这一点在时间周期理论中也不例外。虽然提到了客观的估计方式，但其主观的成分还是比较显著。

从上面周期的分类中可以看到，对于不同类型的周期，其计算方式应该不同。

对于“等时间间隔”的周期而言，其计算周期长度的方式是科学的、严格的和客观的，人为的主观因素较少。我们主要是根据实际的证券价格波动，从中抽取样本，然后按照一定的数理统计方法对周期的长度进行计算。

从价格波动的历史图形中，我们可以发现众多的局部高点和低点。选定过去的某个时间区间（可以是很长的时间段），确定在这段区间中出现过的各个高点和低点的位置（这个过程包含一些人为的主观因素）。然后，根据自己的需要，统计包括高点与高点、低点与低点、高点与低点之间的时间间隔长度，这些时间长度就是进行数理统计所要使用的样本。我们根据这些样本可以推断出时间周期间隔的大致长度，其中，最简单的方法是计算这些样本的算术平均。此外，我们还可以根据样本标准差推断时间间隔的置信区间。

这些做法属于数理统计中的区间估计问题，其过程如图 9-1 所示。图中曲线上方标出的是诸多高点与高点之间的时间距离，下方标出的是诸多低点与低点之间的时间距离。然后，简单计算其算术平均就可以得到周期的长度。这里仅仅是给出一个导引，有关更深入的内容，读者可以参看相关的书籍。

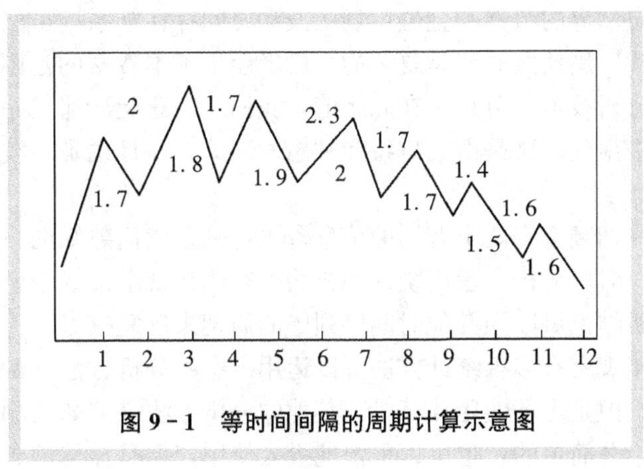

图 9-1　等时间间隔的周期计算示意图

对于"时间间隔不等长"的周期，对其时间长度的判断有很大的主观性，这是不可回避的现实。在利用神奇数字的时候，因为数字较多，就会涉及"究竟是哪个数字最后真的起作用"的问题。此外，市场中证券数目众多，不可能每种证券都按照同一种方式进行，其波动的周期会呈现出不规则性，这一点是没有办法的事情。要想使用时间周期，投资者就必须经过大量的试验和摸索，然后从中总结出自己感到满意的"主观体会"。技术分析中有很多这样的"难题"，甚至可以说，在使用技术分析的时候，主要解决的就是这些主观上的判断问题。

应该指出一点，作者在这里并没有说，应用数理统计等"科学"的方式对时间周期进行计算，所得到的结果就比用主观判断的方式得到的结果"好"。实际上，没有证据表明，用"科学"的方式得到的周期的实际"效果好"。应该说，用两种方式得到的结果各有利弊。

（三）时间之窗

时间周期理论在实际应用中要涉及一个重要概念——时间之窗（window of time）。时间之窗是指一个时间的范围。当价格经过一定时间的波动后，如果波动的时间长度达到了我们所估计的时间区间范围，此时称其进入了时间之窗。

价格的波动时间一旦进入了时间之窗，就提醒投资者要密切关注价格的动向。这是因为，从时间周期的观点看，价格已经进入了有可能发生转折的时候，关注价格的变动是理所当然的事情。如果价格的波动时间没有进入时间之窗，投资者就没有必要对价格的动向过多地关心。

三、时间周期长度的直接观察

自然界的各种周期性波动可以用有限数量的周期数列来表示，这是甘恩的一个发现成果。他推断出一系列的数字群，这些数字群可以用来定义周期的频率。他发现，如果未来的某个特定日期可以通过他的某个数字群推导出来的时间段与三个或更多的先前转折点相联系，那么这个未来的日期很可能就是一个转折点。显然，转折点之间是协调共存的。

周期理论假设自然界的节奏和金融市场的波动之间存在联系。虽然理论上可以这样认为，但是实际“寻找”周期的研究是复杂的，已经超出了本教材的范围。我们应当集中精力研究直接的调查分析技术。可是，在此之前，我们应注意斐波那契序列常常在各价格反转点之间的时间段中出现，这是由艾略特和甘恩发现的，并且也是斐波那契序列在自然系统中应用的核心。

对于市场中的周期频率有两个有用的信息资源：一是我们熟知的自然界的节奏。二是一种直接的价格——时间分析，运用统计的方法去查明在某个市场中已现实运行的时间周期。然后，这些分析结论可以用其他时间序列中的周期来反复核对。

关于周期的直接观察有多种统计方法可以运用。有些分析方法（例如，光谱分析）是十分复杂和准确的，但是需要使用计算机。其他的分析方法（例如，测量连续的高点和低点之间的距离）是十分简单的，也可以很快地投入使用，但是显然缺乏可靠性。然而，有一种方法既相对简单也具有合理的准确性，它包含了两种方法的结合使用：一是用居中移动平均（centered moving average）消去趋势的方法；二是利用技术指标中的摆动指标，如反映某种形式变化率的 ROC、MTM 等。

居中移动平均与普通移动平均 MA 相比，两者的差异是画图时的位置：MA 是画在最后一个位置上，而前者是画在中间的位置上。

（一）用居中移动平均消去趋势

这种方法是利用居中移动平均线的偏差，实际上是测量周期波动的传统方法。随着时间的推移，其基本的有效性还是被保留的。

1. 用移动平均消除趋势影响的两个步骤

（1）通过计算原始数据的移动平均，使时间序列原始数据的曲线变得更加平滑。

（2）运用移动平均线系列中的合适平均数去除原始数据序列的每个数字。

在这里，最合适的平均数就是包含了原始数字作为其中间期的那个平均数。这种程序分析的结果是，分析者可以得到一种由移动平均线决定的价格波动趋势，同时也可以得到一系列与该趋势不同的反趋势波动——随机扰动，这一部分可用与移动平均线的偏差来表示。如果从波动的底部到底部（或由顶部到顶部）的期限保持不变的话，那么我们就得到了一个周期，然后利用这个周期就可以预测反转点。

上面的过程可以用图 9-2 所显示的基本程序表示。图中有三条曲线，上面的曲线表示原始数据所形成的波动，中间部分表示计算的移动平均线，下面的曲线表示原始数据去除了移动平均后的结果（detrend）。显然，最下面的曲线清楚地显示了固定周期的波动。

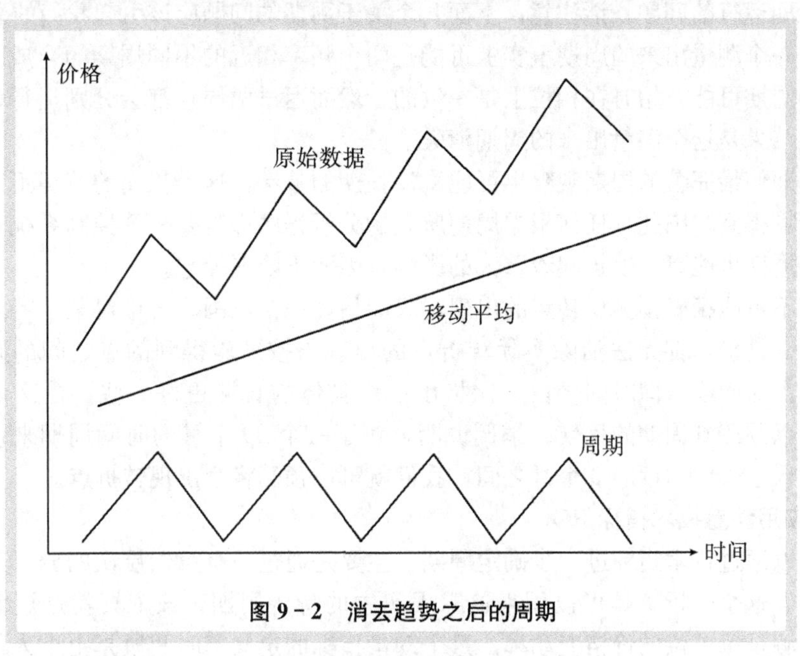

图 9-2 消去趋势之后的周期

2. 运用居中移动平均线的偏差需要注意的三点

（1）计算移动平均线的时间长度。在计算移动平均的最佳长度时，选取的时间段长度应当不少于一个完整周期所包含的数据点。然后，如果是在一个以 7 周为周期的价格曲线中，那么理想的移动平均应当以 7 周为计算参数，其中的原因十分明显。由一个有限周期过程衍生的波动会十分平缓地分布在一个更高层次的趋势当中。偏离趋势的偏差有时是正数有时是负数。但是，如果由周期一个低点测量到下一个低点的间隔相同，那么偏差的总和应该是 0。

（2）多重周期的出现。在使用移动平均来分离数据资料中的趋势时，第二点值得注意的是，在给定的时间序列中可能会存在超过一个以上的周期。在寻找周期时，从一个短周期开始会比较有利，因为我们可以通过消除短周期从而揭示一个长周期。总之，运用尽可能长的平均会是最好的选择。事实上，按多重周期中最底层的周期为参数计算的平均会将所有的其他周期排除掉。例如，3 周期、5 周期和 10 周期将被一个 30 周期的平均所消除。

（3）居中平均数的重要性。集中研究移动平均的中间期是十分必要的。实际上，任意点的趋势都是由此点之前和此点之后的数据计算出来的。很显然，这表明在追踪现实时间周期时缺乏直接性。就本质而言，我们只可能确认出过去的周期，而不可能（运用移动平均）确认出目前周期的高点和低点在何时出现。

3. 周期分析的一些问题

移动平均是一个简单又有效的办法，它可以分离出趋势，并可以因此分辨出价格—时间序列中的特定周期。事实上，在早期的周期分析中会出现一系列（有时甚至是长期）的错误和考验，直至分辨出主要的时间周期。然而，通过肉眼观察图表和利用直尺来测量重要反转点之间的距离也可以为特定周期的测量提供有力的证据，但这些方法仍然无法解决预测未来周期运行的问题。请注意，下面几个关于周期的问题应该引起我们的注意：

第一，一个测量出来的周期事实上可能是两个频率相近的不同周期的合成。如同杜威所述，两个周期可能开始时在相位上是一致的，然而迟早两周期都会分别运行，最终两者互相排斥，结果是这个测量出来的周期消失了。

第二，即使最完善的周期观察也可能漏掉长期的节奏，这个长期的节奏不能由可用数据的先期计算得到。因此，任何根据周期所做的分析程序都需要一个控制系统来警告分析师，由于长周期可能事实上正起着重大的影响，因而不能漏掉它。

第三，不可能精确预测反转点的出现，只能估计一个范围。无论对某个特定周期的节奏测定得多么精确，都无法消除实际转折点的出现与按经验得到的点之间的差异。事实上，指明一个时间段（即时间之窗）比指出一个具体的日期更好一些，在这个时间段当中，我们可以预测到周期的反转。举例说明，对于一个 39 个月的时间周期来说，当上一个转折点进入了 38 个月和 40 个月之间，我们就可以预测将会出现转折点。

（二）应用动量技术指标 ROC

我们可以通过技术指标进一步确定周期，主要是通过一个第二层次的分析工具来消除干扰的影响。这个分析工具可以用来追踪现实中的特定周期，该工具就是短期的动量指标，它可以测量每单位的价格变动率。这个动量指标的定义和时间段是由个人偏好来决定的。从理论上讲，应该使用百分比变化率的指标。这是因为，同样是 10 点的价格变动量，对于 25 点和 100 点而言，前者要大一些。

有些分析师使用一种简单的方法来利用技术指标 ROC。ROC 可用价格数据列中一个期限的值减去另一个期限的值计算出来，而且这个时间段应当尽量短，以使计算简便，但在任何时候都不能长于所需测量周期 25%的长度。这样，对于一个 20 天或更长的时间周期而言，5 天的变动率是合适的，而对于一个 8 天的周期而言，2 天的变动率就足够了。

1. 动量与周期

动量指标的价值在于它能为周期的状态提供一个很好的指示，如图 9-3（a）所示，它表示了价格—时间序列的正常周期。在 *A* 点，坡度平缓，因为此时的周期正发生反转；在 *B* 点，坡度陡峭而且向下（或为负数）；在 *C* 点，坡度再度平缓；在 *D* 点，坡度陡峭而且向上（或为正数）。现在，曲线的陡峭程度表示出此点的位置变动率，这就是周期的速率，也就是数学上的周期关于时间的一阶导数，如图 9-3（b）所示。需要说明的是，这个速率曲线同原先的周期曲线有一样的形状，但它比原先的周期曲线要晚 1/4 周期。

由于速率曲线坡度表示出速率的变化率，因此它就表示原始周期曲线的加速度，数学上称之为周期关于时间的二阶导数，如图 9-3（c）所示。请注意，这个新的周期比速度周期晚 1/4 周期，因而它比原始的周期晚 1/2 周期。其结果是，这个加速周期显然与原始的周期曲线形状相反。

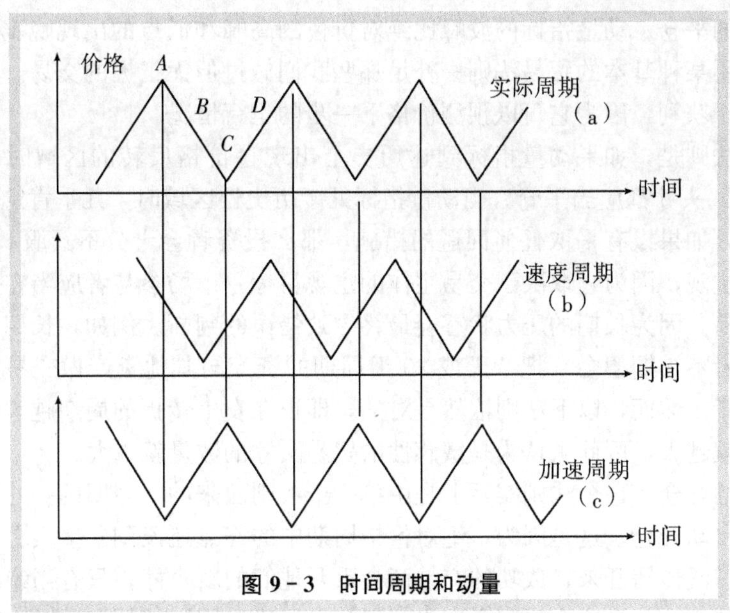

图 9-3 时间周期和动量

2. 追踪周期

这个关于绝对价格、速率和加速度之间的简单关系，使我们可以得到关于目前周期所处状态的重要信息。首先，很显然我们得到一个直接的方法来追踪现实周期。动量指标中的一个“波峰”会比现实价格周期早 1/4 个周期，因而我们利用波峰就可以预测到现实转折点的出现时间。如果我们正在追踪一个 3.25 年期的周期，一个“超卖点”在价格变动率指标中出现，我们就可以预测到绝对价位中的低位有可能在大约 42 周后出现（3.25 年周期的 1/4）。当然，作为推论，市场上出现的“超卖点”（或“超买点”）和绝对价位水平出现反转的点之间的时间距离可以用来计算一个新周期的频率。

3. 速率和不确定性

关于绝对价格与速度之间的关系有助于解释“不确定性”的观点。从图 9-3 中可以明显地看出，在价格周期的高点上行时，动量指标不断变弱，在向价格周期的低点下行时，动量指标也会不断变弱。事实上，对于长周期而言，这种状态更加明显。在现实市场变得过分（火暴或萧条）之前，短期动量指标会先有一个波峰。随后，现实的市场上接着就会出现一个波峰（或波谷）。然后，价格又会朝着现实市场波动过分的另一个方向移动。当价格移动至一个新区域的时候，在动量指标中又会出现第二个波峰，这个波峰一般不会比第一个大。在技术指标的应用中经常使用这个现象，如指标的背离就是利用了技术指标提前于价格出现的低点和高点。

4. 加速度周期

加速度周期为我们提供了一个十分精确的工具来确认何时循环会反转。常常会有这样的情况：当动量指标达到十分高的水平之后，很快就会在绝对价位上出现一个转折点。如我们所见，这表示加速度周期与绝对价位周期刚好相反。

5. 动量指标延伸的交易法则

根据动量指标可以派生出平仓和开仓的交易法则，具体有下面两条：

(1) 头寸的平仓。动量指标的波峰比绝对价位的高峰和低点的出现晚 1/4 周期，这表明我们可以运用某种基本的贸易法则去补足那些我们做过但无把握的交易。具体而言，动量指标可以用于获利，因为它可以预测价格下一步的运行情况。

最简单的法则是，如果动量指标到达历史上出现过价格反转的区域时，所有“敏感性”(sensitive) 头寸都应当平仓。当动量指标处于历史性区域时，几乎肯定会出现某种程度的价格反转，如果没有采取任何回避的措施，那么投资者会十分不舒服。“敏感性”一词的定义十分主观，因为它取决于交易主体的主观目标。市场参与者应当在像睡觉一样平静的时候做交易。因为长期的压力状态会最终导致错误的判断。例如，长期年金的基金经理就不会（或者不被期望会）把 7 天或 20 天周期的资产与其他资产做交易，除非是有边际流动性的资产。然而，以下法则依然是对的，即正在发生转折的周期越大，价格曲线转折返回的范围就越大，因此被认为是敏感性的贸易头寸的数量就越大。

(2) 头寸的开仓。这个法则实际上是由第一个法则而来的。当旧的头寸平仓以后，新的头寸并不会自动开仓。这是因为，绝对价格周期中的终点还没到。事实上，因为反向操作理念在市场广泛传播开来，成功的交易商会重开他们的新头寸。只有当绝对价位最终到达时间之窗的位置，并且这个时间之窗也已经算出了确定周期的顶和低时，交易商才会真正采取反向头寸操作。

第三节　甘恩理论中的周期

在股票和商品期货市场中，美国投资者甘恩是说明金融市场与自然之间存在联系的重要人物之一。根据他在 20 世纪 30 年代的实际操作过程，甘恩发现了一些关于金融市场行为的现象，并且利用他自己的发现聚集了个人财富。随后，为了将自己的交易思路推广到更宽的范围，他写书并授课。然而，任何一个研究他著作的人都会轻易发现，他的交易技术明显缺乏理论上的依据，而且在应用的时候也有相当程度的复杂性。似乎存在某种核心理论支撑甘恩理论的分析，而这个核心理论甘恩本人要么不能披露，要么不愿意披露。当然，或许甘恩本人根本就不知道为什么他的理论是行得通的。但更可能的是，他考虑到这种核心理论对于一般人来说过于深奥。

甘恩理论的内容非常多，即便只是周期方面的理论也有多种，这里仅着重介绍其中比较著名的甘恩正方形。作者未对其有效性进行验证。

一、甘恩正方形

(一) 价格前期的历史低点的重要性

我们不能肯定甘恩是否了解他的理论与螺旋之间存在的特殊关系。然而，螺旋的确是以可视的方式出现在他的图表中，而他正是从这些图表中导出了潜在的价格反转点。这些表有两个方面的含义：一是股票价格的历史低点；二是随后的价格高低水平与这些历史低点的关系。

甘恩考虑到任何市场中已知的最低点具有心理上的显著地位，而且随后的反转点与它们存在数学上的关系。

（二）价格螺旋运动的正方形

甘恩的主要工具之一是价格螺旋运动：最低的历史价格作为第一个价格，将被放置在甘恩正方形的中点（如图 9-4 中的 1）；第二个价格将被置于其右边的方块中（图 9-4 中的 2）；第三个价格将被置于第二个价格的下方。按照顺时针的方式将这个过程不断地做下去，直到填满整个正方形。有时候，正方形的边界可以无限地扩大。下一步是画出通过中点的水平线、垂直线和对角线，一共四条。甘恩认为，任何价格接触到处在这些直线上的价格时，就是潜在的反转点，图中有阴影的数字就是潜在的反转点位置。

…	43	44	45	46	47	48	49	50
…	42	21	22	23	24	25	26	51
…	41	20	7	8	9	10	27	52
…	40	19	6	1	2	11	28	53
…	39	18	5	4	3	12	29	54
…	38	17	16	15	14	13	30	55
…	37	36	35	34	33	32	31	56
65	64	63	62	61	60	59	58	57

图 9-4 甘恩正方形

图 9-4 的甘恩正方形表明：首先，它是以螺旋的方式被提出，价格围绕着处在中心的最低价向外运动。其次，重要的价格出现在螺旋图形中的特殊点。这就意味着，在数学意义下，螺旋可以计算出来，因为我们有可能得到数学的表达式。

但是，将这个理论应用于实践还有两个难点：其一，在构建这个正方形时，在水平、垂直和对角三个方向上有众多的可能是反转点的点，甘恩没有明确区分哪些是有效的点，哪些是无效的点。即使利用数学公式，我们也不能将这些点联系起来。其二，有这种可能，数学表达式中的一些数字实际上没有落在分割平面的四条线上。在某些情况下，使用等角度的分割线可能过于严格。

这些问题被清楚地显示在图 9-4 中。若进一步观察该正方形，我们将发现斐波那契序列。斐波那契序列中的前 8 个数字（即 1，2，3，5，8，13，21，34）都落在分割直线上。序列中的第 9 个数字（55）刚好错过分割线。因此，在低价格水平，甘恩正方形“抓住”了斐波那契序列，但在高价格水平却没有“抓住”。

二、甘恩正方形与数列

（一）价格运动的延伸

对这个问题的部分解释可用甘恩下面的观点：

（1）一定的数学系列和数字集合是独立于分析的。

（2）时间周期将添加到价格的螺旋运动中。

甘恩从一开始就发现，价格的反转好像是发生在价格已经运动了相当程度之后，这种“相当程度”经常与常见的数字存在数学上的关系，其中之一就是甘恩正方形中的基础（base）数字。

（二）自然数字序列

甘恩数字是基于一些自然界中的数字序列，这些序列与我们生活的世界有一定的关联。在这些序列中，甘恩认为其中的四种特别重要：第一个序列是从 1～12 的平方序列，并特别强调其中 $7^2=49$ 和 $12^2=144$ 两个数字。第二个序列是所谓的 2 倍序列，即序列中每个数字是前面数字的 2 倍。第三个序列是所谓的 3 倍序列，即序列中每个数字是前面数字的 3 倍。当然，第四个序列应该是斐波那契序列。这四种序列如表 9-1 所示。

表 9-1　　甘恩自然界数字集合表

序列名称	序列数字
平方序列	1，4，9，16，25，36，49，64，81，100，121，144
2 倍序列	2，4，8，16，32，64，128，256，512，1 024，…
3 倍序列	3，9，27，81，243，729，2 187，6 561，…
斐波那契序列	1，2，3，5，8，13，21，34，55，89，144，…

三、比率和数字 3 的重要性

（一）数字 3 的规则

甘恩发现，具有重要性的这些数字集合有一个特别的地方：如果相关的价格与序列中至少三个数字所计算的预测结果一致，那么这个价格就可能是潜在的反转点。例如，假设我们用斐波那契序列计算预测价格。如果有 3 个或更多个该序列中的数字指出同一个位置，那么这个位置将是重要的反转位置。

用一个很简单的例子可以解释这一点。假设牛市已经进行了 4 个阶段——2 次上升阶段和 2 次调整阶段，第 5 浪已经开始并使市场出现了新的高点（见图 9-5）。此时，假设根据此前的 3 个连续低点并利用斐波那契序列预测出价格，如果某个价格位置与至少 3 个数字所计算的结果一致，那么就有较高的概率认为处在第 5 浪中的这个位置将标志着极端

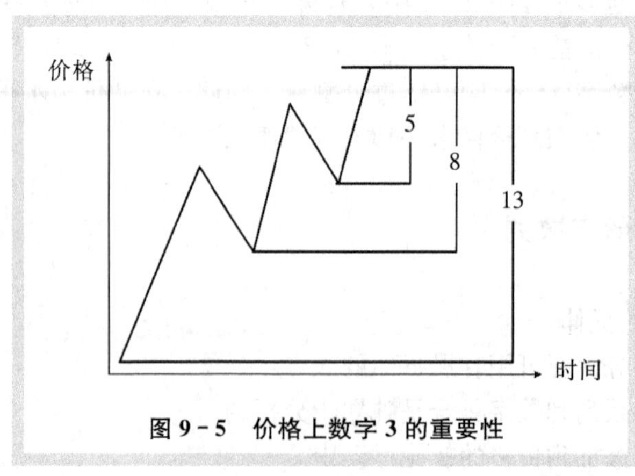

图 9-5　价格上数字 3 的重要性

的反转点。斐波那契序列的计算方式可以是绝对变动量，也可以是相对变动量（百分比），但两种方式不能同时使用，因为它们来自同一个数字序列。在图 9-5 中，目标价格与价格变动 13，8，5 个单位的计算结果一致。这个规律表明，满足的数字越多，其后发生价格转折的概率越大，而 3 是需要满足的最小数字。

（二）比率分析

甘恩数字的另一个来源是比率分析。比率分析有两个不同的方面：第一，反转点可以被预期出现在与已知最低价格有特别数学关系的价格水平。第二，价格运动与其前面的价格运动有数学关系。

（三）重要比率数字

甘恩对 4 个比率序列给予了极大的强调，这些比率是基于 1/5，1/7，1/8，1/12 的序列（见表 9-2）。我们注意到，基于 1/12 的序列也包括基于 1/2，1/3，1/4，1/6 的序列。

表 9-2　　甘恩重要比率序列数字表

序列名称	序列数字
1/5	1/5，2/5，3/5，4/5
1/7	1/7，2/7，3/7，4/7，5/7，6/7
1/8	1/8，1/4，3/8，1/2，5/8，3/4，7/8
1/12	1/12，1/6，1/4，4/3，5/12，1/2，7/12，2/3，3/4，…

这些序列可以用来进行价格目标的计算。首先，价格目标可以根据最低点用简单的手段进行度量，具体的手段是用比率加上 1，然后乘以最低价格。其次，可以计算重要支撑位置，具体的手段是计算前面牛市波动的延伸幅度。然后，根据重要的比率之一将这个运动进行等分。例如，牛市的整个运动可能被分为相等的八部分，这些分界点标志着下降过程中的潜在支撑点。显然，对于熊市的情况，我们可以反过来分析。

四、甘恩理论中的时间周期

（一）时间因素的影响

对于反转点的分析，甘恩仅仅使用了价格本身的自然数字，这使得他成为对市场最具有感知能力的分析师之一。然而，甘恩最具有影响的工作是，他观察到了时间价格运动的主要约束。

（二）时间循环周期

首先，甘恩考虑到，在他的价格正方形的螺旋上，循环周期将施加控制性的影响。因此，他将周期分成与地球上的自然周期相关的几个部分。因为最小的有效单位是 1°，而一个完整的循环是 360°，所以甘恩很自然地把 1°与 1 天（365 天是 1 年）相对应，他把循环分成 4 等分，分别代表一年的四季。在分析商品期货价格时，这一点特别重要，因为四季的影响对期货十分重要。最后，他将循环分成 12 等分，代表 1 年的 12 个月。甘恩的思路是把结果图表放置于他的正方形上，代表自然界的时间约束条件，这些外在的约束将提供内在的由价格运动本身所产生的支撑和压力价格位置。

显然，更重要的任务是准确设置“时钟”。如果循环的每个主要部分将代表一个潜在的反转点，那么就必须小心地确定开始的位置。甘恩的解决方法之一是，让循环的每个90°代表一个季节的开始，这就如同天文学中的定义。因此，0°线标志春季的第一天（3月21日春分），90°线表示夏季的第一天（6月21日夏至），180°线表示秋季的第一天（9月22日秋分），270°线表示冬季的第一天（12月21日冬至）。最后的步骤是确保0°线从3月21日约束了实际价格的价格正方形的中间“穿过”。如果正方形中的某个价格与重要的划分线之一出现在相同的日期，那么我们可以预期出现反转。从甘恩正方形的“初衷”知道，重要的日期线是1个月、3个月、6个月、9个月和12个月。

（三）自然时间单位

甘恩方法中的第二条线使用了独立于价格正方形的时间单位。特别地，甘恩发现，价格经常在由特殊数字导出的期间之后发生反转。甘恩的研究使其得出这样的结论，两种类型的数字集合是适用的：第一，基于对360°进行5、8、12等分得到的数字。显然，这些数字包含了对循环进行2、3、4、6等分得到的数字。第二，还有那些由自然数字序列导出的数字，如2倍、3倍、平方、斐波那契序列（见表9-3）。

表9-3　　甘恩重要循环数字集合

比率	数字
1/5	72，144，216，288，360
1/8	45，90，135，180，225，270，315，360
1/12	30，60，90，120，150，180，210，240，270，300，330，360

（四）时间方面的数字3的规则

甘恩还发现，如果3个时间区间或更多的时间区间表现出一致性，就非常像反转了。这些时间区间是以小时、日、周等为时间单位，用来自同一个数字集合中的数字得到的。也就是说，从连续的转折点（无论是高点还是低点）开始向前计算，如果3个或更多的集合中的数字在一个特别的日期“重合”，那么这个日期就是重要的反转点。例如，假如我们使用斐波那契序列，在图9-6中，我们可以指望在图中“t”的位置出现反转。显然，在某个特定的日期“重合”的数字越多，这个日期越像是反转发生的日期。

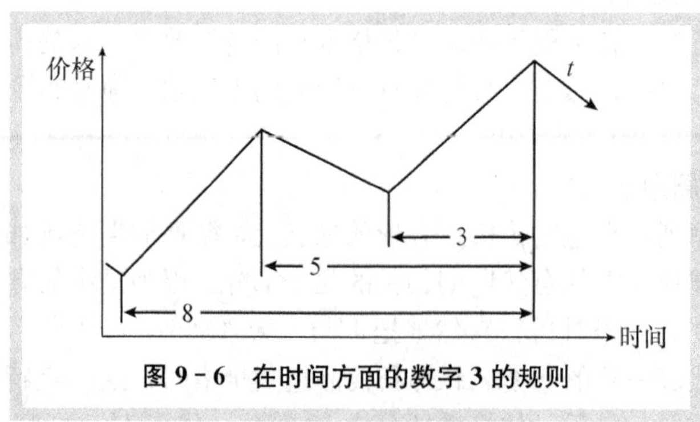

图9-6　在时间方面的数字3的规则

（五）循环和时间的划分

从理论上讲，甘恩数字集合可用于任何时间单位，无论是小时、日、周、月，还是年。对于像斐波那契序列或 2 倍序列那样的序列来说，这一定是自然界中的真谛。但显然，对于从循环划分导出的数字来说，往往不是那样。如前所述，1 年中的日数（365）与循环的 360°存在明显的关系。这就暗示我们，甘恩数字主要与日的数量有关，并且只在 360 的乘积或因子（products and factors）的地方才与其他的时间单位有关。事实上，要着重考虑的是与循环有关的时间循环：如果某个循环是一个整的日历年，那么这个循环的 1°可以近似地与 1 日相联系。但是，如果循环是 30 天（近似于 1 个日历月），这个循环中的每 1°将与 2 个小时有关。因此，甘恩数字只与循环中的度有关，而且必须将它们换算成相应的时间单位。

五、甘恩的其他结论和分析工具

作为一代证券分析的大师，甘恩拥有许多有用的分析结果。前面介绍了螺旋正方形以及第四章中的甘氏线，下面将就作者所知，介绍其中的一部分。

（一）甘恩关于行星天体循环

当然，目前重要的问题之一是什么东西最终决定了相关的时间单位。在某种程度上，循环一定被认为是由内在因素决定的，即每个摆动的时间单位包含由自己的新陈代谢所决定的循环。但是，甘恩自己的分析结果显示，他考虑了一些由外在因素决定的循环，即他把行星循环作为重要的控制影响因素之一。在他的文章中，最显著的同时也是我们已经提到的循环是由地球绕太阳轨道产生的年循环（annual cycle），其他的循环应该是地球绕地轴的自转。总之，在地面上的循环与天上的循环之间显示了事实上的相关性。

从上面的介绍中，我们可以得出下面的结论：

（1）仅有有限的时间循环数字。

（2）循环之间相互存在数学关系。

（3）循环出现在具有共同性的地方（数字 3 的原则）。

（二）甘恩的其他分析工具

除了前面所涉及的螺旋正方形，还有下面几种甘恩的分析工具：

（1）甘恩交易年圆形图。这种方法涉及农历的节气，将 360°分成 24 份，春分作为分割的起始点，进而决定买卖的时间点。

（2）甘恩 64 正方形。这是另一种不太著名的甘恩正方形。它将从 1～64 的数字“填进”8×8 的正方形中。该正方形的数字排列方式与前面介绍的正方形不同，不是螺旋方式，而是先从下到上，然后从上到下，依次从左到右排列。至于大于 64 的数字，将另画一个正方形，然后按照同样的方式从小到大“填进”正方形中。

（3）甘恩螺旋正六边形。先得到“同心”的一系列正六边形，然后从 1 开始，将数字逐步置入到正六边形的角和边的位置：第一圈需要填入从 1～6 共 6 个数；第二圈需要填入从 7～18 共 12 个数；第三圈需要填入从 19～36 共 18 个数；依次填下去，每一圈的起点在一条直线上，按逆时针的顺序，处在 6 等分线位置上的数字对于投资有指导作用。

（4）甘恩圆轮。先得到一系列的“同心圆”，将圆进行 24 等分，分界线与圆周会组成众多的“小格子”。然后，从 1 开始，将数字逐步置入到每个“小格子”中：第一圈需要填入从 1～24 共 24 个数；第二圈需要填入从 25～48 共 24 个数；每一圈都填入 24 个数字，依次填下去。每一圈的起点在一条直线上，按逆时针的顺序，处在 6 等分线位置上的数字对于投资有指导作用。

第四节 薛斯通道

从英文单词 Hurst envelope 来看，将“薛斯通道”改叫成“薛斯包络”更合适，这是在我国市场上应用还不充分的分析工具。下面，作者将对薛斯通道的主要原理进行介绍，使读者有一个粗略的认识。

一、薛斯通道的构造原理

如果单从薛斯通道的模样上看，似乎与时间周期没有什么关系。然而，薛斯通道的构成是建立在价格周期波动的基础之上。

（一）证券的价格是多种周期波动的合成

要完整地阐述这个合成的过程，需要较多的篇幅并涉及过多的物理学中有关波动的概念。下面仅就简单的情况说明证券价格波动的合成问题。

（1）两种周期波动的合成结果。图 9-7 是合成的示意图，图中的曲线 1 和曲线 2 表示两种不同周期、不同振幅的波动，曲线 3 表示曲线 1 和曲线 2 合成之后的波动。根据曲线 1 和曲线 2“相位”（phase）的差异，其合成的结果将有所不同。“相位”可以简单地理解为波峰和波谷“对齐”的程度。图 9-7 中的上图和下图分别表示其中两种相位的合成。

（2）证券价格的合成。图 9-7 中列出的是水平方向的波动，而证券的价格显然不是这样简单。证券的价格波动需要增加一个“趋势”的波动，即上升趋势或下降趋势。对此，读者可以参看本章第二节中的图 9-2。在图 9-2 中，最上面的曲线（上升趋势）就是下面两个波动的合成结果。此外，双顶、头肩顶、三角形等价格曲线形态都可以通过 2～3 种简单周期曲线的合成得到。由于篇幅的原因，这里就不涉及了。

（二）薛斯通道的画法

（1）用居中移动平均线（CMA）确定价格的波动周期。实际的价格波动肯定不会像图 9-7 那样“规则”，其波动的周期需要用一定的方法进行确定。一种简单的方法是，利用居中移动平均线。与 MA 一样，居中移动平均线也需要先选择计算的参数，实际的做法是选择周期的一半作为计算移动平均的参数。比如，如果认为 28 周是一个周期，那么参数就是 14。选择“周期的一半”作为参数不是偶然的，是有数学根据的，这里因为篇幅的限制不做过多的介绍。

（2）薛斯通道的具体画法。得到薛斯通道的简单办法是用居中移动平均线“近似”价格的波动周期。然后，在 CMA 的基础上加上一定的宽度，从而构成一个通道。这个宽度的选择需要一定的“主观性”，其最基本的要求是，要使所画出的通道尽可能多地“接触到”前面价格出现的高点和低点。

有时可以用“手”描出薛斯通道。当然，可以设计一定的程序来完成这项工作。

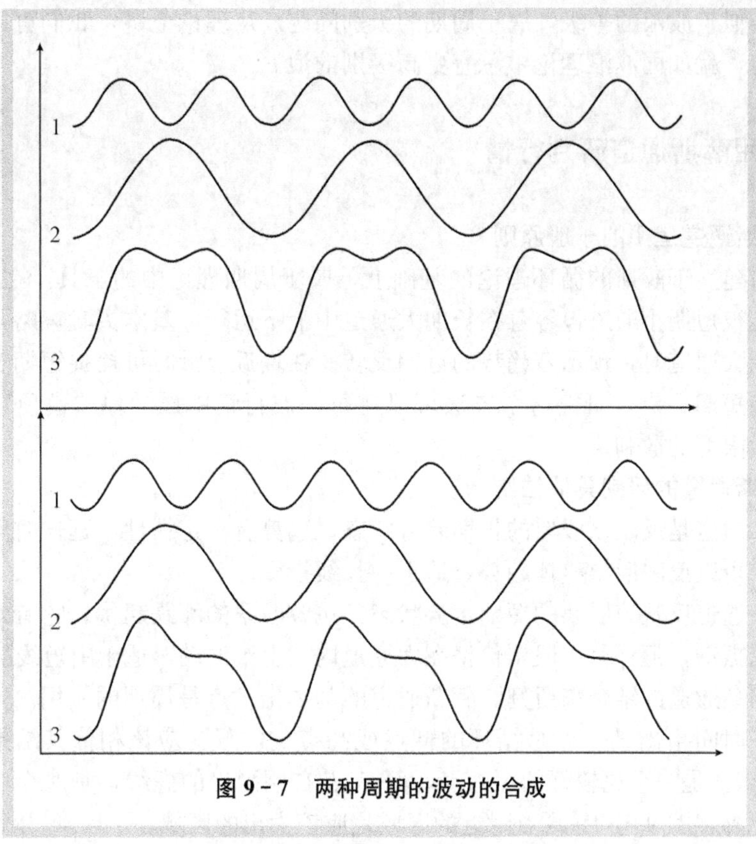

图 9-7 两种周期的波动的合成

（三）薛斯通道中的两条通道

在具体画出薛斯通道时，需要选择价格的波动周期。由于价格的波动是多重周期的合成结果，因而我们可以得到多条薛斯通道。在实际中，一般选择两个周期作为代表：一个是长周期；另一个是短周期。从图上看，就是两条薛斯通道。图 9-8 中的第一通道和第二通道所表示的就是两种具有代表性的周期。

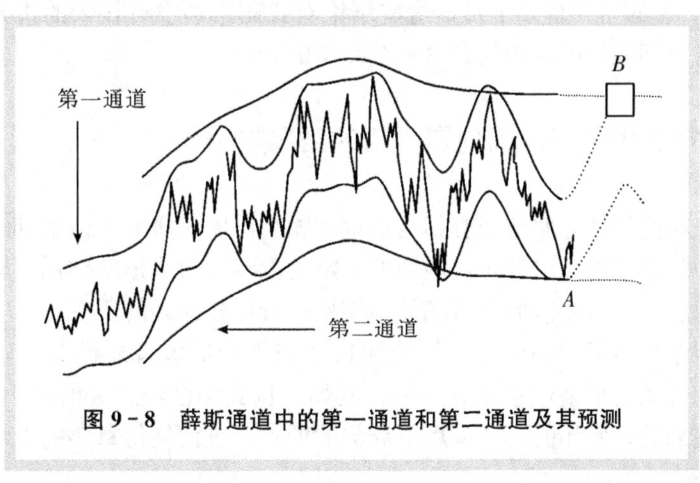

图 9-8 薛斯通道中的第一通道和第二通道及其预测

这一点类似于波浪的等级，属于周期的级别问题。从理论上讲，我们可以画出更高级别的薛斯通道，就如同波浪理论中总有更高级别的浪。

二、利用薛斯通道研判行情

（一）薛斯通道运用的一般原则

薛斯通道建立于薛斯的循环理论的基础上，属于周期理论中的工具。在薛斯通道中，股价实际上是被短期小通道包容着在长期大通道中上下运行，基本买卖策略是，当短期小通道接近长期大通道时，预示着趋势的近期反转。在接近上沿时可捕捉短期卖点，在接近下沿时可捕捉短期买点。研究这个方法可以在每一波行情中成功地“逃顶”或“抄底”，进而获得最大限度的盈利。

（二）薛斯通道的研判具体法则

（1）第二通道是反映该股票的长期趋势状态，趋势有一定惯性，延伸时间较长，反映股票大周期，可以反映股票整体趋势，适于中长线投资。

（2）第一通道反映该股票的短期走势状态，包容股票的涨跌起伏。它有效地滤除股票走势中的频繁振动，但保留了股票价格在大通道内的上下波动，适于中短线的投资。

（3）从两条通道的结合来研判。薛斯通道的基本出发点是周期的应用。因此，如果两条通道在同一时间指出某一点是循环的低点或高点的时候，应该相信其结果。例如，图9－8中的A点就是一个比较好的买入点，而A点右侧画出的虚线，是对今后价格波动的一种预测。此外，图9－8中B点附近的区域是应该卖出的区域。

第五节　时间周期在沪深股票市场的实际应用

国外对于时间周期的应用相对成熟。如前所述，国外对时间周期的研究起源于商品期货市场，因此关于时间周期的更多结果出现在商品期货市场。周期的长度有长有短，长的在34个月以上，短的至少是5个月，这些结论对我国市场没有很大的指导意义。在这一节中，我们将就时间周期的应用问题做一个简单的介绍。

一、我国市场中关于时间周期方面的结果较少

虽然国外在时间周期方面已经有相当数量和相当深度的研究，但是其结果对我们的帮助不大。我国证券市场的历史较短，周期的界定还没有比较成形的结论，应该等到市场运行的历史长了以后，再对中国股票市场的周期性进行比较深入的研究。

就我国股票市场时间周期而言，等周期长度的周期应该说还没有比较“像样”的结果，而固定时间方式的周期似乎还有一些。例如，从我国已经过去的近10年的市场价格指数的波动历史来看，每年的春节前后是局部的低点，进而使得每年的上半年都有一次比较大的上升行情。

二、春节是局部的低点

图 9-9 是上海证券交易所的上证指数的周线图，时间区间是 1994 年 11 月—2014 年 12 月。图中标出了每一年春节期间的位置。

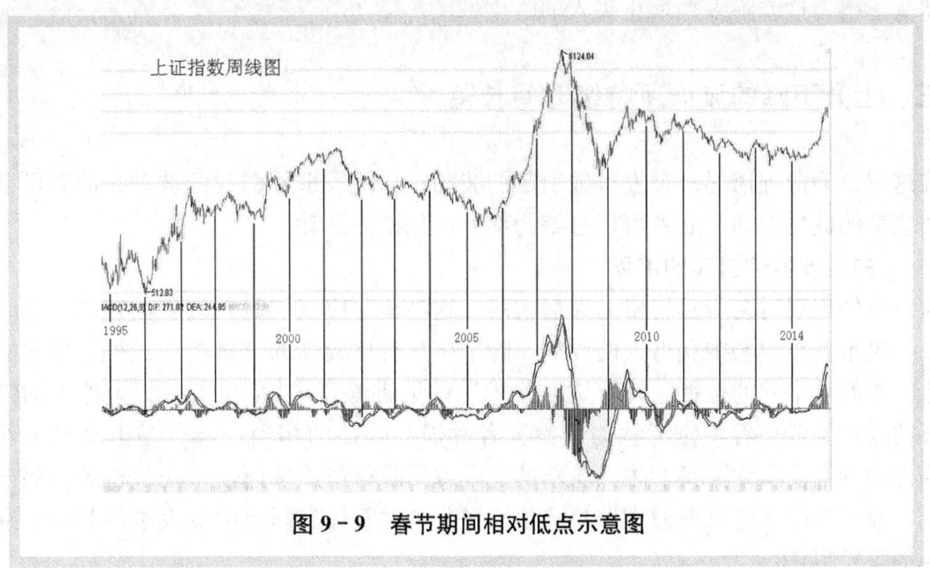

图 9-9　春节期间相对低点示意图

应该说明，所谓的春节期间，是指一个时间范围，有可能是在春节之前，也可能是在春节之后。每年最低点的出现时间有一定的差异。从时间的差距来看，距离春节相差大约在两周。

从图中可以看出，在这 20 个春节中，买入的效果有好有坏，大致可以分为四类。下面逐一进行说明。

第一类属于效果极好，非常值得买入。共有 9 年，即 1995 年、1996 年、1997 年、1999 年、2000 年、2006 年、2007 年、2009 年、2014 年。这一类的特点是，上升幅度大，持续时间长。具体地说，买入之后的上升幅度大于 40%，处于盈利状态的时间在半年以上。这 9 年春节的情况近乎完美地说明了“春节期间是低点”的结论。这是因为，从事后的实际指数波动结果来看，9 个春节不仅是局部的短期的低点，而且可以认为是在一个相当长时期内的最低点。投资者完全可以想象，在上述的几个位置买入股票，将得到相当大的收益。更重要的是，在这些位置买入之后，在相当长的时间之内都会处在盈利的状态，而不必经受“套牢”的痛苦。有“套牢”经历的投资者应该理解这一点。

第二类属于效果也不错，值得买入，但上升的幅度或者盈利持续的时间短一些。共有 3 年，即 1998 年、2002 年、2003 年。这一类的特点是，买入之后的上升幅度不大（大约为 5%），处于盈利状态的时间较短（大约为一个月）。

第三类属于效果不明显，可买可不买，但总体不值得买入。共有 5 年，即 2001 年、2004 年、2010 年、2011 年、2012 年。这一类的特点是，买入后上升幅度很小，之后很快就处于亏损状态。

第四类属于买入错误，效果极差。共有 3 年，即 2005 年、2008 年、2013 年。其中，

2005年在1年后解套，2013年在接近2年后解套，而2008年是灾难性的。

需要说明的是，“春节买入”只是凭借单独一个技术分析方法，如果结合其他的技术分析方法，上述效果将更好。例如，对于灾难性的“2008年春节买入”，如果结合技术指标MACD则完全可以避免买入。从图9-9中可以看出，MACD正处在高位向下的途中，下降势头正盛，这差不多是禁止买入的。

三、上升下降的波段所持续时间长短

在这里分为两种情况：突发事件引起的波动；非突发事件引起的波动。前者可以理解为不可预期的偶然波动，后者可以理解为部分可预期的波动。

（一）由突发事件引起的波动

突发事件出现时会引起价格的大起大落，这种情况应该引起投资者的密切注意。一般来说，如果希望在市场中获得大的利润，除了应具有比较高的“技巧”之外，更多的是依靠对于一些偶然事件的把握。用不太“学术”的话讲就是，“应该抓住天上掉下的馅饼”。从实际的投资实践来看，作者认为，投资者亏损和收益的相当一部分是由突发事件造成的，而每次的突发事件又将产生一轮新的上升或下降行情，从而使市场价格的走势出现新的格局。投资者应该能够把握主要趋势，它又分为对整体有影响的突发事件和对个别证券有影响的突发事件：

1. 对整体有影响的突发事件

这主要体现在市场价格指数上。在沪深股票市场，最突出的突发事件有几次，如1994年8月1日三大政策、1995年5月关闭国债期货市场、1996年12月的“社论”、1998年洪水、1999年“5·19”、2001年国有股减持等。每次突发事件影响的持续时间有长有短，不容易把握。但是，一般性的结论是，由突发事件引起的波动在第一个阶段所持续的时间应该在两个月之内。

2. 对个别证券有影响的突发事件

这种情况比较复杂，也是最常遇见的。事件的严重性有大有小，所引起的价格波动时间有长有短。此外，它还与价格当时所处的位置有关系：若位置较高，如果是好消息，则所引起的上升时间就短，但如果是坏消息，所引起的下降时间就长。读者可以观察一些具体股票的波动过程，从中体会时间的长短。比如，由于坏消息引起的银广夏、蓝田股份、徐工科技、啤酒花等的波动。

（二）由非突发性事件引起的波动

这类事件一般指定期公布的信息，如财务报表。由于具有一定的可预期性，这些事件引起的波动持续时间可以近似认为是0。在实际中，对此没有必要过多讨论。

本章小结

本章介绍了技术分析中的一个重要分支——循环周期，指出了周期分析的一般性分析方法，比较详细地说明了甘恩理论和薛斯通道的具体运作，最后还给出了我国市场实际周期的例子。这里的介绍都属于初级的和入门性质的，希望对读者有一定的帮助。

本章要点

1. 证券价格时间周期的现象。
2. 时间周期的分类。
3. 甘恩正方形预测价格的潜在反转点。
4. 薛斯通道的原理和应用。
5. 周期长度的确定。
6. 数字 3 的重要性。

本章关键词

时间周期理论　　时间之窗　　甘恩正方形　　薛斯通道

本章思考题

一、名词解释

居中移动平均　　波动的合成

二、简答题

1. 如何简单地确定等距离的周期长度?
2. 如何用居中移动平均线确定周期的时间长度?
3. 如何用甘恩正方形预测潜在的反转点?
4. 如何理解数字 3 的重要性?
5. 斐波那契序列在时间周期中有何作用?
6. 有哪些数字对于时间周期有作用?
7. 循环周期理论考虑问题的基本出发点是什么?

附录一
两个综合分析案例

附录中选择了两个实际的案例，比较详细地说明了几种技术分析方法的综合使用。希望对读者有所帮助。

案例一：对 2009 年 8 月上证指数高点（3 478 点）的判断。

2009 年 8 月初，上证指数从最低点开始上升到 3 400 点之上。对于如何运用技术分析方法在高点附近综合给出卖出信号，在本案例中，涉及的技术分析方法包括：两个点的黄金分割线、一个点的黄金分割线、波浪理论、技术指标中的 MACD、周期理论中的斐波那契序列、K 线组合。

第一，两个点的黄金分割线。从附图 1－1 中，选择 6 100 点的 F 点为最高点，D 点为最低点，得到两个点的黄金分割线，进而得到可能的反弹压力位置 A，B，C，G 等条线。

根据实际结果，B 位置成了实际的压力位置，效果最好。那么，A，C，G 的作用体现在什么地方呢？参考答案是：A 是至少要达到的反弹位置，多数情况下都能达到。G 之上属于反弹位置的极端区域。C 附近是反弹位置的多数情况。就本例而言，在价格达到 E 点时，对今后行情的看法可能会出现分歧（这一点毫不奇怪）。如果还对今后看好，那么，到了 C 之后也需要考虑卖出。这就是 C 在本案例中的作用。至于 G 的作用，那是在达到 C 之后的事情了。

第二，一个点的黄金分割线。参见附图 1－2，以最低点 D 画黄金分割线。得到 $A2$ 和 $B2$ 两个位置。大约是 2 700 点和 3 330 点。这两个点和附图 1－1 中的 A 和 B 比较接近。至于 D 点的 2.618 倍，大约是 4 370，目前还用不上。然而，应该注意到，4 370 和附图 1－1 中的 G 是很接近的。这就说明，如果未来真的越过了 C，那么位置 4 370 附近也是有强压力的。

F
80.9%
61.8%
60%
38.2%
23.6%
上证指数周线图两个点的黄金
分割线指出A，B，C的位置是压力线
G
C
B
E
A
H
D
1 004.93
6 000
5 750
5 500
5 250
5 000
4 750
4 500
4 250
4 000
3 750
3 500
3 250
3 000
2 750
2 500
2 250
2 000

附图 1-1

B2=2×D
A2=1.618×D
5
3 478.01
H
3
1
4
2
D
1 664.93
3 400
3 300
3 200
3 100
3 000
2 900
2 800
2 700
2 600
2 500
2 400
2 300
2 200
2 100
2 000
1 900
1 800

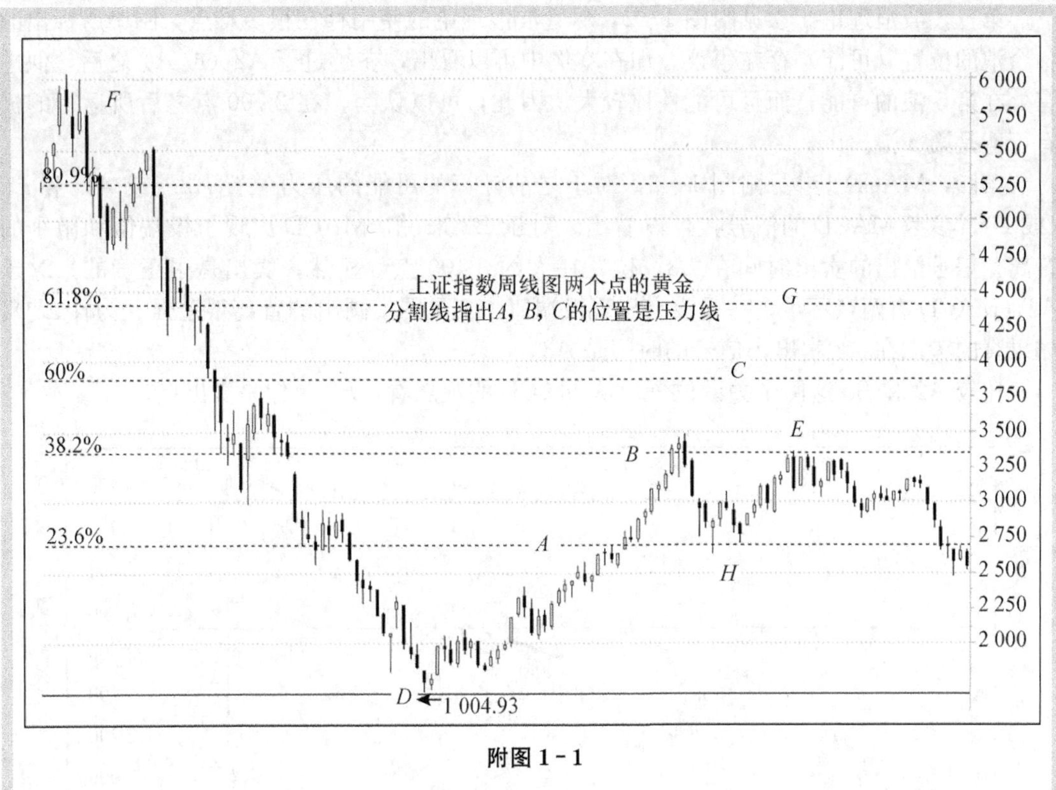

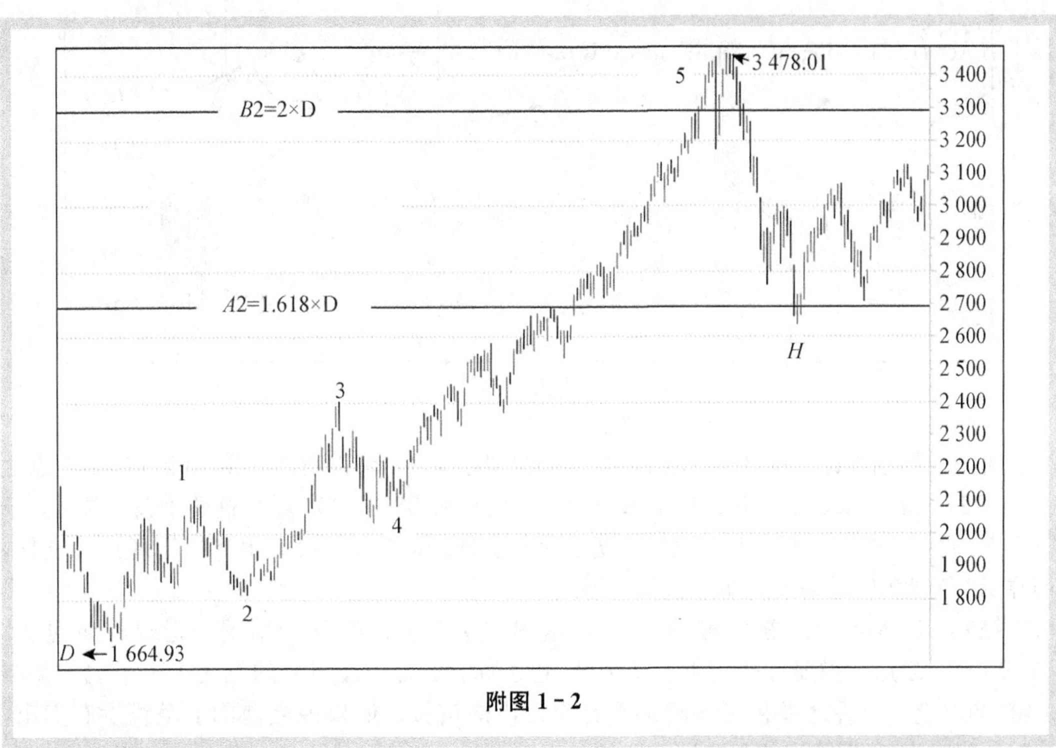

附图 1-2

第三，波浪理论。参见附图 1－2，尽管波浪理论的使用存在很多难点，图中所标出的各个浪的位置（可能）存在争议，但在本例中可以看出，在越过了 *A*2（或 *A*）之后，似乎有处在第 5 浪的可能，而且可能性比较大。因此，可以认为，在 2 700 点之后所运行的极有可能是第 5 浪。

第四，MACD。参见附图 1－3，对于之前计算的可能的压力位置 *A*2（或 *A*）和 *B*2（或 *B*），参考 MACD 的信号，可以看出。对于 *B*2 来说，MACD 出现了极端值和微小的背离，信号给出的卖出时间在 *B*3，位置在大约 3 400 点。显然，卖出是很正确的。对于 *A*2，MACD 有两点不足，一是没有出现极端值，二是图中画出的背离很勉强（为什么?）。如果真的考虑在 *A*2 卖出，信号的时间是 *A*3。

比较 *A*2 和 *B*2 这两个关键位置，从 MACD 的观点看，*B*2 更像是卖出点。

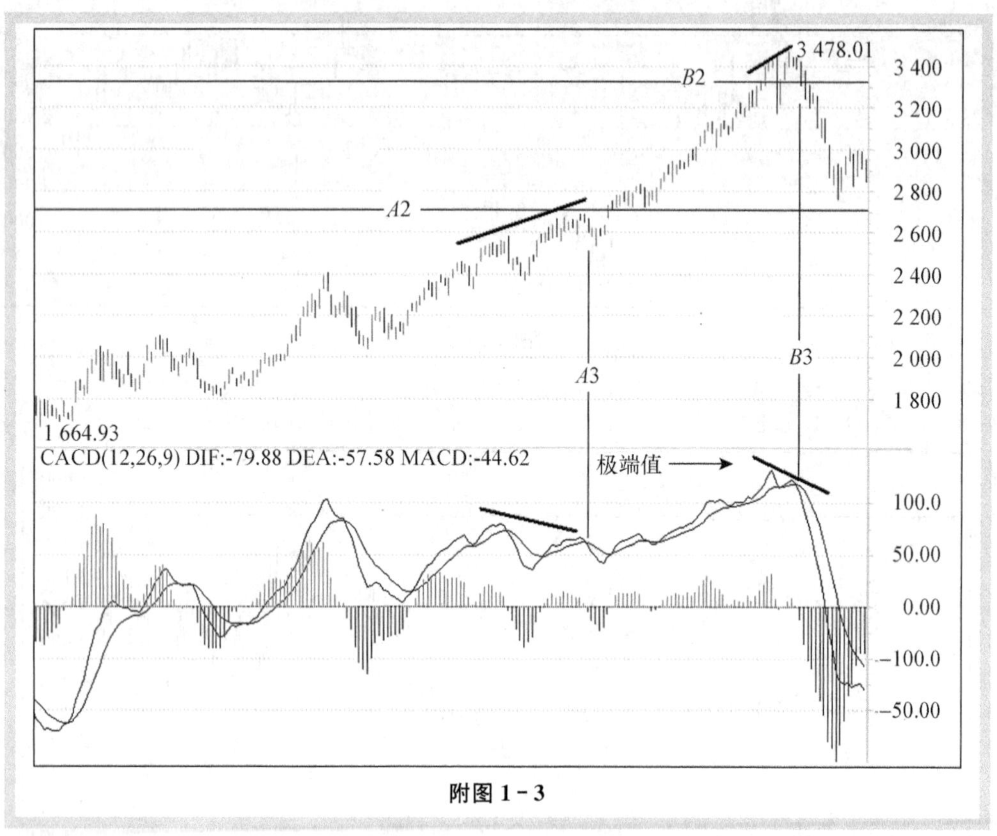

附图 1－3

第五，周期理论中的斐波那契序列。参见附图 1－4，可以看出，第 13 周在 2 200 点之下，第 21 周在 2 400 点之下。对于 *A*2（2 700 点）和 *B*2（3 300 点）这两个关键位置，只有第 34 周（最高在 3 100 点）比较接近。因此，*A*2 位置卖出没有得到周期理论的支持，而在 *B*2 位置卖出得到了周期理论的支持。

第六，K 线组合。参见附图 1－5，这里只分析 *B*2 位置的情况。指数在越过 *B*2（3 300 点）之后，需要考虑卖出。从 K 线组合的信号看，最明显的是两个上吊线，都在 3 400 点之上。黄昏之星和三乌鸦都是补充卖出的信号。如果说之前的上吊线没有卖出，这时就没有继续犹豫不决的理由了。

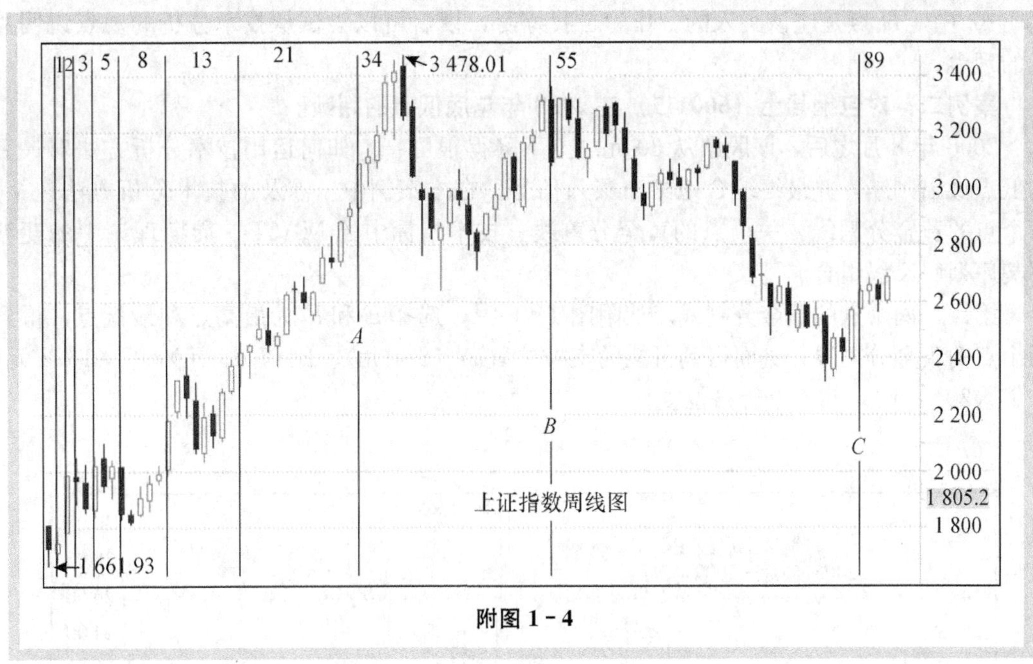

附图 1-4

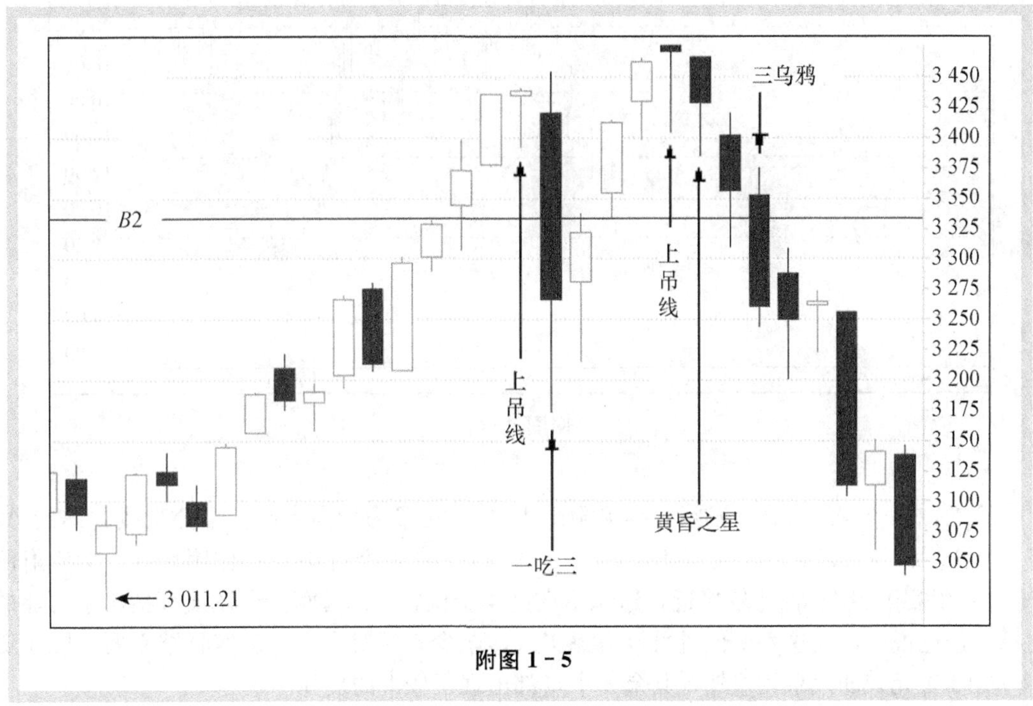

附图 1-5

需要说明的是，图中的“一吃三”也是一种K线组合，但在本书里没有介绍。按照相关材料的说明，一吃三组合属于持续形态，保持原来的趋势。在本例中，理论和实际相符。

在本案例的最后有两点说明。第一，画黄金分割一般可能遇到高点低点选择的主观判断问题。然而，在本案例中，不存在这个问题。第二，作为本案例的后续工作，在附

图 1-2 中，H 点是应该买入的。作为自我练习，读者可以尝试从技术分析的观点说明买入的理由。

案例二：对包钢稀土（600111）在 2008 年年底低点的判断。

2008 年 8 月之后，该股票从 30 元之上下降得很厉害。如何运用技术分析方法对最后的低点做出判断，并最终综合地给出买入信号。在本案例中，涉及的技术分析方法包括：两个点的黄金分割线、一个点的黄金分割线、技术指标中的 MACD、周期理论中的斐波那契序列、K 线组合。

第一，两个点的黄金分割线。从附图 1-6 中，选择 E 和 F 为最高点和最低点，得到两个点的黄金分割线，进而得到可能的支撑位置 A（8.1 元）、B（12.9 元）、C（16.2 元）和 D（20.2 元），共 4 个价格位置。

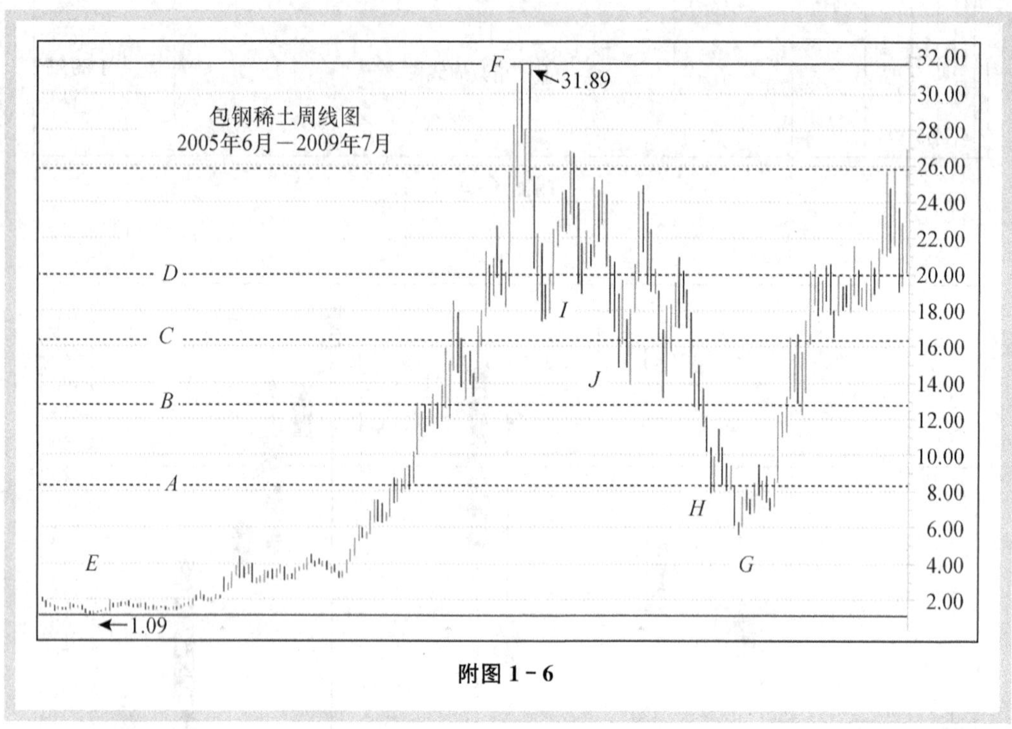

附图 1-6

第二，一个点的黄金分割线。参见附图 1-7，以 F 为最高点画黄金分割线。得到 $A2$（7.5 元）、$B2$（12.1）、$C2$（15.9）和 D（19.5），共 4 个价格。对比附图 1-6 和附图 1-7 中的两组数字，都比较接近，这说明在这 4 个位置，两种黄金分割线都指出了可能的支撑。这也说明，在这 4 个位置可以考虑买入，至少不反对买入。从实际结果看，除了 B（平均 12.4 元）的效果较差外，其余 3 个点都出现了较大的反弹。

下面将以 $A2$（应该是 A 和 $A2$ 的平均）为重点分析对象，对实际的买入位置和信号进行说明。至于 B，读者自己可以参照 $A2$ 的分析过程，看看哪个技术分析方法不同意（或者反对）在 $B2$ 买入。

第三，MACD。参见附图 1-8，对于之前计算的可能的支撑位置 $A2$（或 A），参考 MACD 的信号。可以看出，对于 $A2$，首次达到是在 H 点。然而，MACD 出现了极端值，

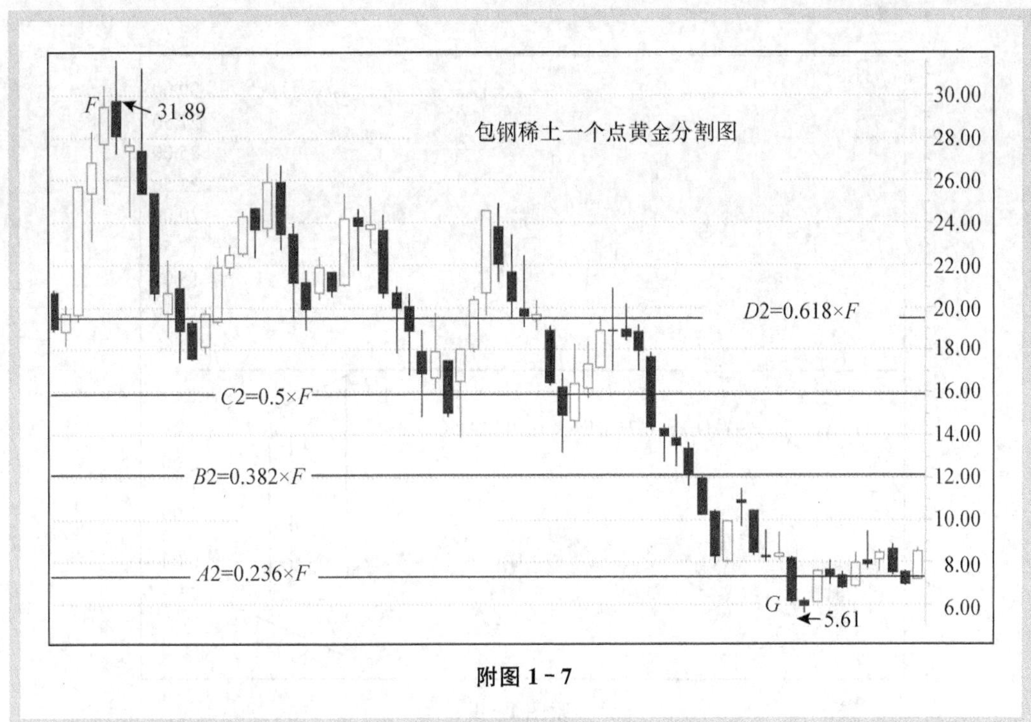

附图 1-7

但没有出现背离。真正出现背离是在 G 点附近，价格在 6 元之下。因此，从 MACD 的观点看，在 H 点，尽管有买入信号，但还不强。信号更强的买入点是 G 点附近。此时 MACD 出现了明显的底背离。具体的时间是 MACD 出现黄金交叉的时候。

注意到附图 1-8 中的 J 点，从 MACD 曲线看，似乎可能有底背离存在。然而，由于此时价格只是走平，没有出现新低，因此，还不是标准的背离。我们姑且称之为“半背离”。对于“半背离”的情况，技术分析并没有说就不能买入。实际上有时买入也是成功的。与标准的背离相比，“半背离”的买入概率较低。以图中的 G 和 J 两点为例，技术分析在这两点的结论都是买入。所不同的是，如果在 J 点买入的概率为 75%，那么，在 G 点买入的概率就一定比 75%高，应该在 85%以上。这就是对技术分析结论附带一个概率的简单说明。

第四，周期理论中的斐波那契序列。参见附图 1-9，对比 H 与 G 这两个点，G 点恰好是第 55 周，而 H 点什么都不是。因此，H 点没有得到周期理论的支持，而 G 点得到了周期理论的支持。

第五，K 线组合。参见附图 1-10，从 K 线组合的信号看，在 G 点附近，最明显的是鲸吞形。鲸吞形之后的大阳线是补充买入信号。这根大阳线的出现，不仅强化了之前的鲸吞形，而且使得 MACD 出现黄金交叉。

需要说明的是，在 H 点，尽管出现了信号，但是，当 K 线组合完成时，价格已经上升到 9 元，比 H 点所给出的 8 元高出很多，继续买入就需要谨慎了。此外，之后价格跌破 H 点时，曾出现了刺穿形，这时 MACD 还没有到位，是不应该买入的。不要忘了 K 线组合仅仅是战术手段。

F
31.89
30.00
27.50
25.00
22.50
20.00
17.50
15.00
12.50
10.00
A～A2
H
5.61
G
ACD（12，26，9）DIF：0.25 DEA：0.10 MACD:0.30
J
2.00
1.50
1.00
0.50
0.00
−1.00
−0.50

附图 1－8

1
2
3
3.895
8
13
21
34
55
32.00
30.00
28.00
26.00
24.00
22.00
20.00
18.00
16.00
14.00
12.00
10.00
8.00
6.00
G
H
5.61

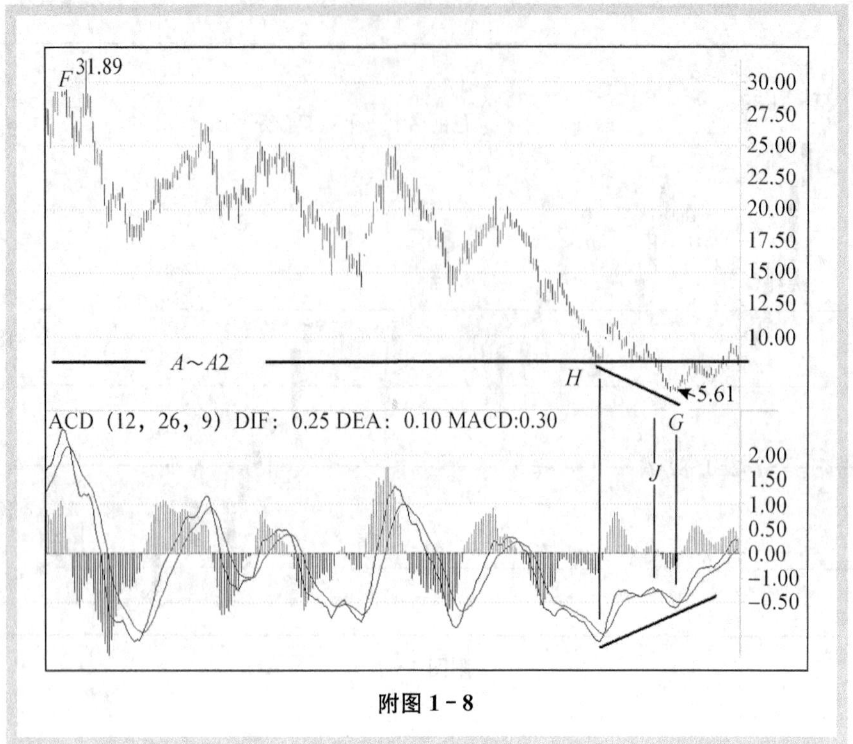

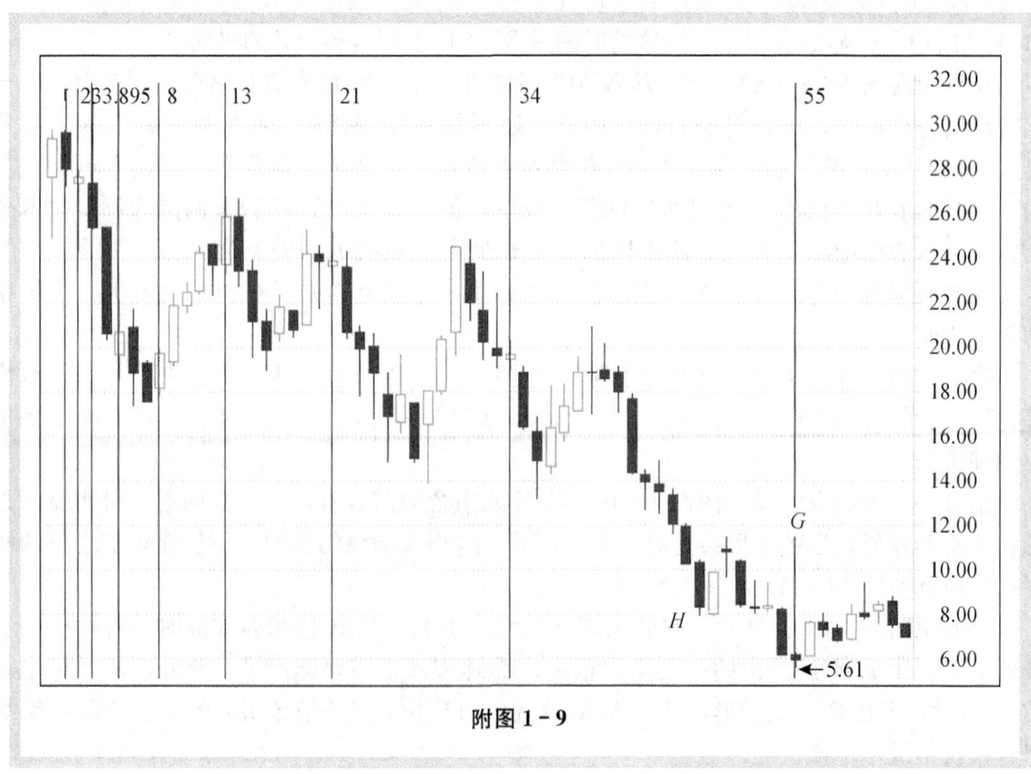

附图 1－9

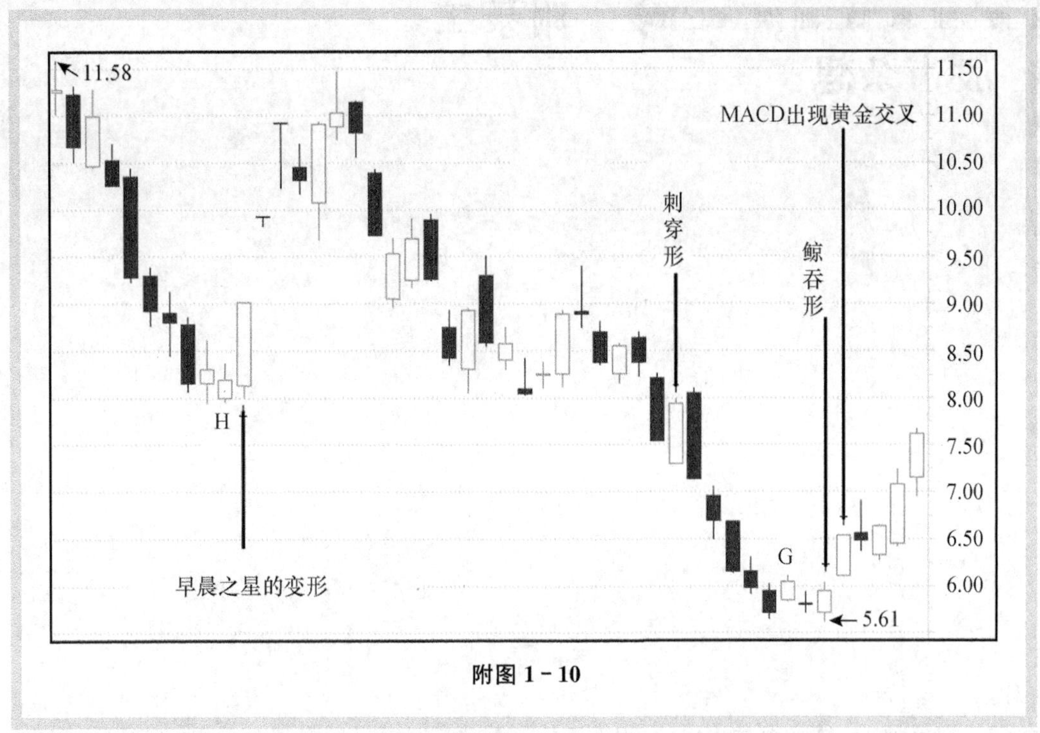

附图 1-10

案例二分析的结束日期是 2008 年年底（G 点），包钢稀土从此之后出现了巨大幅度的上升，作为本案例的后续工作，读者可以用相应的技术分析方法分析上升的各个高点，以及适当的卖出位置。需要指出的是，此时的分析还需要对比同时期大盘指数的上升幅度。

附录二

股市杂想

下面的内容是笔者多年来在中国股票市场中进行股票投资时遇到的一些问题，以及一些实际的体会和想法。这些内容是随时出现在头脑中，没有形成很完整的体系，想到哪儿写到哪儿，从表面看有一种比较零乱的感觉。正因如此，笔者才将其放到附录中，如果今后对这些问题有更清楚和完整的认识，或许可以有更好的结果奉献给读者。

一、技术分析对于实战的作用有多大

这是整个证券市场都在争论的问题，否定和肯定技术分析的都有。就笔者的实际投资实践来看，至少不能说技术分析没有用。同时，对技术分析方法的作用进行具体的衡量又是困难的。这是因为，说到作用的大小，必然涉及量化问题，而量化目前显然是个令人头疼的问题。对于这个问题，笔者的观点是，这个问题必然会永远地争论下去，既解决不了，也没有必要解决。进行这样的争论是没有意义的，不可能分出谁是谁非。

对于任何一种分析方法来说，只要这个方法使自己在证券市场中获得了收益，就应该认为这个方法是好方法，并应该继续使用。因为投资者的目的不是要使用这些方法，而是需要这些方法为自己带来收益。

二、技术分析师的眼睛没有出问题

一个偶然的机会，笔者听到一句对技术分析持否定意见的话：如果从图表中能看出什么有用的东西，那一定是眼睛出了问题。对此，笔者的回答是：

你看不出来，不等于别人也看不出来！

对于一种分析工具的认识，不能因为自己不会用或者使用的效果不理想，就认为工具没有用。笔者认为，那些否定技术分析的人大多数是没有弄清楚什么是技术分析，或者说技术分析应该怎么用。技术分析绝不是简单地记住几个固定的“模式”就可以盈利的，其中存在一些奥妙。这就如同中国的“中医”所使用的一些方法不被“西医”接受一样，但是，不能因此说中医没有用。

三、技术分析与政策消息“碰巧吻合”

2001 年 10 月中下旬，技术分析方法指出应该买入，而此时管理部门碰巧发表了有利于上升的消息。历史上，“5·19”和 1994 年 8 月的三大政策都有类似的现象。稍微有一点不“吻合”的是，消息政策出现的时间可能比技术分析的信号晚一些。

笔者用技术分析曾经有几次成功预见到市场底部和顶部。但是，有些人却说政策使然，而非预测得准确。投资者可能会对技术分析的信号产生怀疑，他们会说，如果没有消息的出现，技术分析的结果就是错误的。

此外，投资者应该认识到，技术分析和政策消息的“碰巧吻合”也是有一定原因的。以 2001 年 10 月的例子为例，我们有理由认为，如果大盘指数没有下降到一定程度，管理部门是不可能发表相关的“利好消息”的，因为没有这个必要。而正是到了技术分析认为“下降够了”的时候，政府有关部门才会想起要拯救市场。这样，技术分析发出买入信号的时候，也是管理部门可能公布有关消息的时候。

证券市场的上升和下降行情虽然与管理部门发布的“利好或利空”消息有关，但是，技术分析方法的确也为这些行情的上升和下降提供了“基础”。可以设想，如果 2002 年 6 月的上证指数是在 2 300 点的历史高位，管理部门是不会公布任何政策的。此外，如果技术分析方法认为应该下降的时候，即使管理部门公布“利好消息”，也不一定能够取得像样的结果。例如，1999 年 9 月 9 日之后，一系列可以称得上“好”的消息，都没有对市场起到“预期”的作用，就清楚地说明了这一点。

四、对两类错误的不同态度

这里所说的两类错误是：(1) 买入之后，价格下降了；(2) 卖出之后，价格上升了。不管是哪种情况，都属于出现了错误的判断。任何一种投资的决定，都必然面临出现错误的可能，我们不可能同时避免这两种错误的发生。这是因为，照顾了一种错误，就会增加另一种错误，两者不可兼得。

但是，对于这两种错误应该采取不同的态度。对于 (1)，直接引起资金的亏损，而 (2) 所引起的是损失了盈利的机会。应该说，后者的危害要轻一些，属于可以接受的错误，而前者的危害要重一些，属于不可接受的错误。

正因如此，在进行投资决策时，投资者应该尽量避免出现第一种错误，即使经常犯第二种错误也不应该感到不舒服。

五、战略手段和战术手段

这个话题在本教材的正文中已经有所涉及，这里是想强调对这两种手段的正确认识。在决定是否买卖之前，一定要先看“大气候”，确定是否适合买或卖，不能匆忙下买卖的结论，这属于战略问题。其后，才是具体的买卖手段，即战术问题。充分地认识到这一点，有助于克服盲动和交易过滥。

显然，做出战略性的决策是困难的，而技术分析中那些战术性的技术是很容易学会的。至少，投资者在很短的时间就能明白书本上的东西。

六、时间和空间是预测的核心

技术分析的手段是多样的，但就笔者的观点看，其核心是对时间和空间问题的处理。无论是哪一种技术分析方法，其考虑的关键都是时间和空间的问题。具体地说，在决定是否应该买入时，有关键的两个问题：

（1）下降的时间是否足够长，引起这次下降的各种因素是否已经充分体现出来。

（2）下降的幅度（空间）是否足够深，获利的筹码是否已经耗尽。

技术分析中的分析方法自始至终是在解决上面两个问题。如果这两个问题解决好了，投资就成功了一大半，也可以说掌握了技术分析的精华部分。但是，这是不容易办到的，需要经过长时间的练习。

七、李氏定理——在信号“最响”时采取行动往往是错误的

这一点是笔者的经验之谈，主要是针对技术指标而言。不知道应该怎样称呼它，姑且用笔者的姓氏，称之为李氏定理。笔者在刚接触到技术指标时，经常犯的一个错误是，技术指标刚一出现信号就采取买卖的行动，这样做的实际结果是很差的。在随后的观察中笔者体会到，在使用技术指标时，当指标第一次发出信号时，一般不应该采取行动，而应该等到第二次（有时甚至是第三次）发出信号，才采取行动。

至于为什么是这样，笔者也没有明确的结论，或许相反理论能够解释这个现象。因为有很多投资者都了解一些著名的技术指标，知道的人多了，效果就不好了，这就使得技术指标的作用“推迟”了。

八、同一把刀的不同效果

刀是一种兵器（工具），每个人都可能用它杀死对手。但是，同一把刀在武术高手的手中和在普通人的手中，其效果显然是不同的。

由此我们应该明白，技术分析以及其他的任何一种分析方法都是一种工具。投资者可以利用各种工具进行投资决策。证券投资效果的好坏，不能仅依靠“工具”，更重要的是依靠使用工具的“人”。如果没有取得理想的结果，不能责怪工具“不灵”，而应该检讨自

己使用这些工具的方式。

九、技术分析大部分时间处在“无知状态”

这里所说的“无知状态”是指技术分析不能提供有价值的信号。从现实的情况考虑，我们也应该明白，“每天都能提供有用的信息”是办不到的。因此，只有在少数的时间，技术分析能够对市场行情进行有实际价值的判断和分析，并提出有价值的信号。此外，如果对信号要求的成功率越高，技术分析发出信号的时候就会越少，进而技术分析处于“无知状态”的时间就越长。

十、只能避免明显的错误，不能避免所有的错误

路上有一个下水道的井口，如果没有井盖，就会发生有人掉下去的事。此时，明眼人和盲人相比就有优势。只要小心，明眼人一般会绕过这个陷阱。但是，如果一个伪装得很逼真的“纸井盖”盖在井口上，明眼人相对于盲人的优势就不存在了。

没有井盖的情况属于“明显的错误”，通过学习和练习可以避免。与此相反，对于有逼真的“假井盖”的情况属于“不明显的错误”，是很难避免的。在证券投资中，出现错误的判断是必然的，不能过多苛求。只要是自己所犯的错误比别人少，就可以成为证券市场中的成功者。

十一、“快速致富心态”导致的危害

这实际上是一个心态问题。大多数投资者进入证券市场都是为了获利，而且是在短期内获利，这就在很大程度上决定了他们是失败者的命运。在期货市场中，因为交易的方式和规则不同，有可能出现短期暴富的情况，很多有关一夜暴富的例子都出现在期货市场中。在股票市场中，至少在沪深股票市场中，这种一夜暴富的可能是不存在的。

“快速致富心态”使得投资者变得浮躁，因沉不住气而采取轻率的举动，而且极其容易受到频繁出现的外在因素的影响，不认真进行自己应该做的准备工作，或者随意改变已经过认真思考的合理判断。这些都是有害的做法，对投资极为不利。

十二、“成为少数人”是成功的必要条件

实际上，这一点是相反理论的另一种说法。我经常被问及，哪种分析方法最灵验，哪种技术指标最有效？我的回答是，没有绝对正确的分析方法和技术指标，每种方法都只能对付和处理某一种特定的情况，对其他的情况则无能为力。

但是，证券市场中有一种方法是绝对正确，而且是永远正确的，那就是：

成为少数人！

这是整体的宏观大环境使然。市场中不可能多数人挣钱，因为被多数人挣到手中的钱

应该有“出处”，谁来出这笔钱？而现实的市场中没有这个“出处”。在实际的投资活动中，如何成为“少数人”是成功的必要条件。需要提醒的是，这仅仅是必要条件，不是充分条件。不能以为只要与众不同就可以在市场中盈利。必须指出，到目前为止，在市场中还没有取得成功的充分条件。

正因如此，当自己的结论没有得到广泛的接受，或者被多数人所否定和不屑一顾的时候，在心里不应该有任何的不舒服，应该时刻牢记：

平庸的人永远是多数！

“举手表决”在其他的场合（甚至是大多数场合）可能是正确的决策方法，但在证券市场中，多数人往往是错误的。如果在证券市场中，你不幸成为多数人，那最好的结果只能是获得平均的结果，永远不能获得最好的结果。

下面一段话是笔者在一本外文书上看到的，很值得向读者推荐。

The hardest thing for every investor to do is to buy something that everyone hates or to sell something that everyone likes.（对投资者来说，最困难的事是买入大家都不看好的东西，或者卖出大家都看好的东西。）

十三、最好的方法往往是简单的方法

笔者在观看武术中的散打比赛时发现，真正有效的打击手段是一些最基本的武术招数，一个简单的直拳或勾拳可能就解决问题了。我们在电影和电视中经常看到的那些“好看而花哨”的动作，在实际的比赛中基本看不到。

由此联想到证券市场中的分析方法。如果从实战的角度看，不需要太多的“知识”，不需要复杂的模型，不需要从古到今的广泛联想。这是理论与实际的差异所在。有人指责“学院派”不懂实际，可能就是出于这个原因。

在实际投资中，有效的方法是对市场中某一个方面特征的清楚把握和运用，而这些特征可能就是几句话。

十四、技术分析中体现了心理因素的作用

参与投资行为的是人不是物，因而受到心理作用的影响是必然的，而且是巨大的，这属于行为因素。如果我们认真理解了技术分析，就会发现技术分析中的许多方法和技术不是一个死板的结论，而是一种原则性的说明。这一点非常类似于《孙子兵法》中一些原则性的叙述。

例如，“KD指标的极端值越低越应该买入”。黄金分割提供了多条买卖的价格位置，这些都需要使用者做出主观判断。在进行实际判断的时候，必然涉及心理因素的影响。

十五、成功存在于最后一刻的坚持之中

这一点是针对股票市场持续低迷的情况而言。在市场长期低迷的过程中，投资者往往失去信心。对于沪深股票市场来说，保持信心坚持到最后显得格外重要。在沪深股票市场

中，出现过几次“绝地反击”的例子。如果能在“转机”之前的位置买入，其收益是不可低估的。而导致这些“反击”的因素，往往是管理层发布的某些新的“政策消息”。前面谈到过技术分析与政策“巧合”的问题，同样鼓励我们坚持到“出现转机”的一刻。

价格是有底的。这是我国证券市场的一个特殊现象，几乎不会出现类似国际上那种每股几分钱的价格。从管理层的角度看，无论出于何种原因，他们都希望证券市场是上升的，也会尽自己的所能刺激证券市场上升。正是出于这个原因，我们可以期待出现对我们有利的“转机”，这就需要投资者保持信心。

当然，“坚持下去”不是盲目的，其前提是确信自己所买入的位置属于比较低的位置；否则，坚持下去就是错误。此外，对于属于“地雷”性质的“有问题的股票”，坚持下去也是错误的。

毛泽东有一段话是对这个问题的较好说明：“在困难的时候，要看到成绩，要看到光明，提高我们的信心和勇气”[①]。毛泽东在自己一生的奋斗中，大部分时间是困难重重的，但他最终取得了胜利。其中，他在多次面临崩溃而绝望之前的正确处理起到了关键的作用。

十六、投资成功的三个因素

就笔者的观点看，进行成功的交易需要三方面的因素：一是投资者个人的天赋；二是投资者个人的分析判断能力；三是运气。

简单地说，天赋是指个人的性格或秉性是否适合进行证券投资。天生的心理承受能力以及对市场现象的反应能力等都属于个人天赋的范畴，有时天赋也可以理解成对市场的感觉。分析判断能力是指分析研究市场现象、总结归纳并最终应用的能力，这个能力可以随时间的延续而不断加强。运气就是指好运气或坏运气，虽然有一点“迷信”的色彩，但这是现实存在的。

十七、在合适的时间使用合适的分析工具是投资成功的关键

打个比方，任何分析技术仅仅相当于中国武术中的“套路”。这些套路是很容易“学会”的，但只会套路并不一定能带来胜利。在实际的搏击中，真正击倒对方的只是众多套路中的一个，合理地使用这些套路才是关键。

在证券投资中也有相似的情况。真正使投资人获得利益的不是复杂的分析工具，而是合理地使用学到手的分析工具。这就提示我们，人是最重要的因素；或者说，根据不同的情况，灵活地使用分析工具是最重要的。

十八、买入容易卖出难

在沪深股票市场中，就笔者个人的投资实践来看，“买到最低”是相对容易办到的，

---

① 中共中央文献研究室．十三大以来重要文献选编（中）．北京：人民出版社，1991：770.

而“卖到高点”则相当困难。笔者有多次在离实际最低点4%的范围内买到股票，但卖到最高点（离后来的实际最高点相差在5%）的记录只有一次，其他的勉强算作成功逃顶，大部分都在离最高点8%以上。

笔者无法解释这样的结果，但笔者相信这不是偶然的，是必然的现象。至于何种原因，没有必要去追究，这是技术分析的特点之一。

“总希望在最高的地方卖出”将把投资者引导到不正确的心态，进而招致重大的损失。在市场中，绝大部分亏损者属于“先赢后输”的结果。在他们持有股票期间，有相当一段时间是处在“盈利状态”的，铸成错误的“临门一脚”是“希望在最高点卖出”的心态。

十九、对投资成功和失败的态度

投资者在投资活动中肯定会面临众多正确的或不正确的投资行动。投资者普遍存在的问题是，当判断正确时，认为自己如何了不起，对这个结果是意料之中的。而当出现错误判断时，总是竭力寻找出错的外在原因，而将错误归因于偶然因素的影响。这样的态度是极其有害的。

投资者永远要认识到，个人在市场中是微小的。在做出正确判断时，应该认为是偶然的；而在做出错误判断时，应该认为是必然的，只有这样才能减少在投资中出现错误的机会。